西北政法大学自编系列教材

证据法学

ZHENG JU FA XUE （第三版）

主　编○杨　㤺
副主编○步洋洋　陈建军
撰稿人○(以姓氏拼音首字母先后为序)
　　　　步洋洋　陈建军　贺红强　焦悦勤
　　　　靳　欣　李　锟　刘仁琦　罗长征
　　　　蒲　维　任禹行　宋志军　杨　㤺
　　　　姚　剑　张　斌　张　一

中国政法大学出版社

2024·北京

图书在版编目（ＣＩＰ）数据

证据法学 / 杨恪主编. -- 3 版. -- 北京 ： 中国政法大学出版社，2024.7
　　ISBN 978-7-5764-1495-0

　　Ⅰ．①证… Ⅱ．①杨… Ⅲ．①证据－法学－中国
Ⅳ．①D925.013

中国国家版本馆 CIP 数据核字(2024)第 108047 号

出 版 者　　中国政法大学出版社

地　　址　　北京市海淀区西土城路25号

邮　　箱　　fadapress@163.com

网　　址　　http://www.cuplpress.com (网络实名：中国政法大学出版社)

电　　话　　010-58908435(第一编辑部) 58908334(邮购部)

承　　印　　保定市中画美凯印刷有限公司

开　　本　　720mm×960mm　1/16

印　　张　　27.5

字　　数　　479千字

版　　次　　2024年7月第3版

印　　次　　2024年7月第1次印刷

印　　数　　1~4000册

定　　价　　79.00元

总　序

　　西北政法大学是一所法学特色鲜明，哲学、经济学、管理学、文学等学科相互支撑、协调发展的多科性大学。学校是西北地区法学教育研究中心和人文社会科学研究的重要基地，被誉为政法人才培养国家队的"五院四系"之一，是陕西省重点建设的高水平大学、一流学科建设高校，是全国政法大学"立格联盟"和西安高校"长安联盟"的成员单位。建校82年来，学校扎根祖国西部，形成了"政治坚定、实事求是、勇于创新、艰苦奋斗"的"老延大"优良传统，铸就了"严谨、求实、文明、公正"的校训，凝练了"法治信仰、中国立场、国际视野、平民情怀"的育人理念，培养了15万余德才兼备、德法兼修的高素质专门人才。这些人才以"专业扎实、工作踏实、作风朴实、为人诚实"的特点深受用人单位和社会各界好评。

　　教材体系建设是育人育才的关键，高水平教材是培养德才兼备、德法兼修高素质专门人才的重要依托。习近平总书记提出："要抓好教材体系建设，形成适应中国特色社会主义发展要求，立足国际学术前沿、门类齐全的哲学社会科学教材体系。"西北政法大学历来高度重视教材建设，在积极推进"马工程"重点教材统一使用的基础上，鼓励和支持专业学术造诣高、教学经验丰富的教师参与教材编写，加强教材研究，创新教材呈现方式和话语体系，大力推进习近平新时代中国特色社会主义思想进教材、进课堂、进头脑。学校自2017年启动新一轮自编系列教材建设，重点编写系列特色教材、实践（实验、技能）类教材、双语教材，力求做到重点难点突出、理论实践结合、深度广度兼容、原理前沿兼顾，确保教材的科学性、前沿性，增强教材的针对性和实效性。

　　系列教材凝结着全体编写人员和出版社编辑的辛勤付出，欢迎选用，同时期待广大师生和实务界同行提出宝贵建议和意见。我们将及时根据使用和评价情况，丰富内容，优化结构，持续打造西北政法大学高水平特色系列教材，为哲学社会科学教材体系建设做出贡献。

西北政法大学

2019 年 8 月

第三版前言

　　证据法学是法学教育的重要课程，也是必修课程。根据党的二十大精神要求"深化教育领域综合改革，加强教材建设和管理"，并依据学校课程安排，由刑事诉讼法教研室负责编写本教材。

　　近年来，我国证据法学的发展迅速，《刑事诉讼法》《民事诉讼法》和《行政诉讼法》相继修正，相关的司法解释不断更新和增加，而且国内外证据法学的最新研究成果也大量出现。尤其是"不得强迫任何人自证其罪原则"在我国的确立、有关非法证据排除规则的法律规定逐步完善等，充分反映出我国证据法学领域"坚持全面依法治国""坚持走中国特色社会主义法治道路，建设中国特色社会主义法治体系"的理念与决心。鉴于此，我们编写了本书，以适应证据法学的发展和教学的需要。

　　本书由主编提出编写体例和要求，集体讨论后分工撰写。所述内容坚持"法治中国"理念，充分体现新的法律规定及学界观点，也反映了作者对本学科内容的理解和把握。书稿最终由主编、副主编审定。

　　具体撰稿分工如下：

　　杨　恪：第一、三、十四章

　　刘仁琦、任禹行：第二章

　　张　斌：第四、十章

　　罗长征：第五、六章

　　焦悦勤：第七章

　　靳　欣：第八章

　　蒲　维：第九章

　　贺红强：第十一章

张　一：第十二章

姚　剑：第十三章

陈建军：第十五章，第十九章第一节

宋志军：第十六章

步洋洋：第十七章，第十九章第二节

李　锟：第十八章，第十九章第三节

编　者

2024 年 3 月

第二版前言

　　证据法学是法学教育的重要课程，也是必修课程。根据学校的课程安排，由刑事诉讼法教研室负责编写本教材。

　　近年来，我国证据法学的发展很快，《刑事诉讼法》《民事诉讼法》和《行政诉讼法》相继修正，相关的司法解释不断更新和增加，而且国内外证据法学的最新研究成果也大量出现，尤其是"不得强迫任何人自证其罪原则"在我国的确立、有关非法证据排除规则的法律规定逐步完善等。鉴于此，我们编写了本书，以适应证据法学的发展和教学的需要。

　　本书由主编提出编写体例和要求，集体讨论后分工撰写。所述内容主要体现了新的法律规定及学界观点，也反映了作者对本学科内容的理解和把握。书稿最终由主编、副主编审定。

　　具体撰稿分工如下：

　　第一章　魏　虹　宋志军

　　第二章　刘仁琦

　　第三章　魏　虹

　　第四章　侯智武　罗长征　张　斌

　　第五章　杨　恪

　　第六章　姚　剑

　　第七章　魏　虹

　　第八章　陈建军

　　第九章　宋志军

　　第十章　步洋洋

第十一章　刘仁琦

第十二章　陈建军　步洋洋

编　者

2019 年 8 月

本书法律文件全简称对照表

序号	规范性法律文件全称	本书名称（简称）
1	《中华人民共和国宪法》	《宪法》
2	1979 年《中华人民共和国刑事诉讼法》	1979 年《刑事诉讼法》
3	1996 年《中华人民共和国刑事诉讼法》	1996 年《刑事诉讼法》
4	2012 年《中华人民共和国刑事诉讼法》	2012 年《刑事诉讼法》
5	2018 年《中华人民共和国刑事诉讼法》	《刑事诉讼法》
6	《中华人民共和国刑法》	《刑法》
7	1982 年《中华人民共和国民事诉讼法（试行）》	1982 年《民事诉讼法（试行）》
8	1991 年《中华人民共和国民事诉讼法》	1991 年《民事诉讼法》
9	2007 年《中华人民共和国民事诉讼法》	2007 年《民事诉讼法》
10	2012 年《中华人民共和国民事诉讼法》	2012 年《民事诉讼法》
11	2017 年《中华人民共和国民事诉讼法》	2017 年《民事诉讼法》
12	2021 年《中华人民共和国民事诉讼法》	2021 年《民事诉讼法》
13	2023 年《中华人民共和国民事诉讼法》	《民事诉讼法》
14	《中华人民共和国民法通则》	《民法通则》
15	《中华人民共和国侵权责任法》	《侵权责任法》
16	1989 年《中华人民共和国行政诉讼法》	1989 年《行政诉讼法》
17	2014 年《中华人民共和国行政诉讼法》	2014 年《行政诉讼法》

序号	规范性法律文件全称	本书名称（简称）
18	2017 年《中华人民共和国行政诉讼法》	《行政诉讼法》
19	《中华人民共和国行政处罚法》	《行政处罚法》
20	《中华人民共和国行政复议法》	《行政复议法》
21	《中华人民共和国国家赔偿法》	《国家赔偿法》
22	《中华人民共和国治安管理处罚法》	《治安管理处罚法》
23	《中华人民共和国监察法》	《监察法》
24	《中华人民共和国国家安全法》	《国家安全法》
25	《中华人民共和国人民警察法》	《人民警察法》
26	《中华人民共和国海事诉讼特别程序法》	《海事诉讼特别程序法》
27	《中华人民共和国律师法》	《律师法》
28	《中华人民共和国电子签名法》	《电子签名法》
29	《中华人民共和国数据安全法》	《数据安全法》
30	《中华人民共和国道路交通安全法》	《道路交通安全法》
31	《中华人民共和国民法典》	《民法典》
32	《中华人民共和国著作权法》	《著作权法》
33	《中华人民共和国海商法》	《海商法》
34	《中华人民共和国仲裁法》	《仲裁法》
35	《中华人民共和国人民法院组织法》	《人民法院组织法》
36	《中华人民共和国人民检察院组织法》	《人民检察院组织法》
37	最高人民法院、最高人民检察院、公安部、国家安全部、司法部、全国人大常委会法制工作委员会《关于实施刑事诉讼法若干问题的规定》	六机关《规定》
38	最高人民法院、最高人民检察院、公安部、国家安全部、司法部《关于办理死刑案件审查判断证据若干问题的规定》	两院三部《办理死刑案件证据规定》

序号	规范性法律文件全称	本书名称（简称）
39	最高人民法院、最高人民检察院、公安部、国家安全部、司法部《关于办理刑事案件排除非法证据若干问题的规定》	两院三部《非法证据排除规定》
40	最高人民法院、最高人民检察院、公安部、国家安全部、司法部《关于办理刑事案件严格排除非法证据若干问题的规定》	两院三部《严格排除非法证据规定》
41	最高人民法院、最高人民检察院、公安部、国家安全部、司法部《关于推进以审判为中心的刑事诉讼制度改革的意见》	两院三部《以审判为中心意见》
42	最高人民法院、最高人民检察院、公安部《关于办理刑事案件收集提取和审查判断电子数据若干问题的规定》	《电子数据规定》
43	最高人民法院《人民法院办理刑事案件庭前会议规程（试行）》《人民法院办理刑事案件排除非法证据规程（试行）》和《人民法院办理刑事案件第一审普通程序法庭调查规程（试行）》	最高院"三项规程"
44	最高人民法院《关于建立健全防范刑事冤假错案工作机制的意见》	最高院《防范冤假错案的意见》
45	《最高人民法院关于适用〈中华人民共和国刑事诉讼法〉的解释》	最高院《刑诉解释》
46	最高人民检察院《人民检察院刑事诉讼规则》	最高检《规则》
47	《最高人民法院关于适用〈中华人民共和国民事诉讼法〉的解释》	最高院《民诉解释》
48	《最高人民法院关于适用〈中华人民共和国行政诉讼法〉的解释》	最高院《行诉解释》
49	公安部《公安机关办理刑事案件程序规定》	公安部《规定》
50	2001年《最高人民法院关于民事诉讼证据的若干规定》	2001年最高院《民诉证据规定》

序号	规范性法律文件全称	本书名称（简称）
51	2019 年《最高人民法院关于民事诉讼证据的若干规定》	最高院《民诉证据规定》
52	《最高人民法院关于行政诉讼证据若干问题的规定》	最高院《行诉证据规定》
53	《中华人民共和国监察法实施条例》	《监察法实施条例》
54	联合国《公民权利和政治权利国际公约》	联合国《两权公约》
55	联合国《禁止酷刑和其他残忍、不人道或有辱人格的待遇或处罚公约》	联合国《禁止酷刑公约》

目 录

第一章　证据法学概论

学习指导

通过本章的学习，应当理解和掌握证据法的概念及渊源，了解证据法学及其属性，认识和领悟历史上存在的三种证据制度的内容及其评价、我国古代证据制度的内涵及其对现代证据制度的启示。学习的重点与难点是认识证据法与证据法学之间的关系，证据法学的学科属性，证据法学的证明对象与证明方法，以及法定证据制度、自由心证证据制度的内容及其相互关系等问题。

第一节　证据法、证据法学及其属性

一、证据法的概念

习近平总书记指出，促进社会公平正义，是政法工作的核心价值追求。实现个案中的公平正义，关键是依法律靠证据，要把证据作为保证案件办理质量的生命线。证据法是法治的基石，证据制度是审判制度、检察制度、侦查制度的共同地基，证据法学是法律职业人员必备的知识，也是司法责任制的法宝。

证据法是证据法学的研究对象之一，其可以分为广义的证据法和狭义的证据法。广义的证据法，是指关于证据的定义和分类、证据的收集与提供、证据的运用与采信、证据规则、证明责任和证明标准等法律规范的总和。它包括诉讼证据法和非诉讼证据法。诉讼证据法涵盖刑事诉讼证据法、民事诉讼证据法、行政诉讼证据法三个领域；非诉讼证据法包括行政证据法、仲裁证据法、公证证据法和监察证据法等。狭义的证据法，通常仅指诉讼证据法，即专门订立的证据法典以及诉讼法中与证据有关的各种具体规定。这是由于证据在诉讼活动中的运用较为广泛，也最具有代表性，同时，各种证据规则大多产生于诉讼制度的发展进程之中。一般意义上的证据法指的便是狭义证据法。

狭义证据法在我国主要包括《民事诉讼法》《刑事诉讼法》《行政诉讼法》以及有关诉讼证据的专门司法解释。如，最高院《民诉证据规定》、最高院《行诉证据规定》、两院三部《办理死刑案件证据规定》、两院三部《严格排除非法证据规定》等。

二、证据法的渊源

证据法的渊源是指证据法律规范的存在形式。我国证据法的渊源体现在如下几个层面：

（一）宪法

宪法是国家的根本大法，具有最高的法律效力，是制定一切法律的根据。我国《宪法》中虽未直接表述与证据相关的法律条文，但在赋予公民各项权利的过程中，涉及若干证据收集取得的程序性要求。如，我国《宪法》第13条第1款规定："公民的合法的私有财产不受侵犯。"第33条第3款规定："国家尊重和保障人权。"第37条规定："中华人民共和国公民的人身自由不受侵犯。任何公民，非经人民检察院批准或者决定或者人民法院决定，并由公安机关执行，不受逮捕。禁止非法拘禁和以其他方法非法剥夺或者限制公民的人身自由，禁止非法搜查公民的身体。"第39条规定："中华人民共和国公民的住宅不受侵犯。禁止非法搜查或者非法侵入公民的住宅。"上述规定为证据立法中规范证据收集程序、完善非法证据排除规则奠定了理论基础。

（二）诉讼法

由于我国证据法并未单独立法，三大诉讼法就成为了证据法的重要渊源。我国《刑事诉讼法》在第一编第五章（第50-65条）共16个条款、《民事诉讼法》在第一编第六章（第66-84条）共19个条款、《行政诉讼法》在第五章（第33-43条）共11个条款，对证据的种类及运用等问题进行了专章规定。此外，在审判程序章节中，还有部分关于证据运用的条文规范。

（三）其他法律

证据法的渊源还包括全国人民代表大会及其常务委员会制定的，与证据法有关的其他法律，如《刑法》《民法典》《行政处罚法》《行政复议法》《治安管理处罚法》《监察法》《律师法》《海事诉讼特别程序法》《电子签名法》《数据安全法》《道路交通安全法》等。《刑法》与《民法典》作为实体法，均涉及有关举证责任分配的规定。如《刑法》第128条非法持有、私藏枪支、弹药罪，

第 282 条非法持有国家绝密、机密文件、资料、物品罪，第 348 条非法持有毒品罪，以及第 395 条巨额财产来源不明罪，上述条文均蕴含被告人对持有特定物品的合法性，以及对自己巨额财产的来源承担举证责任的要求。《民法典》第 1165 条 2 款规定："依照法律规定推定行为人有过错，其不能证明自己没有过错的，应当承担侵权责任。"该条款涉及证据法中的推定规则。此外，《民法典》第七编侵权责任编也对一些特殊侵权行为举证责任的分配进行了规定。《行政处罚法》第 46 条规定了证据种类，该条第 2、3 款规定："证据必须经查证属实，方可作为认定案件事实的根据。以非法手段取得的证据，不得作为认定案件事实的根据。"《监察法》第 33 条第 1、2 款规定："监察机关依照本法规定收集的物证、书证、证人证言、被调查人供述和辩解、视听资料、电子数据等证据材料，在刑事诉讼中可以作为证据使用。监察机关在收集、固定、审查、运用证据时，应当与刑事审判关于证据的要求和标准相一致。"《数据安全法》第 35 条规定："公安机关、国家安全机关因依法维护国家安全或者侦查犯罪的需要调取数据，应当按照国家有关规定，经过严格的批准手续，依法进行，有关组织、个人应当予以配合。"除此之外，上述法律中还存在其他关于证据法的规定，对于相关领域证据的运用具有规范指引作用。

（四）司法解释和相关规定

由于诉讼法及其他法律中关于证据法的相关内容较为粗疏，全国人大常委会、最高人民法院、最高人民检察院为统一证据的适用及审查判断，明确证据规则，曾前后出台司法解释、通知及批复，亦属于证据法的渊源。与诉讼法关系较为密切的司法解释有：最高院《刑诉解释》、最高院《民诉解释》、最高院《行诉解释》、最高检《规则》、公安部《规定》。专门调整证据问题的司法解释有：最高院《民诉证据规定》、最高院《行诉证据规定》，以及刑事证据方面的两院三部《办理死刑案件证据规定》、两院三部《非法证据排除规定》、两院三部《严格排除非法证据规定》、《电子数据规定》。此外，最高院《防范冤假错案的意见》、两院三部《以审判为中心意见》以及最高院"三项规程"等，均涉及证据法的相关内容。

（五）行政法规与部门规章

国务院颁布的行政法规与相关行政部门颁布的部门规章中也存在涉及证据法的规定。这些法规规章为行政执法、行政诉讼以及行刑衔接等法律活动提供证据规范。如，公安部颁布的《道路交通事故处理程序规定》第 34 条规定："痕迹、物证等证据可能因时间、地点、气象等原因导致改变、毁损、灭失的，交通警察应当及时固定、提取或者保全。对涉嫌饮酒或者服用国家管制的精神药品、麻醉药品驾驶车辆的人员，公安机关交通管理部门应当按照《道路交通安全违法行为处理程序规定》及时抽血或者提取尿样等检材，送交有检验鉴定资质的机构进行检验。车辆驾驶人员当场死亡的，应当及时抽血检验。不具备抽血条件的，应当由医疗机构或者鉴定机构出具证明。"公安部《公安机关办理行政案件程序规定》第四章（第26-34条）共9个条款对证据问题进行了专章规定。

（六）国际公约[1]

我国签署并批准的国际公约也涉及证据法的规定，如联合国《禁止酷刑公约》、《联合国反腐败公约》、《关于从国外调取民事或商事证据的公约》、《承认及执行外国仲裁裁决公约》等。《联合国反腐败公约》第28条规定："根据本公约确立的犯罪所需具备的明知、故意或者目的等要素，可以根据客观实际情况予以推定。"第32条第1款规定："各缔约国均应当根据本国法律制度并在其力所能及的范围内采取适当的措施，为就根据本公约确立的犯罪作证的证人和鉴定人并酌情为其亲属及其他与其关系密切者提供有效的保护，使其免遭可能的报复或者恐吓。"《关于从国外调取民事或商事证据的公约》第15条第1款规定："在民事或商事案件中，每一缔约国的外交官员或领事代表在另一缔约国境内其执行职务的区域内，可以向他所代表的国家的国民在不采取强制措施的情况下调取证据，以协助在其代表的国家的法院中进行的诉讼。"此外，我国已经签署但尚未批准的联合国《两权公约》中也有关于证据法的相关规定，如第14条第2款规定："受刑事控告之人，未经依法确定有罪以前，应假定其无罪"；第14条第3款（辰）项规定："得亲自或间接诘问他造证人，并得声请法院传唤其证人在与他造证人同等条件下出庭作证"；第14条第3款（午）项规定："被告自供或认罪"。

三、证据法学的概念及其属性

（一）证据法学的概念

证据法学是以证据法为主要研究对象的学科。裴苍龄教授的《证据法学新论》认为，证据制度的核心是证据法，即"有关证据的一切立法"。[2] 由于证

---

[1] 本书中涉及的国际条约，参见中华人民共和国外交部条约数据库提供文本。

[2] 裴苍龄：《证据法学新论》，法律出版社1989年版，第2页。

据法有广义和狭义之分，因此证据法学也可以分为广义证据法学和狭义证据法学。广义证据法学，也称为法律证据学，除研究诉讼证据外，还研究处理其他法律事务，如在行政执法、仲裁、公证、监察等活动中如何运用证据的问题。所谓狭义证据法学，又称诉讼证据法学，专门研究诉讼中的证据法律规范及其证据运用等问题。由于证据在各种诉讼活动中运用最为广泛、要求最为严格，各种有关证据运用的规则也大都产生于诉讼程序的发展进化中，而且有关诉讼证据的法律规范和司法实践对处理其他非诉讼法律事务中的证据运用有重要的参照和借鉴作用，因此，诉讼证据法学应当是证据法学的核心部分。

（二）证据法学的学科属性

证据法学作为现代法学体系中的一个重要部门法学，和其他法学一样，有着自己独立的学科地位，但同时证据法学也具有很强的交叉性特征。

1. 证据法学是一门独立的法学学科。诉讼法学是以刑事诉讼法、民事诉讼法和行政诉讼法等为研究对象的一个部门法学。诉讼程序是它的主要内容，而诉讼任务的完成，则依赖于证据的运用。我国刑事诉讼法、民事诉讼法以及行政诉讼法中都列有专章对证据问题作了规定。可见，证据法学是诉讼法学的重要组成部分，在诉讼法学中占有极其重要的地位。

通常认为，证据法学总体上是诉讼法学的一部分。因为，证据法的具体运作环境是诉讼，其立足点和宗旨在于直接为诉讼裁判提供事实根据。也就是说，诉讼的实质内容是运用证据证明案件中待证事实或争议事实。因此，证据法在宗旨和内容上受制于诉讼法或诉讼机理。如果证据法与诉讼法相违背，证据法的有效性就得不到保证。当然，离开了证据，诉讼活动就不能正常运行，其目的也不能得以实现。由于证据法内容的复杂性和特殊性，理论界对证据法与诉讼法的关系存在三种不同的观点：第一种观点认为，证据法既不属于程序法学，又不属于实体法学，而是独立于程序法学和实体法学的一个部门法学——证据法学。[1] 国外一些学者主张建立实体法、程序法、证据法三足鼎立的立法体制和法律结构形式。第二种观点认为，证据法兼有实体法和程序法的属性，即具有双重属性。其理由是：①证据形成于案件过程中，而取得于诉讼过程中，这种情况决定了证据法既具有实体法意义，又有程序法意义。从发现证据的过程

---

〔1〕 参见刘金友主编：《证据理论与实务》，法律出版社 1992 年版，第 2 页；另参见裴苍龄：《证据法学新论》，法律出版社 1989 年版，第 8 页。

来看，它具有程序法的意义；但从证据的效能来看，它又具有实体法的色彩。[1] ②有一些有关证据的法律规范出现在实体法中，而且这些证据规范与实体权利义务的分配紧密相关。[2] ③证据法兼有程序法和实体法这两个方面的意义，这种情况使它成为联结程序法和实体法的纽带，程序法服务于实体法主要也是通过证据法的作用实现的。第三种观点认为，证据法的基本性质是程序性的，即认为证据法属于程序法的组成部分。如学者陈朴生就明确指出："刑事证据法，乃刑事程序法之一部。"[3] 其主要理由为：①从证据法的作用上看，它具有程序性的意义。证据法主要涉及对案情的认定，即从审判上确认法律事实的规则。英美法系国家的学理上也认为证据法是论述法院在确定争执中的事实时所遵守的程序。②从证据法的内容来看，应将其归入程序法范畴。证据法作为程序法的重要组成部分，是诉讼程序所固有的既成的程序和规则，如果失去了证据法，那么诉讼程序便失去了存在的基础和形式。

本书认为，尽管证据法与诉讼法的关系是部分与整体的关系，但是不能说证据法完全依赖于诉讼法，它有其自身相对的独立性。证据法的有关规定和某些规则的确包含了实体法的内容，具有一定的实体法性质，这就使证据法与实体法之间存在着某些特殊的、必然的联系，例如，关于民事证明责任分配的规定与民事责任的归责原则就存在着密切的关系。也正是由于这种特殊的关系，使得证据法在程序法和实体法中居于特殊的地位，成为在程序中实现法律实体目的的"手段"。然而，在法律体系中，程序法和实体法的划分并不是绝对的。而且，判断一种法律的性质，不能限于它的部分内容，应当从整体上分析该法律中具有主导地位的内容属于程序性还是实体性。因此，考虑到证据法中绝大部分的内容具有程序法的性质，只是部分条款具有实体法的性质，理论界多数学者认为，证据法属于程序法的范畴。本书赞同这种观点，但同时认为，鉴于证据法作为程序法和实体法均包含其相关内容的法律规范，加之证据法在诉讼活动中的核心地位以及其应用范围的广泛性，证据法的性质不仅限于程序法的范畴，最终应成为法律体系中具有独立性质的法律。

2. 证据法学是一门交叉法学学科。证据法学是一门交叉性较强的学科。主要表现在以下几个方面：

---

[1] 参见毕玉谦：《民事证据法及其程序功能》，法律出版社 1997 年版，第 13—14 页。
[2] 陈光中主编：《证据法学》，法律出版社 2019 年版，第 3 页。
[3] 陈朴生：《刑事证据法》，三民书局 1979 年版，第 1 页。

（1）法学与哲学的交叉。证据法学研究如何收集证据、运用证据认识案件客观事实，研究主观与客观、存在与意识的关系，因此，必须坚持辩证唯物主义的世界观和方法论，特别是遵循辩证唯物主义的认识论原理和强调实践第一的观点。但是，不能仅仅停留在哲学一般原理运用的层面上，证据法学还要从诉讼法律的角度和程序正义的理念来研究诉讼中的证据和证据的运用，研究建立反映诉讼特色和正当程序的证据法律规则。

（2）证据法学与各个诉讼法学学科的交叉。证据法学处于刑事诉讼法学、民事诉讼法学和行政诉讼法学关于证据制度研究的结合点上，因而，它不仅要研究各类诉讼法中关于证据的规定、运用证据的规律及其相关制度，而且要在更高的层次上概括其存在的共性，并总结、提炼出具有普遍指导意义的原理与规则。

（3）实体法与程序法的交叉。在证据运用过程中，解决案件实体问题或争议问题的主要依据是刑法、民法、行政法等实体法律规范。而证据的收集、运用则是在诉讼程序之中，证据法学既要依据实体法的规范来处理案件，又要依据程序法的规则进行证据运用。

（4）证据法学与犯罪学、侦查学、法医学的交叉。犯罪学是专门研究犯罪心理、犯罪斗争的方法、对策的法学学科，因而它必然涉及有关犯罪证据的收集、认定，并发挥其对揭露、证实犯罪的证明作用。侦查学是研究如何发现、收集和固定证据并用以揭露犯罪的学科，它的研究对象主要是侦查的技术、手段、策略和方法等，其中必然涉及证据的发现、收集、证明、认定等问题。由此可见，证据法学与犯罪学、侦查学研究的问题和对象有着重合的部分，具有共同性，即它们都涉及证据及其运用。此外，证据法学还与法医学以及其他部门法学有一定的关系。因为任何部门法学几乎都要用证据来查明案件事实，有的部门法学本身就是研究如何运用科学技术发现证据及其原因的科学。证据法学应该把一切法学科涉及的证据收集、判断和运用的内容都放在自己研究的范围之内。

第二节　证据法学的研究对象及研究方法

一、证据法学的研究对象

证据法学不仅具有明显的理论性，还具有很强的实践应用性，其发展动力源自诉讼实践。证据法学的研究就是要以科学的理论来指导司法实践，同时在实践中接受检验，修正和完善证据理论。因此，证据法学的研究和学习不仅要以证据法律规范为前提和依据，还必须紧密联系司法实践，从证据制度的实际运作中总结经验，发现问题并加以研究解决。其研究对象包括古今中外的证据法律规范、证据理论和证据制度以及证据运用的司法实践三个方面。

（一）证据法律规范

证据法学的首要研究对象即为证据法律规范，证据法律规范作为最基础的法律文本，构成了我国证据法学的主要研究内容。我国的证据法律规范散见于三大诉讼法以及各司法解释中，相关法律条文均属于证据法学的研究对象。在研究证据法律规范的过程中，一要研究证据法律规范中的基本名词、法律用语以及文本内容含义，准确理解认识法律规范所表达的基本含义。二要研究证据法律规范之间以及与其他法律规范之间的关系。一方面是由于我国证据法律规范在三大诉讼法中与其他司法解释中，往往互为补充，需要彼此对照研究；另一方面是因为实践中存在不同领域诉讼活动彼此衔接的现象。因此，有必要从整体上把握证据法律规范的基本结构、内容，以及与其他法律规范的协调关系问题。三要研究证据法律规范的立法本意、背景、指导思想以及证据法律规范所反映的法律价值选择等，进而确保证据法律规范的准确适用。

（二）证据理论和证据制度

证据理论的形成具有漫长的历史进程，从最初的神示证据制度到欧洲中世纪的法定证据制度，再至近现代的自由心证证据制度，不同的证据制度之下，孕育出了不同的证据理论。有的证据理论已因世事变迁不再符合当前的理论与实践要求而被淘汰，有的证据理论在今天仍发挥着重要作用。我国关于证据理论的研究起步较晚，对于一些证据法学中的重大理论问题尚未取得共识。但从党的十一届三中全会以来，我国证据法学理论的研究已经取得了长足的进步和丰硕的成果，特别在党的二十大提出建构中国法学自主知识体系以来，探索完善具有中国特色的证据理论体系将是未来的重要研究方向。

（三）证据运用的司法实践

证据法学研究的最终指向对象是司法实践，证据法律规范的内容能否应对实践中五花八门的真实案例，证据理论能否契合司法实践的价值伦理要求，只能通过实践活动予以检验。在我国证据法学不断发展完善的过程中，司法实践不断反哺证据法律规范和证据理论的修改、完善。例如，对于我国司法实践中出现的"亡者归来""真凶出现"等冤假错案的现象，我国通过立法中确立非法证据排除规则进行积极应对与防范。再如随着我国电信网络诈骗案件数量的增长，两高一部 2016 年发布的《关于办理电信网络诈骗等刑事案件适用法律若干问题的意见》中提出了"综合认定"的证明模式。可见，证据法学的发展始终要以满足司法实践的需要为导向，不断探索完善适合我国国情的证据法学体系。

二、证据法学的研究方法

在开展证据法学学习和研究时，要始终坚持马克思主义的唯物辩证法，除此之外，还应当掌握以下几种研究方法：

（一）思辨研究的方法

思辨研究的方法，是通过研究主体的抽象思维活动，从反映客观事物的概念、观念或原则出发，通过严谨的逻辑推理，得出相应的认识结论。[1] 我国证据法学界长期以来重视理论思辨的研究方法，对于事实、证据、证据的属性、证明等基本概念都进行了较为深入的研究，并根据诉讼认识和诉讼规律，发现查明案件事实的基本方法。

（二）比较研究的方法

证据法学的比较研究方法主要有两种：①纵向比较，主要是进行不同时期的证据制度的比较，对于符合当前证据制度要求的规定可以予以吸收、借鉴。如我国的亲属拒绝作证权就是在一定程度上借鉴了"亲亲相隐"的传统理念。②横向比较，主要是对同一时期的证据制度进行比较：一是不同类型的诉讼中证据制度的比较研究，如刑事证据制度、民事证据制度、行政证据制度等。二是不同国家的证据制度、证据理论的比较。开展比较研究的最终目的应当是总结经验和借鉴，因此，在进行纵向比较研究时，应注意继承与创新的结合；在进行横向比较研究时，应当立足于国情，以我为主，适当借鉴外国证据制度、证据理论和诉讼实践。

（三）实证研究的方法

证据法学作为实践性极强的法学学科，在开展研究时离不开实证研究的方法，实证研究法在揭示问题方面更能客观反映司法实践的现状，在解决问题方面能保证解决方案的针对性，更有助于司法实践问题的解决。具体而言，证据法学实证研究的方法主要有个案分析法和统计分析法。如我国最高院、最高检公布的典型案例，就是通过个案分析法对典型案件的证据适用问题进行深入研

---

[1] 何家弘：《试述证据法学的研究对象和研究方法》，载《法学杂志》2000 年第 2 期。

究，统一证据适用规范，并用以指导实践。统计分析法，则是运用统计学的方法对一定范围内的案件进行数据分析，并得出具有广泛性的结论。如对于某类犯罪中存在的证明难题，即可以通过统计分析法予以揭示。

开展实证研究的调查方法包括问卷调查法、访问法。问卷调查法是由调研人员预先设计相应问题，然后由一定数量的相关人员进行回答，并就回答结果进行分析并得出结论的研究方法。访问法所涉及的调查对象范围较小，但调查深度较之问卷调查法更加深入，通过与公安司法人员以及律师等人员的交流和座谈，可以更深入了解案件处理过程中所遇到的证据问题。

（四）交叉研究的方法

尽管我们已将证据法学的研究对象集中在法学领域，但作为一门交叉性极强的法学学科，其他学科的发展仍会对证据法学产生影响。因此，在研究过程中，应充分认识证据法学的学科属性特点，有效利用其他交叉学科的研究成果。如可以借鉴心理学中关于当事人、未成年人、证人的作证心理，概率统计学中某一事实发生可能性的概率分析等。

第三节　证据制度的历史发展

证据制度的发达程度与人类文明程度、认识能力、科技发展、政治制度及诉讼构造等多种因素具有密切的关系。在人类历史上曾经出现了三种具有典型意义的证据制度，分别是奴隶制时期的神示证据制度、欧洲中世纪的法定证据制度和近现代资本主义时期的自由心证证据制度。

一、奴隶制时期的神示证据制度

借助神灵的启示处理纠纷，既是一种古老的人类学现象，又是一种法文化现象。在原始社会里，人们借助神灵断是非、决争讼，产生了最原始的神明裁判。神明裁判是原始初民解决纠纷、处理矛盾的最主要方法。在古代印度、古希腊、古伊朗和中世纪日耳曼等古老文明国家的历史文献、民族习俗中都能看到神明裁判的踪迹。

（一）神示证据制度的概念

神示证据制度，也称神明裁判或者神判，是指用一定的形式邀请神灵帮助，并根据神意的各种启示来判断诉讼中的是非曲直，以作为裁判依据的一种证据制度。神明裁判最初是原始氏族解决纠纷的方式，后来发展为奴隶制国家早期诉讼制度中的一种审判方式和证据制度。不仅奴隶制时代有神明裁判，直至在中世纪后期的日尔曼法中仍有少量残存。

神示证据制度产生的历史背景较为复杂。首先，它与奴隶制社会当时极其低下的生产力发展水平有着密切的关系。其次，神示证据制度也满足统治阶级在政治上实行神权统治的需要。神权统治起源于原始社会人们对自然的崇拜。自然崇拜是原始社会盛行的一种宗教信仰。掌握国家政权的统治者不但自身是神的崇拜者，而且利用人们的愚昧和迷信，夸大神的能力和力量，利用人们对神的敬畏和压力，宣扬欺骗神灵或者违背神意会遭到神灵的惩罚。最后，神示证据制度与当时的弹劾式诉讼制度相适应。奴隶社会时期采用弹劾式诉讼形式，起诉权由私人掌握，诉讼进程完全由双方当事人控制，而且，原告与被告的诉讼地位平等，法官在审判过程中处于消极的仲裁地位，只是起到主持审理过程的作用。

（二）神示证据制度的内容

在欧洲的初民社会，既可以把神明裁判解读为证明方式，也可以解读为裁判方式，还可以解读为某种宗教仪式，三者在功能上并无实质差别。神明裁判的形式很多，运用较多的有"宣誓""冷水审""沸水审""火审""决斗""占卜"，等等。

1. 宣誓神判。宣誓神判又称"对神宣誓""神誓"或"诅咒判"。宣誓神判是一种古老的神判形式，起源于原始巫术形式中的诅咒，它表达了原始初民对恶神的憎恶和对善神的无比信赖和顺从。当诉讼双方的陈述发生矛盾或冲突时，裁判者要求诉讼当事人或证人等，以向神灵发誓来证明自己所作陈述为真实，以便裁判者认定案件事实。宣誓神判在神示证据制度中应用最为广泛。

在宣誓神判中，诅咒总是和宣誓紧密联系在一起的。咒语由巫师带领当事人双方说出，或者由当事人自己说出，然后是向所宣誓的神灵发誓，表明自己的清白。早期的人类由于自身力量的渺小，面对强大而无法抗拒的"超自然力"和"超人间"的神灵，自然会产生强烈的畏惧，因此相信违背神灵的意志或对神灵不忠诚必然会受到神灵的惩罚，因而诅咒是令人恐惧的，誓言便自然具有了较强的担保的效力。这种具有较强担保效力的宣誓靠的是当事人的内心自觉，而这种自觉在某种程度上会形成内心约束。[1]

2. 水审。水审是指通过一定的方式使当事人接受水的考验，显示神意，并

---

[1]　叶英萍、李春光：《论神明裁判及其影响》，载《法学家》2007 年第 3 期。

以此判定当事人对案情的陈述是否真实，或者刑事被告人是否有罪的方法。水审在不同的地区表现为两种不同的方式：冷水审与沸水审。①冷水审。冷水审一般是将被告人一方投入河水中，看其是否沉没，以检验其陈述的是否真实或者其是否有罪的方法。②沸水审。沸水审就是让被告人用手从沸水或沸油锅中捞出某种物品，接着包扎好烫伤的手臂，同时向神祈祷，过一段时间后再根据其烫伤是否日渐愈合来判定其陈述是否是真实的以及其是否有罪的方法。

3. 火审。火审是通过一定的方式让被告人接受火或烧红的铁器的考验，显示神意，借以判定当事人的陈述是否真实或刑事被告人是否有罪的方法。火审与水审一样，这种考验或者折磨主要用于重大案件的检验，通常都伴随着由牧师或神父等神职人员主持的宗教仪式。

4. 决斗。决斗是让诉讼中争讼的双方当事人进行搏击，以搏击的胜负结果来显示神意，并据以判断当事人的陈述是否真实，刑事被告人是否有罪，从而认定案件事实的方法。决斗是盛行于欧洲中世纪的一种习俗，这种习俗也被用于诉讼中，而且决斗通常也有一定的规则，要在法庭安排的宗教仪式下进行。司法决斗不仅仅适用于刑事案件，后来也扩大到民事案件之中，不过在具体适用时也有不同。在刑事案件中，这种决斗往往是指控人和被指控人之间的生与死的决定，因为决斗的负者会被送上绞刑架。在民事案件中，当事人不必自己决斗，可以雇佣职业剑手去决斗。这种"司法决斗"在中世纪欧洲广为流行，尤其在法国延续的时间最长，直到1818年法国国会才废除了"司法决斗"。

除了上述神判方法之外，还有卜筮法和十字形证明法等方法。卜筮法也称抽签审，是由当事人就双方争议的事实向神祷告，然后进行占卜，法官根据卦象或签牌的内容判断何者胜诉的神判方法。十字形证明就是让当事人双方对面站立，双腿并拢，手臂左右伸直，使身体呈十字形，保持这种姿势时间最久者胜诉的神判方法。十字形证明法主要为信仰基督教的民族所采用。

(三) 对神示证据制度的评价

神示证据制度的积极意义包括以下三个方面：

1. 神示证据制度为近现代审判制度奠定了基础。古老而原始的神明裁判作为古代较为有效的纠纷解决机制，具备了现代审判制度的最基本的要素。现在看来非理性的、带有一定原始愚昧和落后色彩的神明裁判程序具有最早的审判程式化特征。神明裁判的程序性、公开性、公认的程序以及公众参与等要素，为近现代公开、公平、公正的基本司法理念的生成提供了土壤。神明裁判中严格的程序为后世诉讼制度中"程序至上"的理念产生奠定了基础。

2. 神誓为近现代西方国家证据制度奠定了基础。宣誓神判对当事人双方和助誓人的内心会产生明显的约束力。这就促使宣誓在后来的司法审判中成为一种举证责任的依据，进而成为证据制度的重要内容，成为法庭质证的一种制度化形式。在西方法文化中，许多国家的法典关于证据制度的规定中都有宣誓证明的痕迹。宣誓证明在诉讼证明过程中有着极强的证明力，在证据制度中占有重要地位。宣誓证明与原始社会神判中的宣誓判，无论在形式还是在理论依据上都极为相似。因此，西方国家证据制度中的宣誓证明是由神判中的宣誓判演变而来的。[1]

3. 神示证据制度对于查明案件事实、正确断狱息讼也有一定的作用。神示证据制度作为一种古老的、朴素的解决纠纷的方法，不仅在远古时代起到了定分止争、维护社会秩序的作用，而且对之后人类社会的发展也产生了深远的影响。神示证据制度强调以全知全能的神灵的各种启示作为解决各种纠纷的依据，这对于当时认识能力低下的人们所产生的心理强制作用是巨大的，唯恐作不真实的陈述会遭到神的惩罚。正是有了这种对神的敬畏和恐惧，因而在一定程度上保障了人们陈述的真实性。如当时被广泛采用的对神宣誓法，有时会因当事人的有罪心理影响其宣誓时的神态，甚至会使其心神不定或丧失意识等情况出现；有时也会出现为了不受神的惩罚而不敢不说出真实情况的现象。这对于法官查明案件事实、正确断案都具有一定的作用。

神示证据制度的局限性主要包括以下三个方面：

第一，神示证据制度是特定历史时期下生产力发展水平低下的产物，它是一种不科学的司法证明制度。随着人类社会的发展，神示证据制度大约在 12 世纪末开始走向衰落，最终逐渐退出了司法证明的历史舞台。其中最主要的原因是人类认识能力的提高，即随着人类社会的发展和进步，人们认识自然与社会的能力不断提高，对于神的信仰已经开始变化，逐渐对神示证据制度的合理性和可靠性产生了怀疑。当然，国家权力的膨胀和社会环境的变迁也是其中的原因。到 13 世纪末，神明裁判基本退出了欧洲司法证明的历史舞台。

第二，审判过程和处罚过程同一。在神明裁判中，审判的过程与处罚的过程是同一的，所以说审判与处罚合二为一是神判的重要特征。如水审，在头人或氏族长老的主持下，将失主与被诉者置于水中，若失主浮出水面而被诉者未浮出，则审判结束，被诉者有罪，此时处罚已经完成，因为被诉者已溺死于水中；

---

[1]　叶英萍、李春光：《论神明裁判及其影响》，载《法学家》2007 年第 3 期。

反之，若被诉者浮出而失主未浮出，则证明是失主诬陷好人，审判结束且不需要处罚被诉者。由此可见，审判过程进行完了，处罚也就随之完成了，审判的过程实际上就是处罚的过程。[1]

第三，证明手段原始、残忍。在神明裁判的中，许多刑事被告人无法通过"神明"的考验，在证明过程中即接受"神明"的处罚，致残乃至丧命。[2] 现存的一些史学资料记录了许多因接受水审、毒物审、食物审、司法决斗而丧命的案例。即便到了中世纪早期，欧洲每年仍有为数众多的刑事被告人死于神意裁判，尤其是司法决斗。

二、欧洲中世纪的法定证据制度

（一）法定证据制度的概念

法定证据制度，又称为"形式证据制度"，是指在立法上确立精确的证据证明力等级体系，对每种证据的可采性、不同种类证据的证明力进行详细规定，并且具体规定证据之间出现冲突时的优先取舍规则的证据制度。

从12世纪至16世纪，法定证据制度在欧洲盛行了数百年。法定证据制度的产生深受古典自然法思想的影响。格老秀斯、普芬多夫、多玛等古典自然法学派学者将启蒙思想注入了欧洲刑事证据制度，并孕育了无罪推定、排除合理怀疑、保障被告人的人权等现代刑事证据制度的核心要素。此外，欧陆成文法的形成对法定证据制度的产生具有重要的影响。除沙俄、英国等极少数国家外，欧洲各国的刑事证据制度基本类似，并一直延续至18世纪末。[3]

法定证据制度具有如下特征：

1. 证据的形式化和等级性色彩明显。神示裁判制度开始消亡，庭审不再是充满宗教色彩的语言和仪式，现代意义上的证言、物证及书证得到极大发展和运用。在法定证据制度中，法律对于证据证明力和判断证据规则的规定，主要是根据证据的外在形式，而不是根据证据的实质内容。由于封建等级特权极为盛行，证据的等级性也较为明显，即根据提供证据的人的社会等级来判断证据的效力。

2. 法官享有极大的权力，在证据的收集、审查和运用上发挥积极主动的作

---

〔1〕 叶英萍、李春光：《论神明裁判及其影响》，载《法学家》2007 年第 3 期。
〔2〕 施鹏鹏：《法定证据制度辨误——兼及刑事证明力规则的乌托邦》，载《政法论坛》2016 年第 6 期。
〔3〕 施鹏鹏：《法定证据制度辨误——兼及刑事证明力规则的乌托邦》，载《政法论坛》2016 年第 6 期。

用。刑讯及酷刑获得合法地位，并广泛适用于特别严重的刑事案件。在法定证据制度下，被告人的自白被认为是最有价值的和最完善的证据，它对案件的判决和被告人的命运起着决定性的作用。因此，法官就会千方百计或不择手段地获取被告人的自白。对此，当时的许多法典，对于讯问被告人的内容、步骤、方式都有明确的规定。例如，1670 年《法国刑事法令》第十九编第 1 条规定了适用预备刑讯程序的三个要件：被指控的罪名应判处死刑、犯罪事实确实存在、存在不利于被告的重要证据。法律还规定了法官违法刑讯，特别是导致被告人死亡或残废的应当受到法律处罚的后果。

3. 立法者对证据形式及其证明力作了严格的等级设定，法官在裁判中严格受证据规则的限定。法官只能依据法律的预先规定裁判案件，不得自由裁量，即在法定证据制度下，法官在判断证据证明力时，没有任何主观能动性，只能机械地按照法律规定对证据证明力进行计算，或者将几个不完善的证据相加成一个完善的证据。可见，法定证据制度不仅限制了法官在判断证据及其证明力问题上的自由，还不允许法官在采证问题上进行裁量。

（二）法定证据制度的内容

法定证据制度主要由两项内容构成：

1. 法定的证据形式。欧洲各国的立法明确规定了具有证据资格的证据形式，具体包括被告人自白、证人证言以及书证等。

（1）被告人的自白，即口供。被告人的自白在法典中被规定为最完全的证据，口供作为"证据之王"，是法定证据制度的基础。法律对口供的取得和运用作出了较为具体的规定。值得注意的是，刑讯自 13 世纪开始被作为合法有效的侦查措施成为基督教会和世俗王权集权统治的重要手段，到 17 世纪中期开始广受学术界的诟病和反对，直至 18 世纪末期才逐渐消亡。在罗马教会诉讼中，原则上被告人供述应当是自愿的，不得进行刑讯以强迫其自证其罪。只有在特别严重的刑事案件特别是可能判处死刑的案件中，且有证明力较强的不利于被告的证据时，法官才可以决定对其进行刑讯。即便在这种情况下，口供也不能被直接作为证据使用，而是应在被告人身体恢复后，经重新讯问才可以作为证据。

（2）证人证言。对于证人证言的证明力，法律只是作了形式上的规定，即两个典型的证人的证言应当被认作是完全的和完善的证据；一个可靠证人的证言，算作半个完全的证据。证人证言的适用须遵循如下规则：其一，证人应具有作证资格，即不在回避之列。其二，证人证言应具有"说服力"，严格适用传闻证据排除规则。具体而论，证人须亲眼指控事实的发生，而不得转述或以听闻事实作证。其三，两人作证规则，即至少有两名证人对同一指控事实及情节提供证言，且在根本内容上具有相似性。其四，证人有作证义务。[1]

（3）书证。法定证据制度时代，刑事诉讼中运用书证并不普遍，仅在阴谋暴乱罪、异端罪、伪造罪、暴力罪以及文书恐吓罪中可见到书证的运用。然而，书证在中世纪后期的民事诉讼中得到极大的发展，既包括公证文书，也包括私人文书，其证明力高于证人证言，即所谓的"文书优于证言"规则。法律对书证证明力的大小也作了具体的规定，如认为书证的副本没有原本的证明力大，公文书的证明力大于私人写作的文书的证明力，等等。

2. 法定的证据证明力判断规则。法定证据制度的核心在于对各种证据的证明力作预先规定，以此约束法官对证据运用和认定事实的裁量权。证据根据证据之证明力的强弱分为三类：确实的证据、半证据和不完整的证据。依中世纪的立法、惯例及学说，确实的证据主要包括：无争议或者经公证的书证、两份相互印证的证言、有确实的基础事实的事实推定以及被告人口供。半证据主要包括：单一证人的证言或者强证明力的基础事实。不完整的证据主要由弱证明力的基础事实构成。从法定证据制度的内容上看，确实的证据、半证据和不完整的证据之间大部分不能转换。不完整证据通常仅用于发布传唤令或者拘提令，其证明力不是完整证据的 1/4，法定证据制度下更不存在所谓的 1/8 证据。[2]

在法定证据制度下，法官并非毫无证据审查和采用的裁量权，对全案多个证据也并非不加审慎判断地机械地进行"加减运算"，而是为了防范冤案的发生，在一定程度上发挥主观能动性并且对犯罪事实与证据进行审慎的审查，且作必要的智识分析。有学者将法定证据原则分为积极与消极两种："积极的法定证据原则意味着达不到类似于卡洛林纳法典所示的证据要件，则法官即使确信被告有罪也不得认定罪责并科刑。消极的法定证据原则在证据达不到法律规定的标准时对法官的要求与积极的法定证据原则一样，但在证据达到法定要件时却允许法官保留怀疑的态度，进一步搜集证据乃至对被告作其他处分。一般而言，积极的法定证据原则在法定证据制度发展的初期占有重要的地位，在其发展后期较有弹性的消极法定证据原则逐渐获得了优势。"[3]

---

[1] 施鹏鹏：《法定证据制度辨误——兼及刑事证明力规则的乌托邦》，载《政法论坛》2016 年第 6 期。
[2] 施鹏鹏：《法定证据制度辨误——兼及刑事证明力规则的乌托邦》，载《政法论坛》2016 年第 6 期。
[3] 王亚新：《刑事诉讼中发现案件真相与抑制主观随意性的问题——关于自由心证原则历史和现状的比较法研究》，载《比较法研究》1993 年第 2 期。

（三）对法定证据制度的评价

法定证据制度应封建君主专制的政治需要而建立，它取代神示证据制度具有历史必然性。法定证据制度作为人类司法证明的一项重要制度，既有其进步性，也有其局限性。

在历史上，法定证据制度对欧洲近代刑事证明理论产生较大的影响，不少技术设计依然在时下的自由证明之中有所体现。法定证据制度的进步性表现在：

1. 法定证据制度体现了人类的进步和理性。法定证据制度在人类历史上实现了从非理性司法向理性司法的跨越，创设了一种更为有效查明案件真相的方法。法定证据制度是在对神示证据制度否定的基础上建立起来的，它的产生是人类认知能力提升和科学发展的结果，是人们运用证据的经验在法律上的反映。

2. 法定证据制度还促成职权主义国家设立更为完备的侦检机构以及赋予法官在量刑上更大的自由裁量权。一方面，立法对定罪证据的严格要求及沉重的证明责任设定势必要求欧陆各国设立更强大的侦检机构以及赋予侦检人员更大的权力以进行证据收集。这样就可以理解为何大陆法系国家的警检机构远比英国更为发达。另一方面，法官在法定证据制度下虽无罪责认定的裁量权，但享有适用刑罚的专权（尤其是中世纪后期），可依据被告人及案件的具体情况进行刑罚的个别化，判决通常有利于被告。在司法实践中，法官常为避免适用死刑或其他严苛刑罚而"废法"。[1]

3. 法定证据制度有助于提高司法裁决的规范性。由于在法定证据制度中证据的证明力和运用规则是明确规定的、人们是知晓的，所以人们能事前预见到结果。而且，按照统一规范的证据规则认定案件事实并在此基础上作出判决，比较容易获得社会大众的接受和认可，从而可以提升司法判决的权威性。[2]

法定证据制度的局限性表现在：

第一，法定证据制度违背了认识论的基本法则。法定证据制度完全从形式化的因素来考量和确定证据的证明力，把证据的外在形式特征视为其内在的、具有普遍性的规律，因而不符合认识论的原理。尽管在法定证据制度的具体内容中，也包含一些有价值的实践经验，具有一定的合理性，然而法定证据制度却把这些具体的经验，无条件地奉为一般性准则，运用于一切情况。

第二，法定证据制度束缚了法官的理性，限制了法官的主观能动性的发挥。

─────────

〔1〕　施鹏鹏：《为职权主义辩护》，载《中国法学》2014年第2期。

〔2〕　参见何家弘、刘品新：《证据法学》，法律出版社2022年版，第26页。

由于法定证据制度预先规定了各种证据的证明力，并以法律的形式详细、具体地规定了法官必须遵守的运用证据的规则，使法官无法从实际出发裁量和取舍证据，从而束缚了法官的手脚，使他们难以从客观实际出发，揭露和查明案件事实真相。法定证据制度忽视了法官在审查判断证据中的主观能动性，使法官在运用证据的时候被束缚了理性。

三、近现代资本主义时期的自由心证证据制度

（一）自由心证证据制度的概念及其产生背景

自由心证证据制度，是指一切证据证明力的大小和证据的取舍与运用，以及案件事实的认定，均由法官根据自己的良心、理性进行自由判断，并根据其形成的内心确信认定案件事实的一种证据制度。

法定证据制度于 16 世纪便开始逐渐衰微，在法国大革命胜利后，英国陪审团制度引入欧洲大陆，法定证据制度在自由心证制度萌芽的历史背景下彻底终结。随着酷刑废除运动的兴起，法定证据制度亦在欧洲大陆各国普遍遭受质疑。欧陆启蒙思想家亦开始对法定证据制度进行批判，认为这种证明制度根本不能揭示案件真相。[1] 资产阶级启蒙思想家提出的"自由""平等"等人权思想以及对等级特权的否定，成为自由心证证据制度产生的理论基础。在这些思想观念的影响下，人们对以刑讯逼供为特征的法定证据制度展开了猛烈的抨击。此外，诉讼模式的变化直接促进了证据制度的发展。1808 年的《法国重罪法典》以明确的方式提出了自由心证原则，它在国际范围内产生了重大而深远的影响。此后，原先适用法定证据制度的欧洲国家几乎均效仿《法国重罪法典》确立了自由心证制度。[2] 继法国之后，欧洲大陆各国的立法也相继将自由心证制度确立下来。《法国刑事诉讼法典》第 353 条规定："重罪法庭退庭之前，庭长应当宣读以下训言，并用大号字体书写张贴在评议室最明显的地点；法律不责问法官形成确信的理由，也不规定他们应当特别依据全部足够证据的规则；法律仅规定法官必须平心静气、集中精神、自行思考、自行决定，本着诚实、本着良心、依其理智，寻找针对被告及其辩护理由所提出之证据产生的印象。法律只向法官提出一个概括了法官全部职责范围的问题：你们已有内心确信之决定

---

〔1〕 施鹏鹏：《法定证据制度辩误——兼及刑事证明力规则的乌托邦》，载《政法论坛》2016 年第 6 期。

〔2〕 施鹏鹏：《刑事裁判中的自由心证——论中国刑事证明体系的变革》，载《政法论坛》2018 年第 4 期。

吗?"这被称为自由心证的现代公式。《德国刑事诉讼法典》第261条规定,"对证据调查的结果,由法庭根据它在审理的全过程中建立起来的内心确信而决定"。自由心证制度也传到了亚洲,日本从明治九年开始就确立了自由心证证据制度。《日本刑事诉讼法》第318条规定:"证据的证明力由审判官自由判断。"

（二）自由心证证据制度的内容

自由心证制度是在否定、批判法定证据制度的基础上建立起来的。关于自由心证制度的内容,从自由心证理论以及各国关于自由心证证据制度的具体规定来看,可以概括为以下几个方面:①法律不预先规定证据的证明力;②证据的证明力由法官自由判断;③理性和良心是法官自由评判证据证明力和证据取舍的依据;④内心确信是法官认定案件事实的标准。

有学者提出,自由心证理论的主要内容有两点:一是法官的理性和良心;二是心证达到确信的程度。自由心证理论有两根支柱和一个中心。两根支柱一是抽象的理性,二是抽象的良心。理性是判断证据的依据,良心则是真诚地按照理性的启示判断证据的道德保障。其中心则是"自由",即法官根据理性和良心自由地判断,在内心达到真诚确信的程度。当然,自由心证理论也明确指出,"确信"必须是产生于证据材料在理性中的印象。同时,在自由心证理论中,还有一种"盖然性"的理论,按照这种理论,法官不可能完全准确地判断证据的证明力,因而不可能完全准确地查明案件事实。他们对案件作出的结论,只能具有一定的盖然性。[1] 自由心证并不意味着法官享有绝对的自由,法官对案情的认定必须以证据为前提和基础,而对证据证明力的判断又必须达到内心深处确实相信是真实的程度。在大陆法系国家,早期的自由心证和现代的自由心证制度并不完全相同:早期的自由心证是绝对的,法官几乎不受任何限制,而现代的自由心证则是有限制的;早期的自由心证是秘密的,法官无须公开自己的心证过程,而现代的自由心证法官必须公开自己形成心证的经过。

（三）对自由心证证据制度的评价

自由心证制度在资产阶级与封建阶级斗争的过程中逐渐确立并广泛适用至今,其进步性主要体现在以下方面:

1. 自由心证制度符合诉讼文明和民主的发展趋势。自由心证制度是对法定证据制度的彻底摒弃,它的确立,推动了诉讼制度的民主化,引起了诉讼结构的变革;它废除了刑讯逼供的证明方法和封建等级特权;确定了举证责任由控

---

[1] 参见樊崇义主编:《证据法学》,法律出版社2017年版,第21-22页。

诉方承担的原则；还使被告人获得了辩护权；并在诉讼中确定了当事人平等对抗、举证辩论原则，使公民的基本权利在法律上得到一定程度的尊重。所有这些都体现出自由心证证据制度的进步性和时代要求。

2. 自由心证制度可以更好地在个案中实现司法公正。自由心证制度否定了法定证据制度的形而上学的形式主义，将法官从法律对证据证明力的僵化规定中解放出来，可以依据自己的经验和良心对证据的证明力进行自由判断，保证了法官在运用证据认定案件事实上的自由裁量权，可以根据案件的具体情况进行审查证据和运用证据，为查明案情和正确处理案件提供了可能性。

3. 自由心证制度对司法制度的发展也有一定的推动作用。自由心证制度以对法官的理性和良知的信赖为基础，使现代社会的司法权威获得了新的内容，同时自由心证制度的确立，对法官的资格和素养提出了更多的限制和要求，这对于推动现代法官制度的建设乃至司法制度的发展无疑具有重大的意义。

尽管自由心证制度较之法定证据制度，有其历史进步性，但同时也有其内在的局限性，主要表现在两个方面：首先，自由心证制度缺乏统一的认证标准或尺度，容易造成司法实践中的混乱。自由心证制度给法官和陪审团过大的自由裁量权，排斥判断证据时遵守的一切规则，为法官的主观擅断打开了方便之门。其次，自由心证制度在认识论上存在一定的缺陷。自由心证制度以纯主观的"内心确信"真实为依据，而不是以特定的客观实在性为依据，缺乏主观认识与客观事实真相的统一。目前，无论是大陆法系国家还是英美法系国家，在实行自由心证的同时，都建立了一些证据规则对心证来加以限制，避免自由心证的主观随意性，防止法官心证的滥用，因此，两大法系证据制度出现了融合的趋势。

第四节　中国证据制度的历史发展

中国古代证据制度的形成与发展是与中国古代社会的发展紧密联系在一起的。数千年来在司法实践中为维护统治阶级的统治地位和社会秩序，必然要用法律开展各种案件的审理，而各种案件的审理必要涉及查清案件事实，分辨是非曲直。因此，相应的证据制度就必然应运而生。经过几千年的发展和传承，中国证据制度在清朝末期变法修律的时代背景下吸收了国外证据制度的经验，在保持传统证据制度精华的基础上对传统证据制度进行了丰富和发展。新中国成立之后，证据制度虽然历经坎坷，但是在改革开放之后取得了丰硕的成果。

一、中国古代证据制度

与其他国家一样，我国古代的证据制度较为简单、粗疏且不成体系，在传统的法律体系中并不具备其应有的地位。但是，中国古代特殊的政治、经济和文化背景，使得古代证据制度在其形成和发展过程中必有其特点。[1] 从中国古代的各种法律中，可以概括出其证据制度主要有以下几方面的特点：

（一）证据制度中的伦理、法理与情理并重

中国古代证据制度充分体现中国传统伦理思想。法律伦理化是中华法系的重要特点，中国传统伦理对证据制度产生了深远的影响，其中，最具代表性的是"亲亲相隐"原则。所谓"亲亲相隐"，是指法律规定一定范围内的亲属之间负有相互隐匿违法犯罪行为的义务，如果亲属间相互告发，则无论犯罪事实是否存在，告发者必须受到处罚。[2] "亲亲相隐"的理论依据来自孔子的学说。据《论语·子路》记载，孔子认为"吾党之直者异于是。父为子隐，子为父隐，直在其中矣。""亲亲相隐"作为一种主张在战国、秦、西汉前期并未得到统治者重视而上升为法律，直到西汉中期情况才发生改变。汉宣帝于地节四年专门颁布诏令允许以隐匿的形式正面肯定妻、子、孙为夫、父、祖在法律上不作证的正当性。此后各代，国家立法基本上都遵循这一原则，"亲亲相隐"成为中国古代证据制度的重要组成部分。《唐律·名例律》规定："诸同居，若大功以上亲及外祖父母、外孙，若孙之妇、夫之兄弟及兄弟妻，有罪，相为隐；部曲、奴婢为主隐，皆勿论。若小功以下相隐，减凡人三等。"《大明律》虽较唐律严苛，但同样规定了"同居亲属有罪互相容隐""弟不证兄、妻不证夫、奴婢不证主"的法律原则。《大清律例》也规定："子告父，若所告不实，即父无子所告之罪行，子当处绞刑；若所告属实，即父确有子所告之罪行，子亦须受杖一百、徒三年之罚。妻告夫，或告翁姑（夫之双亲），同子告父之情况处理。"在中国这样一个以家庭为本位的伦理社会里，家庭内部的和谐稳定对于社会稳定有着巨大的意义。允许家庭成员间的互相告发和作证虽会在一定程度上有利于打击犯罪，但它破坏伦理纲常，给社会带来的负面影响将远远大于它的积极作用。

---

[1] 郑牧民、易海辉：《论中国古代证据制度的基本特点》，载《湖南科技大学学报（社会科学版）》2007年第2期。

[2] 郑牧民、易海辉：《论中国古代证据制度的基本特点》，载《湖南科技大学学报（社会科学版）》2007年第2期。

有学者研究发现，至隋代，与"证"互不统属的"情"的概念开始形成，情证结合的模式逐渐发展成熟。[1] "情"是指能够查明案件真相的一切资料，有广狭二义。广义的"情"既包括能够证明争议事实存在与否的证据，也包括对争议事实发生与否可能产生影响的相关事实；狭义的"情"仅指对争议事实发生与否可能产生影响的相关事实，既包括客观事实，也包括能够体现行为人心理状态的各种表情和体态，但不包括证据本身。唐律"虽不承引，即据状断之"的规定就是要求司法官员从"情"与"证"两方面审查证据，认定案件事实。据《隋书·裴政传》载，裴政总结前人审理案件的经验，提出审理案件的两种模式：一是"察情"，二是"据证"。[2]《唐律》关于"疑罪"的界定以及疏议对疑罪的具体阐释，充分表明了情理与证据兼用的重要原则。依《唐律》规定，构成"疑罪"的重要标准之一是"虚实之证等，是非之理均"，即证明虚与实的证据数量及证明力相抵，表明真与伪的情况和理由均等，无法明确断定案情虚实和是非的，就构成疑案。由此可以发现，唐代律令要求对犯罪成立的认定不仅要证据之间没有矛盾，而且"实"的证据要明显超过"虚"的证据，在情理上支持有罪的理由要超过无罪的情和理。这充分体现了唐代重视证据与情理相结合的原则。[3]

（二）"师听五辞""以情折狱"具有深厚的心理学基础

在中国古代，人们逐渐发现并总结了一些心理学甚至犯罪心理学的知识并应用在了案件的审判中，以保证证据特别是口供的真实性。西周时期，《周礼·秋官·小司寇》记载，司法官吏应当"以五声听狱讼，求民情"。《尚书》记载："两造具备，师听五辞；五辞简孚，正于五刑。"这里的"听五辞"提出了中国古代经典的听讼方法"五听"。"五听"就是"五辞"，即辞听、色听、气听、耳听、目听。实际上就是要求司法官吏在审理案件时，应当注意受审人讲话是否有理，讲话时神色是否从容，气息是否平和，精神是否清醒，眼神是否有神，并由此推断出其陈述是否真实。秦律《封诊式·讯狱》也认为，"凡讯狱，必先尽听其言而书之，各展其辞，虽智（知）其㐌，勿庸辄诘。其辞已尽书而毋（无）解，乃以诘者诘之。"《唐律疏议·断狱律》在"讯囚察辞理"条疏议规定："诸应讯囚者，必先以情审察辞理，反复参验，犹未能决，事须询问

〔1〕 蒋铁初：《中国古代诉讼中的情证折狱研究》，载《南京大学法律评论》2009 年第 1 期。
〔2〕 （唐）魏徵、令狐德棻撰：《隋书》（第五册），中华书局 1973 年版，第 1549-1550 页。
〔3〕 宋志军：《唐代律令与司法史料之证据规则撷英》，载《国家检察官学院学报》2010 年第 6 期。

者，立案同判，然后拷讯。""五听"制度在我国整个封建社会一直被官吏和法学者所推崇。由于该制度是我国古代司法经验的总结，因此它在我国古代证据史上产生了深远的影响。

中国古代司法实践中曾通行的"术审"规则，是指不用刑讯而利用经验和推理审查证据、查明疑案的一系列方法。据清代《不用刑审判书》的解释，"术审"即司法官员在断案中，"或引而亲之以观其情，或疏而远之以观其忽，或急而取之以观其态，或参而错之以观其变。醉之以酒，以观其真；托之侦探，以观其实；要之于神，以观其状。"司法史料中记载的唐代官员运用"术审"的许多案例流传甚广并被后世借鉴，在诉讼实践中发挥了重要作用。可将其概括为两种：一是运用生活常识和经验审查判断证据；二是运用逻辑推理方法审查判断证据。《晋书·刑法志》认为："情者，心神之使，心感则情动于中而形于言，畅于四肢，发于事业，是故奸人心愧而面赤，内怖而色夺，论罪者务本其心，审其情，精其事，近取诸身，远取诸物，然后乃可以正刑。"这实际上已经接近了现代犯罪心理学的范畴。察言观色作为一个重要的获取证据的手段而被广泛运用于案件的审理过程中。[1]

（三）以有罪推定为基础，实行"疑罪惟轻"原则

对于在诉讼中遇到定罪或不定罪都有一定理由的"疑罪"案件的处理，中国古代的刑事司法通常采用以下几种处理方式：一是"疑罪从赦"，即对于疑罪案件的被告人加以赦免。如《吕刑》记载："五刑之疑有赦，五罚之疑有赦。"《礼记·王制》记载，"疑狱，泛与众共之，众疑，赦之。"二是"疑罪从轻"，即对于疑罪案件被告人加以从轻处理。如《尚书·大禹谟》记载："罪疑惟轻，功疑惟重，与其杀不辜，宁失不经。"三是"疑罪从赎"，即对于疑罪案件被告人，允许其交纳一定的金钱财物"赎买"刑罚。如《唐律》规定："诸疑罪，各依所犯，以赎论。"

唐律关于疑罪的规定，表明唐代统治者对定罪有较高的证据要求，体现了唐代对案件事实与证据之间关系的深刻认识以及慎刑精神，尽管采取了"疑罪从赎"的有罪推定，然而在当时的历史条件下能达到这一认识水平已经难能可贵。唐律疑罪规定的积极因素有三：其一，重视疑罪认定中情理与证据的综合衡量。其二，明确界定疑罪的标准，即"虚实之证等，是非之理均"，并且列举典型情况，便于实践中理解和把握。除此之外，"之类"的规定类似于现行立法

---

[1] 郭成伟主编：《中国证据制度的传统与近代化》，中国检察出版社 2013 年版，第 8 页。

常用的"其他"条款，对不能列举的情况用开放式的条款表明，立法技术达到了较高的水平。其三，区分了实体上的疑罪和程序上的疑狱，并且规定了疑狱的处理程序。疑罪的标准和疑狱处理程序的规定，既给官员裁量证据是否充分提供了参考，又为官员评议疑难案件提供了程序保证，为司法官员行使自由裁量权，最终形成"理不可疑"的心证提供了富有实际价值的规范和指引。唐律确定疑罪的方法和标准对于我国目前证明标准的界定有一定的借鉴意义。[1]

（四）以人证为主要证明手段，定罪重视被告人的供述

在中国古代社会中，司法官吏审理刑、民事案件，就已比较注意和重视听取当事人的陈述和获取口供。因此，当时司法证明的主要手段是人证，包括当事人陈述和证人证言。当然，最主要的人证就是当事人的陈述。在刑事案件中，被告人的认罪口供被视为最重要和最好的定罪证据。封建法律规定"断罪必取输服供词"，"罪从供定，犯供最关紧要"。之所以如此，《资治通鉴》的解释是"狱辞之于囚口者为款。款，诚也，言所吐者皆诚实也。"即狱因在受审时供述的犯罪供词是真实可信的，是最好的证据，必须"罪从供定"。因此，除了少数案件法律规定可以"据众证定罪"，"据状科断"外，一般的案件都必须有囚犯的供词才能定罪判刑。于是，"断罪必取输服供词"便成为中国古代法律中一个重要的审判原则，并遵从所谓的"无供不录案"的诉讼规则。

为了保证证言的真实性，中国古代还设立了两项保障措施。其一，诬告反坐。《秦律》中就有诬告罪的规定，实行"诬告反坐"制度。汉朝法律也实行诬告反坐，甚至把诬告作为一种严重的罪行进行追究。到了明、清时期，法律对诬告的处罚规定得更加严厉。其二，对作伪证的人进行处罚。《唐律》中明确规定了证人伪证的责任，如《唐律·断狱律》规定："诸鞫狱者，皆须依所告状鞫之。若于本状之外别求他罪者，以故入人罪论"。即如果证人作证故意不言实情，以致造成罪有出入的，则应按被证人所出入之罪减等处刑。

（五）以法律的形式对刑讯进行限制和规范

中国古代诉讼经常面临两难选择：如果不采用刑讯的方法，很多案件将由于缺乏口供而无法定案；但如果不对"拷囚"行为严格规制，则滥施刑讯必将导致大量不堪酷刑而屈打成招的现象发生，最终导致冤狱丛生。从秦汉到明清的历代王朝，都将刑讯逼供明确规定在法律中，使刑讯成为合法的程序和取证手段。《汉律》规定，对犯重罪的被告人，如果有充分的证据足以证明，而其不

---

[1] 宋志军：《唐代律令与司法史料之证据规则撷英》，载《国家检察官学院学报》2010年第6期。

服加以狡辩的，即可拷打，但应把已查证清楚的情况在汇报材料中注明。南北朝时对刑讯的方法、用具及用刑限度等有了具体的规定，至唐朝刑讯制度已相当完备。唐代统治者发挥高超的立法技术，通过制定严密的拷囚规则，防止滥施刑讯和限制不当刑讯，在查明真相和减少冤狱之间寻求平衡。例如，妇女孕期缓拷；证人也可拷打；若刑讯逼不出供词，告发者就有诬告之嫌，同样应对其刑讯等。唐代拷囚规则的内容分为三个层次：其一，讯囚的前提条件：先以情，审查辞理，证见疑似，事需讯问。尽管唐代律令将刑讯合法化，但是并不是"常规化"，不是所有的案件、所有的涉案人、在任何情况下都要刑讯，而是明确规定了刑讯的条件。其二，拷囚的行为规范：限定刑具规格、拷打部位和拷掠对象。其三，严格限制刑讯之适用，对违法刑讯进行制裁。《唐律疏议》明确规定了超过杖击数目以及拷囚致死等违法刑讯的法律责任。若违反律令规定恣意拷掠，或以其他方法拷掠者，"杖一百，杖数过者，反坐所剩；以故致死者，徒二年。"另外，明确规定了拷掠对象不当的法律责任。[1]

（六）重视获取物证，勘验鉴定技术相对发达

中国古代证据制度的一个基本特点是在司法实践中很早就注重获取物证。《周礼·地官·小司徒》记载："地讼，以图正之。"可见，早在周朝的诉讼中，已重视物证的收集与运用。在秦朝时，物证就已经得到了司法官员的重视，成为认定案件事实的重要证据。据《睡虎地秦墓竹简·封诊式·治狱》记载：甲，乙二人捕获丙、丁并将他们私铸的钱币与器物送交官府作为定罪的物证。可见，中国古代的证据种类有多种形式，除当事人陈述、证人证言等人证外，还有物证、书证等。物证在唐宋以后的诉讼中发挥的作用越来越大，系统的物证理论也开始出现。郑克在《折狱龟鉴》中强调物证在审案过程中的重要作用，"按证以人，或容伪焉，故前后令莫能决；证以物，必得实焉，故盗者始服其罪。"这种物证优于人证的思想，是对传统证据观念的一个重大的突破。由于古代司法对物证的重视，与物证的收集、辨别和运用紧密相关的勘验鉴定制度在中国古代起源很早，形成了重视勘验鉴定的传统。[2] 除了重视物证以外，中国古代民事案件审判中非常重视"地契""契约"等书证，甚至在一定程度上形成了"券证绝对观念"。"券证绝对观念"主要体现在以下几个方面：其一，许多律、

---

〔1〕 宋志军：《唐代律令与司法史料之证据规则撷英》，载《国家检察官学院学报》2010 年第 6 期。

〔2〕 郑牧民：《中国古代获取证据的基本特点及其理据分析》，载《湘潭大学学报（哲学社会科学版）》2009 年第 4 期。

令、条例将有契券作为受理民事案件的条件。其二，案件受理后无契券等证据，州县官吏通常以"不准"结案。其三，当事人提供的契券证据不足以证明案件事实，司法官将责令呈上。另外，券证绝对的观念还体现在司法官员对契券证据的审查判断上。依据判例、判牍，凡涉及户婚、田土、钱债等民事案件，司法官员着重审查判断券证的有无、真伪。由此可见，"交易有争，止凭契券"是中国古代民事证据的基本适用规则。[1]

中国古代有关的勘验技术比较发达。据《礼记·月令》记载："孟秋之月……命理瞻伤，察创，视折，审断。决狱讼，必端平。"即要求治狱之官应认真勘验检查伤皮、伤肉、骨折及截肢等情形大小以证犯罪之轻重。秦朝的官员很重视案件的现场勘验，在"经死""贼死""穴盗"等案件的现场勘验记录中就有了关于绳索、衣物和痕迹等物证的详细描述，还有关于法医检验的纪录。据史料记载，早在三国时期，就有运用笔迹勘查鉴定法破案的案例。古代笔迹勘查鉴定的科技含量不高，从三国时期到清代，基本上是通过比较形成的感官判断，一旦碰到可以以假乱真的模仿，伪造者又矢口否认，司法官或束手无策，使案件久拖不决；或求助于刑讯迫使伪造者承认，草率结案；或依赖智慧，迫使伪造者不得不承认。总之，在古代的笔迹勘查鉴定中，智慧的作用远胜于科技的力量。[2] 唐代以后的勘验及物证检验技术得到重大发展，到宋代已发展到高峰时期。最具代表性的是宋慈的《洗冤集录》，它从法医学的角度，通过大量的鉴定实例，对许多容易混淆的伤亡现象和死亡现象的原因作了比较科学的鉴定结论，如关于暴力死与非暴力死，自杀与他杀，生前伤与死后伤，真伤与假伤，中毒与急死等，并提出了许多关于如何检验、取证和审查判断证据方面的意见。《洗冤集录》作为中国古代出现的首部法医学专著，也是世界上最早的一部系统的法医学著作，它使中国古代的勘验制度在经验的基础上向理论化发展。

（七）取证方法多样，特殊取证技术得以运用

中国古代获取证据的方法是随着文明历史的不断进化而逐步得到完善的。周朝就开始注重运用证据处理案件。在此后的立法和司法实践中，获取证据的技术和方法不断得到发展与完善，获取证据的方法主要有"情讯法""刑讯法"

---

[1] 祖伟：《中国古代证据制度及其理据研究》，法律出版社 2013 年版，第 193~194 页。
[2] 郑牧民：《中国古代诉讼中审查判断证据的主要方法》，载《吉首大学学报（社会科学版）》2011年第 3 期。

"勘验鉴定法""察访询问法",等等。[1] 当案件比较复杂,现有证据不足或难以凭信,而运用通常的方法又难以查明案情时,司法官员在办案过程中充分发挥主观能动性和聪明才智,利用心理、人性、自然规律甚至动植物的特性等科学知识,获取证据或者破案线索,积累了大量的特殊取证方法,如秘密取证、以谲"覈奸"以及冥司审判中"业镜、业称"的运用等,[2] 宋代郑克将此类侦查手段概括为"用谲察贼"。唐代的特殊取证手段尤为发达。唐代特殊取证规则主要表现为秘密取证、利用动物习性取证和以谲取证等方法的运用。据史料记载,在隋朝已经有"以谲"查明疑难案件的实例。唐代司法官员充分利用生活经验,从日常生活中发现可资利用的侦查取证方法。其中,利用动物习性和植物特性帮助司法官员寻找证据和案件线索就是典型。从司法史料来看,以谲取证也是唐代司法活动中获取证据的一种常用方法。"谲"尽管不是法定的取证方法,但是在当时侦查技术和认识能力有限的情况下,靠计谋查明真伪和揭露隐情,在唐代的司法实践中的确能发挥重要作用。特殊取证手段的运用,体现了我国司法官员取证和查案的智慧,既不轻信供状,又不是通过简单化的刑讯逼供来获取证据,而是明察暗访、善用谋略、巧妙运用人性弱点和趋利避害的心理、重视勘查检验等,体现了重证据、重调查、重推理、重情理的高超技巧,既查明了案情,又避免了刑讯的滥用。

二、中国近现代证据制度

自 1840 年鸦片战争之后,中国沦为半殖民地半封建社会。从清朝末年开始,西方国家的政治思潮和法律制度大量涌入,使清末的政治、经济结构发生了重大变化,对法律制度乃至证据制度也产生了较大的影响。

1905 年沈家本组织编撰了我国历史上第一部诉讼法《大清刑事民事诉讼法》,又于 1910 年编撰了《大清刑事诉讼律(草案)》和《大清民事诉讼律(草案)》,从而第一次实现了实体法和程序法之间以及刑事诉讼与民事诉讼之间的区分。随着清末刑事、民事诉讼律的独立成篇,中国的证据制度逐步完备起来,确立了无罪推定、自由心证、言词辩论、禁止刑讯逼供等原则,而且对证据种类和证明责任等问题作了比较明确的规定。

1911 年辛亥革命后,南京临时政府即开始进行法律制度的改革,于 1912 年

---

[1] 郑牧民:《论中国古代获取证据的方法》,载《吉首大学学报(社会科学版)》2009 年第 1 期。
[2] 陈玺、宋志军:《唐代刑事证据制度考略》,载《证据科学》2009 年第 5 期。

3 月 2 日颁布《大总统令内务、司法两部通饬所属禁止刑讯文》，明确规定：
"不论行政司法官署，及何种案件，一概不准刑讯。鞫狱当视证据之充实与否，
不当偏重口供。"并命令各级官府将"从前不法刑具，悉令焚毁"。从而首次在
法律上否定了刑讯制度，实现了中国证据制度史上的重大进步。

1921 年北洋政府年颁布了《刑事诉讼条例》，其中第 305 条规定，"犯罪事
实，应依证据认定之"，第 306 条规定，"证据，由法院判断之"。这表明，受资
产阶级法律观点的影响，此后的中国在形式上吸收了资本主义法律制度的先进
之处，已开始实行自由心证制度。

南京国民政府统治时期，除了承袭北洋政府时期的法律外，在制定、颁布
和施行刑、民事诉讼法时，极力仿效德、日等资本主义国家的诉讼法典。在
1928 年 7 月颁布了《中华民国刑事诉讼法》，并于 1935 年和 1945 年两次修正公
布施行；在 1930 年颁布了《中华民国民事诉讼法》，同样于 1935 年和 1945 年
两次修正公布施行。由于西方诉讼法律文化的继续冲击和渗透，在南京国民政
府时期，中国近现代诉讼法律体系在形式上完备起来，并最终全面确立了资产
阶级的证据制度。确立的证据原则主要有：无罪推定、证据裁判、自由心证、
直接审理、言词辩论、正当取证、禁止刑讯、举证责任等。尽管民国时期已有
了一些较为进步的证据规定及原则，但其立法上的证据制度和司法实践中的证
据制度相差甚远，诸多法律规定很少付诸实践。

三、当代中国证据制度

当代中国的证据制度可以概括为三个主要阶段[1]：

第一个阶段，从 1931 年到 1949 年，这是当代中国证据制度的初创期。中国
共产党从革命根据地时期到抗日战争时期、再到解放战争时期，随着一些法律、
法规的建立，也形成了一些重要的证据原则和规定，主要有：重调查研究，实
事求是；严禁刑讯逼供，重证据不轻信口供；证据必须确实、充分；当事人等
提供证据的责任以及收集、审查、判断各种证据的程序等。尽管这一时期有关
证据的法律规范还不系统、不完整，但是它所确立的证据制度的基本原则，为
中国当代证据制度的形成和发展奠定了重要的基础。

第二个阶段，从 1949 年到 1966 年，这是当代证据制度的发展期。中华人民
共和国成立以后，中央人民政府在废除南京国民政府伪法统和总结革命根据地

---

[1] 详见樊崇义主编：《证据法学》，法律出版社 2017 年版，第 26 页。

司法工作经验的基础上，建立了新的证据法律制度。尤其是 1954 年《宪法》以及随之颁布的《人民法院组织法》《人民检察院组织法》等，标志着我国社会主义法制进入了一个新的发展阶段，也表明我国证据制度在新的社会形势下正逐步发展和健全。1956 年最高人民法院根据宪法和两院组织法的规定并结合司法实践经验所作的《各级人民法院刑、民事案件审判程序总结》系统地总结了法庭审理调查证据的原则、方法和程序，这对于健全我国当代的证据制度，树立实事求是的审判作风发挥了重要作用。然而，在 1958 年以后，我国司法制度受"左"倾思潮的影响和干扰，证据制度的发展偏离了健康的轨道，已确立的重调查研究、实事求是，重证据不轻信口供等证据原则受到了冲击。

　　第三个阶段，从 1976 年到现在，这是当代证据制度的完善期。1976 年 10 月以后，中国逐步走向改革开放，尤其是十一届三中全会以后，中国的法律制度以及证据制度逐步恢复、发展和完善，进入了一个新的时期。改革开放之后，随着我国高等教育和法学研究体系的恢复和重建，我国证据法学也开始了学科重建的历程。1979 年《刑事诉讼法》、1982 年《民事诉讼法（试行）》和 1989 年《行政诉讼法》中以专章的形式确立了初步的证据制度。随后，《刑法》《民法通则》《海商法》《仲裁法》《侵权责任法》《国家安全法》《治安管理处罚法》《电子签名法》《全国人民代表大会常务委员会关于司法鉴定管理问题的决定》等众多的法律、法规，以及两高的司法解释中，都有证据的有关规定。这些证据的立法规定，成为当代中国证据制度的重要基础和依据。随着 1979 年《刑事诉讼法》的颁布，刑事证据的研究开始出现了新局面。1983 年我国第一部《证据学》教材[1]的出版，标志着证据法学理论体系得以初步确立。该书总论的主要内容包括中外证据制度、证据的概念、对象、责任、种类，以及收集证据、保全证据、审查判断证据的要求和方法；分论则阐述了各种证据的意义、提取以及审查判断的问题，其中并没有涉及证据的可采性问题。由于当时刑事诉讼法和民事诉讼法中对证据的规定非常简单，使得证据法学学科完全依附于发达的诉讼法学学科而缺乏相对独立的学科地位，证据法学的研究主要集中在证据的调查收集等方面而不是证据的审查规则。应该注意的是，这个时期的证据法学并不被称为"证据法学"，而是被冠之以"证据学"，其学科内涵也不仅仅是以证据的制定法为核心，而是涵盖了与证据相关的一些相邻学科。裴苍龄教授的《证据法学新论》第一次系统地提出了证据法学的概念，认为证据制度

---

〔1〕 即巫宇甦主编的《证据学》，群众出版社 1983 年版。

的核心是证据法，即"有关证据的一切立法"，证据法学的概念及证据法学教材的体系逐步为学界所接受。随着学科独立地位的逐渐明晰，20 世纪 80 年代的证据法学从研究内容上来说有了进一步拓展，学科研究重点逐渐由传统的注重证据的收集调查开始转向证据的收集调查与证据的合法性审查并重的研究格局。进入 90 年代以后，基于深刻的社会变化所带来的案件量等各方面的要求，法院系统开始进行深刻的庭审制度改革。在这一场延续至今的改革中，很重要的一项内容便是将我国传统的职权主义审判方式改革为当事人主义的审判方式。为了执行我国在民事诉讼证据和行政诉讼证据方面的立法，最高人民法院分别于 2002 年 4 月和 8 月颁行了最高院《民诉证据规定》和最高院《行诉证据规定》两部司法解释。这两部司法解释对民事诉讼和行政诉讼中的证据问题进行了系统的规定，它们的颁行是我国证据立法建设上的一个重大进展，为我国证据立法的系统化作出了重要的尝试。2010 年 7 月实施的《侵权责任法》对于侵权行为的证明责任进行了较为细致的规定，进一步丰富和完善了民事证明责任制度。与此同时，为了弥补我国在刑事证据立法方面的缺陷，两院三部《非法证据排除规定》以及两院三部《办理死刑案件证据规定》，在很大程度上丰富了刑事诉讼证据规则。2017 年，最高院"三项规程"颁布进一步充分发挥审判程序的职能作用，健全落实证据裁判、非法证据排除、疑罪从无等法律原则和要求，通过法庭审判的程序公正实现案件裁判的实体公正，提升司法公信力。近年来，《刑事诉讼法》《民事诉讼法》和《行政诉讼法》均进行了修改，有关的证据规定有较大程度的完善，确立了一些重要的证据原则和规则，大大推进了我国证据制度的发展。最高人民法院等部门制定的司法解释中有关证据的内容，既是对证据立法规定的解释，也是对实践运作的规范性要求。因此，这些司法解释也是当代中国证据制度的重要内容，对证据立法和证据实践运作都有着积极的推动作用。

改革开放以来的四十余年，我国证据法学的学科建设也取得了巨大成就。其一，经过几代证据法学学者的努力，建立起了较为完整的证据法学学科体系。其二，证据法学学科取得了独立的地位，从传统上依附于诉讼法学的附庸地位逐渐独立出来，许多专属于证据法学学科的问题也因为证据法学学科的独立地位而到了重视，为证据法学进一步发展奠定了基础。2016 年 10 月，为贯彻落实《中共中央关于全面推进依法治国若干重大问题的决定》的有关要求，推进以审判为中心的刑事诉讼制度改革，两院三部《以审判为中心意见》发布，标志着"以审判为中心"的刑事司法体制改革深入推进。以审判为中心实际上是以庭审为中心，实现庭审实质化，要求事实调查在法庭、证据认定在法庭、控诉辩护在法庭、定罪量刑在法庭、裁判说理在法庭。由此可见，证据是以审判为中心的核心，证据制度的完善是以审判为中心的司法改革成功的关键。党的二十大精神要求"严格公正司法"，认为"公正司法是维护社会公平正义的最后一道防线"，这一目标的实现同样要以证据制度的完善为核心要义。

练习案例

《疑狱集》记载了吕元膺利用人的反常举动破案的实例。吕元膺在镇守岳阳时，一天外出登高游览，"忽见有丧舆者驻之于道左，男子五人皆缞服随之。公曰：'远葬则汰，近葬则省，此奸党为诈也。'乃令左右搜索之，棺木皆兵刃。"

《朝野佥载》记载了董行成通过仔细观察人和驴的反常之处，查获盗贼的案例。怀州河内县董行成能策贼。有一人从河阳长店盗行人驴一头并囊袋，天欲晓，至怀州。行成于街中见，叱之曰："彼贼住，即下驴来。"贼即承伏。人问何以知之，行成曰："此驴行急而汗，非长行也；见人则引驴远过，怯也。以此知之。"捉送县，有顷驴主寻踪至，皆如其言。

《折狱龟鉴》记载了张允济"决牛案"。唐张允济，隋大业中为武阳令，务以德教训下，百姓怀之。元武县与其邻接，有人以牸牛依其妻家者八九年，牛孳生至十余头。及将异居，妻家不与。县令累政不能决。其人诣武阳质于允济，允济曰："尔自有令，何至此也。"其人垂泣不止，且言所以。允济遂令左右缚牛主，以衫蒙其头，将诣妻家村中，云捕盗牛贼，召村中牛悉集，各问所以来处。妻家不知其故，恐被连及，指其所诉牛曰："此是女婿家牛也，非我所知。"允济遂发蒙，谓妻家人曰："此即女婿，可以归之。"妻家叩头服罪。

《折狱龟鉴》又记载王瓘推奸案。唐贞观中，左丞李行廉弟行诠前妻子忠，烝其后母，遂与潜藏，云："敕追入内。"行廉不知，乃以状闻，朝廷推诘甚急。后母诈以领巾勒项卧街中，长安尉诘之，云："有人诈宣敕唤去，一紫袍人见留数宿，不知姓名，因勒送街中。"县尉王瓘令并其子引就房推问，不服。瓘先令一胥伏于案下，又令一胥走报云："长史唤。"瓘仓皇锁房门去。于是母子相谓曰："必不得承。"复有私密之语。瓘至开门，案下之人亦出，母子大惊，并服其罪。

问题：

1. 我国古代司法官员善于采用"以谲取证"的策略获取证据，查明案件事实。上述案例中，哪些案例体现了这一策略的运用？

2. 依情理审查证据的"术审"规则是我国古代证据制度的宝贵经验，结合上述案例分析"术审"规则是如何运用的？

思考题

1. 简述神示证据制度及其内容。
2. 简述法定证据制度的内涵及其特点。
3. 怎样正确认识自由心证的证据制度？
4. 怎样理解法定证据制度和自由心证证据制度的关系？
5. 如何认识中国古代证据制度的特点及其文化内涵？
6. 试述对当代中国证据制度发展的认识与展望。

第二章

证据法学的理论基础

➡学习指导

　　通过本章学习，对证据法学的理论基础有基本的了解和理解，认识传统的辩证唯物主义认识论、程序正义与形式理性、认识论与证据法学的关系等内容，从新时代贯彻"公正司法"理念的角度理解证据法学的理论基础体系。学习的重点和难点包括证据法学理论基础的证明、客观真实与法律真实之争、价值论基础的基本内容。

第一节　证据法学理论基础的争鸣

　　证据法学，是研究关于证据的法律规范和诉讼或非诉讼法律事务处理过程中运用证据认定事实或其他法律事实的规律、方法和规则的学科，是现代法学体系的重要组成部分。证据法学的理论基础是证据法学得以形成以及支撑其演进发展的一套理论和操作标准。21 世纪之初，证据"理性主义传统"[1] 被各国普遍接受，因传统的"证据学"理论，不仅无法包含大量现代的证据规则，而且与现有的刑事诉讼法学理论显现出明显的不兼容性，我国理论界开始研讨从"证据学"到"证据法学"的理论转型。[2]

　　中华人民共和国成立后，我国证据法学基础理论的研究是围绕辩证唯物主义认识论展开的。但随着法制（治）建设的不断深入，学界逐渐对"一元论"的观点进行反思，证据法学理论基础"二元论"乃至"多元论"的主张逐渐兴

---

〔1〕　参见［英］威廉·特文宁（William Twining）：《证据理论：边沁与威格摩尔》，吴洪淇、杜国栋译，中国人民大学出版社 2015 年版，第 18-26 页。

〔2〕　陈瑞华：《从"证据学"走向"证据法学"——兼论刑事证据法的体系和功能》，载《法商研究》2006 年第 3 期。

起。较具代表性的观点有："认识论"和"价值论"说，即认为"认识论"是以认识案件事实真相为导向，"价值论"则解决的是证据法学的正当性问题；"认识论""价值论"和"概率论"说，即引入英美法系的概率论、故事模式理论、最佳解释推理理论去解释证据法学的理论基础；还有形式理性与程序正义说；"认识论""价值论"与"方法论"说，以及"认识论""价值论"与"目的论"说；等等。而对证据法学理论基础的理解，将直接影响证据规则的具体建构，进而成为裁判者据以审查判断证据、认定案件事实的指导。随着全面依法治国进入新时代，如何充分发挥证据法助力在法治轨道上全面建设社会主义现代化国家的作用，也成为理解证据法学理论基础体系的重中之重。

一、传统的辩证唯物主义认识论

自 20 世纪 50 年代初以来，我国诉讼法学界一直主张以辩证唯物主义认识论作为证据制度的理论基础。以刑事证据理论为例，有论者认为"在借鉴和移植苏联刑事证据法学理论的基础之上，我国学者不仅将辩证唯物主义认识论作为我国刑事证据制度的根本指导思想，甚至将其作为我国传统刑事证据法学的唯一理论基础"，[1] 这正是我国马克思主义证据法学的特色和优势。"辩证唯物主义认识论，是关于人类认识自然、社会的一般规律的科学，揭示了人类认识发展的最普遍的规律。学习掌握唯物辩证法，提高辩证思维能力，客观地而不是主观地、发展地而不是静止地、全面地而不是片面地、系统地而不是零散地、普遍联系地而不是孤立地观察事物、分析问题、解决问题，在矛盾双方对立统一的过程中把握事物发展规律，克服极端化、片面化，是深刻领悟、系统把握和贯彻落实习近平新时代中国特色社会主义思想的关键所在；证据理论则是关于办案人员认识案件事实的规律的科学，揭示了司法人员对案件事实认识的特殊规律。因此，证据理论作为部门科学，不能不受辩证唯物主义认识论的制约和指导，不能不体现辩证唯物主义认识论的各个规律和范畴"。[2] 按照辩证唯物主义认识论的基本思想，一般认为，辩证唯物主义认识论在内容上包括三个基本要素：一是可知论，认为客观世界是可以认识的，人具有正确认识世界的能力；二是实践是检验真理的唯一标准，实践是认识的源泉，认识依赖于实践，实践对认识具有决定作用；三是反映论，认为人认识世界是一个由感性认识到

---

[1] 王超：《中国刑事证据法学研究的回顾与转型升级》，载《法学评论》2019 年第 3 期。
[2] 裴苍龄：《论证据学的理论基础》，载《河北法学》2012 年第 12 期。

理性认识，不断反复发展的过程。辩证唯物主义认识论的影响是明显的，在可知论指导下，证据法确立了查明案件事实真相的认识论目标，对证据和证人资格的规定很宽泛，如所有能够证明案件真实情况的事实都是证据，凡是知道案件情况的人都有义务作证。在"实践是检验真理的唯一标准"的指导下，我们确立了实事求是、尊重案件客观事实的认识论原则，如在刑事诉讼中，要求公安机关提请批准逮捕书、人民检察院起诉书、人民法院判决书都必须忠于事实真相；侦查人员、检察人员、审判人员、诉讼代理人要依法定程序，收集各种证据，必须保证一切与案件有关或者了解案情的公民，有客观充分地提供证据的条件。

二、程序正义与形式理性

自 20 世纪 90 年代中期以来，我国理论界对西方证据法学理论研究不断深入，三大诉讼法的立法不断吸收西方国家诉讼制度的合理因素，证据规范的司法实践不断拓展，传统证据法学理论受到了前所未有的挑战。其中，最受到质疑的莫过于对于传统证据法学具有指导地位的辩证唯物主义认识论。

证据法的意义即在于实现诉讼活动中人们所追求的对于案件事实的探寻以及在案件处理过程中对于实体法的运用。我们通过证据法规范行为，就是在各种各样对案件事实的获得途径中，使裁判者在事先预定的特定价值范畴以及特定方式中，对于案件事实进行认定与评判，使得裁判者对于案件事实的找寻、认定、处理过程处于法律规定的框架内，限制裁判者超出法律界限的行为。"在认识论的层面上，事实是可缪的。"[1] 在法律程序中，重要的问题是人们如何查明案件事实，即对于案件事实的探求并不是可以违背道德或是不择手段的，这正是现代诉讼程序的进步意义所在。

在诉讼活动中，人们通过诉讼程序定分止争，解决利益纠纷，现代法律中的程序法恰恰将解决纠纷的过程纳入法律规定的范畴中，使得裁判者进行司法审判的过程中的行为都处于程序法的规范内容之中，这正是证据制度所涉及的形式理性观念。而在诉讼活动中所涉及的对法律价值的选择与追求正体现了我们所谓的程序正义的理论内涵。由此，证据法学的理论基础可分为两部分：一是形式理性理念；二是程序正义理念。

现代证据法学的构建以及证据规则体系的完善，都依赖于形式理性观念的

---

[1] 王敏远：《再论法律中的"真实"——对相关问题的补充说明》，载《法学研究》2004 年第 6 期。

建立，否则，任何与此有关的努力和尝试都将遭到失败。形式理性观念认为，所有法律原则、规则或制度一旦建立并具有实际的效力，就必须得到遵守；任何对这些原则、规则或制度的违反，不论出于什么样的动机和目的，都必须承受消极的法律后果，或者受到相应的法律制裁。具体到证据法实践方面，所有旨在规范证据能力、证据收集、证据审查和司法证明活动的法律程序规范，都必须得到遵守和实施，而不论这种遵守和实施会带来什么样的后果。[1] 另一方面，必须对诉讼领域中的"事实"作出准确认定。"事实是证据法的逻辑起点"，[2] 事实的真实性与存在的客观性分属不同层面。实际上，"事实"在法律程序中有双重含义：一为社会和经验层面上的事实，二为法律层面上的事实。依据形式理性观念的要求，无论是裁判者还是控辩双方，都不能为寻求社会和经验上的事实而无限制地进行活动。诉讼都是在法律程序的严格限制和规范下进行的定分止争活动：裁判者不可能为探求"实质真实"而任意进行调查活动，他主要对控辩双方提交的证据材料进行审查，并受到控辩双方举证、质证和辩论活动的限制，他对事实的认定还要受到严格的法定程序期限的限制。裁判者不可能为发现真实而反复启动法律程序拖延诉讼，也不能为此而拒绝法律确定的手段和程序。相反，裁判者必须在承担证明责任的一方进行证明的前提下作出裁判。显然，经过这种法律裁判，裁判者对案件事实的认定带有较强的法律适用色彩，实际体现了自己对案件事实所作的主观能动性的判断。因此，在严格的法定形式主义限制下，裁判者所认定的事实显然不等于社会或经验层面上的所谓"客观事实"，而只能是法律上的事实。建立在认识论基础上的程序工具主义理论，只强调法律程序的工具意义，而完全否认其独立的固有价值，结果最终必然走向程序虚无主义。现代证据法学的核心问题是发现事实真相的方式和手段的正当性问题，它必须建立在程序正义理论的基础之上。根据程序正义理论，法律程序是为保障一些独立于判决结果的程序价值而设计的，这些价值有参与、公平以及保障个人的人格尊严等；一项符合这些价值的法律程序或者法律实施过程固然会形成正确的结果，但是这种程序和过程的正当性并不因此得到证明，而是取决于程序或过程本身是否符合独立的程序正义标准。

从程序正义理论的角度来看，诉讼的最终目标应当是以符合正义要求的程序解决争端，以求得诉讼或仲裁过程的公正性。证据法本身必须具有内在的优

---

[1] 陈瑞华：《从认识论走向价值论——证据法理论基础的反思与重构》，载《法学》2001 年第 1 期。
[2] 参见张保生：《事实、证据与事实认定》，载《中国社会科学》2017 年第 8 期。

秀品质和公正标准。司法实践中，证据法应当发挥"公平竞赛"规则的作用，以维护诉讼创造机会的公平、地位的对等和法律程序的正当性。因此，证据不仅应当具有客观性和关联性，更要符合法律规定的资格与条件。例如，证人要具有提供证言的资格，也必须符合法律所限定的条件，在具有因特定身份或职业而导致其作证可能损害特定的利益和价值的场合下，证人的作证义务应加以免除；电子数据的收集、提取程序存在瑕疵，在无法补正或者作出合理解释的情况下，该证据不得作为定案的根据；非法证据排除规则，则更直接体现了法律对程序的尊重以及对公民自由、隐私权的维护。

三、二元论

辩证唯物主义认识论是马克思主义理论的重要组成部分，其所调整的对象主要是人类的认识活动。实际上围绕着证据的运用所进行的活动都是以解决利益争端为目的的法律活动，其中包含着认识过程，但绝不仅仅等同于认识活动。就证据法学而言，它涉及的价值是多方面的，诉讼中的证明活动不仅要符合人类主观认识客观世界的一般规律，尽量符合或接近客观事实真相，而且要"规制发现事实真相的手段和方法，使证明的途径和程序符合现代司法民主和文明的理念，具有正义性、合理性、公平性。"[1] 因此，辩证唯物主义认识论的原理和程序正义的理论应当是我国证据制度的理论基础，即所谓的"二元论"。

（一）认识论与程序正义理论

有学者认为，辩证唯物主义认识论为我们提供了正确认识客观世界的方法和途径，程序正义理论则为我们从法律上规范和制约这些认识方法和途径提供了正当性。[2] 二者的对立统一，成为指导我们证据法学的理论基础。在刑事诉讼证明活动中，认识论与价值论的关系也是如此，统一并重、相互作用。认识论在证明活动中始终发挥着指导作用，而价值论则集中体现为程序价值，对认识活动提供指引并制约。首先，诉讼证明活动的整个过程都离不开认识活动，它既包括对证据的认识，也包括对案件事实的认识；其次，诉讼证明必须接受以程序正义为核心的程序价值论的指引及制约，即对事实的追寻要受到法律规定的制约，在二者发生冲突时，法律规定应优于事实之真，无论是证据的收集、审查判断还是运用均需符合正当程序的要求，非法取得的证据应当被排除。证

---

〔1〕 卞建林主编：《证据法学》，中国政法大学出版社 2002 年版，第 10 页。
〔2〕 参见陈学权：《证据法学理论基础论纲》，载《西部法学评论》2008 年第 1 期。

据法学必须将认识论与价值论并重，使二者有机结合，取长补短，相得益彰，并兼顾实体正义与程序正义的要求。

（二）认识论与法律价值、平衡理论

辩证唯物主义认识论不应是证据制度的唯一理论基础。"诉讼活动并不仅仅为一种以发现事实真相为目的的认识活动，而更包含着一系列诉讼价值的实现和选择过程；将诉讼活动仅仅视为认识活动，必然会导致'重实体，轻程序''重结果，轻过程'，甚至'重权力，轻权利'"。[1]辩证唯物主义认识论是哲学的范畴，在作为证据制度的理论基础时，提供一般性的指导规则、规律。在承认辩证唯物主义认识论对证据制度指导作用的同时，我们也应看到收集证据和运用证据解决案件的过程与人类一般的认识活动是不同的。随着单一理论基础的局限性和对刑事诉讼活动认识的深化，一些学者对之提出了质疑并构建了新的理论基础。有学者认为"围绕着证据的运用所进行的活动无论具有何种诉讼类型，都是以解决利益争端和纠纷为目的的法律实施活动"，[2]其中尽管包含着认识过程，但并不仅仅等同于认识活动。该观点认为，认识论是证据法学的理论基础之一，追求客观真实是刑事诉讼的主要目标之一，证据法学的另一理论基础是法律价值及其平衡、选择理论，证据法的价值既不是一元的，也不是二元的，而是多元的。

纵观证据制度的发展和更替史，任何一种证据制度无不是以在当时有限的物质基础和认识能力的条件下尽可能地发现案件事实真相为主要目标，因此，发现案件事实真相以实现实体公正无疑是证据法永恒的价值目标。与此同时，查明案件事实真相也必须遵循现代文明法治国家正当程序的基本要求，实现目的与手段在伦理、价值上的一贯性，因此程序正义理论应成为证据法的另一价值目标。另外，面对实践中司法资源的有限性与社会纠纷、矛盾的激化所导致的司法资源的供需矛盾，效率也逐渐成为司法的主题之一，因此证据法在以公正为其基本的价值目标的同时也必须兼顾诉讼效率。随着经济社会发展进入新时期，我国生产力发展水平和人民对美好生活的需要都发生了变化，社会的主要矛盾也相应变化。作为上层建筑的法律制度，证据法也应当对社会主要矛盾的变化有所回应，证据规则所蕴含的价值导向也逐渐多元。本书认为，以利益衡量原则为指导，证据法学的价值基础既包括诉讼上的实体公正、程序公正以

---

[1] 陈瑞华：《从认识论走向价值论——证据法理论基础的反思与重构》，载《法学》2001年第1期。

[2] 陈瑞华：《刑事诉讼的前沿问题》，中国人民大学出版社2000年版，第197页。

及效率等价值，也包括诉讼价值以外的一些实体价值。在多元的价值体系中，有的价值是相互一致的，然而更多的是相互冲突和矛盾。当这些价值发生冲突时，只能根据利益衡量的基本标准和原则，确定某些价值更为优越而放弃其他价值。

四、概率论

我国学界关于证据法学的理论基础反思，经历了从 20 世纪八九十年代针对"一元论"的质疑，到世纪之交关于证明标准以及法律真实和客观真实的争论，再到晚近时期，越来越多的学者主张引入英美法系的概率论学说去解释证据法学的理论基础。所谓概率论，是研究随机现象数量规律（即概率）的科学理论，属于现代归纳逻辑的一个分支。

概率论之所以能作为解释证据法的基础理论，是基于如下关于诉讼证明的基本假设，即"证据之镜"原理。该原理认为证据就像一面镜子，折射出过去发生的案件事实，事实认定者只能凭借证据这个联系主客体的唯一"桥梁"间接地认定案件事实，而又因为案件事实是过去在法庭之外发生的，从主客体的相互关系来看，事实认定者运用证据进行经验推论而作出的事实认定，是对事实存在之可能性所作的裁断，必然具有盖然性。[1] 例如，英美法系学者认为："在包括法律在内的任何语境中，基于证据的结论，在性质上必然是盖然性的。有五个基本理由说明为什么会是这样：第一，我们的证据总是不完全的（always incomplete），我们永远不会掌握所有证据。第二，证据一般是非结论性的（inconclusive）。这意味着，在某种程度上，证据也许对争议中某一方的主张更有利些，或者与争议中某一方主张的事实真相更相符些。第三，我们拥有的证据常常是含糊的（ambiguous），我们不能确定，证据告诉了我们什么或传达了什么信息……第四，证据实体通常是不和谐的（dissonant），某个证据也许支持一种主张，而另一个证据则支持另一个主张。第五，对我们来说，证据来源于其所具有的不尽完美的可信性等级。这五个方面，影响着证据力量的评估方式，它们也影响着法庭证明标准的表达方式。"[2]

进而，主张概率论属于证据法学基础理论的学者认为，正是事实认定的这

---

[1] 张保生主编：《证据法学》，中国政法大学出版社 2023 年版，第 38 页。

[2] ［美］特伦斯·安德森（Terence Anderson）、戴维·舒姆（David Schum）、［英］威廉·特文宁（William Twining）：《证据分析》，张保生等译，中国人民大学出版社 2012 年版，第 78 页。

种盖然性，决定了立法或者判例中所谓的"确信无疑""清楚且令人信服的证据""优势证据"等证明标准，只能是一个概率意义的标准。这种概率并非我们常见的可以用"0-1"的数学方式进行表达，但它却在事实认定者进行经验推论与归纳推理中起到作用。这种研究进路显然有助于为我们理解与建构证据制度提供新的视角，例如，在描述说服责任的确定性程度或证明标准的盖然性问题时，有英美法系学者便提出："说服责任则是指陪审团为了对特定争点作出认定而必须具有的确定性程度……在民事案件中，陪审团必须通过优势证据认定原告的诉求是真实的。优势证据意味着可能性高于 50%，或'可能的概率高于不可能的概率'。在刑事案件中，说服责任意味着在有罪问题上要'确信无疑'。"[1] 这显然是从事实认定的盖然性出发去对证明标准进行的一种"概率测量"，为我们重新认识和理解司法证明和证据制度创造了新的话语空间与理论基础。

但概率理论能否作为我国证据规则建构的基础理论仍值得商榷。一方面，概率论适用于司法证明源自陪审团审判的英美法系对抗制环境，在当事人主义诉讼模式之下，刑事审判与民事审判并无本质区别，陪审团本就是对控辩双方提出的证据进行判断，进而在控辩双方提供的不同"故事版本"中进行选择，这种诉讼语境为概率论的适用提供了制度温床，而我国"实质真实"的诉讼观并不契合概率论流行的上述语境。另一方面，作为概率论提出前提的司法证明盖然性理论，似乎也同我国的诉讼理念、司法政策和法律文化相悖。例如，"勿枉勿纵"是我国传统法律文化及刑事司法理念的重要体现，而司法证明的盖然性则明确告诉裁判者错误是不可避免的，这同我国公民的基本诉讼观以及上述司法理念是冲突的。

第二节　认识论

无论是在诉讼活动中还是在非诉讼活动中，围绕证据的运用所进行的证明活动都包含着认识过程。认识活动贯穿诉讼的始终。"审判是一种认识论意义上

---

[1] [美] 罗纳德·J. 艾伦（Ronald J. Allen）：《艾伦教授论证据法》（上），张保生等译，中国人民大学出版社 2014 年版，序言部分。

的事件，在审判中知识之主张被预设、考量、否定和接受。"[1] 作为争辩双方的各个当事人，确实要收集、保全、出示、质疑各种有关证据，查明未知案情，并向裁判者证明案情；作为裁判者的法官、陪审员等，确实要听取、收集和审查各种有关的证据，对争辩的案件事实作出判决或裁定。这些查明、证明与认定的做法都是围绕案件真相进行的。司法证明作为认识活动的一种，自然应受认识论的指导。因此，认识论属于证据法的理论基础之一，并受价值论的制约。

一、关于认识论的一般认知

认识论是哲学的一部分，是"关于人类知识的来源、发展过程，以及认识与实践关系的学说。"[2] 认识论基本问题包括认识的起源问题、认识的确实性问题和认识的本质问题。关于认识论的三大基本问题存在不同的学说，不同学说指导下的证据法存在明显的差异。

（一）关于认识论基本问题的不同学说

对于认识的起源问题，主要有三种观点：唯理主义认为认识是先天固有的，其起源于思考；经验主义认为认识起源于内外之经验；批评主义调和了前两种学说，认为先天和经验同为知识源泉。

对于认识的确实性问题，主要有四种观点：其一，独断论是不加验证而独断其真实的观念，信奉者完全依赖感觉与知识，认为世界的事实情况与我们所见所想完全一致。其二，怀疑论与独断论相反，极端怀疑认识的可能性，因而不作一切积极的主张。怀疑论产生是因为当时哲学家所持的见解互相矛盾，因而诱发怀疑论的产生。怀疑论的贡献在于，告知人们在断案的前提未达到完全时，不要轻易下判断。其三，批评论注重研究认识的限度和可能、发展和起源，目的在于发现经验的产生依赖主观要素的状况，并认识人类所认识的范围。主张者对教条和自己的认识能力持批评态度，它认为无论何事，不先考证确实，不信以为真。其四，实证论认为认识的确实，只限于经验范围之内，只主张科学研究现象的法则，不要研究实体究竟如何，那是不可知的。

对于认识的本质问题，观念论和实在论存在争议。观念论认为，认识不能

---

[1] ［美］罗纳德·J. 艾伦（Ronald J. Allen）：《证据法的理论基础和意义》，载［美］罗纳德·J. 艾伦（Ronald J. Allen）：《艾伦教授论证据法》（上），张保生等译，中国人民大学出版社 2014 年版，第 11 页。

[2] 中国社会科学院语言研究所词典编辑室编：《现代汉语词典》，商务印书馆 1996 年版，第 1067 页。

获知外物的真实，外物只不过是我们意识中的观念。实在论认为，认识是意识描摹的客观事物。朴素的实在论认为周围独立存在的世界的表现就是真相。现象论属于实在论的一种，主张者认为人们所能知道的，只限于现象。如康德所说："我们一点都不知道事物本身是些什么东西，我们仅仅知道事物的现象，即事物对我们的感觉发生作用时我们之内所产生出来的表象。"[1]

（二）不同认识论指导下的证据法

证明活动和证据法深受上述认识论的影响，如神示证据制度的理论基础就是认识论中的独断论，神灵的存在是不能得到切实证明的，它被认为是"能想象的最伟大存在体"，而神明的启示被认为是神向人的晓谕，是神通过一定的方式把真理告诉人们，否则单靠个人的力量可能永远不能获知真理和事物的真相。法定证据制度也带有独断论的影响，中世纪欧洲大陆法定证据制度盛行之时，经院哲学大行于此。中世纪欧洲大陆的哲学屈服在神学之下，但人类的理性也有所伸张——经验与归纳研究法即寻求观察正确的条件，从个别的经验事实寻求普遍适用的结论或原则。法定证据制度中对证据证明力所作的若干预先规定，目的便在于防止缺乏经验的法官在认定证据和确认案件事实中发生错误，将来源于司法实践中的经验结合等级观念总结、概括为一系列客观标准，并对这些客观标准采取教条的、独断的态度。

二、辩证唯物主义认识论与证据法学

我国在构建自己的证据制度之时，应当遵循辩证唯物主义认识论，它在本质上符合诉讼证明认识活动的基本要求。辩证唯物主义认识论主要有三个基本的理论要素构成：一是物质论，即认为物质（存在）是第一性的，意识（思维）是第二性的，物质（存在）决定意识（思维）；二是反映论，即认为思维是大脑的机能，是对存在的反映；三是可知论，即认为思维与存在之间具有同一性，人的认识可以正确地反映客观世界。[2] 探讨辩证唯物主义认识论对证据法的指导作用，就是要考察上述三论对证据法学的影响。

（一）物质论与证据法学

辩证唯物主义认为，世界是物质的，物质是运动的。这种物质论对证据法

---

[1] 转引自［苏］柯普宁：《科学的认识论基础和逻辑基础》，王天厚等译，华东师范大学出版社1989年版，第46-47页。

[2] 何家弘、刘品新：《证据法学》，法律出版社2022年版，第48页。

的最大指导作用在于，它表明任何案件都是物质性的；仅存在于个体人脑中的思想活动或意向，而不以犯罪行为、违法行为、违约行为或者侵权行为等方式表现在外的，都不构成案件。[1] 物质是标志着客观实在的哲学范畴，其基本特征是客观实在性。这种客观实在是人通过感觉感知的，它不依赖于人们的感觉而存在，能为人们的感觉所复写、摄影、反映。这是辩证唯物主义关于物质的基本看法，为人们分析案件的本质属性提供了依据。

实践中，案件的表现形式千差万别，但案件的构成要素却是一致的。究其构成，一切案件都是由何事、何时、何地、何情、何故、何物、何人七个要素构成，而每一个要素均具有客观实在性。诚然，这些案件构成要素并不是孤立存在的，而是以各种方式紧密地结合在一起。以刑事案件和民事案件为例，我国刑法学理论将构成犯罪的要件分为犯罪客体、犯罪客观方面、犯罪主体与犯罪主观方面四个方面；民法学理论将侵权责任构成要件分为侵权行为、损害事实、因果关系与主观过错四部分。其实，任何性质的案件均可以从主观与客观、主体与客体方面进行区分。这说明，现实的案件总是以物质元素组合的方式表现出来的。相应地，司法人员所要查明和证明的对象，即案件事实也通常是由七个要素部分组合而成的未知事实。

（二）反映论与证据法学

辩证唯物主义认为，物质运动的结果必然呈现一定的形态。"人们认识物质，就是认识物质的运动形式，因为除了运动的物质以外，世界上什么也没有，而物质的运动必取一定的形式。"[2] 这种物质的运动形态，正是人们认识事物的基础。虽然现实生活中案件的类型各不相同，但任何案件都可以归结为某种特殊的、极为复杂的物质运动形态，即具有特定性、稳定性与反应性。特定性表明，任何案件都具有不同于其他案件的质的规定性，能与其他案件区别开来；稳定性表明，任何案件都具有相对静止、暂时平衡和稳定的特点，能够在一定时间内会保持不变；反映性则表明，任何案件的特征都能在其特征的反映体征中得到良好的反映，且能够为人们所认识。

反映论认为，各种证据就是案件的反映。反映的方式很多，包括位移、接触、分离、剥落、黏附、化合、分解、运算以及感知、记忆、辨识，等等。案件中广泛的反映，通过证据得以体现，并不以人的意志为转移。通过所发现的

---

[1] 何家弘、刘品新：《证据法学》，法律出版社 2022 年版，第 48 页。
[2] 毛泽东：《矛盾论》，载毛泽东：《毛泽东选集》（第一卷），人民出版社 1991 年版，第 308 页。

各种证据，人们可以认识案件，可以区分不同案件，也可以区分同一案件中不同人的不同行为。反映论还表明，绝大多数司法证明活动就是同一认定的认识活动，是司法人员等借助证据进行"人—事同一认定"活动。司法人员等接受案件之后，往往最初会在头脑中形成一个推测的案件形态，查明案件事实的过程就是将收集来的证据所表明的案件形态与头脑中已推测的案件形态进行同一认定过程，法庭上证明案件事实的过程就是将收集来的证据所表明的案件形态与法律相关条文所规定的案件形态进行同一认定的过程。因此，反映论决定了司法证明方法、司法证明标准等基本理论问题。

另外，我国当前证据立法所确立的一些具体证据规则，也符合辩证唯物主义认识论中反映论的思想。例如，证据的关联性规则就是要解决证据如何同案件事实发生联系，从而确定其证据能力的问题；最佳证据规则要求出示书证、物证的原件、原物，而不是复印件、复制品，这符合原始材料往往更可靠的认识规律；传闻证据规则或者直接言词原则要求排除传闻陈述，这是因为传闻陈述是间接性认识，其可靠性差，不利于案件事实的证明与回溯。

（三）可知论与证据法学

辩证唯物主义认为，人的思维是至上的，能够认识现存世界的一切事物和现象。这种可知论在证据法中的主要体现，就在于认为任何案件从理论上看都是可以查明和证明的。"事实是认知主体带着特定的意图和目标，利用特定的认知手段，对外部世界中的状况和事情所做的有意识的剪裁、提取和搜集，因而是主观性和客观性的混合物。"[1] 以刑事诉讼为例，刑事证明以及刑事诉讼制度的依据就在于：任何犯罪都必然在现场留下蛛丝马迹，这些犯罪线索可能以不同的载体形式存在，这是不以人的主观意志为转移的客观存在，人的证明活动就是要去发掘这些客观存在。因此，在理论上讲，诉讼证明本质上作为一种回溯证明活动，虽然由于时间的不可逆性，这种回溯证明较为困难，但是，通过案发时的遗留证据，重建现场仍然可能。

我国过去证据法的许多规定，都在一定程度上体现了辩证唯物主义认识论中可知论的思想。比如，我国法律确立的实事求是与证据为本原则，强调证据必须查证属实才能作为定案的根据或认定事实的根据等；又如，法律规定司法人员与行政执法人员办案必须忠实于事实真相。这些实际上是将案件事实当作

---

[1] 陈波：《"以事实为依据"还是"以证据为依据"——科学研究和司法审判中的哲学考量》，载《南国学术》2017 年第 1 期。

一种客观存在，认为司法人员及其他参与者应该并且能够解释案件事实。

在承认辩证唯物主义认识论对证据制度具有指导作用的同时，我们也应该看到收集证据、运用证据解决案件的过程与人类的一般认识活动具有区别：其一，在诉讼过程中活动主体受到严格的程序法限制，不同活动主体受限制的规则、活动范围也不一样；其二，诉讼过程中，法官审理结果是基于当事人双方或控辩双方的对抗、交涉、质证已完成而产生的，作为裁判结果根据的是经过当事人双方或控辩双方举证质证的证据，并要考虑和吸收双方意见；其三，诉讼活动的进行是在法庭上，当事人和法官同时参与下进行的，活动的完成有时间限制，活动结果成为生效裁判后，就同一案件提起新的诉讼活动受到严格的法律限制；其四，经过法庭审理所认定的事实是一种法律上的事实，与客观事实不一定严格相吻合，仅仅是法官在听取控辩双方或当事人双方提供的证据和意见后作出的主观判断；其五，从诉讼目的看，既要解决纠纷，又要保护人权，利益权衡必然涉及价值的选择。

三、客观真实与法律真实

作为证据法基础理论之一的辩证唯物主义认识论，我们对它的认识并非一成不变，而是一个动态的过程。对于辩证唯物主义认识论的理解不同，我们所追求的案件真实也会不同。通过了解不同的真实观，有助于加深我们对辩证唯物主义认识论的理解。

（一）客观真实论与法律真实论之争

根据辩证唯物主义认识论原理，存在是第一性的，意识是第二性的，存在决定意识，人类具有认识客观世界的能力，在诉讼活动中，人们能够通过调查研究认识已经发生了的客观事实。凡是已经发生的案件，必然会在外界留下各种物品、痕迹或为某些人所感知，这就为我们查明案情提供了实施依据；而日益完善健全的实体法和程序法规范则为查明案件事实提供了法律依据，因而能发现案件事实。综上，查明案件的客观真实是完全有可能的。这就是建立在辩证唯物主义认识论基础上的传统的客观真实理论。刑事证明的目的就是要达到案件客观真实，即指公安司法人员在诉讼中根据证据所认定的案件事实要符合客观存在的案件事实。自 20 世纪 50 年代至本世纪初，该理论一直处于通说地位，并为大量证据法学教材所采用。20 世纪 90 年代至 21 世纪初开始，开始出现了不同的观点。

有学者指出了传统客观真实论的缺陷，认为客观真实的观点片面强调事物的客观性，排斥甚至根本无视人的主观能动性对事物客观性所具有的潜力和作用；立法的规定为查明案件事实提供了必不可少的条件，但同时也在某种程度上阻却了对客观事实的发现；作为认定案件事实主体的司法人员，因受种种因素的制约，难以达到主观认识与客观事实的完全相等。[1] 对一个具体刑事案件的证明标准，只能达到近似于客观真实，而且是越接近客观真实越有说服力。那种"必须"达到或"一定"要达到客观真实的说法在理论上是不成立的，在实务上是有害的，更是无法实现的。这不仅因为，刑事案件是过去发生的事情，根本无法使之再现、重演，而且人们去认识它、调查它还要受到种种条件的限制，客观真实只能成为刑事案件证明的一个客观要求，它告诫办案人员要奋力接近它，但它绝不会成为个案的一个具体的证明标准。

随着传统理论被否定，法律真实论孕育而生。法律真实理论是指公检法机关在刑事诉讼证明的过程中，运用证据对案件真实的认定应当符合刑事实体法和程序法的规定，应当达到从法律角度认为是真实的程度。[2]

法律真实论的理论和实践依据在于：

第一，诉讼证明追求法律真实与我国刑事诉讼法规定的宗旨和任务相一致。从我国《刑事诉讼法》第1、2条规定可看出，我国刑事诉讼的首要功能和根本任务就是为了保证我国刑法的正确实施，以准确、及时地惩罚犯罪，保护人民，保障无罪的人不受追究，尊重和保障人权。诉讼证明的任务和要求必须与刑事诉讼的宗旨与任务相一致，对于各种证据的收集、调查和审查判断，必须以犯罪构成为指导，并符合刑法各罪要件的要求和标准。

第二，法律真实论可操作性强，易于适用。法律真实同客观真实相比，标准明确，易于操作，整个证明活动只需紧紧围绕构成本罪的实体要件就可以，对于真实存在的那些悬而未决、无章可循、原则笼统的弊端，基本都可以克服。

第三，法律真实论为证据的调查和运用指明了方向，澄清了在运用证据过程中容易混淆的环节和概念。有了法律真实的追求目标后，方向明确，诉讼证明所有证据的可采性，均以认定的法律事实为标准。法律真实的追求目标，以法律事实为标准，诉讼证明活动高效而准确。

为应对法律真实论的诘问，客观真实论进行了修正。修正后的客观真实论认为，如果以辩证唯物主义作为指导思想，就应当承认反映论和可知论，即承

---

〔1〕 李玉萍：《论司法裁判的事实根据》，载《法学论坛》2000年第3期。

〔2〕 樊崇义：《客观真实管见——兼论刑事诉讼证明标准》，载《中国法学》2000年第1期。

认客观事物包括客观事实是能够被人们所认知的，正确的认识在哲学上称为真理或客观真理。客观真理运用到诉讼中称为客观真实。若承认可知论，就应当承认案件的客观事实从总体上来说是可以被办案人员所认识的。诉讼中认定案件事实即诉讼证明与一般的认识事物有其共性和特性。就其特性而言，诉讼证明必须以诉讼证据作为证明的手段，而证据的收集和运用必须遵循特定的程序和规则。尽管有这些特点，但不能以此否认认识论的共性，认为案件的真实情况根本不可能认识到。诉讼中的客观真实乃是绝对真实与相对真实的辩证统一，把客观真实绝对化是片面的，但否认客观真实中有绝对真实的内容也是不对的。在刑事诉讼中我们应当追求也可能实现客观真实，在一定条件下必须辅之以法律真实。[1] 法律真实就是法律规定的真实，是国家意志的体现，亦即主观真实。正因为如此，法律真实的随意性很大，其真实程度不是以客观事实和规律为根据，而是以法律为准绳的。从证据制度的历史发展而言，从神明裁判制度的神示真实，到法定证据制度的形式真实，再到西方的自由心证的真实均为法律真实。因为上述的"真实"，都是不同历史时期的国家法律规定的"真实标准"，除了法律要求外，没有其他符合客观规律的实质要求。至于我国刑事诉讼法规定的"真实"，是"犯罪事实清楚，证据确实充分"，这实际上是客观真实，是法律在辩证唯物主义认识论指导下确认"客观真实"这一科学的理论概括。

（二）客观真实论与法律真实论的共通点

客观真实论与法律真实论均是以马克思主义的辩证唯物主义认识论作为指导的，因此两种理论存在共通之处。了解二者的共通之处，有助于发现二者的实质性分歧。

第一，法律真实论与客观真实论均承认在诉讼认识中存在一个前提，即作为裁判对象的案件本源事实，也都承认案件本源事实是外在于裁判者、不以其意志为转移的客观存在。

第二，法律真实论与客观真实论都属于认识的客观主义流派。法律真实论与客观真实论都承认自己所主张的真实乃是由判断的对象所规定的。只不过，客观真实论所主张的真实被认为是由案件的本源事实决定的，所谓"真实"是指裁判认定的事实与案件本源事实的相合性。法律真实论认为自己所主张的真实是由证据所规定的，所谓"真实"是指裁判认定的事实与诉讼证据所展示的

---

[1] 陈光中、陈海光、魏晓娜：《刑事证据制度与认识论——兼与误区论、法律真实论、相对真实论商榷》，载《中国法学》2001年第1期。

事实的相合性。

第三，法律真实论与客观真实论均主张证据裁判主义。客观真实论认为证据既要与案件事实相关，也要如实反映案件事实情况。法律真实论虽然注重证据，却往往回避证据的确实性问题。

第四，法律真实论与客观真实论均认为发现案件真相是诉讼的终极目标，并同时认为，裁判者认定的事实并不是案件的全部事实，只是由法律剪裁过的有裁判意义的事实，在刑事诉讼中主要表现为定罪量刑所必需的事实。二者也同时基于认识的有限性，承认裁判错误的可能性。

第五，法律真实论与客观真实论均可指导刑事证据规则的实施。大多数刑事证据规则是在认识论的指导之下，为查明案件事实真相而设计的。例如，传闻证据之所以要排除，就是因为传闻证据是间接性认识，可靠性较差，不利于案件客观真实的发现。

（三）客观真实论与法律真实论的差异

从表面上看，二者的差异在于案件的本源事实能否被发现。客观真实论者，认为符合一定条件情况下，案件的客观真实能够被发现。法律真实论者，往往倾向于认为案件的客观真实不能被发现或者难以被发现，裁判中所能保证的只是法律上的真实。但二者均有所偏颇：不是所有案件都能够发现案件的真相，但也不是所有的案件都不能发现案件的真相。

从实质上看，二者的区别在于对认识的无限性与有限性以及真理的绝对性与相对性的理解不同。

传统的客观真实论并没有对唯物主义认识论作出科学合理的解释，甚至在一些方面走向了它的反面。传统的客观真实论确有夸大了人的认识能力，如苏联学者过于乐观地认为："法院虽然在解决个别案件上可能发生错误，但无论如何不能否认苏维埃法院必然能够寻求到客观真实。""我们在使用马列主义认识论原理时就可以断定说，正像其他各种调查研究工作一样，诉讼上的调查研究工作是可以认识到客观真实的，这就是说是可以认识到正确的、与现实的事实相符合的实施犯罪的情况的。"就显然低估了人的认识能力在主客观条件的制约下的局限性，夸大了马列主义认识论原理和社会主义法律意识在认识具体案件中的实际作用。[1] 实际上，人们对案件事实的认识受到众多主客观因素和条件的限制。人们在具体案件中对案件事实的认识，在能力上只能是有限的，在目

〔1〕 张建伟：《证据法学的理论基础》，载《现代法学》2002 年第 2 期。

标上只能追求相对真理而非绝对真理。认识到这一点并不意味否定绝对真理，也不否认对案件事实求得的相对真理中包含着绝对真理的因素。因此，传统的客观真实论片面强调反映论和可知论，忽略了认识的辩证法，进而陷入机械唯物主义的泥潭。

法律真实论相比于传统的客观真实论对认识论有更为深刻的认识。法律真实论认为，认识论的精髓在于辩证法。辩证唯物主义认识论在强调人的认识能力的绝对性的同时，也承认人的认识能力的相对性。对事物绝对真理的认识是渐进的过程，这个过程在终极的意义上会一直延续下去。这是从认识的可能性上着眼的，而撇开了诸多现实因素的考虑；这是从时间上着眼的，而略去了空间对认识的影响。其主要目的是弘扬和肯定人的认识能力，高举人的理性主义、科学主义的旗帜，而不是说任何事物在一定时空内都可以达到真理的绝对性认识。

同时，辩证唯物主义认为，人类的认识活动是绝对性与相对性的辩证统一。认识结果既是绝对的也是相对的，并且"绝对性和相对性这两方面相互依存和相互制约"，"绝对之中包含着相对……同样，相对也包含着绝对"。[1] 恩格斯也做过相关论述："一方面，人的思维的性质必须被看作是绝对的，另一方面，人的思维又是在完全有限地思维着的个人中实现的。从这个意义上讲，人的思维是至上的，同样又不是至上的。"[2] 所以，人们在一定时空范围内对事物的认识，都只能达到相对真理的认识程度，而人们对事物的相对真理的认识，就往往可以包含它的全部现实意义。相对真理的认识在盖然性的意义上有着它独特的价值，其价值主要体现在它可以兼容其他价值的存在，并且和现实有着天然的接近性。因此，辩证唯物主义认为，相对真理中蕴含着绝对真理，绝对真理是相对真理的发展与超越。人们的认识只能达到相对确定。相对真理和绝对真理表现在诉讼制度和诉讼程序中，便具有两方面的意义：一方面，绝对的真理观可以被选择来作为证据制度设计的终极理念和最高理想；另一方面，相对真理则必然成为任何诉讼制度所接受的现实归宿和当然的立足之点。前者是思想指导，后者是现实追求。相对真理与绝对真理同时提醒我们，应该从试图恢

---

[1]　肖前主编：《马克思主义哲学原理》（下册），中国人民大学出版社1994年版，第653页。

[2]　中共中央马克思恩格斯列宁斯大林著作编译局编：《马克思恩格斯选集》（第三卷），人民出版社1972年版，第126页。

复案件事实原貌转向去追问法律需要，使诉讼中的证明达到法定的要求即为已足。[1]

然而，客观真实论并未故步自封，而是依据对辩证唯物主义认识论的新的理解，衍生了修正的客观真实论。修正的客观真实论从真实的绝对性与相对性关系着眼，对该理论进行重新解读。任何真理都是绝对的，又是相对的，诉讼真实也是如此。公安、司法人员的主观认识只能最大限度地接近案件全部客观事实，而不能查明案件事实的每一个情节。从这个意义讲，案件真实永远是相对真实。但就已查明的案件事实情况来说，它是主观符合客观的，是准确无误的，这又是绝对真实的。[2] 修正的客观真实论认为，应从宏观上谈人们的认识能力的无限性与有限性，而绝不能得出结论说，人对具体事物的认识不能达到确实性或绝对真理性。

综上，传统的客观真实理论只承认绝对真实而不承认相对真实，而修正的客观真实理论认为在具体案件中，除了承认绝对真实以外，也承认相对真实的成分。所以，法律真实论者很容易驳倒传统的客观真实理论，而要说服现行的客观真实论则有很多工作要做。[3]

"我们不可能站在世界之外，直接把一个证据命题与它所描述的实在进行比较，然后看这个命题是不是真的。法官在评价某个证据时，他所能做的只是把这个证据与其他证据、已知的东西以及他个人已有的背景信念进行比较，看它们能否形成一种印证关系。如果能够形成，法官就有信心和理由说，这个证据命题可能是真的，但法官并不能保证它一定为真。"[4]

第三节　证据制度的价值论基础

"价值"一词最早被运用于经济学领域，通常用来表明事物本身所具有的劳动量，即事物本身的交换价值，此外还指事物的有用性。无论是哪一领域的"价值"，排除外在的形式与包装，"价值"的含义却都有相近的地方，马克思曾认为，价值这种普遍的概念是从人们对待满足他们所需要的外界物的关系中产

---

[1] 闵春雷、杨波、孙记：《证据法学理论基础探究》，载《吉林大学社会科学学报》2003 年第 3 期。
[2] 陈光中、陈海光、魏晓娜：《刑事证据制度与认识论——兼与误区论、法律真实论、相对真实论商榷》，载《中国法学》2001 年第 1 期。
[3] 汪建成、王敏远：《刑事诉讼法学研究述评》，载《法学研究》2001 年第 1 期。
[4] 薛爱昌：《为作为证明方法的"印证"辩护》，载《法学研究》2018 年第 6 期。

生的。[1] 这个论断清晰地解释了价值属于关系范畴，应当说价值是某种关系的外在表现，可以从以下三方面理解：首先，价值的主体是人，如果离开人的主观感受，就枉谈价值的存在；其次，外在物质是价值的客体，无物质则无价值；最后，价值表明的是前两者之间的关系，即人与物的关系。[2] 价值是在人的实践——认识活动中建立起来的。证据制度的设计和在此基础上进行的调整，通常意味着经过在一定价值规范的支配下进行选择的过程，司法运作则是特定的机关和个人将选定能够体现于制度本身的价值规范应用于具体案件的处理活动。[3] 不同的价值取向可能导致制度的设计及其运作状况的不同。

一、诉讼价值

法律价值是法律的灵魂，其作为社会关系主体对法律的一种主观体验，必然存在于人的需要与法律满足人的需要的属性之间的特定关系之中。[4] 证据制度的价值，是指证据立法及其司法因能够满足国家、社会和个人的特定需要，而对国家、社会和个人所具有的效用和意义。诉讼中的证明不仅仅是一种认识活动，更是一种适用法律的专门活动，因此其中必然涉及各种价值的冲突和选择问题。法的价值是多元性，决定了证据法学价值的多元性。

（一）秩序

秩序是维护现存社会、政治等制度和一般生存条件需求的具体内容之一，也是国家法律价值追求的目标之一。秩序价值的意义在于保持规则的可遵守性，以提升主体行为的可预测性，确保社会主体的安全性，"它将法律的普遍性和确定性引入社会生活，以确保社会生活的连续性和人的主体地位的持久性。"[5] 作为法的基础价值，秩序的最终目的在于创造社会公众有序生存、工作与发展的环境。博登海默指出："历史表明，凡是在人类建立了政治或社会组织单位的地方，他们都曾力图防止出现不可控制的混乱现象，也曾试图建立某种适于生存的秩序形式。这种要求确立社会生活有序模式的倾向，绝不是人类所作的一

---

[1] 中共中央马克思恩格斯列宁斯大林著作编译局译：《马克思恩格斯全集（第19卷）》，人民出版社1963年版，第406页。

[2] 王殿芹：《人的价值实现的特点、条件及其制约因素》，载《理论学刊》2006年第4期。

[3] 卞建林、谭世贵主编：《证据法学》，中国政法大学出版社2019年版，第66页。

[4] 刘广三主编：《刑事证据法学》，中国人民大学出版社2007年版，第64页。

[5] 杨心宇主编：《法理学研究：基础与前沿》，复旦大学出版社2002版，第43页。

种任意专断的或'违背自然'的努力。"[1] 在近现代社会，人们认识到社会秩序是法治的基础，社会秩序若陷入混乱，法治也就无从谈起。美国学者彼得·斯坦等人在《西方社会的法律价值》一书中指出，"与法律永相伴随的基本价值，便是社会秩序"，"法律规则的首要目的，便是使社会中各个成员的人身和财产得到保障，使他们的精力不必因操心自我保护而消耗殆尽"。这是因为，"维持社会和平是实现其他法律价值的先决条件"，"必须先有社会秩序，才谈得上社会公平。社会秩序要靠一整套普遍性的法律规则来建立。而法律规则又需要整个社会系统地、正式地使用其力量加以维持。"[2] 在刑事诉讼领域，秩序价值包含两层含义：其一，惩罚犯罪以恢复社会秩序；其二，追诉犯罪的活动必须是有序的。证据制度同样也是通过这两种方式达到维护社会秩序的目的。

首先，证据制度运行的目的，在于在发现案件事实的基础上惩罚犯罪，以恢复社会秩序。司法公正首先表现为对案件事实和证据有着正确的判断，发现案件的是非曲直，并正确地适用法律。发现案件事实真相之所以重要，主要原因在于刑事诉讼的目的是确认犯罪事实的发生和犯罪人是谁，并在此基础上实现国家的刑罚权。[3] 行使国家刑罚权以惩治和预防犯罪、维护社会秩序是刑事司法赖以存在的基础。例如，我国《刑事诉讼法》第1条规定："为了保证刑法的正确实施，惩罚犯罪，保护人民，保障国家安全和社会公共安全，维护社会主义社会秩序，根据宪法，制定本法。"如果不以证据制度作保障，不建立秩序规则，国家权力在打击犯罪中就无从体现，对犯罪的追究也会陷入混乱状态，任何个人都可以行使自己所认为的追究犯罪的权利，那么整个社会就会陷入同态复仇的恶性循环当中。

其次，通过证据制度来规范诉讼主体的诉讼行为，以维护诉讼秩序。用于维护社会秩序和惩罚犯罪的司法机关，其权力的行使必须要是合乎秩序的。法治社会强调通过正当的程序规范建立国家司法机关权力运作的秩序，对司法权的行使进行严格制约，将权力装进制度的笼子里。证据制度要求作为最终定案的证据必须具有关联性、客观性和合法性，禁止司法机关非法取证，就是为了保障司法活动的纯洁性，维护诉讼秩序。因此，侦查机关在收集证据时在实体

---

[1] [美] E. 博登海默：《法理学：法律哲学与法律方法》，邓正来译，中国政法大学出版社1999年版，第22页。

[2] [美] 彼得·斯坦、约翰·香德：《西方社会的法律价值》，王献平译，中国人民公安大学出版社1990年版，第38页。

[3] 刘广三主编：《刑事证据法学》，中国人民大学出版社2007年版，第65页。

上要符合关联性和客观性，程序上要符合合法性，禁止刑讯逼供。检察机关在控诉被追诉人时必须遵循举证、质证规则，达到控诉标准。审判机关通过证据的认证规则，确保法官在裁量评判证据时遵循相应的原则和程序，从而对法官裁量评判证据的活动加以规制。以我国法庭审判为例，不得强迫自证其罪原则、非法证据排除规则等都是为了维护被追诉人在诉讼程序中的主体资格，使控辩双方在理性的基础上进行平等对抗，从而体现法律对秩序的尊重以及对公民权利的保护，使得庭审过程规范、有序。

（二）自由

人生而自由，自由是人生而具有的属性。约翰·洛克宣称："法律的目的并不是废除或限制自由，而是保护和扩大自由。"[1] 自由作为法的重大价值，其在法学上的界定一般是指一定社会中人们受到法律的保障或得到法的认可，按照自己的意志进行活动的人的权利。由这一定义我们可以得知，法的自由是人类的固有权利，属于人权的范畴。卢梭在《社会契约论》中开篇写道："人生而自由，却又无往不在枷锁之中。"[2] 孟德斯鸠在《论法的精神》中也提到："自由是做法律所允许的一切事情的权利……在一个有法律的社会中，自由仅仅是：一个人能够做他应该做的事情，而不强迫去做他不应该做的事情"，[3] 表明了自由以法律为边界和底线，自由应该在法律的范围内才具有实现的可能性。当今社会，崇尚人权、追求自由已成为社会潮流，我们更应该追求证据制度中的自由价值，让证据制度在保障人的自由方面发挥更大的作用。概括来讲，自由可以分为两类：一是消极的自由，就是"免于……的自由"；二是积极的自由，就是"去做……的自由"。证据制度通过以下方式保证自由价值的实现：

首先，证据制度通过对国家权力的控制，实现公民的自由。根据认识论，诉讼中的认识具有相对性，如何约束司法人员的任性与恣意，防止其滥用权力就显得尤为重要。只有将司法人员的权力纳入到法治的轨道中，人们的自由才具有可预见性，才能得到真正的实现。例如，侦查机关通过非法手段收集的证据，由于其侵犯了被追诉人的诉讼权利和实体权利，为了保障人权，该类证据应当予以排除。又如，各国均确立了相较于民事诉讼，刑事诉讼较高的证明标

---

[1]　[美] E. 博登海默：《法理学：法律哲学与法律方法》，邓正来译，中国政法大学出版社1999年版，第279页。

[2]　[法] 让-雅克·卢梭（Jean-Jacques Rousseau）：《社会契约论》，陈阳译，浙江文艺出版社2016版，第3页。

[3]　[法] 孟德斯鸠：《论法的精神》（上册），张雁深译，商务印书馆1961年版，第154页。

准，这就对司法人员收集、审查和判断证据提出了更高的要求，司法人员行使权力应当慎重、准确。在证据的运用过程中，要严格规范和限制侦查机关、控诉机关的权力，防止其滥用权力侵犯诉讼参与人的权利，重视对诉讼参与人特别是被追诉人的人权保障，把被追诉人当成一个有自主权且能自由表达自己意志的诉讼主体来看待，而不是作为一个诉讼客体。

其次，证据制度通过对公民权利的积极规定，实现公民自由。自由一方面是法律对国家权力行使的消极规定，另一方面则来自对公民权利行使的积极规定。因此自由在证据制度中的另一种体现就是以积极的形式规定诉讼参与人特别是被追诉人的权利。例如，在证明责任的分配上，根据无罪推定原则，要求公诉方承担证明责任，如果公诉方的举证不能达到法定证明标准，那么就应当承担实体上的不利后果，法官将根据"疑罪从无"的原则判决被告人无罪。无罪推定原则及其中所蕴含的证明责任分配原理，无疑是对公民自由和人权的保障。目前，对于个人权利的保护，不仅表现在刑事诉讼法领域中，而且还表现在各国将公民的许多权利上升为宪法权利。法律所体现的自由价值主要表现为对公民生命权、自由权、隐私权的尊重。刑事诉讼中，对人权的尊重表现为对各诉讼参与人权利的尊重，特别是对被追诉人权利的尊重。

最后，证据制度中对于自由价值的保障符合世界趋向。联合国《世界人权宣言》、联合国《两权公约》和联合国《经济社会文化权利国际公约》等人权公约及一系列国际刑事司法准则，相继确立了诉讼参与人享有的一系列实体和正当程序权利。国际人权公约及一系列国际刑事司法准则对公民自由权利的保障同样强调对国家机关权力的规范和限制，同时赋予公民积极的自由权。其主要表现在：一是要求加强对被追诉人的积极保护，如确立无罪推定原则，承认沉默权的合理性；二是加强对辩护方的防御能力，如赋予辩护人的取证权，建立证据开示制度，落实质证权等。国际人权公约是世界各国在人权保护方面共同追求的价值取向，也是世界各国通力合作的重要成果，其创立经历了长期、复杂的过程，这一过程始终是与人权保障以及维护自由的价值理念相伴的。国际人权公约是衡量一个国家刑事司法领域文明、自由、民主的国际标准，理应得到遵守。

（三）公平

公平在此处的含义是平等，体现为法律的平等适用，即要求法律无偏倚地适用于每一个人，做到使人们不感到自己受到的对待与和自己地位相似的人不同。法律本身具有公正性的一个基本要求是在法律中确立平等适用的原则。[1] "法官必须具有意志及道德勇气，不以个人的喜怒、同情或是憎恶来左右法律的实践，这是一个反求诸己、主观性质的正义观。"[2] 这里需要防止因性别、年龄、民族、种族、宗教信仰等造成法律适用中的偏袒和歧视现象，特别需要防止权力因素造成法律适用中的不平等现象。在诉讼中，公平体现在"公平对待""公平游戏"等人们所喜爱的简短格言中。现代证据法中大都以严苛的证据规则保障公平的实现，例如，我国刑事诉讼法为弥补被追诉方的取证弊端，于《刑事诉讼法》第 52 条明确规定："审判人员、检察人员、侦查人员必须依照法定程序，收集能够证实犯罪嫌疑人、被告人有罪或者无罪、犯罪情节轻重的各种证据……"

（四）效率

诉讼效率是指诉讼中所投入的司法资源（人力、物力、财力等）与所取得的成果的比例。效率一词最早起源于经济领域，特指从一个固定的投入量中获取最大的收益，而后其被运用于法学领域，在法学中主要指诉讼成本的相关问题，功利主义学派最早对其进行了阐释和论述。后法经济学派兴起，对效率更加重视，并逐步发展为法的价值之一。人类社会的任何制度设计都是有成本的，诉讼制度也不例外，作为解决社会矛盾冲突的诉讼机制，国家为推动诉讼的顺利进行需要投入相应的人力、物力和财力。

诉讼活动本质为纠纷解决。在此过程中，国家需要投入大量的人力、物力和财力，即必须付出高昂的诉讼成本。通过诉讼渠道解决法律纠纷意味着司法资源的投入。如何以较少的投入换取最大的诉讼收益，是立法、司法机关和诉讼参与人甚至一般民众都关心的问题。对于我国而言，当前的司法矛盾主要表现为：人民群众日益增长的公平正义期待与经济社会发展水平总体不高的矛盾；社会司法需求扩大与司法资源和司法能力不足的矛盾；维护国家法律统一正确实施与各地区社会发展不平衡的矛盾。如果有司法资源投入较小而又无损于公正和廉洁的制度，就应当优先考虑采行这样的制度。当然，只有在公正得到有效保证的前提下才能进行这样的选择，因为，在法的诸价值中，公正是首要的价值，为效率而牺牲公平显然是得不偿失的。波斯纳就将正义与效率看作是不

---

〔1〕 卞建林、谭世贵主编：《证据法学》，中国政法大学出版社 2019 年版，第 68 页。
〔2〕 陈新民：《公法学札记》，中国政法大学出版社 2001 年版，第 288 页。

可分割的统一体，他认为："正义的第二种含义，简单地说，就是效益。"[1] 因此，在正义与效率产生冲突的时候，应该在保障正义的同时兼顾效率，不能顾此失彼；其次，权衡原则，应该说"任何利益的冲突，都存在选择的一般性的普遍原则，当发生利益之间的矛盾冲突及由此产生权衡与选择问题时，为获得某种利益或者肯定某种事物、行为的价值，就要放弃或者否定与之对立的另一些权益或价值"[2]。

在刑事司法中，存在着偏重效率的诉讼模式。这种诉讼模式在根本上注重的是秩序，因为效率无非是为保持秩序而提出的要求。[3] 但是正像自由取向的诉讼模式并非不顾及效率一样，效率取向的诉讼模式也并非不顾及自由，两者之间的区别在于：当出现价值冲突时，何者被置于优先考虑的地位——前者将自由优先于效率，反对为追求效率而损害自由，在刑事证明活动中表现为注重通过法律的正当性来达到实质真实的发现；后者则相反，将效率优先于自由，为发现实质真实而不惜牺牲法律的正当程序，在刑事证明活动中表现为对非法证据不予排除。

既然诉讼是一种将消耗大量人力、物力和财力的活动，那么在当今资源稀缺的情况下，其投入与产出值必须符合经济合理性的要求。面对诉讼成本高昂、案件积压严重、司法活动拖延的共同难题，世界各国不外乎通过科学地配置司法资源和合理地设置诉讼程序的方法予以解决。[4] 在诉讼司法资源的配置方面，完善的证据规则有助于合理配置司法资源，取得良好的诉讼效益。例如，在关于证据属性的讨论中，强调证据的关联性，规定证据必须与案件事实具有关联性，就是为了防止证据收集和审查的范围无限扩大。免证事实和推定制度的设立，都是为了加快对有关事实的认定进程，避免不必要的收集、审查。在简易程序中，往往规定证据的举证、质证可以简化，就是为了提高效率、节约资源。又如，证据开示制度，从社会整体而言，通过证据开示，侦查机关取得的证据，既可以为控诉方使用，也可为辩护方使用，相较于双方各自独立取证，减少了社会总消耗，提高了资源利用率。就单个诉讼而言，通过证据开示，控辩双方明确了争议的焦点，做好庭前准备，避免了审判的拖延和无序，保证审

〔1〕 ［美］理查德·A.波斯纳：《法律的经济分析》（上），蒋兆康译，中国大百科全书出版社 1997 年版，第 1 页。

〔2〕 宋英辉：《论刑事程序中的权衡原则》，载《法学研究》1993 年第 5 期。

〔3〕 卞建林、谭世贵主编：《证据法学》，中国政法大学出版社 2019 年版，第 69 页。

〔4〕 刘广三主编：《刑事证据法学》，中国人民大学出版社 2007 年版，第 68—69 页。

判集中、连续进行，缩短了诉讼周期，实现了诉讼的高效。[1]

二、其他价值

除了上述基本价值以外，证据制度还有一些其他价值，有的价值甚至超越了诉讼本身而具有更传统、更深远的意义，这种意义不是"秩序""自由""公平""效率"所能尽数涵盖的，但对证据制度的体系完善仍具有重要意义。以我国刑事证据法为例，"刑事证据制度改革固然受到法治发达国家证据法的深刻影响，但其成长的主要脉络还是深深地嵌入在我国独特的"国家—社会"关系和司法体制当中，受到国家政法体制安排与转型期社会需求的宏观制约。"[2] 因此，我国证据制度的价值必须体现"中国立场"，以及道德、社会传统文化等。

（一）道德

古罗马法学家曾有法谚"法是善与正义的艺术。"（Jus est ars boni at aegui.）这句话体现在证据法上，就是要求各国证据法既要保证与体现司法证明的公正性，也要促进与维护其合理性与人道性。也就是说，证据法必须具有"善"的品格。英国著名学者乔治·爱德华·穆尔提出，"善"（good）是伦理学的核心概念，善有三层意思：其一，善的性质，即人们用"善"这一观念所表示的那种性质是什么；其二，何为目的善，即哪些事物是因其本身缘故就值得追求的；其三，何为手段善，即哪些事情是应该做的。穆尔指出，凡是能够产生最大的善结果的行为就是应该做的。

那么，如何确保证据法通过"善"的方式来定分止争，就是证据法兼顾法律正义与道德正义的主要任务。定分止争是其法律价值的体现，仁义诚信则是伦理价值的追求。两种价值相互融合、相互包含，二者之间存在着千丝万缕的联系，有时甚至一种价值被另一种价值吸收，比如说伦理价值的某些内容可能会以法律形式表现出来；当然，它们确实各有独立性。

作为证明案件真相的重要手段，证据是现代司法证明活动中必不可少的东西。而取证、举证、质证、认证均不是轻而易举之事，常常需要司法人员与行政执法人员的积极努力，以及当事人与其他诉讼参与人的大力配合。为此，各国证据法必须全面平衡证据行为内在善与恶的力量对比，掌握好法律正义与道

---

[1] 参见宋英辉、魏晓娜：《证据开示制度的法理与构建》，载《中国刑事法杂志》2001 年第 4 期。

[2] 吴洪淇：《刑事证据制度变革的基本逻辑 以 1996-2017 年我国刑事证据规范为考察对象》，载《中外法学》2018 年第 1 期。

德正义之间的平衡点。例如，如果诉讼各方在取证时采用各种取证陷阱，在举证、质证时实施突然袭击，则有悖于诚信精神。即便这些证据行为不为法律所禁止，法官也要作利弊的考量。凡是证据行为对伦理价值构成实质性影响的，则法官均可以裁定降低甚至取消其证据的证明力，因为所取得的证据在道德上是不正义的。[1] 又如，英美法系关于品格证据可采性的规定。为了防止依据品格证据来认定案件事实所带来的偏见，《美国联邦证据规则》规定了品格证据的一般规则，即有关某人品格或者品格特征的证据在证明该人在特定环境下实施了与其品格相一致的行为时不具有关联性。也就是说，品格证据一般不具有可采性。用中国的语言表述就是"一次做贼"不能推断"永远做贼"。但是，在司法实务中，刑事被告人的品格、被害人的品格、证人的品格、其他犯罪、错误或者行为，或多或少对法官的中立裁判会有一定的影响。中国的累犯制度、被追诉人的犯罪前科查询亦是如此。经验告诉我们，尽管人的一般品格特征对于案件事实会具有一定的证明价值，如品行较差的人做坏事的可能性较大等，但是依据品格特征来认定案件事实存在极大的风险。因为，在很多情况下，案件事实的发生往往与人的品格特征并没有什么关系。再如，司法证明是一种特定的劳动，能够产生一定的社会价值甚至是经济价值。从经济学的角度讲，证据行为本身当然也是一种有效的劳动，同样具有确定价格的可能性。那么，证据能不能像商品一样交易呢？这同样涉及社会基本伦理准则的衡量问题。[2] 基于证据行为可能带来的利益，事实上各国法律在一定程度上或多或少都承认证据的交换价值，如坦白从宽、立功减刑的刑事政策，自首从轻的量刑制度，国外的辩诉交易、证据契约制度，国内的认罪认罚从宽制度等，包括法定的、酌定的量刑情节，都体现出证据行为与一定利益相结合的思想倾向。但是，证据绝不是商品，获取交换利益绝不能成为证据行为的出发点。如证人、鉴定人不能因为哪一方支付的费用多就为哪一方作证，也不能因为传唤自己出庭的那一方支付了多少费用，就按照等价交换的原则给出多大分量的证据。"收买证据""悬赏取证"等做法虽然在司法实践中并不常见，但从证据法的角度来讲，法官必须进行具体的衡量，最终要评判证人获取的利益是否合理、正当，进而决定是否采用相关的证据。

---

[1] 何家弘、刘品新：《证据法学》，法律出版社 2022 年版，第 76 页。
[2] 陈浩然：《证据学原理》，华东理工大学出版社 2002 年版，第 37 页。

（二）传统文化

一个国家的司法证明对司法公正价值的追求，也深深地受到其传统文化的影响。如果该因素同发现真相、维护正义之间发生了冲突，也就同样会出现价值权衡的问题。就文化传统而言，东西方国家之间确实存在较大的差异，中国具有其自身的特色。概言之，中国法律文化深受儒家思想的影响，强调伦理性；西方法律文化深受宗教观念的影响，强调宗教性。中国法律注重惩罚犯罪，追求秩序；西方法律注重保障人权，追求自由。中国适用法律时要求情、理、法三者的融合；西方则很早就确立了遵守法制的传统；等等。而习近平文化思想的提出，为新时期坚定中国特色社会主义法治道路和司法制度自信、中国特色社会主义法治文化自信提供了根本指导，形成推进法治中国建设的强大合力。

取其精华、去其糟粕，我国传统法律文化的价值，有些对现代证据法仍有很强的借鉴意义。在立法过程中，立法者亦秉承党的二十大精神"弘扬社会主义法治精神，传承中华优秀传统法律文化"，将我国历代法律都承认的"亲属相容隐"原则加以批判继承。《唐律·名例律》规定："诸同居，若大功以上亲及外祖父母、外孙，若孙之妇、夫之兄弟及兄弟妻，有罪，相为隐；部曲、奴婢为主隐，皆勿论。若小功以下相隐，减凡人三等。"《大清律例》名例律也规定："凡同居，若大功以上亲及外祖父母、外孙、妻之父母、女婿，若孙之妇、夫之兄弟及兄弟妻，有罪相为容隐。奴婢、雇工人为家长隐者，皆勿论。若泄露其事及通报消息，致令罪人隐匿逃避者，亦不坐。"这表明，在我国古代长期的刑事诉讼中，亲属之间可以拒绝提供作证可能陷其于罪的义务。这种法律制度的设定不是因为该证言有极大的虚假可能性误导法官作出错误的裁决，也不是为了限制国家权力使之不被滥用，而是基于维护儒家理想的伦理秩序、培养或鼓励忠孝的品格或行为的理由。按照中国传统的观点，亲属关系的和谐和稳定是整个社会和谐和稳定的基础，亲属、主奴间的相隐，或因恩重或因义重，所以这种制度的设置所要保障的是恩义孝忠这样的法律价值。[1]

我国《刑事诉讼法》第 193 条第 1 款规定，被告人的配偶、父母、子女不被强制出庭作证，这一规范的确立，有效缓解了亲属间的信任危机，从而保证证据制度的伦理价值不因狭隘地追求法律价值而被淡化，但离真正赋予证人以作证豁免权还有重大的不同。英美国家刑事诉讼理论认为亲属间存在"特权关系"，是从信任关系原理发展而来的，并且基于保护秘密通讯的特权的目的而设

---

[1]　卞建林、谭世贵主编：《证据法学》，中国政法大学出版社 2019 年版，第 78 页。

定。"盖此等之人，因具有人的关系，使之为证言，不特有背人情，且与良心抵触。"〔1〕对于姻亲关系，这种信任显然尤为重要。此外，由于亲属间存在亲情关系，强迫其作证可能造成该证言具有极大的虚假可能性，可能误导法官作出错误的裁决，为了保证案件的客观真实，免除其作证的义务有一定的合理性。

（三）域外其他价值

当然，证据制度还有一些其他价值。例如，在现代诉讼中许多国家的刑事诉讼法赋予了律师拒绝披露他从履行辩护职责中获知的其当事人的情况，除非其当事人同意他这样做（但该当事人不能受强迫作出这种同意）。1901年豪斯伯里指出："为了完美地司法和保护律师与其当事人之间存在的信任关系，基于信任而提供的信息不作为提供的对象被确立为一项公共政策原则。"〔2〕这一证据法的规则直接保护的对象是律师与当事人之间存在的信任关系，"信任"在这里是法律所保护的价值，通过对它的保护，防止辩护制度的大厦倾颓并进而对辩护权乃至实体权利提供保护。医师与病人、宗教活动者与信徒之间的信任关系也受到同样的保护，通过保护隐私权不受侵犯，最终保护医疗中的信赖性和安全性或者宗教制度的存续与发展。

有些证据规则保护的是国家重大利益，许多国家的刑事诉讼法规定国家公职人员对于公务秘密负有保密义务，他们不得就这样的事实作证。例如，《意大利刑事诉讼法典》第202条第1项规定："公务员、公共职员和受委托从事公共服务的人员有义务不就属于国家秘密的事实作证。"又如，《日本刑事诉讼法》第144条规定："对公务员或者曾任公务员的人得知的事实，本人或者该管公务机关声明是有关公务秘密的事项时，非经该管监督官厅的承诺，不得作为证人进行询问。但该管监督官厅，除有妨碍国家重大利益的情形以外，不得拒绝承诺。"这一类规定，既不是为了发现案件的实质真实，也不是为了维护所谓程序正义，而是将"国家重大利益"作为法律所保护的价值而在具体制度设计中加以保护。

习近平总书记在哲学社会科学工作座谈会上发表重要讲话时曾经强调，只有以我国实际为研究起点，提出具有主体性、原创性的理论观点，构建具有自身特质的学科体系、学术体系、话语体系，我国哲学社会科学才能形成自己的

---

〔1〕 陈朴生：《刑事证据法》，三民书局1979年版，第389-391页。
〔2〕 William Shaw, *Evidence in Criminal Cases*, Butterworth & Co. Lid., 1954, p. 224.

特色和优势。[1] 证据法学已在我国发展逾数十年，理论与实务界从我国的历史文化背景、现实国情出发，借鉴域外制度经验，努力提炼出中国特色社会主义的证据法学理论体系、话语体系和制度体系。在这一理论体系中，证据法的价值既不是一元的，也不是二元的，而是多元的，它们共同构成了证据法的价值体系。我国证据法体现的是涵盖了实体正义与程序正义、个案正义与普遍正义的整体正义观，也是司法机关在侦查、起诉、审判、执行等各个环节不偏不倚、追求公正的全流程正义观，更是运用法治思维和法治方式对人民群众进行权利救济、对社会公正具有引领作用的社会正义观。总之，在我国证据法学、证明活动以及证据制度的理论研究中要做到多元价值的平衡，也唯有如此，我国的证据制度才有可能逐步趋于完善和合理。

⬤ 练习案例

1988 年至 2002 年的 14 年间，我国甘肃省白银市有 11 名女性惨遭入室杀害，部分受害人曾遭受性侵害。凶手只对年轻女性下手，作案手段残忍，极具隐蔽性，造成巨大的社会恐慌。2004 年，白银市警方向外界公布详细案情，并悬赏 20 万元人民币，希望能够取得线索。但一直未破案。后高某勇家族的一个人被外地警方抓获后，在比对基因时发现该人基因和白银连环强奸杀人案嫌疑人基因相似度很高，警方通过染色体 Y-DNA 检验，在海量信息中找到了与高某勇相关的关键信息，通过提取他的指纹和 DNA，与当年命案现场留下的指纹和 DNA 进行信息比对，就此确定了他的嫌疑人身份。2016 年 8 月 26 日，办案刑警在白银市工业学校一小卖部内将犯罪嫌疑人抓获。经初步审讯，犯罪嫌疑人高某勇对其在 1988 年 5 月至 2002 年 2 月间实施强奸杀人作案 11 起，杀死 11 人的犯罪事实供认不讳。2018 年 3 月 30 日 10 时，甘肃白银中院一审宣判"白银连环杀人案"，被告人高某勇被判故意杀人罪、强奸罪、抢劫罪、侮辱尸体罪，数罪并罚判处死刑。2019 年 1 月 3 日上午，经最高人民法院核准，罪犯高某勇被执行死刑。

问题：

1. 本案中，认识论在证据收集中发挥了何种作用？

2. 结合案情，分析客观真实观与法律真实观具有何种相同点？

---

[1] 习近平：《在哲学社会科学工作座谈会上的讲话》，载《时事报告》2016 年第 6 期。

思考题

1. 客观真实观的哲学基础是什么?

2. 客观真实观与法律真实观的异同点是什么?

3. 证据法学理论基础的演进及其特性是什么?

4. 效率价值体现在证据法立法中的哪些方面?

第　证据法的基本原则
三
章

⊃学习指导

通过本章的学习，了解证据法学基本原则的含义及其特征，理解并掌握证据裁判原则、自由心证原则、直接言词原则、无罪推定原则、诚实信用原则。学习的重点和难点是理解并掌握证据裁判原则的主要内容、自由心证原则的限制、直接言词原则的主要内容、无罪推定原则的主要内容及其与反对强迫自证其罪原则的关系、诚实信用原则的基本内容等。

第一节　证据法基本原则概述

一、证据法基本原则的概念和特征

证据法的基本原则作为法律原则的重要部分，其含义是指在证据立法和证据运用时应当遵循的基本准则。它贯穿于整个证据立法与司法活动，是实践中运用证据证明案件事实时应当遵守的基本行为规范或基本行为准则。证据法基本原则位于证据法原理和证据制度、证据规则的中间位置，对连接证据法原理和证据制度、证据规则起着承上启下的作用。

证据法的基本原则，它不仅是国家制定证据法及与证据有关的法律规范时应当确立的原则，也是司法及执法人员在实践中运用证据证明案件事实时应当遵守的原则和行为规范。因此，证据法的基本原则，在证据法律规范和证据法学中具有重要的基础地位，是整个证据运行机制的指导思想。证据法基本原则的功能在于将证据法的保障案件事实查明的真实性和证据运用的正当性进行协调与融合。虽然我国目前尚无统一、规范的证据法典，对证据法的基本原则也没有明确的规定和表述，但这一重要的问题已引起证据法学界及立法部门的高度重视，并形成了一致的看法，即要制定好证据方面的规则，应当首先确立证据法的基本原则。

概括起来，证据法基本原则的特征主要有：

1. 统领性。证据法基本原则是证据制度、证据规则、证据运用的基础和依据，是证据法原理和制度的高度概括和总结，贯穿于整个证据立法和司法活动之中，因而对各项证据法律制度、证据规则等具有统领作用，是证据法的制定和实施都应当遵循的基本准则，在证据法理论领域和证据立法及实践运用中具有十分重要的地位。

2. 指导性。证据法基本原则对证据运用的主体进行证据调查收集、审查判断和认定等活动具有指导性和规范性，是他们必须遵循的行为规范。如果在证据运用中出现违反证据法原则的情形，有关的证据将可能会受到制约或者影响，甚至被排除，不得作为定案的依据。

3. 稳定性。证据法基本原则的内容经过长期的证据立法和司法的检验，是对证据法基本理论和证据法真理性认识的总结与概括，是历史的积淀，因而是较为稳定而不易改变的证据运用的基本准则。

二、域外状况及学界的观点

由于法律思想、法律思维方式、立法技术等差异，各国关于证据法基本原则的规定，在立法体例和理论研究上都存在较大的差异。具体来讲，在英美法系国家，其传统的立法体例属于判例法，但是在证据立法方面也出现了成文化的趋势，如 1975 年通过的《美国联邦证据规则》，1985 年制定的《加拿大证据法》等。由于这些成文法是以判例为基础而制定的，因而缺乏大陆法系法典所具有的完整性和逻辑性，因此，英美法系国家一般没有关于证据法基本原则的专门规定。但这并不等于说，英美法系的证据法不存在基本原则，相反，英美法系国家具体的证据法条文仍然贯彻了证据法基本原则的精神和理念。如《澳大利亚 1995 年证据法》中，对证据法的基本原则作了较为明确、系统的规定，具体确立了五项原则，即保障法院发现真实原则、民事诉讼与刑事诉讼区别对待原则、程序公正原则、程序可预测性原则、程序经济原则。

在大陆法系国家，法学家们习惯于通过理论的研究、抽象演绎出经典的概念和原理，并以这些概念、原理为基础构筑本国的证据法学体系结构。而法学家在大陆法系国家法律进程中的重要影响又使基本原则在立法、司法上也受到高度的重视。但是，由于大陆法系国家将证据问题在相应的诉讼法中予以规定，因此，对证据法基本原则的规定系统性、完整性不足，并且往往局限于与诉讼密切相关的证据问题。但也有学者将德国刑事诉讼证据法的基本原则概括为直接原则、自由心证原则、无罪推定原则和有利于被告人原则。[1]

我国长期以来秉承大陆法系的传统，把证据制度作为诉讼法的一部分并分别规定在刑事诉讼法、民事诉讼法和行政诉讼法中，对证据制度的研究也没有突破诉讼法的范畴而将证据法学作为一门独立的学科，因此，证据法的基本原则也少为学者系统论及。近年来，随着证据法学的发展和繁荣，多数学者都肯定了证据法应该有基本原则这一部分，但具体意见有差异。有学者认为证据法的基本原则为：证据裁判原则、程序法定原则、无罪推定原则、反对强迫自证其罪原则。[2] 有学者认为证据法的基本原则主要包括：证据裁判原则、直接言词原则、无罪推定原则。[3] 有学者将证据法基本原则确定为：真实发现原则、证据裁判原则、自由评价原则。[4] 有学者则主张证据法的基本原则包括：遵守法制原则、实事求是原则、证据为本原则、直接言词原则、公平诚信原则，[5] 等等。

目前我国有关证据法基本原则的研究，学界尚未达成一致看法。本书认为，证据法原则有其丰富的内容，而且在不同诉讼活动中，证据法的原则也有一些差异。但相对而言，作为证据法的基本原则主要包括：证据裁判原则、自由心证原则、直接言词原则、无罪推定原则、诚实信用原则。

第二节　证据裁判原则

一、证据裁判原则的含义

证据裁判原则，又称证据裁判主义，是指对案件事实的认定，必须依据有关的证据作出；没有证据不能认定事实。

证据裁判原则是现代诉讼制度、证据制度的基石性原则，其可以逐本溯源

---

〔1〕 参见宋英辉、汤维建主编：《证据法学研究述评》，中国人民公安大学出版社 2006 年版，第 100-101 页。

〔2〕 陈光中主编：《证据法学》，法律出版社 2019 年版，第 111 页。

〔3〕 参见樊崇义主编：《证据法学》，法律出版社 2017 年版，第 65-78 页。

〔4〕 参见卞建林、谭世贵主编：《证据法学》，中国政法大学出版社 2019 年版，第 79-92 页。

〔5〕 参见何家弘、刘品新：《证据法学》，法律出版社 2022 年版，第 88-109 页。

于欧洲大陆国家。[1]《法国刑事诉讼法典》第 427 条规定："除法律另有规定外，犯罪得以任何证据形式认定，并且法官得依其内心确信做出判决。法官只能以在审判过程中向其提出的，并在其当面经对席辩论的证据为其做出裁判决定的依据。"[2]《德国刑事诉讼法典》第 244 条第 2 款规定："为了调查事实真相，法院应当依职权将证据调查延伸到所有的对于裁判具有意义的事实、证据上。"[3] 但上述条文并未将证据裁判原则作为独立的原则予以确立，而真正将证据裁判原则在立法中予以明确的是日本，《日本刑事诉讼法》第 317 条规定："认定事实应当根据证据。"在当事人主义模式下的英美法系国家，虽然其法律和诉讼理论中没有直接明确证据裁判原则，但是在其诉讼和证据法律中存在大量的关于证据关联性、可采性的规范以及关于证据的出示、认定等规定，这些规范和规定都与证据裁判原则在基本精神上是一致的。当然，在英美法系有的国家存在有罪答辩及辩诉交易的情况，使证据裁判只在正式的庭审程序的案件中得到体现。

二、证据裁判原则的主要内容

（一）对案件事实的认定必须依靠证据，没有证据不得认定，除非法律另有规定

按照证据裁判原则的要求，在诉讼证明中，对案件事实的认定和裁判应当依据证据。这里的案件事实就是待证事实，即必须证明的或者有必要证明的事实。证据裁判原则的这一内容可以从两个方面去理解：其一，从正面证明的角度来看，证据是案件事实认定的基础，是裁判的必要依据；而且，无论是实体法事实还是程序法事实，都必须依靠证据加以证明。其二，从反面否定的角度来看，如果没有证据，就不能对事实予以认定，否则就是违法。这里所谓的没有证据，既包括没有任何证据，也包括证据不充分的各种情形。

另外，需要指出的是，证据裁判原则强调认定事实必须以证据为前提和基础，并不意味着证据是认定案件事实的唯一途径，也不意味着所有的案件事实都需要以证据来证明。也就是说，证据裁判原则并不排斥法律规定的一些特殊

---

〔1〕 陈光中、郑曦：《论刑事诉讼中的证据裁判原则——兼谈〈刑事诉讼法〉修改中的若干问题》，载《法学》2011 年第 9 期。

〔2〕《法国刑事诉讼法典》，罗结珍译，中国法制出版社 2006 年版，第 292 页。

〔3〕《德国刑事诉讼法典》，李昌珂译，中国政法大学出版社 1995 年版，第 101 页。

的证明方法，如推定、司法认知等。在现代诉讼制度中，出于实现诉讼目的、节约诉讼资源等方面的考虑，对于诉讼中有的事项，如众所周知的案件事实、民事诉讼中当事人自认的案件事实、预决的案件事实等等，由于其真实性已经得到了确认或者当事人双方对此没有争议，无须再以证据来证明，而可以直接作为裁判的根据。这种情形应当理解为证据裁判原则的特殊或例外情况。

（二）认定案件事实的证据必须具有证据能力

证据裁判原则不仅注重裁判对证据的依赖关系，而且注重对证据本身的资格要求。所谓证据能力，又称证据资格，是指作为事实认定或裁判根据的证据必须具备的法律资格或要件。证据能力是法律对证据转化为定案根据所提出的法律要求。只有具有证据能力的证据，才具有可采性；反之，则不具有可采性。

作为证明依据的证据应当具有证据能力是现代诉讼制度的统一要求，然而在不同法系却有着不同的规定。关于证据能力，在英美法系国家，是由证据的可采性规则进行调整，法律一般是从消极的角度就无证据能力或其能力受限制的情形加以规定。因此，不可采的证据成为英美法系证据可采性问题的重心。通常不可采的证据包括两种情况：一是缺乏关联性的证据，二是应受排除的证据。而在大陆法系国家，通常是由关于证据能力的规范予以调整。一般而言，对证据能力的要求主要包括两方面：一是证据材料不被法律禁止；二是证据应当经过法定的调查程序。日前，在现代西方国家，证据能力已成为一个极为复杂的规则体系。在不同的证据规则的规范下，证据能力有着不同的表现。这也就使证据裁判原则具有了现行实在法的基础。如在传闻证据排除规则下，未出庭证人的证言就不具有证据能力；在非法证据排除规则下，刑讯逼供等非法手段获得的供述也不具有证据能力而不被采用。

在我国，按照通说理论，具有证据能力的证据必须同时具备关联性、客观性和合法性。这些条件或要求，是具有证据能力的证据所应具有的必要条件，但非充分条件。因为，有些证据虽然具备了关联性、客观性，而不具备合法性，或者出于其他价值因素的考虑，法律仍否认其具有证据能力或可采性，如在调解、和解中当事人所作的陈述、自认等在以后的诉讼中不得作为对其不利的证据使用。如果某项证据的提出或使用将造成诉讼的显著不公平或造成诉讼的过分迟延，则应排除该证据的使用。再如，在民事诉讼中，当事人如无正当理由而超出举证时限所提交的证据，一般也不被法院所采纳，即失去了证据能力。随着我国证据法律规范的不断完善，证据规则和证据制度也在快速发展，目前已经确立了一些有关证据能力的证据规则，如非法证据排除规则的立法确立，不仅使其在证据理论研究和证据立法上逐步完善，也在证据运用的实践中不断推进。

（三）裁判所依据的证据必须经过法庭的查证属实

证据裁判原则不仅要求裁判要依靠具有法定资格的证据，还特别注重法庭调查程序，要求案件事实认定的形成过程具有法定调查程序的保障，即用于定案的证据必须在法庭上经过调查、质证并查证属实。

由于证据裁判原则的核心是要求裁判者对事实的认定必须依靠证据，但由于对事实的认识是一个无法为外人所知的内心活动，因而只能通过强调认识的形成过程来约束裁判者。在现代诉讼活动中，只有事实认定的过程和结果公开，当事人的参与权、举证权、知情权等得到了充分的保障，才能有效防止执法人员的个人缺陷影响事实认定的准确性。基于此，作为裁判依据的证据，都必须经过法庭调查；在公开的法庭上出示，并经过诉讼双方的充分辩论、质证，才能作为认定案件事实及裁判的依据。

在司法实践中，证据裁判原则作为一种事实的认定方法，需要通过裁判者的自由心证方式来实现其目的。可见，证据裁判原则与自由心证原则有着极为密切的关系。因此，在世界各国普遍采用自由心证制度的现代诉讼中，为了使裁判者的心证建立在正当、合理的基础上，也为了赋予和增强裁判的说服力和正当性，在理解和贯彻证据裁判原则时，应当遵循的一项基本要求就是，没有经过法庭调查和查证属实的证据不得作为裁判的依据，即使该项证据确实具有证明价值或对案件有证明作用。

三、证据裁判原则的价值

证据裁判原则在现代诉讼制度中有着十分重要的地位，是所有证据法和诉讼法律制度的核心原则，被称为"证据法之帝王原则"。证据裁判原则的重要价值主要有：

（一）证据裁判原则体现了司法证明的进步性与文明性

主要表现在：一是对历史上神明裁判的否定和批判。将证据作为发现事实真相以及裁判的依据，强调案件事实的认定必须依据证据，其他任何东西都不是认定事实的根据。二是对证据及其运用的规范作用。明确证据必须具有证据能力并且经过调查核实之后，才能成为认定案件事实的依据。可见，相对于神示证据制度下的水审、火审等通过神的意志发现事实真相的做法，证据裁判原则无疑是诉讼历史上的巨大进步，也使诉讼证明更加文明和规范。

（二）证据裁判原则为发现案件真实提供保障

在司法证明活动中，发现真实是诉讼的基本目标，也是实现诉讼公正的重要前提。然而，如何发现真实，遵循不同的原则会导出不同的结果。证据裁判原则对于认定案件事实的证据资格、证明方式、证明范围及证明标准等方面均有严格要求，这就为最大程度地发现案件真实提供了保障。

（三）证据裁判原则能够防止法官裁判时恣意擅断

"证据裁判主义不仅要求法官必须依证据而为事实之认定，而且对于一定之证据限制法官为自由心证，如无证据能力、未经合法调查，显与事理有违或与认定事实不符之证据，不得作为自由心证之依据。除此之外。补强证据之有无，及科学证据之取舍，法官亦无自由判断之余地。"[1]法官形成裁判时应当依其内心确信，但内心确信的形成，不应当是任意的或者无限制的，而应当有所约束或者规范，以防止法官的恣意，最终保障司法裁决的公正性。因此，证据裁判原则就是对法官恣意擅断的最为有效的约束机制。

（四）证据裁判原则能够增强司法裁判的确定性和权威性

证据裁判原则要求裁判的作出以证据为根据，这就避免了裁判者以其主观臆断或者其他不具有证据能力的材料作为认定案情基础的现象，从而能够增强司法裁决的确定性；同时，通过证据裁判原则，可以减少裁判形成过程中带来的争议，限定裁判形成者自由裁量的范围，能够增强司法裁判的信服力，维护司法权威。

需要指出的是，作为一种事实认定方法，证据裁判原则也并非完美无缺。恰恰相反，由于人类认识能力和认识活动的自身规律的限制和制约，依据证据所证明的事实与客观事实之间总会存在一定的差异，这正是证据裁判原则的问题所在和不足之处。然而，在现代诉讼活动中，证明、认定案件事实并对此作出裁判，从人类理性所及的范围和维护司法裁决的正当性、合理性、科学性等角度出发，证据裁判原则应当是解决诉讼争议和裁判争议的一种最为理想的选择。

四、证据裁判原则与我国证据法

在我国，1910 年《大清刑事诉讼律（草案）》已经明确规定了证据裁判原则的内容，可见该草案的第 326 条第 1 款的规定："认定事实应依证据"；第 321

---

〔1〕　蔡墩铭：《刑事证据法论》，五南图书出版公司 1997 年版，第 428 页。

条规定："为判决资料之证据，以审判衙门所直接调查者为限，但有特别规定者不在此限。"我国台湾地区的"刑事诉讼法"第 154 条规定："犯罪事实，应以证据认定之，无证据不得推定其犯罪事实。"2014 年 10 月，党的十八届四中全会指出要推进"以审判为中心"的诉讼制度改革，其中一项核心要求就是全面贯彻证据裁判原则。

目前，我国还没有在立法上明确规定证据裁判，原则，但在《刑事诉讼法》《民事诉讼法》中体现了证据裁判原则的精神。例如，《刑事诉讼法》第 55 条第 1 款规定："对一切案件的判处都要重证据，重调查研究，不轻信口供。只有被告人供述，没有其他证据的，不能认定被告人有罪和处以刑罚；没有被告人供述，证据确实、充分的，可以认定被告人有罪和处以刑罚。"《刑事诉讼法》第 200 条第 1 款规定，在被告人最后陈述后，审判长宣布休庭，合议庭进行评议，根据已经查明的事实、证据和有关的法律规定，作出判决。我国人民法院审理刑事案件，要将证据调查作为庭审的核心环节，证明被告人有罪或者无罪、罪轻或者罪重的证据，都应当在法庭上出示，依法保障控辩双方的质证权利，确保诉讼证据出示在法庭、案件事实查明在法庭、控辩意见发表在法庭、裁判结果形成在法庭。《民事诉讼法》第 67 条第 3 款规定："人民法院应当按照法定程序，全面地、客观地审查核实证据。"

此外，证据裁判原则在一些司法解释上已经有了清楚而明确的规定。如 2010 年两院三部《办理死刑案件证据规定》第 2 条和 2021 年最高院《刑诉解释》第 69 条都明确规定："认定案件事实，必须以证据为根据。"最高检《规则》第 61 条也有类似的规定，即"人民检察院认定案件事实，应当以证据为根据"。这些法律规定表明证据裁判原则已经在我国刑事诉讼活动中正式确立。最高院《民诉证据规定》第 85 条第 1 款规定："人民法院应当以证据能够证明的案件事实为根据依法作出裁判。"最高院《行诉证据规定》第 53 条规定："人民法院裁判行政案件，应当以证据证明的案件事实为依据。"由此可以说，我国已经在证据法律规范中确立了证据裁判原则。

第三节 自由心证原则

一、自由心证原则的含义

自由心证原则，又称自由评价原则，是指对证据的取舍及证明力的大小及其如何运用，法律不作预先规定，而由法官秉诸"良心""理性"自由判断，形成内心确信，从而对案件事实作出认定。[1]

关于自由心证的含义，一般认为有广义和狭义之分。广义的自由心证，是从制度层面上讲的，是指包含诸项原则和规则的制度体系。在自由心证制度的诸项原则中，自由心证原则是其中一项基本原则和核心原则。而狭义的自由心证，则是从证明方法的角度讲的，作为法官自由评价证据之证明力的原则，是与法定证据相对应的证据法原则。自由心证原则是狭义的自由心证，是关于法官如何评价证据及其证明力的一项重要原则。证明力，又称证据价值，是指证据对于待证事实的证明作用或者证明价值。

自由心证原则从诞生到现在，经历了否定之否定的发展过程。第一次否定是针对封建社会的法定证据制度的形式主义、机械主义和绝对主义的非理性缺陷，注重司法及执法人员的事实判断理性，要求法律对证据的取舍和案件事实的认定不作限制，完全由司法及执法人员本着良心和理性自由判断，形成内心确信。第二次否定是从证据资格、证明标准、证明程序、心证公开等方面限制自由心证，防止证据取舍和事实认定方面的恣意行为。应当说，自由心证原则确立以后，证据法发展的一个主线就是如何在确保心证自由的基础上防止心证自由的滥用，即一方面要尊重司法及执法人员的理性，另一方面要设立防范机制，防止非理性的倾向。可见，现代的自由心证保留了传统自由心证的合理成分，并彻底摒弃了传统自由心证的非理性和非民主因素。与传统自由心证相比，现代自由心证否定了法官单方面的自由而强调对等的自由，否定了秘密心证而强调心证的公开，否定绝对的自由而强调法律的规范作用，因此更具科学性。[2] 当然，自由心证原则不可避免地存在一些缺陷，但就目前人类的认识能

---

[1] 卞建林、谭世贵主编：《证据法学》，中国政法大学出版社 2019 年版，第 87 页。

[2] 叶自强：《从传统自由心证到现代自由心证》，载陈光中、江伟主编：《诉讼法论丛》（第 3 卷），法律出版社 1999 年版，第 383-386 页。

力而言，自由心证却是人们能力所及的最好选择。也有学者认为，现代证据法上复杂的证据排除规则已经使司法及执法人员取舍证据的心证自由丧失殆尽，有关证据证明力和全案证据事实认定的心证自由也受到良心和职业道德、证明力规则、经验法则、证明标准和认证程序的多重限制。[1]

二、自由心证原则的主要内容

自由心证原则的主要内容包括两个方面，即对证据的"自由判断"和根据"内心确信"作出裁判。

（一）对证据的"自由判断"

对证据的"自由判断"是指除法律另有规定的以外，证据证明力的大小由法官进行自由判断，法律不作预先规定，法官也不受外部的任何影响或法律上关于证据证明力的约束，独立自主地对证据作出评价。对证据的"自由判断"主要有两方面内容：对证据证明力的自由判断；在证明方法上的不受限制。

1. 对证据证明力的自由判断。对证据证明力的自由判断是自由心证原则的核心，是自由心证原则与法定证据原则的根本区别所在，也是世界各国诉讼制度与证据制度的共同追求和必然结果。对此，学者陈朴生曾指出："自由心证主义，乃许裁判官依其心证自由判断证据之价值（即证明力）并不受法律之拘束之谓"，"裁判官所自由判断者，乃证据之证明力，并非证据能力"。[2]

2. 在证明方法上不受限制。基于自由心证原则，法律对于法官运用证据进行证明的方法，在原则上不作任何限制。也就是说，法官运用证据证明案件在方法的选择上是自由的，可以根据其自身的需要，并进行自由的评判，从而对待定事实形成心证。

（二）根据"内心确信"作出裁判

根据"内心确信"作出裁判，是指法官依据对证据的判断所形成的内心信念，即心证，达到深信不疑的程度，由此对案件事实进行认定。"内心确信"不允许法官根据似是而非或者尚有疑虑的主观感受来认定案件事实，而是要求法官通过对证据的审查判断，最终形成"真诚的确信"。一般来讲，法官"内心确信"的形成必须符合以下要素：一是法官必须站在客观、中立的立场上；二是

---

〔1〕 高家伟、邵明、王万华：《证据法原理》，中国人民大学出版社 2004 年版，第 181 页。

〔2〕 陈朴生：《刑事证据法序说》，载刁荣华主编：《比较刑事证据法各论》，汉林出版社 1984 年版，第 25-26 页。

法官必须直接接触证据；三是法官必须斟酌本案的全部证据和辩论的全部意旨认定事实；四是法官必须从案件的情况中得出内心确信的结论。[1]

三、自由心证原则的限制

在自由心证原则下，无论是对证据证明力的"自由判断"，还是根据"内心确信"作出裁判，都带有极为浓厚的主观色彩。而且由于法官的认识能力和判断能力有差异，甚至也可能存在偏见或者枉法的危险等。因此，无论是大陆法系国家，还是英美法系国家，均规定了种种制度和程序作为此原则的限制或制约手段，以确保法官在形成心证时享有的"自由"不被滥用，同时使"确信"的结果最大程度上与客观事实相接近。主要的限制有：

（一）证据能力上的限制

自由心证原则不仅与证据裁判原则有着密切的关系，而且以证据裁判原则为其基础。自由心证的前提必须是有证据存在，而且作为自由心证前提的证据必须是具有证据能力并经过法庭调查和充分辩论之后查证属实的证据。因此，各国通过各种规定对证据能力加以限制，如英美法系规定了大量的证据规则以制约法官对证据能力的判断。由于大陆法系比较强调经过合法的证据调查程序，因而其范围相对较窄。但近年来，大陆法系国家正在逐步借鉴英美法系的合理做法，逐步加大对证据能力的规定和限制。

（二）自由心证适用范围的限制

自由心证并不适用于所有事实的认定，有些事实无需法官自由心证。自由心证的客体限于审理事项，而不适用于证据调查。而且，对于免证事实，如众所周知的事实、民事诉讼中当事人自认的事实、民事诉讼中已形成的裁判事实等，不适用自由心证。另外，对于已经用了心证但仍然无法查明的事实，不能再用自由心证来强行认定。

（三）证据裁判原则的限制

自由心证原则必须以证据裁判原则为基础，受证据裁判原则的制约，即自由心证原则是在证据裁判原则的基础上发挥作用的。因此，自由心证的前提必须是有证据存在，而且在证据裁判原则下，作为自由心证前提的证据不仅具有证据能力，还必须经过法庭调查程序。学者陈朴生认为，"是证明力之判断，必先有证据在，不得以理想推测之词，为其判决之基础。此项证据，固指具有证

---

[1]　参见宋英辉、汤维建主编：《证据法学研究述评》，中国人民公安大学出版社2006年版，第108页。

据能力，并经合法调查者而言"。[1]对于程序之外的证据，或者未经法庭调查之证据，既不得作为判断对象，更不得作为裁判的依据。

（四）经验法则和逻辑法则的限制

在自由心证原则下，法官就证据之证明力进行自由判断与评价，不得违背经验法则和逻辑法则。"虽为自由心证，但并非纵容法官恣意判断，而必须依照理论法则、经验法则来判断（违反此规定的事实认定，可以作为上告理由）。"[2]所谓经验法则，是指人类基于日常生活经验所得之定则，并非个人主观推测。所谓理论法则也称逻辑法则，是指依照一般推论事理及逻辑演绎，从已知的事实推导出未知事实的证据法则。基于经验法则和逻辑法则的要求，法官心证的形成必须无可指责，即法官的心证过程必须基于客观、理性、逻辑以及合乎一般有效经验法则的论证基础。[3]

（五）一系列制度或程序的制约

在自由心证原则下，要保证法官形成正确心证裁判案件，避免自由心证可能带来的危险，许多国家建立和规定了一系列程序化制约制度或程序，如回避制度、法庭调查程序、言词辩论程序、合议程序、心证公开制度、事后审查制度、证据规则之限制等。另外，为了使法官的自由心证较为合理和准确，许多国家建立了一些相关的制度，如法官资格制度，以保证法官的精英化。同时法律对法官的伦理道德素质、法律素养、职业背景等都作出了很高的要求。此外，还以法律的形式明确规定法官必须遵守的纪律以及对法官的弹劾和惩戒制度等。

四、自由心证原则与我国证据法

自由心证原则的发展在我国经历了较为曲折的过程。自从清末沈家本先生主持修定法律引进自由心证原则以来，自由心证原则曾经一度被北洋政府和南京国民政府所肯认。但在新中国成立以后，由于种种原因，自由心证原则往往与"恣意"联系起来，因而被实事求是原则所取代。到了20世纪90年代以后，随着法律文化交流的频繁和法学研究的日趋繁荣，人们逐渐对自由心证原则有了较为全面、客观的认识，学界在自由心证的必然性上达成共识，认识到诉讼

---

[1] 陈朴生：《刑事诉讼法实务》，海天印刷厂有限公司1981年版，第239-240页。

[2] ［日］中村英郎：《新民事诉讼法讲义》，陈刚、林剑锋、郭美松译，法律出版社2001年版，第199页。

[3] 宋英辉、汤维建主编：《证据法学研究述评》，中国人民公安大学出版社2006年版，第109页。

中法官凭借理性和良心独立而自由判断证据认定案件事实是认识规律的必然要求。

2001 年最高院《民诉证据规定》第 64 条第一次对自由心证原则作了较为明确的规定："审判人员应当依照法定程序，全面、客观地审核证据，依据法律的规定，遵循法官职业道德，运用逻辑推理和日常生活经验，对证据有无证明力和证明力大小独立进行判断，并公开判断的理由和结果。"2015 年的最高院《民诉解释》第 105 条规定："人民法院应当按照法定程序，全面、客观地审核证据，依照法律规定，运用逻辑推理和日常生活经验法则，对证据有无证明力和证明力大小进行判断，并公开判断的理由和结果。"这条规定进一步强调了法官在民事审判中审查判断证据的自由心证原则，并规定法官必须公开对证据审查判断的理由和结果。上述规定在民事诉讼相关司法解释后续修改过程中也得到了继承，但遗憾的是，在我国刑事诉讼法和行政诉讼法及其相关的司法解释中，还没有自由心证原则的明确规定。

不过，从自由心证原则的核心问题，即证据证明力之有无和大小的判断不是由法律预先规定而是由法官自由判断、认定的角度来看，其实我国司法实践中证据的运用，法官是拥有较大的自由裁量权的，即我国法官评判证据，同样是自由判断证据从而形成心证，最终认定案件事实的。而且由于我国的证据法律规定还不够健全，在证据规则方面还不完善，使得法官在评判证据方面，有着更大的自由裁量权。因此，我国应当在立法确立自由心证原则的同时，完善我国的证据规则体系，健全与自由心证原则相配套的原则及相关制度，如证据裁判原则、直接言词原则、心证公开制度、心证监督机制、法官素质提高制度等。

第四节　直接言词原则

一、直接言词原则的含义

直接言词原则的起源与法律依据是法官的探明义务，通常被认为是诉讼法上审判程序中的一个重要原则。但由于直接言词原则直接涉及对证据的调查收集、审查和判断采纳等证据运用问题，因而，我国证据法学界普遍将直接言词原则作为证据法上的基本原则之一，其在证据理论研究和实践运用中具有重要的价值和意义。

直接言词原则的基本含义，是指一切证据材料都必须在法庭上以直接、口头的方式进行陈述、讯问、审查和辩论的原则。这一原则是由直接原则和言词原则合并而来。[1]

直接原则又称直接审理原则，是指法官必须亲自接触案件的所有材料，在法庭上审查核实证据，然后据以对案件事实作出裁判。直接原则不仅要求法官必须亲自接触、审查证据，同时要求诉讼当事人和其他证据提出者应当直接到庭参与法庭审理，而不得假借证据的代用品代替原始证据。[2] 言词原则又称言词审理原则，或言词辩论原则，是指法庭审理活动应当基于口头提供的证据材料，以言词陈述的方式进行。言词原则要求法庭审理中的举证、质证、辩论等活动都必须以言词的方式进行，不应以书面陈述替代，庭前形成的各种书面笔录原则上不具有证据能力。尽管直接原则和言词原则的侧重点有所不同，即直接原则强调的是法官的亲历性和证据的原始性，而言词原则强调的则是证据提供和法庭审理的言词方式；但直接原则与言词原则在目的和内容上有许多相通之处，直接审理必然要求以口头辩论方式调查证据，而口头辩论调查证据的目的需要通过直接审理的方式来实现，因此，两者相互贯通、相互兼容。直接原则是言词原则的基础，言词原则是直接原则的补充。只有将两者结合起来才能发挥作用。故而通常将两者并列，称之为直接言词原则。

直接言词原则是大陆法系国家针对封建时期的纠问式诉讼制度而逐步确定下来的一项重要原则。由于其出发点在于保障法官对证据的直接审查和采信，因而又称为直接采证原则。英美法系国家虽然不使用直接言词原则的说法，但其传闻证据规则却常常被作为与直接言词原则相互对应的概念而相提并论。按照传闻证据规则，各种证言都必须以口头的方式在法庭上直接提出，并接受对方律师的交叉询问，以便法官和陪审团审查证据。证人在法庭之外所作的陈述笔录或者审判之前提供的书面证言都属于传闻，一般应予以排除。传闻证据规则的目的在于确保控辩双方与提供证言的证人直接接触，获得询问、质证和当面听取陈述的机会。由此可见，尽管大陆法系国家的直接言词原则与英美法系国家的传闻证据规则在表述的方式、适用的范围等方面存在差异，但在本质上却是相同的，即两者都是基于公正审判的要求和发现真实的需要而建立的证据原则与规则。

---

[1] 参见樊崇义主编：《证据法学》，法律出版社 2017 年版，第 71 页。

[2] ［德］Claus Roxin：《德国刑事诉讼法》，吴丽琪译，三民书局 1998 年版，第 491 页。

二、直接言词原则的主要内容与例外

（一）直接言词原则的主要内容

1. 直接审理原则。一般认为，直接审理原则有三方面的内容：①在法官开庭审理时，被告人、检察官以及其他诉讼参与人必须亲自到场参加审判，除非法律另有规定，即"在场原则"。②从事法庭审判的法官必须亲自进行法庭调查和采纳证据，证据只有经过法官以直接采证方式获得，才可以作为定案的证据，即"直接采证原则"。在审查中，未经法官本人直接查证的证据，不能成为定案依据，即使在侦查、预审中经过警察、检察官、预审法官调查的证据，也不能例外。法官对证据的调查和认定，必须亲自直接进行，不得委托其他法院或其他法官进行。③法官认定案件事实或制作判决时，必须以原始证据为依据，除非法律有明确规定，不得采纳传来证据或者二手证据，即"采纳原始证据原则"。[1]

2. 言词审理原则。言词审理原则有两个方面的内容：①参加审判的各方都应以言词陈述的方式从事审理、攻击、防御等各种诉讼行为，否则就不具有程序上的效力。因为，在言词原则下，要求审判中的所有诉讼行为都须以言词方式进行，凡未在法庭审判过程中以言词或者口头方式进行的诉讼行为，均应视为不存在，或没有发生，因而，均不应当具有程序上的效力。②任何未经在法庭上以言词方式提出和调查的证据均不得作为法庭裁判的根据，除非法律有特别的规定。即在法庭审判时，应当以口头方式询问证人、鉴定人、被害人等，以及以口头方式对实物证据发表意见等，否则，一般情况下就不得作为法庭裁判的根据。

（二）直接言词原则的例外

按照直接言词原则的要求，它应当仅适用于直接审理的案件，而并不适用于所有的审判程序。因此，直接言词原则存在一些例外的情形，主要有：

1. 直接言词原则一般只适用于第一审程序中的证据收集、审查、判断中（第二审事实上也应包括在内），而第一审中就程序性事项所做的裁定、决定以及二审等复审程序中仅就一审判决的适用法律进行的审查、裁决一般可不适用直接言词原则。

2. 直接言词原则只适用于普通程序，一般不适用于简易程序、速裁程序等

---

[1]　参见宋英辉、汤维建主编：《证据法学研究述评》，中国人民公安大学出版社 2006 年版，第 113 页。

简化审理程序。

3. 在一些特定情形下也可以不适用直接言词原则，如证人因死亡、重病、出国、年幼等情况而无法出庭或者不宜出庭作证时，经过法庭调查和辩论的书面证言也可以作为判决的依据。另外，按照直接言词原则，在审判中，法官有变更的，审判程序须重新进行，以保证法官亲自接触证据、作出正确裁判。但有些国家规定，如果审理法官有正当理由需要变更的，当事人应当在新法官面前陈述以前言词辩论的结果，审判程序不必重新开始。

4. 在一些特殊情形或条件下，民事或者刑事案件可以进行缺席审判，因而不适用直接言词原则。

三、直接言词原则的价值

（一）直接言词原则有利于发现实体真实

按照直接言词原则的要求，不仅裁判者必须亲自并全程参与法庭上证据的调查、核实活动，而且诉讼双方必须当庭提出主张并进行攻击和防御，其他诉讼参与人如证人、鉴定人等也必须当庭作证、接受诉讼双方的发问、质证和辩论等。这些要求和做法，对于案件真实情况的查明、全面揭示案件的实体真实有重要作用，同时由于法官能够直接接触鲜活的证据，能够使其对案件事实和证据产生深刻印象，从而作出正确的裁判。

（二）直接言词原则有利于实现程序公正价值

直接言词原则下，不仅法官居中调查、核实证据，能够保持其中立的诉讼地位；而且诉讼双方平等地进行发问、质询、辩论等，有助于保障程序的平等性；另外，诉讼双方及证人、鉴定人等其他诉讼参与人的积极参与，可以实现程序的参与性；在公开审判的案件中，还能够实现程序的公开性。

（三）直接言词原则有利于提高诉讼效率

首先，按照直接言词原则，在法庭审理过程中，当事人均有充分陈述其主张、观点的权利，而且只有在法庭上以言词方式陈述的证据才能作为裁判的依据，基于此所作的判决，当事人通常容易接受，可以减少不必要的上诉，更会减少再审程序的发生，从而降低了当事人的诉讼成本和国家的审判成本。其次，实行直接言词原则，还能够避免法院大量的庭外调查取证，也可以减少法院不必要的费用支出。最后，直接言词原则要求法庭的审理与裁判合一，即审判者就是裁判者，从而避免审判委员会等机构或人员讨论决定案件，这也会节约国家的司法资源。

四、直接言词原则与我国证据法

目前我国法律还没有明确规定直接言词原则，但我国的法律及司法解释却体现了直接言词原则的内容。主要有：

1. 要求证人出庭陈述、法官直接审查证据方面的规定。例如，《刑事诉讼法》第 61 条规定："证人证言必须在法庭上经过公诉人、被害人和被告人、辩护人双方质证并且查实以后，才能作为定案的根据……"《刑事诉讼法》第 195 条规定："公诉人、辩护人应当向法庭出示物证，让当事人辨认，对未到庭的证人的证言笔录、鉴定人的鉴定意见、勘验笔录和其他作为证据的文书，应当当庭宣读。审判人员应当听取公诉人、当事人和辩护人、诉讼代理人的意见。"《民事诉讼法》第 71 条规定："证据应当在法庭上出示，并由当事人互相质证。对涉及国家秘密、商业秘密和个人隐私的证据应当保密，需要在法庭出示的，不得在公开开庭时出示。"最高院《民诉证据规定》第 68 条第 1 款规定："人民法院应当要求证人出庭作证，接受审判人员和当事人的询问。证人在审理前的准备阶段或者人民法院调查、询问等双方当事人在场时陈述证言的，视为出庭作证。"最高院《民诉证据规定》第 81 条第 1 款规定："鉴定人拒不出庭作证的，鉴定意见不得作为认定案件事实的根据。人民法院应当建议有关主管部门或者组织对拒不出庭作证的鉴定人予以处罚。"《行政诉讼法》第 43 条第 1 款规定："证据应当在法庭上出示，并由当事人互相质证。对涉及国家秘密、商业秘密和个人隐私的证据，不得在公开开庭时出示。"

2. 要求法官直接采证、判决的规定。例如，《刑事诉讼法》第 185 条规定："合议庭开庭审理并且评议后，应当作出判决……"最高院《刑诉解释》第 91 条第 1 款规定："证人当庭作出的证言，经控辩双方质证、法庭查证属实的，应当作为定案的根据。"最高院《刑诉解释》第 216 条第 1 款规定："合议庭审理、评议后，应当及时作出判决、裁定。"《民事诉讼法》第 78 条规定："人民法院对当事人的陈述，应当结合本案的其他证据，审查确定能否作为认定事实的根据。当事人拒绝陈述的，不影响人民法院根据证据认定案件事实。"《行政诉讼法》第 43 条第 2 款规定："人民法院应当按照法定程序，全面、客观地审查核实证据。对未采纳的证据应当在裁判文书中说明理由。"

3. 直接言词原则的例外情形，即证人出庭作证的例外规定。例如，《民事诉讼法》第 76 条规定："经人民法院通知，证人应当出庭作证。有下列情形之一的，经人民法院许可，可以通过书面证言、视听传输技术或者视听资料等方式作证：（一）因健康原因不能出庭的；（二）因路途遥远，交通不便不能出庭的；（三）因自然灾害等不可抗力不能出庭的；（四）其他有正当理由不能出庭的。"最高院《刑诉解释》第 253 条也有类似的规定："证人具有下列情形之一，无法出庭作证的，人民法院可以准许其不出庭：（一）庭审期间身患严重疾病或者行动极为不便的；（二）居所远离开庭地点且交通极为不便的；（三）身处国外短期无法回国的；（四）有其他客观原因，确实无法出庭的。具有前款规定情形的，可以通过视频等方式作证。"

虽然我国的诉讼法及相关的司法解释在一定程度上体现了直接言词原则的要求，但由于没有明确的确立，使得直接言词原则没有得到很好的贯彻。例如，我国法律规定证据必须当庭质证才能作为定案的根据，但实践中证人不出庭的现象十分普遍，这使证人证言往往无法当庭质证。还有，审判委员会依法对"重大、疑难、复杂"案件的讨论和决定，基本上采用的是书面审理的方式，主要是听取办案人员对案件的汇报，而并不直接与当事人及其他诉讼参与人接触，造成"审者不判""判者不审"的局面。这些做法都是与直接言词原则的基本要求相违背的。此外，随着民事在线诉讼的快速发展，在线诉讼对直接言词原则造成了一定冲击。有学者提出"法官虽然仍亲自参加证据审查、亲自听取法庭辩论，但在物理空间上隔绝了与当事人、证人、律师的直接接触，法官察言观色的环境也不复存在，直接言词原则被架空。"[1] 也有学者认为"视频庭审虽然从形式上改变了诉讼行为发生的物理空间和诉讼参与人之间的沟通媒介，但并未在实质上忽视直接言词原则的要求，与此相反，视频庭审甚至可以有效促进直接言词原则的实现。"[2] 在线诉讼与直接言词原则之间的关系，应如何重新梳理也需要继续深入研究。

第五节　无罪推定原则

一、无罪推定原则的含义

无罪推定原则，是指在刑事诉讼中，任何被怀疑犯罪或者受到刑事追诉的

〔1〕 王福华：《电子诉讼制度构建的法律基础》，载《法学研究》2016 年第 6 期。
〔2〕 郝晶晶：《互联网法院的程序法困境及出路》，载《法律科学（西北政法大学学报）》2021 年第 1 期。

人，在未经司法程序最终确定为有罪之前，在法律上都应当被推定为无罪。无罪推定原则是刑事诉讼法学，尤其是证据法学的一项基本原则和上位理念。[1]

　　无罪推定的雏形可追溯到古罗马时期的"有疑，为被告人之利益""一切主张在被证明之前推定不成立"原则。但最早系统表述的是 19 世纪中叶的意大利法学家贝卡里亚，他在其名著《论犯罪与刑罚》中提出："在法官判决之前，一个人是不能被称为罪犯的。只要还不能断定他已经侵犯了给予他公共保护的契约，社会就不能取消对他的公共保护"。[2] 此后，无罪推定原则逐渐得到世界各国的肯定和接受，并成为国际刑事诉讼基础性理念和原则。主要规定有：1789 年法国的《人权宣言》第 9 条规定："任何人在其未被宣告为犯罪以前，应当被推定为无罪"。1947 年《意大利宪法》第 27 条规定："被告人在最终定罪之前，不得被认为有罪"。1948 年联合国《世界人权宣言》第 11 条第 1 款规定："凡受刑事控告者，在未经获得辩护上所需的一切保证的公开审判而依法证实有罪以前，有权被视为无罪。"[3] 1976 年联合国《两权公约》第 14 条第 2 款规定："受刑事控告之人，未经依法确定有罪以前，应假定其无罪。"至此，无罪推定原则经过漫长的历史发展，现已成为世界上大多数国家所奉行、国际性法律文件确认的刑事诉讼原则，因而成为国际通行的刑事司法准则。无罪推定原则与罪刑法定原则、罪刑相适应原则被认为是刑事法律的三大基石性原则。

二、无罪推定原则的主要内容

　　无罪推定原则既是刑事诉讼法学也是刑事证据法学的一项基本原则，因此，无罪推定原则的基本内容可以从两个方面认识和理解。

　　（一）无罪推定原则在刑事诉讼中的主要内容

　　1. 被追诉人在未被生效裁判确定有罪之前，在法律上应处于无罪的地位。无罪推定原则是法律为被追诉人所设定的程序上的诉讼地位。无罪推定原则作为程序性原则，适用于刑事程序启动之后和法院作出生效判决前的诉讼过程之中。在法院作出生效裁判之后，被告人要么被宣告为法律上有罪的人，要么被认定为法律上无罪之人。而且，在刑事诉讼过程中，被追诉人所具有的法律上

---

[1]　樊崇义主编：《证据法学》，法律出版社 2017 年版，第 75 页。
[2]　［意］贝卡里亚：《论犯罪与刑罚》，黄风译，中国大百科全书出版社 1993 年版，第 31 页。
[3]　参见 https：//www.un.org/zh/about-us/universal_declaration-of-human-rights，最后访问日期：2024 年 6 月 26 日。

无罪的地位，既不是事实性的，也不是终局性的，而只是法律为其所设定的程序中的诉讼地位。[1]

2. 最终有权确定被告人有罪的只能是审判机关。按照无罪推定原则，法律意义上的定罪权只能由法院行使，其他任何主体，包括警察机关、检察机关都不得、也无权确定被追诉人是否有罪，更不得施加刑罚。

3. 审判机关应当依照法定程序对被告人是否犯有被指控的犯罪行为加以认定。依据无罪推定原则，在刑事诉讼中，要确定被告人是否有罪以及是否实施了被指控的犯罪事实，应当由合法的、中立的法院，经过公开、公正的审判，才能最终确定。

（二）无罪推定原则在刑事证据法中的主要内容

1. 控诉方承担证明被告人有罪的责任。首先，在刑事诉讼中，证明被告人有罪的责任始终由控诉一方承担，具有不可转移性。控诉方提出被告人有罪的控告，质疑其无罪的地位，就应当提供相应的证据来证明自己的主张，因此，提出证据证明被告人有罪的责任应当由控诉方承担。其次，控诉一方应当用合法的手段完成其证明责任，而不得采用酷刑或其他非法方法收集证据，否则这些非法证据不能作为定案的根据。

2. 被追诉人在刑事诉讼中不承担证明自己无罪的责任。在刑事诉讼中，被追诉人依法享有辩护的权利，却没有证明自己无罪的义务，因此，不能因为被追诉人保持沉默或者拒绝陈述，或者不能或没有证明自己无罪就认定其有罪，或者得出对其不利的结论。

3. 控诉一方履行证明责任必须达到法定的证明标准。被追诉人在刑事诉讼中的无罪地位是一种法律推定，并不是事实上的无罪认定，它可以通过控诉方的举证证明活动予以推翻。如果控诉方所提供的证明被告人有罪的证据达到了有罪判决的证明标准，就可以推翻这种无罪的法律推定。但如果控诉方不能证实所指控的犯罪事实的真实性，或者事实真伪不明时，就无法推翻这种法律上无罪的推定，法官就应当作出无罪判决或者作出对被告人有利的裁决，即"疑罪从无"或者"疑罪有利于被告人"。

三、无罪推定原则与反对强迫自证其罪原则

学界关于无罪推定原则与反对强迫自证其罪原则的关系有着不同的认识。

---

[1] 参见陈瑞华：《刑事证据法》，北京大学出版社 2021 年版，第 58 页。

有学者认为，反对强迫自证其罪原则是无罪推定原则派生出的一项刑事证据法原则；也有学者认为，反对强迫自证其罪原则与无罪推定原则共同构成了沉默权、自白任意性、律师在场权等一系列刑事证据规则的两大基石。[1] 本书认为，从两项原则的产生、内容以及法律地位等来看，无罪推定原则是刑事司法的基本原则，反对强迫自证其罪原则是无罪推定原则发展、派生出的一个重要原则。

（一）反对强迫自证其罪原则的含义

反对强迫自证其罪原则，又称反对强迫自我归罪特权，是指不得以暴力、胁迫等方式强迫任何人提供不利于他自己的证言，或被强迫承认犯罪。这一原则针对的对象是任何人，既可以是犯罪嫌疑人、被告人，也可以是证人。

反对强迫自证其罪来源于"任何人无义务控告自己"的古老格言。1791 年美国宪法第五修正案率先以公民基本权利的形式规定："在任何刑事案件中不得强迫被告人自证其罪"。到 1897 年，美国联邦最高法院规定，反对强迫自我归罪特权不仅适用于法庭证言，而且适用于审前拘禁讯问程序，任何对该特权的侵犯都会导致自白证据的排除。但所谓的"反对自证其罪特权"的概念直到 20 世纪才真正出现。许多国家和地区在本国的宪法或者刑事诉讼法中确立了反对强迫自证其罪原则或者类似的权利、规则。如《日本宪法》第 38 条第 1 款规定，"任何人都不受强迫作不利于自己的供述"；第 2 款规定，"通过强迫、拷问或威胁所得的口供，或经过不适当的长期拘留或拘禁后的口供均不得作为证据"。《意大利刑事诉讼法典》第 64 条第 2 款规定："不得使用足以影响被讯问者同意能力或者改变其记忆和评价事实的能力的方法或者技术进行讯问，即使被讯问者表示同意。"联合国《两权公约》第 14 条第 3 款（午）项将"不得强迫被告自供或认罪"作为刑事被告人享受的最低限度的保障之一。

（二）反对强迫自证其罪原则的基本内容

一般认为，反对强迫自证其罪原则包含以下几层内容：

1. 任何人没有义务为追诉方向法庭提出任何可能使自己陷入不利境地的陈述和其他证据，追诉方不得采用任何非人道或者有损其人格尊严的方法强迫其就某一事实作出供述或者提供证据。这里的"任何人"同样适用于证人，在证言"可能导致他自己有罪"的情况下，证人可以援引该原则保护自己。

2. 反对强迫自证其罪原则既适用于口头陈述，也适用于实物证据，但提取

---

[1] 高家伟、邵明、王万华：《证据法原理》，中国人民大学出版社 2004 年版，230 页。

被讯问者的指纹、足迹、血样、笔迹、声纹、摄取被询问者的照片、测量和检查被讯问者的身体等不受这一原则的限制。

3. 被告人有权拒绝回答追诉官员或者法官的讯问，有权在讯问中保持沉默。司法警察、检察官或者法官应及时告知犯罪嫌疑人、被告人享有此项权利，法官不得因被告人沉默而使其处于不利的境地，或者作出对其不利的裁判。

4. 被告人有权就案件事实作出有利或者不利于自己的陈述，但这种陈述必须出于真实的意愿，并在意识到其行为后果的情况下作出，法院不得把非出于自愿而是迫于外部强制或压力所作出的陈述作为定案根据。[1]

反对强迫自证其罪原则实质上赋予了公民有两项权利：其一，任何人享有陈述与否的选择权，即对是否陈述、是否提供不利于自己的陈述享有选择权；其二，任何人对是否陈述享有不受强迫的权利，即如果被追诉人或者证人选择了不陈述，就不得强迫其陈述。

为了保障被告人享有不得自证其罪的权利，又引申出了两项相关的诉讼规则：一是权利告知规则，即司法机关应当将其享有的反对强迫自证其罪的权利的信息告知犯罪嫌疑人和被告人；二是非任意供述的排除规则，即如果犯罪嫌疑人、被告人受到侦查机关或检察机关的强迫而作出有罪供述——自证其罪，那么该供述将丧失证据资格而被法庭排除，不能作为定罪量刑的证据。

四、无罪推定原则与我国刑事证据法

迄今为止，我国还没有正式确立无罪推定原则，但在《刑事诉讼法》中的许多条款都吸收了无罪推定原则的精神，说明我国已初步接受了无罪推定原则。主要的规定和体现有：

第一，我国《刑事诉讼法》第 12 条规定："未经人民法院依法判决，对任何人都不得确定有罪。"一般认为，这一原则包含了法院统一行使定罪权、法院依照法定程序进行审理以及在法院依法判决之前不得认定被告人有罪等多方面的含义。[2] 可见，这一原则吸收了无罪推定原则的合理内核，充分体现了无罪推定原则的精神。

---

〔1〕 参见 Christopher Osakwe, "The Bill of Rights for the Criminal Defendant in American law", *Human Rights in Criminal Procedure*, Martinus Nihoff Publishers, 1982, pp. 274-275, 转引自宋英辉、汤维建主编：《证据法学研究述评》，中国人民公安大学出版社 2006 年版，第 173 页。

〔2〕 陈瑞华：《刑事证据法》，北京大学出版社 2021 年版，第 61 页。

第二,《刑事诉讼法》第 51 条规定:"公诉案件中被告人有罪的举证责任由人民检察院承担,自诉案件中被告人有罪的举证责任由自诉人承担。"这一规定明确了刑事诉讼中证明责任的分配原则,体现了被告人不承担提供证明自己有罪或者无罪的证明责任,是吸收无罪推定原则精神的体现。

第三,《刑事诉讼法》第 52 条规定:"审判人员、检察人员、侦查人员必须依照法定程序,收集能够证实犯罪嫌疑人、被告人有罪或者无罪、犯罪情节轻重的各种证据。严禁刑讯逼供和以威胁、引诱、欺骗以及其他非法方法收集证据,不得强迫任何人证实自己有罪……"这说明我国已确立反对强迫自证其罪原则。另外,《刑事诉讼法》第 56 条规定:"采用刑讯逼供等非法方法收集的犯罪嫌疑人、被告人供述和采用暴力、威胁等非法方法收集的证人证言、被害人陈述,应当予以排除……"这是非法证据排除规则的立法规定确立,同时在第56 条至第 60 条还规定了非法证据的范围及其排除程序。非法证据排除规则是贯彻无罪推定原则的重要保障,因为无罪推定就意味着对刑讯逼供或者威胁、引诱、欺骗等非法方法收集证据行为的否定。

第四,《刑事诉讼法》第 175 条第 4 款规定:"对于二次补充侦查的案件,人民检察院仍然认为证据不足,不符合起诉条件的,应当作出不起诉的决定。"《刑事诉讼法》第 200 条第 3 项规定:"证据不足,不能认定被告人有罪的,应当作出证据不足、指控的犯罪不能成立的无罪判决。"这是疑罪从无在审查起诉阶段和审判阶段的体现,充分反映了无罪推定原则的精神和要求。

第六节　诚实信用原则

一、诚实信用原则的含义

诚实信用原则的直接含义包括诚实、信用两方面内容,两者密切联系,但并不完全相同。两者的联系在于:诚实、信用都具有否定和排斥欺骗的要求和价值观。两者的区别在于:前者强调的是真实,反对虚假;而后者强调的是守信,反对食言。

诚实信用原则在证据法中包含两方面的含义:其一,主观上的诚信,要求诉讼主体在主观上应当是善意的,要秉承真实理念,不隐瞒事实,不欺诈;其二,客观上的诚信,要求诉讼主体在进行证据活动时,应当尽可能地忠实于案件事实真相,诚实不欺地实施行为。诚实信用原则的主观要求和客观要求是相互统一、不可分割的两个方面，只有将两者结合，诚实信用原则才具有规范性和强制力。在私法领域，尤其是债法领域，诚实信用原则具有"帝王条款"的美誉。[1] 现代的诚实信用原则，不仅适用于私法领域，也适用于公法领域和诉讼领域，成为诉讼法和证据法中不可或缺的原则。

诚实信用原则源自罗马法当事人之间善意与衡平观念，而罗马法"善意"与"衡平"观念传至德意志，与古代德意志法相结合即成为"依据诚实信用原则方法而作誓约"。早期的诚实信用原则的道德色彩浓厚，而后成为法律化的伦理准则。自从被德国民法确立以来，其适用范围一再扩展，已经超出民法本身而扩充、渗透到其他私法部门及民事诉讼等公法领域，并且在民商法及民事诉讼中的基本原则地位已经得到基本认同。[2]

现代的诚实信用原则，其初始形态只是为了确定当事人的真实义务，主要用以规制当事人诉讼行为之一的证据行为，要求当事人在实施证据行为时除为保障自身合法利益之必要，不得损害对方当事人之合法利益。这是为克服当事人主义诉讼模式中对抗性、趋利性、竞技性所带来的混淆真相、迟延诉讼等弊端而设置的原则。如今，该原则的适用范围已大为拓展，即其通过调整法官以及当事人、诉讼代理人、证人等诉讼参与人之间的相互关系，保证诉讼可以在诚实、协同的氛围中进行，进而平衡双方当事人的利益以及当事人与社会的利益，确保诉讼公正和诉讼效率价值的实现，确保社会秩序的稳定与和谐。[3]

二、诚实信用原则在民事证据法上的主要内容

诚实信用原则作为证据法一项基本原则，其规范对象既包括当事人等，也包括裁判法官。在这一原则下，既要求当事人、证人等基于诚信实施证明行为，也要求法官本着诚信审查证据和认定事实。具体来讲，诚实信用原则在民事证据法上的主要内容有：

（一）真实义务

真实义务，是指当事人等主体不得故意为虚假陈述的义务。法律强调当事人、证人的真实义务，是为禁止其故意作出不真实的陈述。

法律强调当事人的真实义务，要求当事人对于己不利的事实作出完全真实

---

〔1〕 李浩主编：《证据法学》，高等教育出版社 2014 年版，第 103 页。
〔2〕 宋志军：《刑事证据契约论》，法律出版社 2010 年版，第 144 页。
〔3〕 田平安主编：《民事诉讼法原理》，厦门大学出版社 2004 年版，第 164 页。

的陈述其实有些强人所难，而且民事诉讼中当事人的真实义务虽说是对国家的，但更主要是对对方当事人为之，从而谋求当事人双方的平等，所以，许多国家的法律对于当事人违背真实义务的行为并未规定要承担法律责任。在此意义上，真实义务更多是一个宣示性的或象征性的义务，如果当事人违背此义务也不会受到处罚。因此，对当事人而言，真实义务更多地带有诚实信用原则最初的伦理意义。然而，对于证人、鉴定人等诉讼主体而言，他们的真实义务则是实质性的，如果违反，会有相应的处罚措施。

由于各类诉讼参与人的义务内容有所不同，其义务指向的对象也不同，这就决定了诚实信用原则所要求的真实义务有着不同的法律效果。真实义务禁止当事人（包括诉讼代理人）故意作出不真实陈述或者故意对他方当事人及证人等所作出的真实陈述进行争执；要求证人真实地陈述案件事实，不得故意作伪证；要求鉴定人不得故意作出与案件事实和科学原理不符的鉴定意见；要求翻译人员不得故意作出与当事人等陈述和书写原意不符的翻译；等等。[1] 可见，在若干主体的真实义务中，证人、鉴定人和翻译人员的真实义务与当事人是有所不同的。

（二）禁反言

禁反言又称"禁止反悔及矛盾举动"，或称"不得否认"，是指若一方当事人实施某种行为后使对方当事人有理由相信该行为，并基于此而实施了其他相应的行为，但该当事人又否认以往行为的合法基础，从而试图否认对方当事人行为的有效性。[2]

禁反言主要是防止当事人和证人等实施前后不一致的诉讼行为，从而损害当事人的利益和整个诉讼程序的安定与权威。而在证据法中，禁反言主要是要求当事人和证人等对于案件事实的陈述应当前后一致。

禁反言可分为直接禁反言和间接禁反言两种。前者是针对同一案件的诉讼程序，而后者是针对前后不同的两个案件。狭义的禁反言一般是指直接禁反言。直接禁反言的构成要件有：①当事人和证人等作了前后矛盾的陈述；②（对方）当事人相信了前面陈述并据此作出相应的行为；③认可后面陈述则必然损害

---

〔1〕　高家伟、邵明、王万华：《证据法原理》，中国人民大学出版社 2004 年版，第 282 页。

〔2〕　宋英辉、汤维建主编：《我国证据制度的理论与实践》，中国人民公安大学出版社 2006 年版，第 397 页。

（对方）当事人的利益。具备以上三个要件的，法官则不承认后面陈述。[1]

（三）衡平分配证明责任

证明责任的合理承担不仅应当体现实体法和程序法的正义，还应当衡平当事人的合法权益，而正义和衡平即为诚实信用原则的本质。因此，诚实信用原则应当作为合理分配证明责任和正确履行证明责任的考量因素。

在司法证明中，证明责任的承担通常是有法律明确规定的，对于法律没有具体规定或者法律规定的证明责任承担明显不公的，法院应当根据诚实信用原则等确定证明责任的具体承担。同时，对于法官滥用自由裁量权确定证明责任承担的，应当构成上诉或者再审的理由。如果一方当事人虽然应当负证明责任，但若对方当事人故意或重大过失地违反诚实信用原则而实施了妨害证明行为，或者无正当理由实施了禁反言行为，而致待证事实不能或难以证明的，则由妨害证明的当事人就该待证事实承担证明责任。

（四）及时履行举证责任

在司法证明活动中，当事人举证必须遵守法律规定的举证时限。因此，当事人举证受举证时限制度或者证据失权制度的限制。举证时限制度要求当事人在举证时限内提供证据、及时履行举证责任。若当事人无正当理由超过举证时限举证的，则可能承担不利的后果，其中比较重要的是证据失权或者证明权丧失。

相比之下，诚实信用原则也要求当事人遵守举证时限，还要求在掌握证据的情况下，积极提供证据、尽快履行举证责任，以利于案件的及时审结。不过，诚实信用原则要求当事人在举证证明时要及时履行举证责任，但这不具有实质性的不利后果，只是体现了基本的法律精神和要求。

（五）法官合理自由心证

法官自由心证属于法官自由裁量权范畴。然而，法官自由心证也要受到一定的限制，其中，诚实信用原则就是限制或制约法官自由心证的因素之一。

心证本为主观判断，须具备客观的妥当性或限制，以保证心证的合理、准确。诚实信用原则要求法官本着诚实信用形成心证，唯有如此方能博得公众对法官和法院的信任。若法官违背诚实信用原则而形成心证，则将成为当事人上诉或再审的理由。基于诚实信用原则，法官在判断证据时，不仅应当遵守经验法则、逻辑规则等，还应当立足于案件真相，不得对当事人提出的证据任意加

---

[1] 高家伟、邵明、王万华：《证据法原理》，中国人民大学出版社 2004 年版，第 281 页。

以取舍，法官心证基础应当是调查证据及法庭辩论的全部结果。

三、诚实信用原则与我国证据法

（一）诚实信用原则与我国民事证据法

我国《民法典》第 7 条规定："民事主体从事民事活动，应当遵循诚信原则，秉持诚实，恪守承诺。"《民事诉讼法》第 13 条第 1 款明确规定："民事诉讼应当遵循诚信原则。"由此，诚实信用原则已经法定化，成为我国民事诉讼法和民事证据法的基本原则之一。除了明确法定化以外，在立法及民事司法解释中也充分体现了诚实信用原则。主要有：

1. 要求当事人及时并诚实地履行证明责任。最高院《民诉证据规定》第 2 条规定："人民法院应当向当事人说明举证的要求及法律后果，促使当事人在合理期限内积极、全面、正确、诚实地完成举证。"《民事诉讼法》第 68 条规定："当事人对自己提出的主张应当及时提供证据。人民法院根据当事人的主张和案件审理情况，确定当事人应当提供的证据及其期限。当事人在该期限内提供证据确有困难的，可以向人民法院申请延长期限，人民法院根据当事人的申请适当延长。当事人逾期提供证据的，人民法院应当责令其说明理由；拒不说明理由或者理由不成立的，人民法院根据不同情形可以不予采纳该证据，或者采纳该证据但予以训诫、罚款。"另外，最高院《民诉解释》在第 101、102 条还规定了当事人逾期举证的法律后果，以督促当事人按照法定期限如期举证。

2. 关于证人诚信作证。最高院《民诉解释》第 119 条第 1 款规定："人民法院在证人出庭作证前应当告知其如实作证的义务以及作伪证的法律后果，并责令其签署保证书，但无民事行为能力人和限制民事行为能力人除外。"最高院《民诉解释》第 120 条规定："证人拒绝签署保证书的，不得作证，并自行承担相关费用。"最高院《民诉证据规定》第 72 条第 1 款规定："证人应当客观陈述其亲身感知的事实，作证时不得使用猜测、推断或者评论性语言。"这些规定都体现了证人应当基于诚实信用原则，如实作证。

3. 当事人等违背诚信的法律后果。《民事诉讼法》第 115 条第 1 款规定："当事人之间恶意串通，企图通过诉讼、调解等方式侵害国家利益、社会公共利益或者他人合法权益的，人民法院应当驳回其请求，并根据情节轻重予以罚款、拘留；构成犯罪的，依法追究刑事责任。"《民事诉讼法》第 116 条规定："被执行人与他人恶意串通，通过诉讼、仲裁、调解等方式逃避履行法律文书确定的义务的，人民法院应当根据情节轻重予以罚款、拘留；构成犯罪的，依法追究刑事责任。"其中的"恶意串通"本就有弄虚作假、欺诈的内容，因此是违背诚实信用原则的，必须依法承担相应的法律后果。

4. 当事人或者其代理人的承认问题。最高院《民诉证据规定》第 3 条第 1 款规定："在诉讼过程中，一方当事人陈述的于己不利的事实，或者对于己不利的事实明确表示承认的，另一方当事人无需举证证明。"最高院《民诉证据规定》第 9 条第 1 款规定："有下列情形之一，当事人在法庭辩论终结前撤销自认的，人民法院应当准许：（一）经对方当事人同意的；（二）自认是在受胁迫或者重大误解情况下作出的。"这些内容都体现了诚实信用原则中的禁反言规则。即在当事人承认（自认）作出后，对方当事人便获得了无需举证的程序信赖利益，为了维护这种信赖利益的稳定性，法律便明确规定作出自认的当事人不得随意撤回其自认。相反，如果确有证据证明当事人的承认是违背诚实信用原则的，即受胁迫或有重大误解且与事实不符的，另一方当事人就应当举证证明其主张。

（二）诚实信用原则与我国刑事证据法

我国刑事诉讼法中虽然尚未确立诚实信用原则，但是也有一些学者提出，应当在刑事诉讼中确立诚实信用原则。例如，刑事诉讼诚实信用原则是刑事诉讼的专门机关及当事人乃至其他诉讼参与人在进行诉讼行为时，应当公正、诚实和善意。这一原则旨在约束专门机关在行使诉讼职权时滥用权力，防止当事人等在行使诉讼权利时滥用权利。[1] 其实，在我国刑事诉讼法及其司法解释的规定中，有一些规定确实也体现了诚实信用原则的精神内涵。主要有：

1. 关于证人如实作证。根据《刑事诉讼法》第 62 条第 1 款规定："凡是知道案件情况的人，都有作证的义务。"《刑事诉讼法》第 61 条规定："……法庭查明证人有意作伪证或者隐匿罪证的时候，应当依法处理。"而为了保证证人诚实作证，《刑事诉讼法》第 194 条第 1 款规定："证人作证，审判人员应当告知他要如实地提供证言和有意作伪证或者隐匿罪证要负的法律责任……"据此，证人不仅有作证的义务，而且必须如实提供证据，隐匿证据或者毁灭证据的，必须承担相应的法律责任。

2. 对违背诚实信用原则收集的证据应当排除。我国《刑事诉讼法》第 52 条规定了反对强迫自证其罪原则，第 56 条在立法上确立了非法证据排除规则，明确了采用刑讯逼供等非法方法收集的犯罪嫌疑人、被告人供述和采用暴力、威

---

[1] 孙记：《论诚实信用原则在我国刑事诉讼中的确立》，载《兰州学刊》2017 年第 1 期。

胁等非法方法收集的证人证言、被害人陈述，应当予以排除。2017 年 6 月两院三部《严格排除非法证据规定》进一步细化并完善了非法证据排除规则，第 2 条规定："采取殴打、违法使用戒具等暴力方法或者变相肉刑的恶劣手段，使犯罪嫌疑人、被告人遭受难以忍受的痛苦而违背意愿作出的供述，应当予以排除。"其第 3 规定："采用以暴力或者严重损害本人及其近亲属合法权益等进行威胁的方法，使犯罪嫌疑人、被告人遭受难以忍受的痛苦而违背意愿作出的供述，应当予以排除。"其中"遭受难以忍受的痛苦而违背意愿"的方法，就是违反诚实信用原则的行为，据此所收集的证据应当予以排除。

3. 在认罪认罚从宽程序中体现的诚实信用原则。例如，《刑事诉讼法》第 15 条规定："犯罪嫌疑人、被告人自愿如实供述自己的罪行，承认指控的犯罪事实，愿意接受处罚的，可以依法从宽处理。"另外，《刑事诉讼法》第 182 条第 1 款规定："犯罪嫌疑人自愿如实供述涉嫌犯罪的事实，有重大立功或者案件涉及国家重大利益的，经最高人民检察院核准，公安机关可以撤销案件，人民检察院可以作出不起诉决定，也可以对涉嫌数罪中的一项或者多项不起诉。"这些有关认罪认罚从宽程序的规定中，犯罪嫌疑人、被告人如果自愿、如实供述自己的罪行，并愿意接受处罚的，公安司法机关就可以依法从宽处理或者从宽处罚。

➡练习案例

广州市花亦浓贸易有限公司与义乌市拾乐贸易有限公司侵害商标权纠纷案[1]

育碧娱乐软件公司（以下简称"育碧公司"）是一家总部设在法国的跨国游戏制作、发行商。2007 年 11 月，育碧公司发行了第一部《刺客信条》游戏，并在此后每隔一到两年发行一部《刺客信条》后续游戏，截至 2018 年共发售了 15 部《刺客信条》系列游戏，在业内积累了较高知名度，深受玩家喜爱。

狮子山（香港）实业有限公司（以下简称"狮子山公司"）于 2009 年 9 月，将《刺客信条》游戏最具代表性的图标，申请核准注册第 7733151 号商标，核定使用商品为第 18 类，后授权广州市花亦浓贸易有限公司（以下简称"花亦浓公司"）为内地唯一总代理并进行维权打假和授权他人使用，狮子山公司的唯一董事陈某民同时为花亦浓公司的法定代表人。狮子山公司从 2009 年开始至

---

〔1〕 浙江省义乌市人民法院（2019）浙 0782 民初 3069 号；浙江省金华市中级人民法院（2019）浙 07 民终 2958 号。

本案受审，以该图形为基础，在诸多商品或服务类别分别注册单独或组合商标近 160 枚。2018 年 11 月 23 日，花亦浓公司对义乌市拾乐贸易有限公司开设在京东商城的"珊诗丽箱包旗舰店"销售印有该标识的皮夹进行网页公证，并以此提起商标侵权之诉。

一审法院认为被诉侵权标识不构成商标意义上的使用，判决驳回花亦浓公司的诉讼请求。二审法院认为商标权人攀附《刺客信条》游戏市场声誉，复制游戏图标，在游戏周边产业恶意抢注商标，通过关联企业向淘宝卖家批量提起侵权诉讼，谋求不当利益，属于滥用权利、违反诚实信用原则的行为，即使该商标未被无效或撤销，亦不予保护，故判决驳回上诉，维持原判。

问题：请结合本案谈谈如何在民事诉讼中正确适用诚实信用原则？

➲ 思考题

1. 如何理解证据裁判原则的主要内容？
2. 简述证据裁判原则在我国适用的意义。
3. 简述自由心证原则的主要内容，贯彻自由心证原则应注意哪些问题？
4. 如何理解直接言词原则及其功能？
5. 什么是无罪推定原则？它有哪些主要内容？
6. 什么是反对强迫自证其罪原则？如何理解其实质？
7. 如何认识诚实信用原则在我国证据法上的体现？

<table>
<tr><td>第
四
章</td><td></td></tr>
</table>

证据概述

➜学习指导

　　通过本章学习，应当理解和掌握证据及其属性、证据能力和证明力等涵义，掌握我国法定证据种类，认识和领会证据与事实认定之间的关系、证据种类的价值，掌握监察证据、行政证据与刑事证据的衔接等问题。学习的重点与难点是证据之材料说的含义、证据的关联性、客观性、合法性属性，证据能力与证明力的内涵以及我国法定证据种类。

第一节　证据界说

　　按照传统的解释，证据是证明案件事实的材料，是法官在司法裁判中认定过去发生的事实之重要依据，即经查证属实的证据是认定案件事实的根据。在司法审判中，据以认定案件情况的事实，又称为证据事实。只有正确认定案件事实，才能正确适用法律，从而正确地处理案件。因此，证据问题历来是诉讼中的关键问题。

一、证据的定义

　　"证据"是证据法和证据法学的基本概念，但人们对它的理解颇不一致。《现代汉语词典》将证据定义为"能够证明某事物的真实性的有关事实或材料"。[1]学术界关于证据的定义有多种学说，影响较大的有"事实说""原因说""材料说""信息说"和"统一说"。

　　1. 事实说。事实说曾经是影响最大、几乎成为通说的证据定义。主张事实

---

〔1〕　中国社会科学院语言研究所词典编辑室编：《现代汉语词典》，商务印书馆 2005 年版，第 1741 页。

说的学者认为，证据是能够证明案件真实情况的一切事实。2012 年以前的《刑事诉讼法》给"证据"所下定义，将证据等同于事实，采取了证据概念上的事实说。

2. 原因说。主张原因说的论者认为，证据是确信某种事物存在或者不存在的原因。有学者认为，"证据者，谓使某事项明显之原因，故凡使某事实或某法则明显之原因，皆证据也。"[1] 日本学者松冈义正认为，"证据原因者，即审判官对于当事人主张事实之真否，具有确信之原因之元素或事情也。故证据原因，必须有使审判官对于当事人之主张事实，具有确信为无争执之理由。是以在形式证据主义方面，则证据原因，即系允许具备法定要件之当事人履行法定之方式。"[2]

3. 材料（资料）说。在一般意义上，证据是指"能够证明某事物的真实性的有关事实或材料"。[3] 在证据法学界，将证据定义为材料或者资料的论者认为，证据是证明案件事实的材料。学者陈朴生认为，"证据，乃为证明要证事实，使榛明了之原因，亦称证明之手段，即依据已知之资料，以推理其事实之存在或不存在是。证据一语，本指从其物体调查所得之资料，因而使法院得以确信其事实为真实之义。"[4] 2012 年《刑事诉讼法》为证据所下的定义从"事实说"改采"材料说"，这一法律定义将证据的定义表述为材料。

4. 信息说。信息说是近年来广为接受的关于证据定义的学说。信息说认为证据是与案件有关的信息。日本学者松尾浩也主张："证据是多种多样的，但所有证据的共同特点是，它们都是反映特定事实的信息媒体。"[5]

5. 统一说。统一说认为，证据是内容（证据所含有的有关案件事实的信息）与形式（表现为各种证据种类的载体）的统一体。证据是以法律规定的形式表现出来的能够证明案件真实情况的一切事实。[6] 证据由内容和形式共同构成。证据的内容即事实材料，亦即案件事实的有关情况；证据的形式，又称为证明手段，是证据的种种表现形式。证据是事实与证明手段的统一体。统一说

〔1〕 石志泉：《民事诉讼法释义》，三民书局 1982 年版，第 320 页。

〔2〕 ［日］松冈义正：《民事证据论（上、下册）》，张知本译，中国政法大学出版社 2004 年版，第 6-7 页。

〔3〕 中国社会科学院语言研究所词典编辑室编：《现代汉语词典》，商务印书馆 2005 年版，第 1741 页。

〔4〕 陈朴生：《刑事证据法》，三民书局 1979 年版，第 69-72 页。

〔5〕 ［日］松尾浩也：《日本刑事诉讼法》（下卷），张凌译，中国人民大学出版社 2005 年版，第 26-27 页。

〔6〕 陈光中、徐静村主编：《刑事诉讼法学》，中国政法大学出版社 2002 年版，第 129 页。

的主张者不同意将证据的内容与形式分割开来或者无视证据的形式的观点，对证据的事实说和双重含义说进行了诘难，指出证明手段如不包含案情和事实，就什么都不能证明；反之，如果事实材料不依附于一定的证据形式，就无法存在并进入诉讼轨道成为裁判依据。

本书认为"材料说"的观点是合理的，证据是指能够证明案件真实情况的材料。2012年《刑事诉讼法》即采纳了材料说的观点，第48条第1款将"证据"定义为"可以用于证明案件事实的材料，都是证据。"2018年修正后的《刑事诉讼法》第50条第1款也作了同样的规定："可以用于证明案件事实的材料，都是证据。"同时三大诉讼法都规定证据必须经过查证属实，才能作为定案的根据，如《刑事诉讼法》第50条第3款的规定，即不能查证属实的材料既不能作为定案的根据，也不能把这些材料当成证据对待。从三大诉讼法中关于证据的定义可以看出，"证据"具有如下含义：其一，从证据内容看，它含有与案件有关的信息；其二，从证据形式上看，表现为法律所确认的形式；其三，从证明关系看，它具有能够证明案件真实情况的作用。[1]

二、证据的属性

在我国证据法学研究中，对于证据属性的研究有不少成果，但意见并未达成一致，有些问题成为学术研究长期争论的焦点。

（一）证据属性的传统观点及其理论争议

关于证据的属性，一直存在传统的"三性说"和"两性说"之争。"三性说"认为，证据具有关联性（相关性）、客观性（真实性）和合法性（法律性）。"两性说"认为合法性不是证据的自身属性，而关联性和客观性才是证据的属性。证据法学者中，两性说者的支持者原本多一些。近年来，由于非法证据排除规则越来越受到重视，"三性说"的支持者有所增加。本书认为，就证据的本质属性而言，"两性说"更为可取，即关联性和客观性是证据的自身所具有的属性。证据具有证明案件事实的能力，并不以其是否具有合法性为必要条件。因为根据《刑事诉讼法》和相关司法解释也只规定排除一部分非法证据，对于其他非法证据、瑕疵证据可以作为证据使用。因此，合法性并非证据的本质属性，它只是人为附加的外在特征，目的在于通过排除非法证据来遏制非法取证

---

[1] 张建伟：《证据法要义》，北京大学出版社2014年版，第115页。

行为，与证据自身的规定性无涉。[1] 但，鉴于"三性说"是当前证据法学界的通说，为便于读者理解与学习，本书对于证据审查判断的相关内容，仍采"三性论"。

1. 证据的关联性（相关性），是指证据必须与案件事实存在某种联系，对案件事实具有证明作用。证据的关联性对于确定某一事实能否被作为证据使用至关重要，因为关联性决定了其是否具有证明力以及证明力的大小。作为证据的材料必须能够证明案件的事实。证据的关联性是采纳该证据的前提条件，不具有关联性的材料，在法律上不具有可采性。

证据关联性的内涵具体包括以下四个方面：①作为证据的材料必须与案件事实具有客观上的联系。如果没有联系，就不是证据，因为证据是在案件发生过程中在案件事实的作用或影响下形成的，有些是案件事实所产生的结果，如对财物所造成的损失的后果；有些是在案件事实的影响下形成的，如目击者受到感官刺激而留下的记忆。②证明性。"所有的证据，只有具有能够证明在诉讼上有某种意义的事实的证明力时，才能作为关联证据纳入诉讼的范围。"[2] 证明性是指证据依据事物间的逻辑或经验关系，具有使实质性问题可能更为真实或不真实的能力。证据与案件事实联系的程度不同，有大有小，有强有弱，从而决定了证明力大小有异。③多样性。证据与案件事实的联系性是多种多样的，主要可以归结为因果联系、条件上的联系、时间上的联系、空间上的联系、必然联系、偶然性的联系。[3] 此外，本书认为证据与案件事实的联系还包括直接联系与间接联系。④实质性。从证据与证明对象（待证事实）之间的关系来看具有实质关联性，运用证据将要证明的问题属于依法需要运用证据加以证明的待证事实。如果某一项证据并非指向本案的争点，那么该证据在本案中就不具有实质性。一般认为，这种相关情况不仅包括主要争议事实本身的各个部分，也包括所有为辨明或者解释主要争议事实所需要的辅助事实。

2. 证据的客观性，又称为证据的真实性。证据的客观性是指证据本身以及作为证据内容的事实是客观存在的，即证据事实必须真实可靠，而不是主观想象、猜测和杜撰的，而且作为证据内容的事实与案件待证事实间的联系也是客观的。

---

[1] 张建伟：《证据法要义》，北京大学出版社2014年版，第123-124页。
[2] ［日］松尾浩也：《日本刑事诉讼法》（下卷），张凌译，中国人民大学出版社2005年版，第9页。
[3] 参见刘金友主编：《证据法学》，中国政法大学出版社2001年版，第88页。

对证据客观性可以从以下三个方面进行理解：①证据都表现为客观存在的实体，无论证据的形式表现为人还是物，都是客观存在物。②证据的内容是对与案件有关的事实的反映。与案件有关事实都是客观存在的事实，而是不主观臆断的事实。③作为证据内容的事实与案件的待证事实间的联系是客观的，没有此种客观联系，该证据实际上无法履行揭示案件真实情况的功能。以没有客观联系的证据去证明案件的待证事实，往往歪曲案件的真实情况，造成错误的裁判。

对证据的客观性的质疑来自证据并不都是纯客观的。近年来，也有一些论者质疑证据的客观性，认为"客观性"具有浓厚的哲学色彩，"真实性"更接近法律表达，应当用"真实性"取代"客观性"。就证据的存在形式来看，证据无疑都是客观实在，无论其表现为人还是物。从这个意义上来说，证据都是客观的，具有客观性。但是，证据的内容是否仅具有客观性而不具有主观性值得讨论。证据的事实中含有的主观性内容能否发挥证明案件事实的作用及其发挥作用的条件为何，都是值得深入研究的问题。根据诉讼中收集或者提供的证据与客观性的关系，可以将证据分为三类：①客观性的证据，如物证、书证、视听资料、电子数据等"物的证据"。这一类证据的共性是客观实在物，这些物上承载的有关案件信息也都是客观的。②客观性与主观性兼有的证据。这种证据主要表现为人证，如当事人陈述、证人证言、被害人陈述等。在其他证据的收集过程中，收集者主观因素也会对证据造成一定的影响，可能使证据的证明价值得到充分的保存、展现，或者使其部分甚至全部毁损。③主观性的证据。最为典型的主观性的证据是鉴定意见。鉴定人对于待证事实提供的判断，虽然表现为书面形式，但是其实质是鉴定人就需要鉴定的专门问题表达的个人意见。一般证人通常只能就自己所感知的事实进行陈述，不能发表自己的判断意见，除非另有法律规定，证人的意见不能被用于证明案件事实。

3. 证据的合法性，又称证据的法律性，是指证据必须具有法律规定的形式和法定人员依照法定程序收集、保全、查证和运用。证据合法性在世界各国的立法中都有规定，在大陆法系被称为证据能力，在英美法系则被称为可采性，具体是指证据必须为法律所允许。

在我国证据理论中，一般认为证据的合法性主要包括以下四个方面的内容：①证据必须符合法定的形式。证据法定形式是法律根据证据材料的表现形式，在法律上对证据进行的分类，即法定证据种类。三大诉讼法关于证据种类的规定是以证据的外在表现形式所进行的划分，是具有法律效力的法定形式。证据的法定形式除了立法根据证据内容所进行的形式归类之外，还包括证据的结构形式。例如，证人证言，被害人陈述，犯罪嫌疑人、被告人的供述与辩解等。民事诉讼和行政诉讼中的当事人陈述都必须以文字记录下来，而且在结构形式上有特别的要求，如必须有这些证据提供主体的签名或者盖章，勘验、检查、辨认、侦查实验等笔录及现场笔录等都必须以文字、绘图、照片等形式记录下来，并有制作笔录的侦查人员或者行政执法人员、见证人等的签名。②证据必须由法定人员收集或者提供，即收集或者提供证据的主体必须符合法律的规定。一方面，证据的收集或者调查主体必须符合有关法律规定。另一方面，证据的提供主体必须符合法律规定。③证据收集的方法和程序必须符合法律规定。为了确保证据合法性，我国三大诉讼法都严格规定了证据的收集、固定保全、审查判断等程序和方法。例如，《刑事诉讼法》第52条规定："审判人员、检察人员、侦查人员必须依照法定程序，收集能够证实犯罪嫌疑人、被告人有罪或者无罪、犯罪情节轻重的各种证据。严禁刑讯逼供和以威胁、引诱、欺骗以及其他非法方法收集证据，不得强迫任何人证实自己有罪……"在民事诉讼方面，最高院《民诉解释》第106条规定："对以严重侵害他人合法权益、违反法律禁止性规定或者严重违背公序良俗的方法形成或者获取的证据，不得作为认定案件事实的根据。"《行政诉讼法》第43条第3款规定："以非法手段取得的证据，不得作为认定案件事实的根据。"最高院《行诉证据规定》第58条规定："以违反法律禁止性规定或者侵犯他人合法权益的方法取得的证据，不能作为认定案件事实的依据。"④证据必须经过法定程序查证属实。我国三大诉讼法都对证据的使用规定了法定的查证程序。在刑事诉讼中，证人证言，必须在法庭上经过公诉人、被害人和被告人、辩护人双方询问、质证听取各方证人的证言，由审判人员认证；物证必须当庭出示，让有关诉讼参与人辨认；未到庭的证人证言、鉴定意见、勘验检查、辨认、侦查实验等笔录要当庭宣读，听取当事人及辩护人、诉讼代理人的意见，经查证属实后，才能作为定案的根据。最高院《民诉解释》第103条规定："证据应当在法庭上出示，由当事人互相质证。未经当事人质证的证据，不得作为认定案件事实的根据。当事人在审理前的准备阶段认可的证据，经审判人员在庭审中说明后，视为质证过的证据。涉及国家秘密、商业秘密、个人隐私或者法律规定应当保密的证据，不得公开质证。"《行政诉讼法》第43条第1、2款规定："证据应当在法庭上出示，并由当事人互相质证。对涉及国家秘密、商业秘密和个人隐私的证据，不得在公开开庭时出示。人民法院应当按照法定程序，全面、客观地审查核实证据。对未采纳的证据应当在裁判文书中说明理由。"

证据的合法性，即法律性之属性备受争议，主张证据不具有法律性的学者认为，法律性并非证据的本质属性，理由是：①法律性不是证据本身的特征，只是认定证据的诉讼程序问题，具有主观性质，承认它等于将主观性的因素带到证据中，影响其客观性。②证据先于办案人员的收集、运用、判断而存在，认识它，它存在；不认识它，它也存在。否认这一点，就否认了通过诉讼程序认定案件事实的客观基础。③作为定案根据的诉讼证据具有法律效力，并不意味着证据本身具有"法律性"的特征。这是因为，所谓"法律效力"不过是对于证据关联性和客观性的确认而已，不是证据本身的属性。证据的客观性和关联性是揭示证据自身的特性，证据的合法性并不是证据本身所固有的属性，而是基于诉讼活动本身的特点而提出来的，这也是诉讼证据在使用时不同于其他领域对证据使用的一个特点。④证据具有法定形式和必须依法收集，这是证据将证据本质特征与对证据的审查判断混为一谈。对于收集证据手段是否合法与证据本身的真实性，也不能混为一谈。[1]

（二）证据能力与证明力

证据能力与证明力是证据法学之中有关证据性质的两个重要概念。证据能力是某种材料作为证据的资格，证明力是证据价值的大小。有证据能力者，证明力才有诉讼上的意义；有的材料虽然有证明力，但不具有证据能力，因而不能产生诉讼上的实际效果。

1. 证据能力，又称"证据资格""证据的适格性"。指的是某一材料能够用于严格证明的能力或者资格，亦即能够被允许作为证据加以调查并得以采纳的资格。大陆法系对于证据能力，一般都不作积极的规定，而只是消极地对证据能力或者限制证据能力的情形作出规定。在德国，依据程序禁止和证据禁止的理论对证据能力加以限制。程序禁止是对收集和调查核实证据的程序加以限制，如违背搜查、扣押程序而取得的证物和违背勘验程序所形成的笔录，有时不认为具有证据能力。证据禁止是对作为定案依据的证据材料的范围加以限制，如非出于任意性的自白，一般不认为具有证据能力。

有些国家的立法或司法判例确立了证据能力规则。大陆法系国家为了发挥职权主义的功能，对于证据能力很少加以限制。英美国家对证据能力的限制较为严格，证据的关联性和可采性是证据能力的两项重要判断标准，大量的司法

---

〔1〕 张建伟：《证据法要义》，北京大学出版社 2014 年版，第 124 页。

判例确立了证据关联性和可采性的证据规则。

2. 证明力，是指证据材料对案件事实有无证明作用或者证明效力。证明力是证据的根本属性，如果没有证明力，就不是证据，不能作为认定案件事实根据。证据具有客观性并与案件待证事实具有关联性，就具有一定的证明力。证明力的基础是证据材料与案件事实有联系并对案件事实有证明作用。没有联系或者有联系但对案件事实没有证明作用，就不具有证明力。所以证明力是证据的必备条件，法院对证据是否采信关键要看证据材料是否具有证明力。但是，在现代法治社会强调人权保障和程序法定的情况下，有证明力并不意味着证据能被法院采信，如有些非法证据会被排除。证据所具有的证明力因其自身的特性及与案件事实的关系不同，对待证事实的证明价值（证明力）各有不同，发挥着不同程度的证明作用。

证明力所要解决的是诉讼对立双方提交的证据材料有无证明作用及证明力的大小问题。判断具体的证据材料有无证明力及证明力的大小就是要看证据材料能否对案件事实起到证明作用。对证明力有无及大小的判断由谁来进行，如何进行，这是立法和实践都必须解决的。在法定证据制度下，证明力是由法律明确规定的，而在自由心证证据制度下，证明力是由法官依据理性和良心自由判断的。自由判断证据的证明力的制度，顺应了诉讼证据本身的复杂性和规律性，可以使法官对证据进行理性的自由判断，成为现代世界各国普遍采用的证据制度。

三、案件事实、事实认定与证据的关系

我国审判中心主义的司法改革强调的是事实证据调查在法庭。而法庭上的事实调查与我们日常生活中的事实确定没有本质的区别。基于案件证据，事实认定者依据自己的生活经验来确定案件的真相。这种经验推论方法，因为更加贴近我们的生活实际，因而可以引起社会各界关注与讨论。毕竟，所有案件事实本身，就是我们生活中发生过的事情，即生活事实或者社会事实。在任何一起案件的审判过程中，都需要通过事实认定而形成证据链，最大限度地再现乃至还原生活事实的本来面目。可以说，事实认定是证据的核心，而证据又是诉讼的核心问题，全部诉讼活动实际上就是通过事实认定而围绕证据的搜集和运用进行的。事实认定的过程具有其客观规律，更具有其自身的逻辑结构。要达到事实认定的准确，就需要对其逻辑进行详尽的分析和了解，理清事实认定过程中的规律，然后将其运用到司法实践中去。

（一）案件事实与证据的关系

事实在不同的语境有不同的含义，哲学本体论意义上的事实是指"脱离主观的客观存在"或"自在之物"。但认识论上的事实并不是指未被认知的"客观存在"的事实，而是被主体知觉到的经验事实。因为孤立于人的认识之外的客观事物没有进入人的认识领域，那只是纯粹的"自在之物"，不可能成为认识主体所把握的事实。只有当客观存在的事物、现象呈现在我们感官之前、为概念所接受，并为主体作出判断的时候，我们才可以说是知觉到了一个事实。[1] 易言之，一切感性呈现只有经过认识主体的判断（而主体一作出判断，就意味着该现象的感性呈现已为主体的概念所接受、摹写或者规范了）才能成为经验事实。因此，事实是人对呈现于感官之前的事物或其情况的一种判断，是关于事物（及其情况）的一种经验知识，亦即关于客观事物的某种判断的内容，而不是客观事物本身。[2] 可见，本体论意义上的事实是对象，认识论意义上的事实是一种判断。事实之所以是事实，在于它是对某物存在某种性质或某些事物存在某种关系的一种基于感性经验的判断和把握，也就是对它们的一种直接的、经验的认识和知识。

一切事实在本质上都是经验事实。黑格尔认为，"法律的普遍规范是通过诉讼中的个案来实现的。并且这种个案中的特别事件必须是某种确定的事件。诉讼证明或诉讼上的认识的对象是经验事实，诉讼证明或诉讼上的认识是对经验内容的证明或认识。"[3] 不可能有任何离开人的经验而纯粹自在的所谓"自在事实"。因而，事实是被人们所感知的关于事物情况的一种判断，它既是客观存在的，又带有一定的主观性，或者说事实不是纯客观的。一方面，就事物的情况即使不为人所感知，不为主体概念所接受并从而由主体作出判断，它也客观存在着这一点而言，事实具有客观性；另一方面，就事物的情况只有为主体的概念所接受，并由其作出断定才算是陈述和确定了一个事实而言，事实又具有一定的主观性质。[4] 但是，并不能就此认为存在着主观上的事实。

案件事实由"证据事实"和"待证事实"两部分构成，证明对象中的"七何要素"（何人、何事、何时、何地、何原因、何手段、何结果）所断定或陈述

---

〔1〕 张南宁：《事实认定的逻辑解构》，中国人民大学出版社 2017 年版，第 11 页。
〔2〕 彭漪涟：《事实论》，上海社会科学院出版社 1996 年版，第 4 页。
〔3〕 ［德］黑格尔：《法哲学原理》，范扬、张企泰译，商务印书馆 1961 年版，第 234 页。
〔4〕 彭漪涟：《事实论》，上海社会科学院出版社 1996 年版，第 135 页。

的内容就是用来重现已经成为"历史"的、"存而不在"的案件事实的，证据事实和待证事实之和就是人们认识到的案件事实。证据事实是证据载体所具有的性质或关系，它是从证据载体中提取出来的。具体而言，证据事实是关于证据载体具有什么性质、证据载体与案件的其他构成要素之间具有何种关系（如同一关系、条件关系或因果关系等）的断定和陈述，是证明待证事实是否存在的证据。待证事实是从证据事实推论而来的。凡案件都是已经发生过的，不可能重演的，但可以通过人们对事实的把握而"重现"。[1]

法律推理过程中，必须以事实作为得出判决结论的根据。因为作为法律推理大前提的法律规范中列举的是法律事实必须具备的基本特征，这就要求小前提必须是关于案件事实是否具有这些特征的判断，只有当小前提所描述的案件事实具备这些基本特征时，才能真正做到"以事实为根据，以法律为准绳"。就此而言，法律适用的过程中，应当以事实作为得出正确的判决结论的依据（证据）。从事实认定的逻辑上来说，事实的发现和确认离不开命题。从诉讼证明的结构来看，证据就是证明的论据，而论据都是以命题的形式出现的，所以证据也只能以命题的形式出现。我们平时所说的证据之间必须形成证据链条，这只可能存在于命题与命题之间，亦即只有当命题与命题之间存在着蕴涵关系时，证据与证据之间才能形成首尾相接的链条。在法定证据种类中，物证（血迹、匕首等）、书证（票据、合同书等）、证人证言等并不是证据（事实），它们只是证据（事实）的载体。以最为典型的物证为例。一滴血只有在鉴定人给出它是人血，并且运用人类基因技术等方法作出它与某个特定人的基因分型是同一（或不同一）的肯定性（或否定性）鉴定意见之后，血迹上所承载的案件信息才能成为一个发现和确立相关案件事实的命题，这滴血才称得上是一个名副其实的证据。而在此之前，它仅仅是证据的载体而已。因此，区分证据载体与证据是十分必要的。

诉讼过程中是否能够客观、全面地再现案件真实情况，受两个方面的因素制约。其一，要看收集到的证据载体与案件是否有关联，即证据的关联性程度，人们是否真实地感知了案件事实，记忆能力如何，是否愿意或是否能够客观地对案件情况做出描述，等等。因为，只有当证据载体来自案件本身或者说是从案件本身分离出来的，人们才能由此做出正确的判断，才能从中提取真正可以反映案件真实情况的（证据）事实，才能根据证据事实推导出与证据事实有着

---

〔1〕 张继成：《事实、命题与证据》，载《中国社会科学》2001 年第 5 期。

内在联系的待证事实，从而反映出案件的真实情况。如果证据载体不是从案件本身分离出来的，证据载体与案件本身没有内在的关联，由此得出的判断就是虚假的。采用一个不是以事实为内容的虚假判断作为证据，显然无法查明案件的真实情况。其二，要看证据载体及人们从中所提取的事实（具有法律意义的事实，否则即使是事实也是无用的事实）的数量是否充足，即证据事实的充分性。只有少数几个事实是不行的，因为它们能为人们提供太多的答案，可以拼出许多图案，惟有足够数量的事实（不一定需要许多证据载体，因为有时一个证据载体就可供截取足够数量的事实）才能拼出唯一确定的图案，才能全面地再现案件的真实情况。[1]

（二）事实认定与证据的关系

事实认定是证据裁判的基础。严格地说，事实认定是一个舶来品，它是英美法中 Fact-finding 的中文翻译。按照《牛津法律大辞典》的解释，事实认定是指"确定可适用的法律以及适用法律作出司法判决之前，对尚未确证且必须认定的事实的确定，是法院在每一案件中所必须采取的程序。"[2] 学者陈朴生认为："事实之认定，乃法官就诉追机关假定事实之范围，依据证据材料为之判断，即具有排除疑问之作用。盖追诉机关就一定事实加以假定为其诉追之对象，在其假定范围内，使法官发生合理的疑问，然后凭其合理之证据，确信何种事实存在，而为合理之判断，籍以排除其疑问。惟事实之认定，系就诉讼上命题而为之解答。"[3] 事实认定就是在争议解决的过程中，裁判者基于争议双方的证据和证明过程，对争议事实进行内心确认的过程。裁判者（通常是法官或陪审员）作为事实认定的主体，被称为"事实认定者"。

事实认定通常要经历两个过程：其一，外在过程，即争议双方的举证证明过程；其二，内在过程，即事实认定者的内心判断和决策过程，它由逻辑、推理、推论等复杂的心理活动所构成。如果将事实认定的过程比作建设一座大厦的，那么"施工"过程就是事实认定的过程，它包括三个要素：一是以何种方式构建事实的大厦，即证据如何通过推理达到事实的认定。二是事实大厦构建达到怎样的强度才能够满足法官裁判的需要，即证明标准。三是当作为建筑材

---

[1] 张继成：《事实、命题与证据》，载《中国社会科学》2001 年第 5 期。

[2] ［英］戴维·M. 沃克（David M. Walker）：《牛津法律大辞典》，李双元等译，法律出版社 2003 年版，第 411-412 页。

[3] 陈朴生：《刑事证据法》，三民书局 1979 年版，第 579 页。

料的砖块（证据）不足，不能建起完整的大厦时，面对未成品，法官该如何处理，即证明责任。从证据到事实，由证明作为连接的桥梁。事实认定作为证明的结果，是证据、证明方法、证据规则、证明标准、证明责任、诉讼模式等诸多程序和证据因素的综合产物，其中任何一种因素都会对证明结果产生影响。[1]

事实认定过程中的事实通常称为"争议事实"。它包括与争议标的相关的所有事实。争议事实一般通过控辩双方的举证而清楚地显示出来，通过质证而得到澄清，最后由事实裁判者认定。证据理论把争议双方所主张的有待证明的事实称为"待证事实"或"要件事实"。待证事实或要件事实具有两个特点：其一，它是对争端的法律解决至关重要的、实质性的事实主张，它能够通过推论与适用于本案的实体法要件之一联系起来。其二，它不是由控辩双方所提出的，而是事实认定者可以根据推论决定予以相信的事实。[2]

第二节　证据种类概述

一、证据种类的概念

归纳是科学研究的主要方法，分类则是归纳之必不可少的前提之一。"分类是一种把握事物共性同时辨识事物特征的逻辑手段，它不仅能使人的认识条理化，而且能实行处置上的目的性和有效性。"证据分类就是按照不同的标准或者从不同的角度对证据所做的划分。"对证据进行科学的分类与研究，有利于发现运用各类证据的一般规则，便于探讨收集、审查和判断不同证据的程序规则及规律，进而有助于深化对各类证据的认识与理解。"[3] 最为常用的分类就是证据的法定分类和证据的学理分类，前者被称为证据种类。

我国关于证据种类的概念，较为代表性的表述有以下几种：①"证据种类是指根据证据事实的表现形式，在法律上对证据所进行的分类。"[4] ②"证据

---

〔1〕 张弘：《从证据到事实——比较法视角的证明过程分析》，载《政法论坛》2011 年第 5 期。

〔2〕 ［美］艾伦（Allen，R.J.）、库恩斯（Kuhns，R.B.）、斯威夫特（Swift，E.）：《证据法：文本、问题和案例》，张保生、王进喜、赵滢译，高等教育出版社 2006 年版，第 149-150 页。

〔3〕 谢安平、郭华：《刑事证据的争鸣与探索——新刑事诉讼法证据问题的展开》，法律出版社 2013 年版，第 28 页。

〔4〕 刘金友主编：《证据法学》，中国政法大学出版社 2003 年版，第 140 页。

的各种外部表现形式，就是案件事实的各种载体，被称为成句种类，又称为'证据事实的来源'或者'证据资料'。"[1] ③"证据种类，也称证据的法定形式，是指法律规定的证据的不同表现形式。"[2] ④"立法者根据证据的存在和表现形式所作的法律划分。"[3] 我国有关证据种类的规定主要继受了苏联的证据制度，尤其是"诉讼形式许可规则"对我国证据种类的立法影响甚大。所谓"诉讼形式许可规则"就是指所有的材料必须具有法定诉讼形式，才能进入诉讼程序作为证据使用，且证据必须具备内容、形式和取证程序三者的统一，缺一不可。[4]

因此，我国证据法学理论一般认为，证据种类是法律规定的证据的不同表现形式。证据种类是由法律加以规定的，具有法律效力。诉讼中作为起诉依据和定案根据的证据，应当符合法律规定的形式和要求，属于法定证据种类中的一种。[5] 但是就证据种类之现状及其如何完善则争议不断，大致上分为两类：一是主张维持证据种类的概念并加以修改。有学者认为，证据形式与证据规则紧密相扣，证据规则均为证据形式而建，没有特定的证据形式，证据规则就失去了存在的基础；[6] 有学者认为我国法律规定的证据种类存在着证据观混杂、类和种混杂、科技用语与证据学用语混杂等问题，应在实质证据观指导下，确认证据种类只有物证、书证和人证三类；[7] 还有"将证据载体和证明方式作为基本的分类标准，将目前的八种证据整合为人证、物证和书证三大类"；[8] 甚至有学者认为，何形式的证据，其载体均为语言和物两种，因此证据种类只能为人证和物证两种；[9] 还有学者从法解释学的角度完善证据种类，"我国原有证据分类制度存在着分类标准不科学、证据类型重叠、混淆等问题，在短时期内不可能修法的背景下，唯有通过制定相关司法解释的方式来重新梳理证据分

〔1〕 卞建林、谭世贵主编：《证据法学》，中国政法大学出版社 2019 年版，第 51 页。
〔2〕 陈光中主编：《刑事诉讼法》，北京大学出版社、高等教育出版社 2016 年版，第 195 页。
〔3〕 何家弘、张卫平主编：《简明证据法学》，中国人民大学出版社 2013 年版，第 30 页。
〔4〕 参见何家弘、张卫平主编：《简明证据法学》，中国人民大学出版社 2013 年版，第 31-32 页。
〔5〕 张建伟：《证据法要义》，北京大学出版社 2014 年版，第 144 页。
〔6〕 雷建昌：《论我国刑事证据分类模式的缺陷及其完善》，载《法律科学（西北政法大学学报）》2004 年第 3 期。
〔7〕 参见裴苍龄：《论证据的种类》，载《法学研究》2003 年第 5 期；裴苍龄：《再论证据的种类》，载《中国刑事法杂志》2009 年第 11 期。
〔8〕 韩旭：《证据概念、分类之反思与重构》，载《兰州学刊》2015 年第 6 期。
〔9〕 参见张嘉军、张红战：《我国证据种类的反思与重构》，载《甘肃政法学院学报》2005 年第 2 期。

类体系、准确定位部分证据的类型。[1] 二是主张取消使用证据种类概念。有学者认为立法规定证据种类无异于作茧自缚，应予以取消。[2] 也有学者认为"将法定证据种类作为证据法的理论和规则体系之基础，这本身就是一个巨大的误解；它是我国在法制建设之初，对证据法和程序法的基本原理尚未充分把握的情况下，作出的选择。时至今日，这种从证据种类出发的思维模式，已经极大地束缚了我国证据法和程序法学理论以及制度建设的进一步发展，法定证据种类是一个应当尽快抛弃的概念。"[3]

纵观上述各种观点，不乏合理之处。但是，对证据的分类不仅是孤立的事件，其与我国法律文化传统、立法司法惯例以及法律思维逻辑密切相关，若采取是否使用证据种类概念予以分类"头疼医头脚疼医脚"的方式，尚难以起到疗效，我们应当在正视现有证据种类的基础上逐步完善证据分类。不容置疑的是，以法条设置证据种类的形式主义倾向具有超强的实用性，便于把司法实践中千差万别的证据资料，分门别类予以整理，贴上标签，实现证据资料的识别、适用和交往。另外，划分证据种类的目的在于诉讼主体更好的把握、使用证据，也是为了更好的构建具有针对性、实效性的证据规则，规范证据的收集、审查和判断。但是，封闭式的分类模式，不能适应司法实践各种资料的要求，难以穷尽繁杂的资讯信息，尤其是随着科学技术的不断进步，科技手段在司法领域中得到越来越多的运用，证据的表现形式多种多样，也势必出现能够证明案件事实的资料但不被现有的任何一种证据种类所涵盖的尴尬局面，即出现"合法性危机"。因此，应力避构建一个涵盖全部证据形式，并使其排列有序、逻辑周延的证据体系的思想，而应将目标集中于构建合理、系统的证据规则，淡化证据种类外在形式上的规定性。如我国应借鉴两大法系主要法治国家或地区在证据种类立法上的开放式模式，体现出理论上的包容性以及司法实践的灵活性和实用性，采取例示性而非限定性的规定，如"可以用于证明案件事实的材料都是证据。证据主要包括……"也可以在现有规定的基础上增加一项开放式规定，如"其他与案件事实相关、能够证明案件事实的材料"。这样从证据内容与证据形式之间关系的角度，既关注了证据在内容方面的关联性要求，又揭示了不同形式的证据应该采取不同的调查方式以及程序规则。这应成为我国证据种类以

〔1〕 万毅：《证据概念及其分类制度批判——法解释学角度的反思》，载《兰州学刊》2015 年第 6 期。
〔2〕 参见陈瑞华：《证据的概念与法定种类》，载《法律适用》2012 年第 1 期。
〔3〕 孙远：《论法定证据种类概念之无价值》，载《当代法学》2014 年第 2 期。

及证据规则构建的新思路。

本书认为，证据种类是指法律规定的证据的不同表现形式。即证据种类是法律上对于不同证据的划分，由法律加以规定的证据形式具有法律的效力。诉讼中作为起诉依据和定案根据的证据，必须符合法律规定的证据形式和要求，也就是说，应当属于法定的证据种类中的一种。

二、三大诉讼证据种类的比较

（一）刑事诉讼法中的证据种类

自 1979 年我国首部《刑事诉讼法》颁布以来，经历了 1996 年、2012 年和 2018 年三次修正，其刑事证据种类也随着刑事诉讼法的修改而有所调整。

1979 年《刑事诉讼法》第 31 条规定："证明案件真实情况的一切事实，都是证据。证据有下列六种：（一）物证、书证；（二）证人证言；（三）被害人陈述；（四）被告人供述和辩解；（五）鉴定结论；（六）勘验、检查笔录。以上证据必须经过查证属实，才能作为定案的根据。"1996 年《刑事诉讼法》修正后，将"被告人供述和辩解"更改为"犯罪嫌疑人、被告人供述和辩解"，并增加了新的证据种类"视听资料"。2012 年《刑事诉讼法》修正，将"物证、书证"分为独立的两类，并将"鉴定结论"更改为"鉴定意见"、将"勘验、检查笔录"修正为"勘验、检查、辨认、侦查实验等笔录"，在"视听资料"中增加"电子数据"。《刑事诉讼法》在 2018 年修正时，对证据的种类未做变动。因此，刑事证据种类见于《刑事诉讼法》第 50 条："可以用于证明案件事实的材料，都是证据。证据包括：（一）物证；（二）书证；（三）证人证言；（四）被害人陈述；（五）犯罪嫌疑人、被告人供述和辩解；（六）鉴定意见；（七）勘验、检查、辨认、侦查实验等笔录；（八）视听资料、电子数据。证据必须经过查证属实，才能作为定案的根据。"

（二）民事诉讼法中的证据种类

自 1991 年我国首部《民事诉讼法》颁布以来，经历了 2007 年、2012 年、2017 年、2021 年以及 2023 年 5 次修正，其民事证据种类也随着民事诉讼法的修改而有所调整。

1991 年《民事诉讼法》第 63 条规定："证据有下列几种：（一）书证；（二）物证；（三）视听资料；（四）证人证言；（五）当事人的陈述；（六）鉴定结论；（七）勘验笔录。以上证据必须查证属实，才能作为认定事实的根据。"2007 年《民事诉讼法》修正时，对证据种类未做修改。2012 年《民事诉讼法》

中，将"当事人的陈述"调整为证据种类第一位，并增加"电子数据"作为独立的证据种类，将"鉴定结论"更改为"鉴定意见"。在此后的 2017、2021 年《民事诉讼法》修正中，均未对证据种类问题进行修改。根据 2023 年《民事诉讼法》第 66 条规定："证据包括：（一）当事人的陈述；（二）书证；（三）物证；（四）视听资料（五）电子数据；（六）证人证言；（七）鉴定意见；（八）勘验笔录。证据必须查证属实，才能作为认定事实的根据。"

（三）行政诉讼法中的证据种类

自 1989 年我国首部《行政诉讼法》颁布以来，经历了 2014 年和 2017 年二次修正，其行政证据种类也随着行政诉讼法的修改而有所调整。

1989 年《行政诉讼法》第 31 条规定："证据有以下几种：（一）书证；（二）物证；（三）视听资料；（四）证人证言；（五）当事人的陈述；（六）鉴定结论；（七）勘验笔录、现场笔录。以上证据经法庭审查属实，才能作为定案的根据。"2014 年《行政诉讼法》修正时，增设"电子数据"，并将"鉴定结论"更改为"鉴定意见"。在 2017 年修正时对证据种类未做变动。根据 2017 年《行政诉讼法》第 33 条规定："证据包括：（一）书证；（二）物证；（三）视听资料；（四）电子数据；（五）证人证言；（六）当事人的陈述；（七）鉴定意见；（八）勘验笔录、现场笔录。以上证据经法庭审查属实，才能作为认定案件事实的根据。"

综上所述，在我国三大诉讼法的历次修正中，证据种类随着社会科学技术的进步、诉讼理论的发展以及司法实践的需要得到了进一步发展。从立法变迁的角度而言，尽管证据种类出现了一定程度的变化，但是证据种类的划分方式并没有发生根本性的变化，仍然以"证据的存在或表现形式"为标准，进行法定划分，总体上保持了内容上的一致性。在数次证据种类的修改过程中，三大诉讼也体现出相似的发展趋势。即在 2012 年-2014 年三大诉讼法修改期间，对证据种类进行了较大调整，一是将"鉴定结论"修改为"鉴定意见"；二是分别增加"电子数据"作为新的证据种类；三是对证据种类的描述更为准确，如《刑事诉讼法》中将"勘验、检查笔录"修改为"勘验、检查、辨认、侦查实验等笔录"。

三、证据种类的价值

（一）证据种类是判断证据是否具有合法性的重要指标

传统证据法学理论认为，证据种类的实践价值在于：进入诉讼活动的证据材料，必须具备法定的表现形式，或者说能够归属于某一种法定的证据种类。这是传统证据"三性"中的合法性的重要内容之一，即证据必须具有法律规定的形式。因此，证据合法性所要求的"必须具有法律规定的形式"，也即必须符合证据的法定种类。因此，是否符合证据的法定种类，是判断证据合法性的重要指标。

（二）证据种类决定了其对应的收集程序不同

一般而言，法定取证手段与法定证据种类相对应。因此，在证据能力层次上，确定一项证据材料属于何种证据，事实上往往意味着收集该项证据材料应当采取何种取证手段并遵守什么样的程序要件。具体而言，其含义有二：其一，在取证手段的选择上，为了强制性获取特定的证据种类，必须采取相对应的手段。其二，就取证结果而言，违背法定程序收集的证据材料，可能会因此丧失其证据资格。[1]

（三）证据种类直接决定着对其所应采用的法庭调查方法

证据材料的法律属性不同，直接决定着对其所应采用的法庭调查方法的差异。在现代诉讼制度下，未经法庭调查的证据，不得作为定案的根据。同时，为了将法庭调查活动置于法律规范之下，法律往往根据证据类型设定相应的证据调查方法。例如，对于言词证据，一般应当采取当事人双方或者控辩双方交叉询问的方式进行调查。因此，在司法实践中准确地确定一项证据材料的法律类别就显得至关重要。

四、监察证据、行政证据与刑事证据的衔接

（一）监察证据与刑事证据的衔接

深化纪检监察体制改革，是坚持和完善党和国家监督体系的必然要求，是有效推进党内监督和国家监察全覆盖的关键一招。在党的十八届三中全会对党的纪律检查体制改革作出全面部署的基础上，党的十九大和十九届三中全会又明确提出推进国家监察体制改革任务。党的十九届四中全会站在新的起点上，提出"深化纪检监察体制改革""推进纪检监察工作规范化、法治化"要求。国家监察体制改革将反腐反渎案件的处理程序划分为监察调查程序和刑事诉讼程序两个阶段。如何实现两个程序的衔接成为监察法和刑事诉讼法不可避免的问

---

[1] 参见宋英辉、汤维建主编：《我国证据制度的理论与实践》，中国人民公安大学出版社 2006 年版，第 129 页。

题，其中，在监察调查程序收集的证明案件事实之材料与刑事诉讼程序中的刑事证据是"两法"衔接最为关键、也最受关注的热点问题之一。相对于刑事证据而言，所谓的监察证据，是指国家监察机关在职务违法和职务犯罪的调查中依法收集的可以用于证明案件事实的材料。监察证据分为职务违法证据和职务犯罪证据。囿于职务违法案件并不能直接与刑事诉讼法衔接，不存在职务违法证据与刑事证据的衔接问题，所以，所谓的"监察证据与刑事证据的衔接"仅指职务犯罪证据与刑事证据的衔接。

《监察法》第18条、第33条和第40条的3个条文涉及监察证据，但除第33条之外，即"监察机关依照本法规定收集的物证、书证、证人证言、被调查人供述和辩解、视听资料、电子数据等证据材料，在刑事诉讼中可以作为证据使用。监察机关在收集、固定、审查、运用证据时，应当与刑事审判关于证据的要求和标准相一致。以非法方法收集的证据应当依法予以排除，不得作为案件处置的依据。"其他条文并未涉及监察证据与刑事证据的衔接之事宜。2018年《刑事诉讼法》修正时，为了衔接监察程序做了四方面的调整：其一，对侦查的定义予以调整；其二，对检察机关自侦案件的范围予以调整；其三，规定了留置措施和刑事强制措施的衔接机制；其四，规定了审查起诉的衔接机制。但是，正如《监察法》一样，《刑事诉讼法》也未对监察证据与刑事证据的衔接作出明确安排。从实务上而言，监察机关调查职务犯罪案件时应遵守刑事证据的相关规定，或者可视为"简易化的刑事证据规定"。如《监察法》第18条规定："监察机关行使监督、调查职权，有权依法向有关单位和个人了解情况，收集、调取证据。有关单位和个人应当如实提供。监察机关及其工作人员对监督、调查过程中知悉的国家秘密、商业秘密、个人隐私，应当保密。任何单位和个人不得伪造、隐匿或者毁灭证据。"其与《刑事诉讼法》第54条的规定类似。《监察法》第40条："监察机关对职务违法和职务犯罪案件，应当进行调查，收集被调查人有无违法犯罪以及情节轻重的证据，查明违法犯罪事实，形成相互印证、完整稳定的证据链。严禁以威胁、引诱、欺骗及其他非法方式收集证据，严禁侮辱、打骂、虐待、体罚或者变相体罚被调查人和涉案人员。"其类似于《刑事诉讼法》第52条的规定。

在此基础上，《监察法实施条例》对监察证据进行了系统性规定，也为监察证据与刑事证据的衔接进行了详细性规定。例如，确立的证据以及证据种类，证据的收集与运用的一般规则，重证据、重调查研究、不轻信"口供"规则，证明标准以及非法证据排除规则以及证据收集合法性的证明等事项。相对于

《监察法》第33条的规定，《监察法实施条例》再次明确规定："监察机关依照监察法和本条例规定收集的证据材料，经审查符合法定要求的，在刑事诉讼中可以作为证据使用。"最高院《刑诉解释》第76条也规定："监察机关依法收集的证据材料，在刑事诉讼中可以作为证据使用。对前款规定证据的审查判断，适用刑事审判关于证据的要求和标准。"至此，监察证据与刑事证据的衔接已经得到"两法"的确认。

（二）行政证据与刑事证据的衔接

所谓的行政证据是指行政机关在行政执法和查办案件过程中收集的证明案件事实的材料。在"行政证据与刑事证据的衔接"层面，《刑事诉讼法》和最高院《刑诉解释》作了进一步限定。如《刑事诉讼法》第54条第2款规定："行政机关在行政执法和查办案件过程中收集的物证、书证、视听资料、电子数据等证据材料，在刑事诉讼中可以作为证据使用。"最高院《刑诉解释》第75条规定："行政机关在行政执法和查办案件过程中收集的物证、书证、视听资料、电子数据等证据材料，经法庭查证属实，且收集程序符合有关法律、行政法规规定的，可以作为定案的根据。根据法律、行政法规规定行使国家行政管理职权的组织，在行政执法和查办案件过程中收集的证据材料，视为行政机关收集的证据材料。"从中可以发现，立法和司法解释的限定主要在于以下几个方面：

第一，行政机关在行政执法和查办案件过程中收集的"物证、书证、视听资料、电子数据"的实物证据，在刑事诉讼中可以作为证据使用。司法实践中，对行政机关收集的言词证据，在刑事诉讼中作为证据材料使用的，必须作更为严格的限制，即仅限于确实无法重新收集，但又必须使用的，且有证据证明取证程序合法、能与其他证据相印证的极特殊情形。

第二，对其中的"等"原则上应作等内解释，即通常只限于物证、书证、视听资料、电子数据，不包括鉴定意见、勘验、检查笔录。但是，根据案件具体情况，进入刑事诉讼程序后，如已不具备重新鉴定、勘验、检查的条件，且有证据证明行政机关进行的鉴定、勘验、检查程序合法，相关证据能与其他证据相印证，确有必要作"等外"解释的，则可以作个案处理。

第三，行政机关在行政执法和查办案件过程中收集的物证、书证、视听资料、电子数据等证据材料，必须经过经法庭查证属实，且收集程序符合有关法律、行政法规规定，才可以作为定案的根据。反之，如果经法庭查证不属实，或收集程序不符合有关法律、行政法规规定，则不能作为定案的根据。

第四，扩大了行政证据收集主体的范围，即"根据法律、行政法规规定行使国家行政管理职权的组织，在行政执法和查办案件过程中收集的证据材料，视为行政机关收集的证据材料"。

🔁 练习案例

A 市 B 区人民检察院起诉书指控，2020 年 11 月 6 日 6 时 30 分许，被告人李某某驾驶轻型货车沿北一街由北向南行驶时观察不周，将行人张某某撞倒，致其头部受伤后送至医院，辗转多家医院治疗并于 2021 年 5 月 2 日医治无效死亡。道路交通事故认定书认定：李某某负事故的全部责任，张某某无事故责任。经某某平安司法鉴定所文证审查司法鉴定意见书鉴定：张某某系重型颅脑损伤，长期昏迷合并肺部感染导致呼吸衰竭而死亡。

公诉人当庭宣读、出示了受案登记表及抓获经过，现场勘查笔录及照片、证人证言、交通事故认定书、车辆检验报告、文证审查司法鉴定意见书、被告人供述及户籍证明等证据材料。据此认为，被告人李某某的行为已触犯了《刑法》第 133 条之规定，构成交通肇事罪。庭审中，被告人李某某对起诉书指控的事实承认属实，表示认罪。辩护人辩护称，被告人系自首，且认罪态度较好，已积极赔偿被害人家属经济损失，请求对其从轻处罚。

A 市 B 区人民法院经审理认为，根据《刑法》第 133 条及《最高人民法院关于审理交通肇事刑事案件具体应用法律若干问题的解释》第 2 条之规定，违反交通运输管理法规，因而发生重大事故，致死亡 1 人或者重伤 3 人以上，负事故全部责任或者主要责任的，构成交通肇事罪。本案中，被告人李某某有违反交通管理法规的行为，也确实造成被害人当时受伤住院的结果，但被害人在交通事故发生后辗转多家医院并于 180 余天后死亡，其死亡结果是否由被告人的违章行为直接造成，需要有专业机构的专业人员根据相关规定作出司法鉴定意见。

公诉机关认定被害人死因的证据是根据被害人的住院病历作出的文证审查司法鉴定意见书，不符合法医学鉴定相关规定，不是法定证据种类，不能作为定案证据使用。故证明被告人的违章行为与被害人死亡之间的直接因果关系的证据不足，指控被告人李某某犯交通肇事罪不能形成完整证据链条。

被告人李某某违反交通运输管理法规造成交通事故，致被害人张某某受伤，负事故全部责任，但 A 市 B 区人民检察院指控被告人李某某犯交通肇事罪的事实不清，证据不足，指控李某某犯罪不能成立。依照《刑事诉讼法》第 200 条第 3 项、最高院《刑诉解释》第 295 条第 1 款第 4 项之规定，判决被告人李某某无罪。

问题：

1. 在该案件中，法定证据种类包括哪些？

2. 根据被害人的住院病历作出的文证审查司法鉴定意见书是不是法定证据？为什么？

⇨ **思考题**

1. 简述证据的含义。

2. 如何理解我国法上证据的属性？

3. 简述我国三大诉讼中法定证据种类。

4. 如何理解案件事实、事实认定与证据的关系？

物证

第
五
章

⟹学习指导

通过本章学习，应当掌握物证的基本概念、特点、分类以及审查判断。本章的重点在于准确理解物证的概念与特征，难点在于物证的审查与认定。在收集和审查判断物证的过程中，要注重把握物证的关联性、客观性、合法性。

第一节　物证概述

一、物证的概念

物证是一种古老的证据，人类使用物证已有悠久的历史。据我国《周礼》记载，周朝已有专门"掌盗贼之任器货贿"的官吏，说明在当时的诉讼中，人们已经认识到像凶器、赃物之类物品的证据作用，这就是物证。然而，"物证"这一概念出现在法律之中却较晚，现在一般认为，"物证"的概念最早见之于1808年《法国刑事诉讼法典》。物证的使用有悠久的历史，无论是古罗马诉讼中还是我国古代的诉讼中，都已经使用或重视应用物证认定案件事实，"从某种意义上说，现代的司法证明就是以物证为主要载体的科学证明"。[1] 那么，什么是物证呢？

我国学者对物证的界定有以下几个代表性的观点：其一，物证是物品和痕迹。这是我国诉讼法学和证据法学上的通识观点。"物证是指以其外部特征、物质属性和存在状态等证明案件真实情况的一切物品或痕迹。"[2] 该类观点是从

─────────────

〔1〕 何家弘：《神证·人证·物证——试论司法证明方法的进化》，载《中国刑事法杂志》1999年第4期。

〔2〕 陈光中主编：《刑事诉讼法》，北京大学出版社、高等教育出版社2013年版，第202页。

物证的物质特征以及其与案件事实证明关系的角度界定物证之概念，即物证的种概念为物证的物质特征，诸如内部属性、外部特征以及存在状态等；物证的属概念为物品和痕迹。其二，物证是由证物获得的且与案情或待证事实相关的物中事实和物所体现的事实。[1] 该观点认为，物证有别于证物。"物证的最终落脚点为证据，证物的最终着眼点为物件或物体。"[2] 物证同证物的关系就是证据与证据来源的关系。物证依证物而存在，人可以从证物获得物证，但证物本身并不是证据，更不是物证。

本书认为，物证是指以其外部特征、物质属性和存在状况等证明案件真实情况的一切物体或痕迹。物证的范围广泛，从形态上来分析，物证一般表现为物品与痕迹。根据物质交换原理，一旦人们从事某种行为，就必然作用于行为对象——人、物体或者周围环境，而这些对象也必然反作用于行为人并产生物质交换，进而形成一定的物质或痕迹。客观存在的物质实体只有与案件事实之间存在关联性才能成为物证。例如，在民事诉讼中，也只有与案件事实有联系，对查明案件有意义的物品和痕迹才能成为物证。这些物体和痕迹是伴随着案件事实的发生而发生，它必然和案件事实产生一定的关联性，反过来，它对于查明案件事实又起着重要的证明作用。在民事诉讼中，根据对物证的辨认和分析，可以查明当事人的诉讼请求和答辩是否有理有据，以确定当事人的权利义务关系。在行政诉讼中，根据一般违法行为所侵害的客体的轻重，可以认定行政处罚决定的正确性、合法性。在刑事诉讼中，根据现场勘验所扣押、提取的各种物体和痕迹，判定作案性质，同其他证据相结合，可以查获犯罪，确定犯罪嫌疑人，甚至可以判决被告人有罪、无罪，或者罪行轻重。

二、物证的特点

（一）物证以其外部特征、物质属性及存在状况来证明案件情况

这是物证的基本特征，也是物证与书证的主要区别。所谓外部特征，主要是指物证的形状、大小、数量、颜色、新旧、损坏程度等特征。所谓物质属性，主要是指物证的质量、重量、材料、成分、结构、性能等特征。所谓存在状况，则是指物证所处的位置、环境、状态、与其他物体的相互关系等。物证能够证

---

[1] 参见裴苍龄：《再论物证》，载《环球法律评论》2016年第1期。

[2] 李学军：《物证论——从物证技术学层面及诉讼法学的视角》，中国人民大学出版社2010年版，第8页。

明案件事实的机理，就是物证的外部特征、物质属性及存在状况与案件事实有关联，因而对案件事实才有证明性。

（二）物证具有极大的客观性和真实性

客观性是所有证据种类都具备的特征，但是与其他证据种类相比，物证的客观性更强、真实性更大。一般而言，物证是在案件发生过程中产生的，它是行为人作用于客观对象所产生的直接结果。物证形成后不会自主地改变自身承载的有关案件信息，更少受主观因素的影响。即使人为地予以毁损、更换，也往往会留下新的痕迹或物品，使得证物载负的信息发生变化而成为新的物证，用于证明新的案件事实。

（三）物证对案件事实的证明具有间接性

物证为"哑巴证据"，其证明案件事实的物质特性与案件事实的关系并非直截了当、一目了然，通常需要借助其他证据或手段来发现其与案件事实的关联性。另外，单独一个物证，不能直接、单独证明案件的主要事实，而只能证明案件主要事实的某一方面或者某一情节。例如，在犯罪现场提取的指纹或者毛发、烟头等，经过司法鉴定认定为某人所留，但是该物证所提供的信息只能说明某人来过现场，但不能证明为该人作案时所留，更不能证明就是该人作案，要把这些证据和案件里的其他证据如鉴定意见等结合起来才能发挥证明作用。

（四）物证通常具有不可替代性

物证证明案件事实专属于特定的物体和痕迹。例如，侦查人员在故意杀人现场发现一把沾有血迹的菜刀，经过勘验、鉴定发现该菜刀上的血迹与被告人血迹的血型一致，且发现菜刀上有犯罪嫌疑人、被告人的指纹，可以推断这把菜刀是杀人凶器。由于该菜刀具有的证明价值无法使用其他菜刀代替。因此，物证通常不具有可替代性。这就要求物证在诉讼过程中具有一致性。对于在司法实践中不宜保存、不便附卷、不宜移送的物证，应当将其清单、照片或其他证明文件附卷保存、移送、备查，物证的照片、录像或复制品，应当与原物核实无误才可以作为定案根据。

（五）物证的证明价值要依据科学技术予以体现

由于物证是客观存在物，属于无意识证据，它不仅不能自明其义，还不能主动走进案件或者走上法庭去发挥其证明作用，其证明价值往往要借助科学技术手段才能实现。一方面许多物证的收集、固定和保管要依赖一定的科技设备才能实现；另一方面揭示物证中与案件事实有关的信息也要一定的科学技术手段。随着科技的发展，人类发现物证、检验物证和解读物证信息的能力逐渐提高，物证的"科技含量"也水涨船高。

三、物证的分类

（一）有形物证和无形物证

根据物证所呈现的形态，可以将物证分为有形物和无形物。有形物是指有一定形状的证物，一般是以其外部特征（即证物的外部形态、规格、大小、结构）来发挥证明作用。无形物是指没有一定形状，而是以其特殊属性证明案件事实的，如声音、气味、电、磁等。

（二）有生命物证和无生命物证

根据物证是否有生命，可以将物证分为有生命物证和无生命物证。有生命物证，又称为活体物证，是指有生命的物体，如活着的人、动物等；无生命的物证是指没有生命的物体，如尸体、植物、货币等其他没有生命的物体。

（三）固体物证、液体物证和气体物证

根据物证形态的不同，可以将物证分为固体物证、液体物证、气体物证。所谓固体物证，是指以固体形态证明案件事实的物证，如杀人的刀枪、盗窃用的工具等，这是司法实践中最常见的物证形态。所谓液体物证，是指以液体形态证明案件事实的物证，如行贿的名酒、投毒的饮料等。所谓气体物证，是指以气体形态证明案件事实的物证，如致人死亡的毒气、煤气等。

（四）实体物证和痕迹物证

根据物证的存在形式的不同，可以将物证分为实体物证、痕迹物证。所谓实体物证，是指以实体物的存在形式来证明案件事实的物证。这类物证的特点是有比较完整的形体，而且一般能在法庭上出示。所谓痕迹物证，是指以痕迹的存在形式来证明案件事实的物证。物证痕迹是两种物质相互作用的结果，例如，桌面上的指印是人的指头接触桌面的结果；尸体上的弹痕是枪弹打中或穿过人体的结果。随着科学技术的发展，人们对痕迹物证的认识范围也在不断扩大。

（五）巨型物证、常态物证和微量物证

根据物证体积和质量大小不同，将物证分为巨型物证、常态物证和微量物证。巨型物证是指体积较大、不便于随案移送并出示于法庭的物证，如楼房、轮船等；常态物证是指体积一般、可以直接提取、随案移送并出示于法庭的物证，如衣物、手枪、弹壳等；微量物证是指体积微小、肉眼无法直接查看，往往需要借助工具或仪器才能发现和提取的物证，如粉末、纤维等。

第二节　物证的审查判断

一、物证的收集

物证在诉讼中能够出现，离不开有关单位、有关个人的收集调取。如在刑事诉讼中，收集物证是公安司法机关的重要职责。收集物证主要通过勘验、检查、搜查、扣押等方法来进行。收集和调取的物证应当是原物。只有在原物不便搬运、不宜保存或者依法应当由有关部门保管、处理或者依法应当返还时，才可以拍摄或者制作足以反映原物外形或者内容的照片、录像或者复制品。物证的照片、录像或者复制品经与原物核实无误或者经鉴定证明为真实的，或者以其他方式确能证明其真实的，可以作为证据使用。原物的照片、录像或者复制品，不能反映原物的外形和特征的，不能作为证据使用。拍摄物证的照片、录像，制作人不得少于2人，并应当附有制作过程的文字说明及原物存放何处的说明，并由制作人签名或者盖章。所有已经收集到的物证都必须妥善保管，任何人都不得使用，更不允许毁坏；对于可能产生环境污染和有伤风化的物证，应当按照有关规定保管和处置。案件中的物证能附卷的都应当附卷保存。移送案件时，应当将物证随同案卷一并移送。

二、物证的审查判断

物证是在案件实体事实的作用下同步产生和形成的，通常是通过侦查人员的发现、固定、提取或者有关当事人主动提供等方式出现在诉讼之中。由于我国刑事、民事、行政三大诉讼法共通性地规定了证据必须查证属实，才能作为定案依据，因此物证作为最常见也是最重要的证据种类，要成为定案依据必须经过司法人员的查证属实。对此，依据证据学原理，并结合最高院《刑诉解释》关于物证审查判断的有关规定，具体分述如下：

1. 审查物证与案件事实的关联性。这是判断物证是否具有证明力的主要内容，例如，在刑事案件中，对现场遗留与犯罪有关的具备鉴定条件的血迹、体液、毛发、指纹等生物样本、痕迹、物品，是否已作 DNA 鉴定、指纹鉴定等，并与被告人或者被害人的相应生物特征、物品等比对；与案件事实有关联的物证应全面收集。对与案件事实可能有关联的血迹、体液、毛发、人体组织、指纹、足迹、字迹等生物样本、痕迹和物品，应当提取而没有提取、应当鉴定而没有鉴定、应当移送鉴定意见而没有移送，导致案件事实存疑的，人民法院应当通知人民检察院依法补充收集、调取、移送证据。

2. 审查物证的客观性。造成物证不真实因而不具有客观性的原因是多种多样的。有的是当事人为了赢得诉讼,在诉讼开始前后伪造物证;有的是司法人员急于破案,随便找一些物品、痕迹冒充物证,等等,所以在对物证审查判断时要遵循据以定案的物证应当是原物的原则。物证应当经过辨认、鉴定;原物不便搬运、不易保存、依法应当返还或者依法应当由有关部门保管、处理的,可以拍摄、制作足以反映原物外形和特征的照片、录像、复制品。必要时,审判人员可以前往保管场所查看原物。物证的照片、录像、复制品应与原物相符,且应由 2 人以上制作,应有制作人关于制作过程以及原物存放于何处的文字说明和签名;物证的照片、录像、复制品,不能反映原物的外形和特征的,不得作为定案的根据。物证的照片、录像、复制品,经与原物核对无误、经鉴定或者以其他方式确认真实的,可以作为定案的根据。

3. 审查物证的合法性。即物证的收集程序、方式等是否符合有关的法律规定。经勘验、检查、搜查提取、扣押的物证,是否附有相关笔录、清单,笔录、清单是否经调查人员或者侦查人员、物品持有人、见证人签名,没有签名的,是否注明原因;物品的名称、特征、数量、质量等是否注明清楚;物证在收集、保管、鉴定过程中是否受损或者改变;在勘验、检查、搜查过程中提取、扣押的物证,未附笔录或者清单,不能证明物证来源的,不得作为定案的根据。物证的收集程序、方式虽有瑕疵,但经补正或者作出合理解释的,可以采用。比如,勘验、检查、搜查、提取笔录或者扣押清单上没有调查人员或者侦查人员、物品持有人、见证人签名,或者对物品的名称、特征、数量、质量等注明不详的;物证的照片、录像、复制品,未注明与原物核对无异,无复制时间,或者无被收集、调取人签名的;物证的照片、录像、复制品没有制作人关于制作过程和原物存放地点的说明,或者说明中无签名的,等等,不能作出合理解释的,不得作为定案的根据。

⟳练习案例

云南钱某某投毒案[1]

钱某某于 2001 年 9 月到昭通市巧家县新华镇朱某开办的"星蕊宝宝园"做

---

[1]　参见云南省昭通市中级人民法院(2002)昭中刑三初字第 14 号刑事判决书;云南省高级人民法院(2015)云高刑监字第 99 号再审决定书。

工。2002 年 2 月 22 日下午 3 点左右，朱某发现宝宝园幼童侯某呕吐、脸色发白、嘴唇紫绀、额头、手发冷，即用摩托车带侯某到当地农贸市场，找到侯某的外婆胡某甲，二人将侯某送到巧家县人民医院，侯某经抢救无效死亡。同一时间，"星蕊宝宝园"的另外两名幼童谭某、何某某也不同程度地出现面色苍白、精神不振、无力、口唇紫绀的症状，经家长送巧家县中医院抢救治愈。

原审判决认定：被告人钱某某为报复朱某，在食品中投放灭鼠药致侯某中毒死亡。致谭某、何某某中毒的行为已构成投放危险物质罪，情节恶劣、后果严重，应依法严惩。被告人钱某某犯罪时未满 18 周岁，应当依法从轻处罚，遂判决被告人钱某某犯投放危险物质罪，判处无期徒刑，剥夺政治权利终身。一审判决宣判后，被告人钱某某上诉到云南省高级人民法院，但被驳回上诉，维持原判。

后依据云南省人民检察院再审检察建议书，云南省高级人民法院对本案提起再审。再审查明，控方出示的证据存在多处瑕疵：①巧家县公安局（2002）毒检字第 20 号《刑事毒物检验鉴定书》不能提供相应的检验过程和程序的记录，使该鉴定结论缺乏相应的技术检测材料予以支持，已无法进行补正；②关于毒物鉴定的检材，巧家县公安局在提取时没有扣押清单和见证人，移送鉴定时也没有相应的移交手续，已无法进行补正；③作为本案重要物证之一的白色塑料瓶，巧家县公安局在提取后未作指纹鉴定，提取时也没有见证人在场，已无法进行补正；④对一次性注射器和菜刀进行辨认的两份辨认笔录上，签名均为侦查人员代签，未进行合理解释。上述瑕疵证据均不能作为本案定罪量刑的证据。据此，云南省高级人民法院最后认定：钱某某投放危险物质罪的证据不确实、不充分，依法撤销原判，改判钱某某无罪。

本案争议的焦点是现有在案证据能否证实钱某某构成投放危险物质罪，关于瑕疵证据的认定就成为本案定罪的关键。一审法院采纳了瑕疵证据，作出有罪判决。再审法院着重对瑕疵证据进行了审查，由于控方不能对瑕疵证据进行补正或者作出合理解释，最终法院排除了这些瑕疵证据的适用，作出了事实不清、证据不足的无罪判决。

问题：

1. 如何认定瑕疵证据？它与非法证据的区别是什么？

2. 如何对瑕疵证据进行补正与合理解释？

⊃**思考题**

    1. 简述物证是什么？物证有哪些特点？

    2. 试述对物证的审查判断应注意哪些问题？

第
六
章

书证

➡ 学习指导

通过本章学习，应当理解并掌握书证的概念、特点、分类；掌握书证的收集程序和书证提出命令制度；了解书证的审查判断方法。

第一节　书证概述

一、书证的概念

书证以其直观性和稳定性成为在诉讼中仅次于物证的一种证据。我国学者对书证有不同的界定：其一，书证就是物品。"书证是指能够根据其表达的思想和记载的内容查明案件真实情况的一切物品。"[1] 其二，书证是文字材料。"以其内容来证明待证事实的有关情况的文字材料。"[2] 其三，书证是具有双重关联性的证据。"书证产生或出现于实体过程的事实和证书记载的、对查明案件和其他待证事实有一定作用的真实事实。"[3] 这种观点将书证的物质载体与案件事实联系起来，强调书证物品本身应先于诉讼而存在，应与案件事实关联，与传统的只强调书证内容与案件事实相关的观点相比更加合理。其四，书证是文件或其他物品。书证是指，以文字、符号、图画、图表等表达的内容来证明有关案件事实的书面文件或者其他物品。[4]

本书认为，书证是指以文字、符号或图形等方式记载的内容及所表达的思

---

〔1〕 樊崇义主编：《证据法学》，法律出版社 2017 年版，第 139 页。

〔2〕 毕玉谦：《民事证据法判例实务研究》，法律出版社 2001 年版，第 3 页。

〔3〕 裴苍龄：《证书不等于书证》，载《甘肃政法学院学报》2012 年第 3 期。

〔4〕 陈光中主编：《证据法学》，法律出版社 2019 年版，第 157 页。

想来证明案件事实的文件或其他物品。关于书证的概念包含以下几层含义：其一，书证是以记载内容或表达思想证明案件事实的证据；其二，书证是一种物品，该物品可以是书面文件也可以是证书等；其三，该文件性质的物品是一定的文字、符号、图表等的载体。上述内容揭示了书证的内涵与特征，能够区分书证与物证、人证的区别，有其科学性与合理性，在司法实践中的可操作性也较强。

在司法实践中，书证的具体表现形式包括：其一，民事诉讼中常见的书证有书信、文件、票据、商标、图画、书面遗嘱、传真及电报、文告、合同书、结婚证书、房地产证件、书面借条、欠条、领条、设计图纸、规划等；其二，行政诉讼中的书证有罚款单据、处罚决定书、没收财产收据、各种许可证、营业执照以及非诉讼法律事务中的公证文书等；其三，刑事诉讼中常见的书证有证件、文件、信件、标语、图纸、账册及单据等。

二、书证的特点

（一）书证以其记载和表达的思想内容来证明案件事实

这是书证最本质的特征，也是书证区别于物证的根本标志。虽然书证与物证都是实物证据，然而书证是以其物质载体所反映和表达的思想内容对一定的法律行为和案件事实起证明作用的。书证记载的内容和反映的思想必须同案件相联系。例如，在刑事诉讼中，某书面材料的内容与案件无关，而是根据书写的字迹特征确定了该书面材料的书写人并结合其他证据认定其为犯罪嫌疑人，则该书面材料在案件中仍具有证据意义，只是它对案件事实的证明作用是通过书面材料的外部特征即字迹特征体现的，因而该证据属于物证而非书证。

（二）书证具有直接证明性

由于书证有具体、明确的思想内容，所以通常情况下能够依据其内容直接判断其与案件事实的联系。因此，有些书证不需要通过任何媒介或中间环节来对其加以分析和判断，就能够直接、单独证明案件主要事实。书证以其本身所具有的形式和内容，便可以直接进入认证过程，而不必像物证那样必须以鉴定或勘验等特殊环节来作为进入认证过程的必要前提。正是由于书证具有这一优点，因此，在司法实践中，一旦能够收集到书证，便对认定案件事实具有积极、显著的效果和证明价值。

（三）书证具有较强的稳定性和真实性

书证不仅内容明确，而且形式上也相对固定，由于书证所表达的思想和内容记载于物质之上，因而书证就具有较强稳定性，易于长期保存。只要作为书证载体的物质本身未遭毁损，即使是经历了很长时间，其特定的思想内容仍然能够借助有关的文字、符号或图画等起到应有的证明作用。在司法实践中，书证一般都形成于诉讼开始前的某种法律关系生成或者争议的过程中，或者特定行为的发生过程中，具有较强的真实性。例如，当事人在实施民事法律行为的过程中会形成许多书面文件，这些书面文件是对民事权利和义务的记载，其客观真实性较强，倘若日后就此发生争议，这些书面文件就能够作为书证直接、客观地发挥证明案件事实的作用。

（四）书证的表现形式和形成方式具有多样性

书证既可以表现为文字、图形，也可以表现为符号；而文字、符号等的载体，既可以是纸张，也可以是金石土木布帛或者其他材料；制作书证的工具，既可以是笔，也可以是刀、印刷机等；制作书证的方法，既可以是书写、打印，也可以是雕刻或印刷等。无论从表现形式还是从形成方法上，书证都具有多样性。[1] 例如，在司法实践中，证明身份的各种证件或介绍信，证明学历、资格的各种证书等，经济活动中合同、票据、图标等都是书证。

三、书证的分类

（一）文字书证、图形书证和符号书证

根据书证的表达方式不同，可以将书证分为文字书证、图形书证、符号书证。所谓文字书证，是指以文字记载的内容来证明案件事实的证据，这是一种最常见的书证表达方式，如信函、合同、账册、票据、日记、传单等。所谓符号书证，是以符号所表达的特定思想内容来证明案件事实的证据，如路标、标记、标识、音符等。所谓图形书证，是指以图形、图案表达的思想内容证明案件事实的一种书证形式。例如，刑事案件中的淫秽图画，犯罪嫌疑人为实施犯罪而预先绘制的地图；民事案件中的房屋设计图纸、机械产品的结构等。

（二）公文性书证和非公文性书证

根据书证的制作主体是否为行使职权的国家职能部门，可以将书证分为公文性书证、非公文性书证。所谓公文性书证，是指国家机关及其他职能部门在法定的权限范围内依职权所制作的文书，包括有关的命令、决议、决定、通告、指示、信函、证明文书等。所谓非公文性书证，是指公文性书证以外的其他书

---

[1]　陈光中主编：《证据法学》，法律出版社 2019 年版，第 158 页。

证，它不仅指具有民事行为能力和相应的责任能力的自然人所制作的私人文书，也包括国家机关、社会团体等所制作的与行使职权的行为无关的文书。公文书证因系国家机关或其他依法具有社会管理职能的组织制作，具有较高的可信度，通常可推定为真实，证明力一般也高于非公文性书证。

（三）一般书证和特别书证

根据书证的制作是否有特别格式、特别程序，可以把书证分为一般书证、特别书证。所谓一般书证，是指法律不要求必须具备特定的形式、格式或必须履行特定程序，而只是具有明确的意思表示并由当事人签名、填写日期而形成的书证。所谓特别书证，是指依照法律规定必须具备特定形式、格式或必须履行特定程序的文书。例如，司法实践中，公民之间因借用钱款而出具的借据，某人领取有关物品的收据，以及民事主体间通常签订的买卖合同等就属于一般书证；而公安机关制作的行政拘留书，工商行政机关颁发的营业执照，人民法院依法制作的判决书、裁定书、调解书等就属于特别书证。

（四）处分性书证和报道性书证

根据书证内容的性质不同，可以将书证分为处分性书证和报道性书证。所谓处分性书证，是指书证中所记载或表达的内容，以设定、变更或消灭一定的法律关系为目的而制作的书证。处分性书证一般是以法律关系主体的处分权为基础的，法律关系的主体所具有的处分权是处分性书证得以产生的重要前提和基础。如果缺乏这一前提和基础，处分性书证就难以获得产生、变更和消灭的法律关系的后果。所谓报道性书证，是指书证中所记载或表达的内容，不是以产生一定的法律后果为目的，只是制作者用以记录或报道已发生的或者了解的具有法律意义的事实。一般而言，报道性书证仅记载某些客观事实的发生过程，其本身并不能引起相应的法律后果。报道性书证与处分性书证的区别在于，前者是对发生的事实加以表述或者予以保存，而后者的制作目的则是旨在产生、变更或消灭特定的法律关系。

（五）原本、正本、副本、节录本和影印本

根据书证的制作方法的不同，可以将书证分为原本、正本、副本、节录本和影印本。原本，也叫底本，是指文书制作人将有关的内容加以记载而制作成的原始文本。原本是书证的初始状态，可以手写，也可以打印。如借款人亲笔书写的借款意愿的借条。正本，是依照原本采用全文抄录、印制的方法而制作成的内容与原本完全相同，对外与原本具有同等法律效力的文书。与原本所不同的是，正本需要发送给主收件人，而原本一般保留在制作人手中或者存档备查。副本，是依照原本全文抄录或者印制的文书，制作副本书证的目的是使有关单位或个人了解、知悉原本文书的内容，副本通常发送给主收件人以外的其他有必要了解原本内容的相关单位或个人。节录本，是指从原本或正本文书中摘抄其主要内容而形成的文书。与原本相比，节录本是仅就需要了解的原本中某一相关部分而制作的，只反映了原本的部分内容，因此，节录本在证据价值方面具有较大的局限性。影印本，是指采用影印技术，将原本或正本通过摄影或复制而成的文书。

第二节　书证的审查判断

一、书证的收集

书证的收集程序与物证基本相同。如在刑事诉讼中，公安司法人员收集、调取的书证应当是原件。只有在取得原件确有困难时，才可以使用副本或者复制件。书证的副本、复制件，经与原件核实无误或者经鉴定证明为真实的，或者以其他方式确能证明其真实的，可以作为证据使用。书证有更改或者更改迹象不能作出合理解释的，或者书证的副本、复制件不能反映书证原件及其内容的，不能作为证据使用。制作书证的副本、复制件，制作人不得少于 2 人，并应当附有制作过程的文字说明及原件存放何处的说明，由制作人签名或者盖章。扣押文件要按照法律规定的程序进行，对被扣押的文件要妥善保管，任何人都不得使用或毁坏。扣押邮件、电报等要经过公安机关或者人民检察院批准。在复制、摘抄书证时，要注意保存原件内容的完整性，不得任意取舍或断章取义。对于内容违法或淫秽的书证，应当按照有关规定专门保管和处置。

二、书证提出命令制度

在民事诉讼中，由于实行"谁主张谁举证"，双方当事人对自己提出的主张有提供证据（包括书证）的责任，为了解决承担责任被对方当事人控制时的举证困难，司法解释规定了书证提出命令制度。具体而言，书证提出命令是指，在民事诉讼中，负有举证责任的一方需要提供法庭的书证在对方当事人的控制之下，可以在举证期限届满前书面申请法院责令对方当事人提交，因提交书证所产生的费用则由负举证责任的申请人承担，这是"书证提出命令制度"的基本内涵。

最高院《民诉解释》第 112 条规定，书证在对方当事人控制之下的，承担举证证明责任的当事人可以在举证责任期限届满前书面申请人民法院责令对方当事人提交。申请理由成立的，人民法院应当责令对方当事人提交，因提交书证产生的费用，由申请人负担。根据最高院《民诉证据规定》第 45、46 条，申请人民法院责令对方当事人提交书证的，申请书应当载明所申请提交的书证名称或者内容、需要以该书证证明的事实及事实的重要性、对方当事人控制该书证的根据以及应当提交该书证的理由。对方当事人否认控制书证的，人民法院应当根据法律规定、习惯等因素，结合案件的事实，对于书证是否在对方当事人控制之下的事实作出综合判断。当事人申请提交的书证不明确、书证对于待证事实的证明无必要、待证事实对于裁判结果无实质性影响、书证未在对方当事人控制之下或者不符合该规定第 47 条情形的，人民法院不予准许。当事人申请理由成立的，人民法院应当作出裁定，责令对方当事人提交书证；理由不成立的，通知申请人。此外，最高院《民诉证据规定》第 47 条规定了控制书证的当事人应当提交书证的情形：①控制书证的当事人在诉讼中曾经引用过的书证；②为对方当事人的利益制作的书证；③对方当事人依照法律规定有权查阅、获取的书证；④账簿、记账原始凭证；⑤人民法院认为应当提交书证的其他情形。上列书证，涉及国家秘密、商业秘密、当事人或第三人的隐私，或者存在法律规定应当保密的情形的，提交后不得公开质证。控制书证的当事人无正当理由拒不提交书证的，人民法院可以认定对方当事人所主张的书证内容为真实。控制书证的当事人存在最高院《民诉解释》第 113 条规定情形的（即持有书证的当事人以妨碍对方当事人使用为目的，毁灭有关书证或者实施其他致使书证不能使用行为的，人民法院可以依照《民事诉讼法》第 114 条规定，对其处以罚款、拘留），人民法院可以认定对方当事人主张以该书证证明的事实为真实。

三、书证的审查判断

由于书证和物证有很多相似之处，所以，书证和物证审查判断的规则和方法也大同小异。根据相关司法解释，关于书证审查判断，要注重于以下几点：

首先，据以定案的书证应当是原件。应审查书证是否为原件，是否经过辨认、鉴定；书证的副本、复制件是否与原件相符，是否由 2 人以上制作，有无制作人关于制作过程以及原件存放于何处的文字说明和签名；取得原件确有困难的，可以使用副本、复制件。对书证的更改或者更改迹象不能作出合理解释，或者书证的副本、复制件不能反映原件及其内容的，不得作为定案的根据。书证的副本、复制件，经与原件核对无误、经鉴定或者以其他方式确认真实的，可以作为定案的根据。

其次，审查书证的收集程序、方式是否符合法律、有关规定。经勘验、检查、搜查提取、扣押的书证，是否附有相关笔录、清单，笔录、清单是否经调查人员或者侦查人员、书证持有人、见证人签名，没有签名的，是否注明原因；书证在收集、保管、鉴定过程中是否受损或者改变；在勘验、检查、搜查过程中提取、扣押的书证，未附笔录或者清单，不能证明书证来源的，不得作为定案的根据。书证在收集、保管及鉴定过程中是否受到破坏或者改变，是否因为时间、环境或其他因素而导致证据产生变化。同时，还规定了书证的收集程序、方式有瑕疵，经补正或者作出合理解释的，可以采用；书证的来源、收集程序有疑问，不能作出合理解释的，不得作为定案的根据。

最后，还要注意审查书证与案件事实有无关联，这是确定书证是否具有证据价值的关键问题。同时，还要注意与案件事实有关联的书证是否全面收集等。

⊖ 练习案例

小米科技有限责任公司诉深圳市小米贸易有限公司侵害 商标权及不正当竞争纠纷案[1]

小米科技有限责任公司（以下简称"小米科技公司"）诉称，深圳市小米贸易有限公司（以下简称"深圳小米公司"）在天猫网络商城上开设名为"小米数码专营店"的店铺，面向全国范围长时间、大规模实施侵犯原告商标专用权、构成不正当竞争的行为。小米科技公司认为，深圳小米公司销售区域广，侵权性质严重，请求依照其获利，适用惩罚性赔偿。请求判令深圳小米公司立即停止商标侵权及不正当竞争行为，在天猫网站首页位置刊登声明消除影响，赔偿小米科技公司经济损失及合理维权费用。

深圳小米公司辩称，其销售的部分商品与涉案商标核定使用的商品不相同不相类似。公司于 2012 年 12 月成立之日即使用该名称，未作变更，受让时涉案天猫店铺名称就为"小米数码专营店"，该网店名称是天猫公司根据店铺的营业执照、经营范围，依据天猫相关规则自动生成，被告深圳小米公司依法享有"小米"字号使用权。

---

[1] 参见广东省深圳市中级人民法院（2020）粤 03 民初 7080 号。

深圳中院一审查明，自 2019 年 2 月 2 日起，深圳小米公司在该店铺中销售充电器、移动电源、风扇、按摩仪等 182 款被诉侵权商品，在每个被诉侵权商品的销售页面左上角都使用了"小米数码专营店"字样，销售金额共计 1.54 亿元，在其中 114 个商品的销售标题中标注"小米数码专营店""小米专营店""小米"，销售金额共计 1.35 亿元；在其中 10 个商品的销售标题中标注"适用于……小米""适用于小米""通用小米"。

审理中，为了确定侵权经营产生的利润，法院以书面裁定书的形式向被告作出书证提出命令，责令被告在指定时间内提交自己进货的交易凭证、付款凭证等，用以解决赔偿基数的事实认定问题。由于深圳小米公司无正当理由拒不提供证明利润率的证据，法院就此推定小米科技公司就该证据所涉证明事项的主张成立，以同行业企业的利润率 30.78% 确定本案利润率。

法院审理认为，小米科技公司使用于手机商品上的"小米"商标属于驰名商标，深圳小米公司的行为构成商标侵权及仿冒字号的不正当竞争。据此，深圳中院作出一审判决，判令深圳小米公司自判决生效之日起，立即停止在销售的相关商品标题上使用"小米数码专营店""小米专营店""小米"，立即停止使用"深圳市小米贸易有限公司"企业名称、"小米"字号，连续 30 日在店铺首页刊登声明消除影响，赔偿小米科技公司经济损失及合理维权费用 3000 万元。

一审宣判后，双方当事人均服判不上诉，判决生效。

问题：

1. 设置书证提出命令制度的意义是什么？

2. 申请人民法院责令对方当事人提交书证的一方当事人，应提供哪些证据？

⊃ **思考题**

1. 简述书证是什么？书证有哪些分类？

2. 试述对书证的审查判断应注意哪些问题？

第七章 证人证言

🔵学习指导

通过本章学习，应当掌握证人的概念和资格、证人证言的概念和特点、证人证言的收集程序、审查判断证人证言的内容和方法；领会证人的权利义务、证人证言的意义和分类、证人证言的形成过程。本章的重点在于把握证人的资格、证人证言的特点、证人证言的收集和审查判断；难点在于判断证人证言的收集程序和方法是否合法，确定证人证言的证据能力和证明力。

第一节　证人的资格、权利和义务

一、证人的概念和资格

（一）证人的概念

所谓证人，有两层含义：一是指对某种事情提供证明的人；二是指法律上除当事人外能对案件提供证据的非当事人。从诉讼理论上讲，证人有广义与狭义之分。广义的证人是指一切在诉讼过程中向司法机关陈述与案件有关情况的人，包括诉讼当事人、鉴定人和勘验、检查人；狭义的证人仅指了解案件事实情况的第三人。英美法系国家多采用广义的证人概念，大陆法系国家和我国通说采用狭义证人概念。故本书所说的证人是指，除当事人以外的，知晓案件情况向司法机关陈述案件情况的第三人。

证人只能是自然人，法人和非法人组织不能成为证人。我国刑事诉讼法、行政诉讼法及理论上都否定单位的证人资格，只有民事诉讼法规定了凡是知道案件情况的单位和个人都有义务出庭作证。尽管有学者据此认为单位也可以作为证人，但是本书认为证人只能是自然人。因为只有自然人才有对案件事实的感知、记忆和表达的能力，而法人和非法人组织则无此能力。同时，由于了解案件情况而产生的作证义务是公民个人的法定义务，故意作伪证、隐匿罪证，必须负相应的法律责任，而法人和非法人组织是无法承担这种责任的。在辩论式庭审方式下，证人需要接受双方当事人及其律师的质证、询问。实践中，法人和非法人组织提供的有关档案材料、证明文件和其他书面材料，属于书证，而不是证人证言。

刑事诉讼中的见证人可视为"特殊的证人"。见证人是指与案件无关，而仅在刑事勘验、检查、辨认、搜查、扣押和侦查实验等诉讼活动中，被公安司法人员邀请在场观察并为此作证的人。办案机关对于邀请何人担任见证人具有选择权和更换权，这是见证人与证人的显著区别。但是，某人一旦被邀请成为见证人，他就成为了解有关诉讼活动的特定人，具有不可替代性，这与证人又有相似之处。另外，见证人与证人具有类似的诉讼权利和义务。因此，应当将见证人视为一种"特殊的证人"。

（二）证人资格

证人资格就是一个人能够作为证人提供证言的资格。我国《刑事诉讼法》第62条规定："凡是知道案件情况的人，都有作证的义务。生理上、精神上有缺陷或者年幼，不能辨别是非、不能正确表达的人，不能作证人。"《民事诉讼法》第75条规定："凡是知道案件情况的单位和个人，都有义务出庭作证。有关单位的负责人应当支持证人作证。不能正确表达意思的人，不能作证。"最高院《民诉证据规定》第67条规定："不能正确表达意思的人，不能作为证人。待证事实与其年龄、智力状况或者精神健康状况相适应的无民事行为能力人和限制民事行为能力人，可以作为证人。"最高院《行诉证据规定》第41条规定："凡是知道案件事实的人，都有出庭作证的义务……"第42条第1款规定："不能正确表达意志的人不能作证。"基于上述规定，证人作证的资格包含以下三个方面的内容：

1. 了解案件情况。了解案件情况是具备证人资格的前提，也是证人作证的基本条件。证人必须是凭借自己的眼、耳、鼻、舌、身等感觉器官实际感知案情的人。证人对案件情况的了解必须是在诉讼活动开始以前，这一点决定了证人具有不可替代性和不可指定性。因此，谁有资格作证人，既不取决于当事人或者证人本人的意思，也不能由公安司法机关任意指定和选择，而是由谁知道案件情况这一特定事实来决定。侦查人员、检察人员、审判人员、辩护人、鉴定人、翻译人员如果在诉讼活动开始以前知道案件情况，就应当优先地作为证人参加诉讼，而不应当同时充当本案的具体办案人员和其他诉讼参与人。某人能否作为证人，既不受性别、年龄、民族、出身、成分、文化程度、财产状况、思想觉悟、表现好坏、社会地位等限制，也不受是否与当事人有亲属关系或者其他利害关系的影响，任何公民只要符合证人的条件，都可以作为证人。如果数人同时知悉案件的同一事实，则他们都可以作为证人，且不能相互替代。

2. 证人必须具有辨别是非、正确表达的能力。辨别是非、正确表达是对证人自身条件的限制，也是取得证人资格的必要条件。由于证人证言的形成要经过感知、记忆和表达三个阶段，因此，要求证人感知正确、记忆清楚、表达客观。所谓辨别是非，是指证人感受案件事实的能力。所谓正确表达，是指证人表述其所感受的案件事实的能力。不具有辨别是非能力的人，就不能正确地感受案件事实；不具备正确表达能力的人，就不能客观地表述其所感受到的案件事实，因而不能作为证人。《刑事诉讼法》第62条第2款规定："生理上、精神上有缺陷或者年幼，不能辨别是非、不能正确表达的人，不能作证人。"这里的"生理上有缺陷"是指存在盲、聋、哑或者其他生理方面的缺陷。"精神上有缺陷"是指在智力上或者精神上存在障碍。所谓年幼，是指年龄幼小，一般指14周岁以下的未成年人。这几种人由于感觉器官或者精神上的障碍或者年龄尚小，对于客观事物分不清是非，不能正确反映和表达思想，不能提供对查明案件事实有意义的证言，所以不能作为证人。但上述规定并不是说所有生理上、精神上有缺陷和年幼的人，一律不能作证人。他们能否作证，关键要看他们对于所要作证的事项有无辨别是非、正确表达的能力。如果他们生理上的缺陷或者年龄不影响其辨别和表达能力的，就不影响其作证的资格，如聋、哑人可以就其所看到的事实作证，盲人可以就其听到的事实作证，年幼者可以就其能辨别清楚的事物、能表达清楚的情况作证等。同样，虽然有一定的精神缺陷，但对于需要作证的事实已经感知，并且能够辨别是非、能够正确表达的，也可以作证。根据最高院《刑诉解释》第143条的规定，生理上、精神上有缺陷，对案件事实的认知和表达存在一定困难，但尚未丧失正确认知、表达能力的证人所作的证言，应当慎重使用，有其他证据印证的，可以采信。可见，对于生理上、精神上有缺陷或者年幼的人，能否作证人，应当具体问题具体分析。在司法实践中，对于具体证人是否具有辨别是非、正确表达的能力有疑问时，司法机关应当综合考虑证人的生理状况、精神状态、发育程度以及需要其作证事项的复杂程度进行分析判断，必要时，应当进行鉴定。

3. 证人必须是当事人以外的自然人。首先，证人只能是自然人。因为证人的职责是就自己观察或者感受到的案件情况向司法机关作客观、全面、真实的陈述，因而，证人必须是有生命的，且具有最基本的感受能力、记忆能力和陈述能力。而法人和非法人组织作为自然人的集合体，不具有上述特征，当然也就不具有作证的资格。其次，证人必须是当事人以外的自然人。证人和当事人都是知道案件情况的人，其区别在于是否与案件结局有直接利害关系。证人是与案件没有直接利害关系而知道某些案件情况的人。当事人由于与案件有直接利害关系，因而不能作为证人。

我国对证人资格有一定的限制。比如，正处于明显醉酒、麻醉品中毒或者精神药物麻醉状态的人，其辨别是非、正确表达的能力受到酒精、麻醉品或者精神药物的影响，通常都会存在一定的障碍，甚至受到幻觉的干扰，其陈述不是在神志清醒的情况下提供的，因而不具有证据能力。最高院《刑诉解释》第88条第1款规定："处于明显醉酒、中毒或者麻醉等状态，不能正常感知或者正确表达的证人所提供的证言，不得作为证据使用。"最高院《民诉证据规定》第90条规定，无民事行为能力人或者限制民事行为能力人所作的与其年龄、智力状况或者精神健康状况不相当的证言，不能单独作为认定案件事实的根据。最高院《行诉证据规定》第57条规定，不能正确表达意志的证人提供的证言，不能作为定案依据；第71条规定，未成年人所作的与其年龄和智力状况不相适应的证言，不能单独作为定案依据。

二、证人的权利和义务

（一）证人的权利

证人的合法权益应当受到法律的保护。根据我国法律和相关司法解释的规定，证人依法享有以下诉讼权利：

1. 按照自己知悉的案件情况提供证言的权利。证人对自己知道的与案件有关的情况，有权决定是否提供证言以及如何提供证言，不受任何单位和个人的非法干涉。《刑事诉讼法》第52条规定，严禁刑讯逼供和以威胁、引诱、欺骗以及其他非法方法收集证据，必须保证一切与案件有关或者了解案情的公民，有客观地充分地提供证据的条件。证人也有权请求自己书写证言。对于公安司法机关制作的证言笔录，证人可以要求阅读或者请公安司法人员向其宣读，如果认为证言笔录有遗漏或者差错时，可以提出补充或者改正。

2. 使用本民族语言文字提供证言的权利。《刑事诉讼法》第9条第1款规定："各民族公民都有用本民族语言文字进行诉讼的权利。人民法院、人民检察院和公安机关对于不通晓当地通用的语言文字的诉讼参与人，应当为他们翻译。"《民事诉讼法》第11条和《行政诉讼法》第9条对此也作了明确规定。对于外国人、少数民族、听障证人，司法机关应当提供通晓外国语、少数民族语言、哑语手势的人参加诉讼，为他们提供翻译，以便其能够顺利作证。

3. 要求询问人员出示证件的权利。《刑事诉讼法》第124条规定："侦查人员询问证人，可以在现场进行，也可以到证人所在单位、住处或者证人提出的地点进行，在必要的时候，可以通知证人到人民检察院或者公安机关提供证言。在现场询问证人，应当出示工作证件，到证人所在单位、住处或者证人提出的地点询问证人，应当出示人民检察院或者公安机关的证明文件。"

4. 要求对其个人情况予以保密的权利。《刑事诉讼法》第111条第3款规定，证人作为报案人、控告人、举报人，如果不愿公开自己的姓名和报案、控告、举报的行为，有权要求公安司法机关为其保密，公安司法机关应当为其保密。此外，最高院《行诉证据规定》第74条第2款规定："人民法院应当对证人、鉴定人的住址和联系方式予以保密。"

5. 要求公安司法机关补偿因到案作证所支出的费用的权利。《刑事诉讼法》第65条规定："证人因履行作证义务而支出的交通、住宿、就餐等费用，应当给予补助。证人作证的补助列入司法机关业务经费，由同级政府财政予以保障。有工作单位的证人作证，所在单位不得克扣或者变相克扣其工资、奖金及其他福利待遇。"证人因履行出庭作证义务而支出的交通、住宿、就餐等必要费用，按照机关事业单位工作人员差旅费用和补贴标准计算，误工损失按照国家上年度职工日平均工资标准计算。最高院《民诉证据规定》第75条规定："证人出庭作证后，可以向人民法院申请支付证人出庭作证费用。证人有困难需要预先支取出庭作证费用的，人民法院可以根据证人的申请在出庭作证前支付。"

6. 要求公安司法机关保障自身及其近亲属安全的权利。《刑事诉讼法》第63、64条规定，公安司法机关应当保障证人及其近亲属的安全。证人、鉴定人、被害人认为因在诉讼中作证，本人或者其近亲属的人身安全面临危险的，可以向公安司法机关请求予以保护。公安司法机关应当依法采取保护措施，对证人及其近亲属进行威胁、侮辱、殴打或者打击报复，构成犯罪的人，依法追究其刑事责任；尚不够刑事处罚的，依法给予治安管理处罚。对于危害国家安全犯罪、恐怖活动犯罪、黑社会性质的组织犯罪、毒品犯罪等案件，证人、鉴定人、被害人因在诉讼中作证，本人或者其近亲属的人身安全面临危险的，公安司法机关应当采取以下一项或者多项保护措施：不公开真实姓名、住址和工作单位等个人信息；采取不暴露外貌、真实声音等出庭作证措施；禁止特定的人员接触证人、鉴定人、被害人及其近亲属；对人身和住宅采取专门性保护措施；其他必要的保护措施。

7. 收到出庭作证通知书的权利。如《刑事诉讼法》第 187 条第 3 款规定，通知证人出庭的通知书至迟在开庭 3 日以前送达证人。

8. 对公安司法人员侵犯其诉讼权利和人身侮辱的行为提出控告的权利。证人对公安司法人员侵犯其诉讼权利和人身侮辱的行为，有权提出控告。《刑事诉讼法》第 14 条规定："人民法院、人民检察院和公安机关应当保障犯罪嫌疑人、被告人和其他诉讼参与人依法享有的辩护权和其他诉讼权利。诉讼参与人对于审判人员、检察人员和侦查人员侵犯公民诉讼权利和人身侮辱的行为，有权提出控告。"

9. 符合条件的证人享有免予强制出庭作证的权利。《刑事诉讼法》第 193 条第 1 款规定："经人民法院通知，证人没有正当理由不出庭作证的，人民法院可以强制其到庭，但是被告人的配偶、父母、子女除外。"因此，被告人的配偶、父母、子女作为证人如果不愿意出庭作证，人民法院不能强制其出庭作证。

10. 未成年证人接受询问时，有权申请通知其法定代理人或者合适成年人到场。《刑事诉讼法》第 281 条第 5 款规定，对于未成年人刑事案件，在询问未成年证人的时候，应当通知其法定代理人到场。法定代理人因特殊原因无法到场的，也可以通知未成年证人的其他成年亲属，所在学校、单位、居住地基层组织或者未成年人保护组织的代表到场，并将有关情况记录在案。到场的法定代理人或者其他人员认为办案人员侵犯未成年人合法权益的，可以提出意见。询问笔录应当交给到场的法定代理人或者其他人员阅读或者向他宣读。询问女性未成年证人，应当有女工作人员在场。

（二）证人的义务

根据我国法律和相关司法解释的规定，证人应当履行的诉讼义务主要有：

1. 出庭作证的义务。《刑事诉讼法》第 62 条第 1 款规定："凡是知道案件情况的人，都有作证的义务。"因此，证人经公安司法机关传唤，必须按时到指定地点提供证言。证人不得以任何借口，拒绝提供证言。《民事诉讼法》第 76 条规定，经人民法院通知，证人应当出庭作证；但有下列情形之一的，经人民法院许可，可以通过书面证言、视听传输技术或者视听资料等方式作证：①因健康原因不能出庭的；②因路途遥远，交通不便不能出庭的；③因自然灾害等不可抗力不能出庭的；④其他有正当理由不能出庭的。最高院《行诉证据规定》

第 41 条规定，凡是知道案件事实的人，都有出庭作证的义务；但有下列情形之一的，经人民法院准许，当事人可以提交书面证言：①当事人在行政程序或者庭前证据交换中对证人证言无异议的；②证人因年迈体弱或者行动不便无法出庭的；③证人因路途遥远、交通不便无法出庭的；④证人因自然灾害等不可抗力或者其他意外事件无法出庭的；⑤证人因其他特殊原因确实无法出庭的。证人出庭作证的，在其作证前，除依法写保证书外，还应当当庭宣誓。但开庭审理涉及未成年人的刑事案件，未成年证人一般不出庭作证；必须出庭的，应当采取保护其隐私的技术手段和心理干预等保护措施。因为未成年证人的诉讼行为能力，受到未成年因素的影响，所以在作证程序上要区别于成年人。最高院《民诉证据规定》第 71 条第 1、2、3 款规定："人民法院应当要求证人在作证之前签署保证书，并在法庭上宣读保证书的内容。但无民事行为能力人和限制民事行为能力人作为证人的除外。证人确有正当理由不能宣读保证书的，由书记员代为宣读并进行说明。证人拒绝签署或者宣读保证书的，不得作证，并自行承担相关费用。"证人无正当理由不出庭作证的，需要承担相应的法律责任。《刑事诉讼法》第 193 条第 2 款规定："证人没有正当理由拒绝出庭或者出庭后拒绝作证的，予以训诫，情节严重的，经院长批准，处以十日以下拘留……"

2. 如实作证的义务。证人有义务向司法机关如实地陈述所知道的案件情况，实事求是地提供证据、证言。《刑事诉讼法》第 125 条、第 194 条规定，公安司法人员询问证人，应当告知他应当如实地提供证据、证言和有意作伪证或者隐匿罪证要负的法律责任。最高院《民诉解释》第 119 条第 1 款规定："人民法院在证人出庭作证前应当告知其如实作证的义务以及作伪证的法律后果，并责令其签署保证书，但无民事行为能力人和限制民事行为能力人除外。"最高院《民诉解释》第 120 条规定："证人拒绝签署保证书的，不得作证，并自行承担相关费用。"最高院《行诉证据规定》第 45 条第 1 款规定："证人出庭作证时，应当出示证明其身份的证件。法庭应当告知其诚实作证的法律义务和作伪证的法律责任。"如果证人作伪证，隐匿罪证，需要负法律责任。《刑法》第 305 条规定，在刑事诉讼中，证人对与案件有重要关系的情节，故意作虚假证明，意图陷害他人或者隐匿罪证的，处 3 年以下有期徒刑或者拘役；情节严重的，处 3 年以上 7 年以下有期徒刑。

3. 保密义务。证人有义务保守公安司法机关向其询问的情况以及其所陈述内容的秘密，不得向无关人员泄露。证人之间也不能互相串通，互相了解陈述的内容。设定保密义务的目的是防止证人将有关案件情况泄露后造成不良的社会影响，干扰其他证人作证，影响当事人，妨碍公安司法机关正确处理案件。

4. 遵守法庭秩序的义务。证人出庭参加诉讼活动，应当遵守法庭规则，维护法庭秩序。《刑事诉讼法》第 199 条规定："在法庭审判过程中，如果诉讼参与人或者旁听人员违反法庭秩序，审判长应当警告制止。对不听制止的，可以强行带出法庭；情节严重的，处以一千元以下的罚款或者十五日以下的拘留。"因此，证人作为诉讼参与人，如果在法庭审理过程中违反法庭秩序，就将受警告、罚款或者拘留等处罚。《民事诉讼法》第 113 条、《行政诉讼法》第 59 条也有类似的规定。

第二节 证人证言概述

一、证人证言的概念

所谓证人证言，是指证人就自己所知道的案件情况向公安司法机关所作的陈述。证人证言一般是证人口头陈述，并由询问人员当场制作笔录的形式加以固定的，在特定情况下还要进行同步录音、录像。经办案人员同意由证人亲笔书写的证词，是将口头陈述直接固定在书面材料上，因而也是证人证言。必要时，办案人员也可以要求证人亲笔书写证言。

我国证人证言的来源广泛，既可以是证人亲身感知的案件事实，也可以是证人转述从别人那里听到的情况。但转述的情况，必须清楚地说明来源。说不清来源的，或者道听途说的消息，不能作为证人证言使用。证人证言所证明的对象范围十分广泛，既可能是证明犯罪事实存在、犯罪情节严重的事实，也可能是证明犯罪事实不存在、犯罪情节较轻的事实。

证人证言是诉讼中最常见的证据之一，对于查明案件事实，证实诉讼主张，具有重要意义。证人证言能够直接或者间接证明案件有关事实，与物证、书证等实物证据相比，证人证言的内容更加具体、生动、丰富，通过它更易了解案件事实的经过和全貌。证人是当事人以外的第三人，多数证人与当事人没有利害关系，证人的立场一般较为中立，其对案件事实的陈述更为客观，可靠程度一般优于当事人对案件事实的陈述，在诉讼证明过程中具有独特的意义。

二、证人证言的形成过程

证人证言的形成是一个复杂的过程，涉及认识规律和法律制度两方面的因素。概括地讲，证人证言的形成取决于证人的主观条件和客观条件。证人的主观条件包括证人的品格、认知能力和感知时的心理精神状态。形成证人证言的客观条件大致可分为以下两个方面：一是证人感知案件情况时所处的外部环境以及证物本身的性质。如距离的远近，光线的强弱、明暗，证物的特征，天气自然条件等。二是诉讼制度和程序规则对证言形成过程所具有的作用。

证人证言的形成是证人主观感性认识对客观世界的反映，其形成过程大致可以包括感知、记忆和表达三个阶段。

（一）感知阶段

感知阶段是证人证言形成的初期阶段。感知是感觉与知觉的统称，是意识对内外界信息的觉察、感觉、注意、知觉的一系列过程。感知是认识活动的起点，也是一系列复杂心理活动的基础。证人对诉讼案件事实有关情况的认识是从感知阶段开始的。证人通过自身的视觉、听觉、嗅觉及其他感知方式形成对案件情况的感性认识。一般来说，这种感知过程发生在诉争之前或者诉争之中，更多的是在诉争之中的时空范围之内。因此，证人对案件事实有关情况的感知是一个独立于法庭及询问者的过程，是由证人独自完成的。

（二）记忆阶段

记忆是人脑对经验过事物的识记、保持、再现或再认，它是进行思维、想象等高级心理活动的基础。心理学上的记忆是通过识记、保持、再认或回忆三个基本环节在人脑中积累和保存个体经验的心理过程。[1] 识记是指个体获得知识和经验的过程，是记忆的第一个基本环节，它具有选择性的特点。保持是指已经获得的知识、经验在人脑中的巩固过程，是记忆的第二个基本环节。回忆和再认是在不同的条件下恢复过去的经验的过程，是记忆的第三个基本环节。证人对案情的记忆过程也要经历上述三个基本环节。通过识记，证人获得了关于案件情况初步的知识和经验，形成了某些案情的最初印象。证人的这种最初印象可能在相关信息的刺激下得到偶尔的回忆和再认，从而在一定时间和程度上得到保持。[2] 证人在作证的过程中，储存在大脑中的记忆得到全面回忆和再认并表达出来，才能形成证人证言。

（三）表达阶段

表达是将思维所得的成果用语言等方式反映出来的一种行为。证人证言形

---

〔1〕 叶奕乾、何存道、梁宁建主编：《普通心理学》，华东师范大学出版社 1997 年版，第 205 页。

〔2〕 卞建林、谭世贵主编：《证据法学》，中国政法大学出版社 2019 年版，第 93 页。

成的表达阶段，是指证人将自己对案件情况的感知和记忆通过口头或书面语言的形式表述出来，以供外界感知和理解的过程。证人表达证言的最主要方式是语言，包括口头的和书面的，但口头表达必须由公安司法人员或者当事人作出书面记录；证人证言也可以用录音、录像等视听手段辅助予以记录。证人表达证言的过程是证言形成不可或缺的一个阶段。

三、证人证言的特点

（一）证人证言兼具主客观双重性

证人证言是证人主观对客观的认识和反映，受证人的主观影响较大。证人在感知、记忆和陈述案件情况的过程中，充满着主客观的矛盾，其认识过程既受证人主观因素的制约，又受诸多外在客观因素的影响。由于客观事物本身的复杂性、多样性，以及证人本身感受能力、记忆能力和表达能力存在差异等原因，致使证人证言的情况较为复杂，增加了证人证言审查的难度，因此，公安司法人员对证人证言的审查必须给予足够的重视。

（二）证人证言具有不可替代性

证人证言的不可替代性是由以下两个方面决定的：一是证人具有不可替代性。只有当事人以外了解案件情况的人才能成为证人，证人的特定性决定了证人证言也是不可替代的。二是证人证言的内容和作用具有不可替代性。证人证言的内容必须是证人对案件事实所感知的情况、记忆的情况和陈述的情况。证人对案件事实的分析、判断、估计、猜测等，均不能作为证人证言的实质性内容。证人证言包含能够证明案件情况的一切事实，可以为办案机关调查、侦查工作提供线索，为进一步取得其他证据提供帮助，这是其他证据种类无法替代的。

（三）证人证言具有不稳定性

由于证人证言是证人对亲自感知的情况或者他人转述情况的反映，所以不可避免地会受到证人的主观因素和外界客观因素的影响、干扰，易发生变化，具有不稳定性。司法实践中，经常出现同一证人就同一案件在不同阶段的询问中所做的陈述内容，或多或少存在差异的现象。因为随着时间的推移，证人的记忆会慢慢地淡化、模糊甚至完全消失，证人证言的内容也随之发生了变化，这种变化是客观存在且带有普遍性的，因此，必须慎重对待证人证言，既不能盲目轻信，也不能轻易否定，必须结合案件其他证据进行认真细致地审查核实，否则不能作为定案的根据。

四、证人证言的分类

对证人证言可以从不同的角度、按不同的标准进行分类。通过分类，可以使我们从不同侧面了解证人证言的特征。目前学界对证人证言的分类主要有以下几种类型：

（一）目击证人证言和传闻证人证言

根据证人证言的来源或者信息途径的不同，可将证人证言分为目击证人证言和传闻证人证言。所谓目击证人证言，是指通过直接亲身感知案件事实的证人，就其通过眼观、耳听、鼻嗅、舌舔等方式就其所了解的案件情况向公安司法人员所作的陈述。所谓传闻证人证言，是指没有直接感知案件事实的证人，就自己通过间接的途径了解的案件情况向公安司法机关所作的陈述。这种划分的目的在于正确区分或者确定信息来源不同的证人证言的可靠性，以及两种证人证言不同的证明力。

（二）关系证人证言和无关证人证言

根据提供证言的证人与案件或者诉讼当事人有无关系的不同，可将证人证言分为关系证人证言和无关证人证言。所谓关系证人证言，是指与案件事实有某种利害关系或者与当事人有某种亲友关系的证人所提供的证言。在现代社会，各国一般都允许具有亲属关系的人和具有利害关系的人为案件当事人作证，承认其证言的法律效力。所谓无关证人证言，是指与案件没有利害关系或者与当事人没有亲友关系的证人提供的证言。这种分类对于审查关系证人和无关证人所提供证言的真实性，判断其证言的证明力，意义重大。

（三）清白证人证言和污点证人证言

刑事司法中根据证人本身有无罪错，可将证人证言分为清白证人证言和污点证人证言。所谓清白证人证言，是指本身没有违法或者犯罪嫌疑的证人所提供的证言。所谓污点证人证言，是指本身有违法或者犯罪嫌疑的证人所提供的证言。这种分类有利于公安司法人员正确判断清白证人与污点证人所提供证言的真实性、可靠性，有助于合理运用这两类证人证言，同时也便于落实对污点证人的特别保护措施。

（四）普通证人证言和特殊证人证言

根据提供证言的证人的身份、职业等情况的不同，可将证人证言分为普通证人证言和特殊证人证言。所谓普通证人证言，是指不属于特殊身份或者特殊职业的证人所提供的证言。所谓特殊证人证言，是指具有特殊身份或者特殊职

业的证人所提供的证言。例如，有的国家法律规定，国家元首或者政府首脑属
于特殊证人，可以享受出庭豁免，或者可以用特殊的方式提供证言。对于特殊
职业的证人，有的国家法律对这些人的作证问题适用特殊规定，如执业律师、
心理医生、神职人员等享有拒绝作证的特权。这种分类有助于解决证据立法时
是否确立特殊证人拒绝作证特权的问题。

（五）健康证人证言和残障证人证言

根据提供证言的证人身体健康状况的不同，可将证人证言分为健康证人证
言和残障证人证言。所谓健康证人证言，是指生理、心理正常的证人提供的证
言。所谓残障证人证言，主要是指听障人士、盲人、弱智人、精神病人等提供
的证言。这种分类考虑了证人作证能力的差异，有利于在询问证人和审查判断
这两类证人证言时进行区别对待。

第三节 证人证言的审查判断

一、证人证言的收集

收集证人证言的途径是询问证人。询问证人的目的是了解案情，收集、核
实证据，查明案件事实。收集证人证言必须严格遵守法定的程序要求，必须保
证一切与案件有关或者了解案情的公民，有客观、充分地提供证据的条件，以
确保证人提供证言的真实性。询问证人，应当遵守下列程序：

1. 对证人的询问应由指定的办案人员进行。为了保证证言的客观性，询问
人员不得少于 2 人。

2. 做好询问前的准备工作。办案人员在询问证人之前，应仔细分析有关案
件材料；了解证人基本情况，证人与本案和本案当事人的关系；明确询问的目
的和重点；对需要询问的问题拟订询问提纲。

3. 选择合适的询问地点。办案人员询问证人，可以在现场进行，也可以到
证人所在单位、住处或者证人提供的地点进行，在必要的时候，可以通知证人
到办案机关提供证言。在现场询问证人，应当出示工作证件，到证人所在单位、
住处或者证人提出的地点询问证人，应当出示办案机关的证明文件。

4. 遵循合法的询问方式、方法。首先，询问证人应当以口头方式进行，并
用询问笔录的形式加以固定。其次，询问证人应当个别进行。询问证人时其他
证人不得在场，以避免证人之间相互干扰与串通，保证证言的真实性。最后，

针对证人的不同情况，采取适当的询问方法。询问未成年证人，应当通知其法定代理人或者合适成年人到场，并选择其熟悉的场所。询问的方法也要适应未成年人的特点，尽量消除他们不必要的顾虑。审理未成年人遭受性侵害或者暴力伤害案件，在询问未成年证人时，应当采取同步录音录像等措施，尽量一次完成；未成年证人是女性的，应当由女性工作人员进行。询问聋、哑证人，应当有通晓聋、哑手势的人作翻译，并将这种情况记入笔录。询问不通晓当地通用语言、文字的证人，应当为其提供翻译。

5. 遵循合法的询问程序。询问证人时，首先，应查明证人的身份及基本情况。其次，告知证人有关权利义务和法律责任。告知证人依法享有的诉讼权利，告知证人应当如实提供证据、证言，如果有意作伪证或者隐匿证据，要负法律责任。证人如果因害怕打击报复等而不愿或者不敢作证时，除应作耐心细致的思想工作以外，必要时可以采取一些安全保护措施，以便其能自觉自愿地提供证言。最后，对证人只能就与案件有关的问题进行询问，让其实事求是地陈述。严禁对证人采取刑讯逼供、威胁、利诱、欺骗等非法方法收集证言，也不得先由办案人员具体介绍案情，再暗示证人如何提供证言。

6. 制作询问笔录。询问证人应当场制作笔录。询问笔录应当交证人核对，对于没有阅读能力的，应当向他宣读。如果记载有遗漏或者差错，证人可以提出补充或者改正。证人确认笔录没有错误后，应当签名或者盖章。询问人员也应当在笔录上签名。证人请求亲笔书写证词的，应当准许。必要的时候，办案人员也可以要求证人亲笔书写证词。

二、证人证言的审查判断

（一）对证人证言审查的内容

证人证言属于言词证据，它与实物证据相比，其优点是生动形象、具体，缺点是稳定性差，不仅有各种社会的、自然的客观因素，而且证人自身的各种主观因素都会对其真实可靠性产生一定的影响，证人提供的证言有可能不真实或者不完全真实，甚至有可能是伪证。因此，对证人证言必须进行审查判断。根据证人证言的形成和特点，对证人证言审查的内容主要有以下几个方面：

1. 审查证人证言的来源。要审查证人是直接耳闻目睹案件事实，还是听他人转述而间接得知案件事实。如果是直接感知的案件事实，还要审查在当时客观环境和条件下，能否获得感知的情况，当时的环境和条件对感知内容的影响及其程度；如果是间接得知的案件事实，必须查明有无确切来源和在何种情况下得知的。

2. 审查证人证言形成的自然条件。证人证言的形成较复杂，易受自然条件的限制。如证人距离案发现场的远近、方位、光线明暗、天气情况等，都会对证人能否正确感知案件事实及感知案件事实的程度产生一定的影响。因此，必须认真审查。

3. 审查证人的自身情况。证人自身情况包括证人的年龄、健康状况、文化程度、经验、品德、生理和精神状态、感知、记忆能力和表达能力等情况，这些都可能影响证言的可信度。如有的证人眼睛近视，在没戴合适眼镜时显然不能清楚地看见远处发生的事情；长期患病的人往往没有健康的人记忆力好；老年人往往没有年轻人记忆力好；语言表达能力差、逻辑思维混乱的证人难以客观、准确地表达案件事实情况。因此，应当认真审查证人自身的情况。另外，审查未成年证人证言时，应特别注意未成年证人富于幻想，容易受人唆使，对其提供的证言内容和所使用的语言，要审查是否符合其年龄和智力发育程度。

4. 审查证人与案件当事人、案件处理结果有无利害关系。一般来说，如果证人与案件当事人之间存在亲属、近邻、朋友、恋爱、恩怨等关系，他就有可能从维护亲情、友情、报恩或者泄愤等思想出发，故意提供不真实的证言。当然，证人与案件当事人有利害关系，只能说明他有可能提供不真实的证言，并非一定提供虚假证词，办案人员应认真审查其证言的真实性。证人如果与案件处理结果有利害关系，其提供的证词的客观性应当慎重考虑。

5. 审查证言的取得程序是否合法，方法是否得当，有无足以影响如实作证的违法因素和不当方法。我国立法和相关司法解释对于公安司法机关询问证人规定了严格的程序，根据这些规定，在审查证言的取得程序、方法是否符合法律及有关规定时，应重点审查如下内容：有无使用暴力、威胁、引诱、欺骗以及其他非法方法取证的情形；有无采取暗示、诱导性方法进行询问；有无违反询问证人应当个别进行的规定；询问未成年证人，是否通知了其法定代理人或者合适成年人到场，其法定代理人或者合适成年人是否到场；询问笔录的制作、修改是否符合法律、有关规定，是否注明询问的起止时间和地点，首次询问时是否告知证人有关权利义务和法律责任，询问笔录是否经证人核对确认并签名（盖章）、捺手印等。

6. 审查证人证言的内容是否合情合理，证人证言之间以及与其他证据之间能否相互印证，有无矛盾；存在矛盾的，能否得到合理解释。审查时应当把证人证言与案内其他证据结合起来进行对比分析。如果有几个证人就同一案件情况作证，不仅要审查他们的证言是否一致，有无矛盾，还应审查证人证言所证实的内容与其他证据之间、与案件待证事实之间是否吻合，有无矛盾之处。如果存在矛盾，则有必要进一步调查和核实，甚至补充收集证据。

（二）对证人证言证据能力及证明力的认定

1. 证人的猜测性、评论性、推断性的证言，不得作为证据使用，但根据一般生活经验判断符合事实的除外。最高院《刑诉解释》第 88 条对此作出了明确的规定。证人根据其感知的事实所作的猜测性、评论性、推断性意见，是指证人基于其知识、经验，通过推理等思维方法对其感知的事实进行推理、分析所形成的主观性意见，这种主观性意见不能作为证据使用。但是，如果证人的意见，根据一般生活经验就可以判断符合事实的，该意见可以作为证据使用。最高院《民诉证据规定》第 72 条第 1 款规定："证人应当客观陈述其亲身感知的事实，作证时不得使用猜测、推断或者评论性语言。"最高院《行诉证据规定》第 46 条规定："证人应当陈述其亲历的具体事实。证人根据其经历所作的判断、推测或者评论，不能作为定案的依据。"

2. 下列证人证言不具有证据能力：一是采用暴力、威胁等非法方法收集的证人证言。这种情况是指以暴力、威胁等手段迫使证人对案件进行陈述作证。凡是以此手段取得的证人证言，应当绝对排除，不需要考虑暴力、威胁等手段是否必然导致该证言虚假。二是处于明显醉酒、中毒或者麻醉等状态，不能正常感知或者正确表达的证人提供的证言。这种证言不是合格的证人提供的，不得作为证据使用。

3. 下列证人证言必须排除，不得作为定案的根据：一是询问证人没有个别进行而取得的证言。所谓个别进行，是指公安司法人员在询问证人时，在同一时间同一地点只能询问一名证人，而且此时其他证人不能在场。最高院《民诉证据规定》第 74 条第 2 款规定："询问证人时其他证人不得在场。"二是没有经证人核对确认并签名（盖章）、捺手印的书面证言。因为书面证言如果没有证人签名（盖章）、捺手印，就无法保证证言是证人的真实意思表示。三是询问聋、哑证人或者不通晓当地通用语言、文字的少数民族证人、外国籍证人时，应当提供通晓聋、哑手势的人员或者翻译人员而未提供的。

4. 对于收集程序、方式有瑕疵的证人证言，通过公安司法人员的补正或者作出合理解释后，如果该证人证言被查证属实，依然可以作为定案的根据。但不能补正或者作出合理解释的，不得作为定案的根据。根据最高院《刑诉解释》第 90 条规定，下列证人证言，属于收集程序、方式有瑕疵的证人证言：①询问笔录没有填写询问人、记录人、法定代理人姓名以及询问的起止时间、地点的；②询问地点不符合规定的；③询问笔录没有记录告知证人有关作证的权利义务和法律责任的；④询问笔录反映出在同一时段，同一询问人员询问不同证人的；⑤询问未成年人，其法定代理人或者合适成年人不在场的。

5. 具有下列情形的证人，人民法院应当通知出庭作证；经依法通知不出庭作证的证人的书面证言经质证无法确认的，不能作为定案的根据：①人民检察院、被告人及其辩护人对证人证言有异议，该证人证言对定罪量刑有重大影响的；②人民法院认为其他应当出庭作证的。最高院《刑诉解释》第249条规定："公诉人、当事人或者辩护人、诉讼代理人对证人证言有异议，且该证人证言对定罪量刑有重大影响，或者对鉴定意见有异议，人民法院认为证人、鉴定人有必要出庭作证的，应当通知证人、鉴定人出庭。控辩双方对侦破经过、证据来源、证据真实性或者合法性等有异议，申请调查人员、侦查人员或者有关人员出庭，人民法院认为有必要的，应当通知调查人员、侦查人员或者有关人员出庭。"最高院《刑诉解释》第91条第3款规定："经人民法院通知，证人没有正当理由拒绝出庭或者出庭后拒绝作证，法庭对其证言的真实性无法确认的，该证人证言不得作为定案的根据。"在行政诉讼中，如果有数个证据证明同一事实，则出庭作证的证人证言优于未出庭作证的证人证言；应当出庭作证而无正当理由不出庭作证的证人证言，不能单独作为定案依据。

6. 与案件当事人有利害关系的证人证言的真实性、可靠性应当结合其他证据予以综合判断，但就单个证据而言，这类证据的证明力一般要低一些，不能单独作为认定案件事实的根据。[1] 最高院《刑诉解释》第143条规定，与被告人有亲属关系或者其他密切关系的证人所作的有利于被告人的证言，或者与被告人有利害冲突的证人所作的不利于被告人的证言，应当慎重使用，有其他证据印证的，可以采信。最高院《民诉证据规定》第90条规定，与一方当事人或者其代理人有利害关系的证人陈述的证言，不能单独作为认定案件事实的根据。最高院《行诉证据规定》第63条规定，其他证人证言优于与当事人有亲属关系或者其他密切关系的证人提供的对该当事人有利的证言；第71条规定，与一方当事人有亲属关系或者其他密切关系的证人所作的对该当事人有利的证言，或者与一方当事人有不利关系的证人所作的对该当事人不利的证言，不能单独作为认定案件事实的根据。

---

[1]　樊崇义主编：《证据法学》，法律出版社2017年版，第159页。

7. 生理上、精神上有缺陷，对案件事实的认知和表达存在一定困难，但尚未丧失正确认知、表达能力的证人所作的证言，应当慎重使用，有其他证据印证的，可以采信。最高院《刑诉解释》第 143 条对此作了明确的规定。最高院《民诉证据规定》第 90 条规定，无民事行为能力人或者限制民事行为能力人所作的与其年龄、智力状况或者精神健康状况不相当的证言，不能单独作为认定案件事实的根据。

8. 庭前证言的采信规则。证人当庭作出的证言与其庭前证言矛盾，证人能够作出合理解释，并有其他证据印证的，应当采信其庭审证言；不能作出合理解释，而其庭前证言有其他证据印证的，可以采信其庭前证言。对未出庭作证证人的书面证言，应当听取出庭的检察人员、被告人及其辩护人的意见，并结合其他证据综合判断。未出庭作证证人的书面证言出现矛盾，不能排除矛盾且无证据印证的，不能作为定案的根据。

⟳ 练习案例

张某欠王某 3 万元债务，一直未归还。12 月 5 日晚 6 时许，王某去张某家找张某要钱。张某说暂时没有钱还给王某，希望能暂缓两天，王某不答应，二人遂争吵起来。张某趁王某未注意之际，抄起身边一把板斧砍向王某，王某一闪，斧头砍在其肩上，当王某准备逃离时，又被张某砍中头部后死亡。之后，张某将王某的尸体用编织袋装好，绑在自行车后座上，推到海边，将编织袋扔进海里。后王某家属向公安机关报案，某市公安局派侦查人员侦查此案时，对张某家中进行了现场勘查，在地板缝隙里提取了血迹，经鉴定与被害人血型同一。侦查人员在向证人调查取证时，由于证人数量众多，为了节省时间，便对几名证人共同进行了询问。经询问收集到下列证人证言：

1. 陈某（女，45 岁，与张某家隔一条小路，因曾经得过眼疾，晚上看不清事物，但听力灵敏。与张某无亲属或其他共同的利害关系）证明：5 日晚上，她看到王某进了张某院内，不久听到两人大声争吵，其中一句是王某说张某太不讲信用，具体什么内容没有听清。然后看见张某骑自行车走了，车上好像拖着一个很大的袋子。因为那天她家买了电视机，所以清楚地记得那天是 12 月 5 日。后证实，买电视机发票上的日期确实是 12 月 5 日。

2. 潘某（男，34 岁，感官正常，与张某住同一村，认识但无特别关系）证明：12 月 5 日晚上，自己接孩子放学回家时遇见张某骑车带一袋子往海边方向骑去，潘某问话时，张某说去给别人送点东西。因为那天晚上他曾在路上撞了人，所以清楚地记得时间。

3. 张某邻居 7 岁小孩（发育水平符合同年龄儿童平均标准）证明：一天晚上，在张某家屋外玩风筝，因风筝掉在张某家院子里，进去捡风筝时，看到一个人躺在屋内地上，流了好多血。

4. 张某之父张某祥（父子关系良好）证明：张某当天晚上一直在家看电视，而且看的是一部关于香港黑社会的影片，中间有一个砍杀的镜头，晚上没有任何外人到家里来。

5. 许某（男，31 岁，感官正常，系张某邻居，平素关系很好，经常往来）证明：12 月 5 日那天晚上，他下班回来路过海边时，看见张某往海里拖东西。问张某时，张某说是扔垃圾。

侦查人员询问陈某、潘某、许某时，他们三人要求在审判前对自己的姓名保密，被侦查人员拒绝。之后，某市公安局指派一名侦查人员讯问了犯罪嫌疑人张某，张某否认犯罪，称自己当晚一直在家，未见过被害人王某。案件移送某市检察院之后，某市检察院经审查后，向某市法院提起公诉。某市法院受理后，依法公开审理此案。在审理过程中，证人张某祥在旁听法庭审判时，大吵大闹，于是审判长决定对其处以 2000 元罚款。证人许某提出申请审判员刘某回避，审判长宣布休庭，由院长作出了回避决定。审判结束后，经合议庭评议，以故意杀人罪判处被告人张某死刑。

问题：

1. 本案在诉讼程序上有何不当之处？并简要说明理由。

2. 简要分析本案中证人证言的可信度。

⟳ 思考题

1. 简述要成为证人必须具备哪些条件？

2. 简述证人证言是如何形成的？

3. 试述证人证言的特征。

4. 试述审查判断证人证言应当从几个方面入手？为什么？

第八章 当事人陈述

➡学习指导

通过本章学习，应当掌握当事人陈述的概念、特点、效力与认定标准。本章的重点在于民事、行政、刑事诉讼中的当事人陈述的收集、审查与判断，难点在于当事人自认成立的条件，自认的效力，自认的反悔与撤回。

当事人陈述的概念存在广义和狭义之分。广义上的当事人陈述，是指刑事诉讼、民事诉讼和行政诉讼中的当事人就其所记忆、感知和理解的有关案件事实情况向司法机关所作的陈述。而狭义上的当事人陈述，特指在民事诉讼和行政诉讼中的当事人陈述，不包括刑事诉讼中的"被害人陈述"和"犯罪嫌疑人、被告人的供述和辩解"。

第一节 民事、行政当事人陈述概述

一、民事、行政当事人陈述的概念

民事、行政中的当事人陈述，是指原告、被告等当事人就其所知晓和了解的有关案件事实情况向人民法院所作的陈述。

当事人基于诉讼利益而参与到诉讼过程中，在此程中所作的陈述包括但不限于其基于案件事实所发表的"事实性"认识和感知的陈述，以及带有很强主观因素而对某种观点、立场、意见等所作出的"主张性"陈述等。并非当事人所作的任何陈述都具有证据作用，具备证据法意义上的"当事人陈述"应当在内容层面限缩为当事人对案件事实的陈述，而带有主观性的"主张性"陈述则应当排除在民事、行政诉讼中"当事人陈述"这一术语的范畴之外。

对于是否应当在程序层面将当事人陈述限定于诉讼过程中，我国立法未能明确，学界亦有争议。本书赞同将当事人陈述限缩于诉讼过程中的观点，当事人陈述在性质上实然属于一种诉讼行为，只有向司法机关作出才能发生效力，故当事人陈述应为当事人在诉讼过程中以书面或者言词形式向法庭所作的陈述。而对于当事人之间在诉讼前、诉讼中或者案件事实发生时所作的交涉，即使可能与案件事实有关，递交给法院时也只能认定为书证或者其他证据形式，而不能将其认定为当事人陈述。[1]

二、民事、行政当事人陈述的特点

民事、行政当事人陈述作为一种重要的诉讼证据，相较于其他证据种类，具有以下特点：

（一）民事、行政当事人的陈述具有双重性

当事人对某一案件事实所作的陈述往往具有诉讼主张和证据证明双重属性。在诉讼主张这一属性上，具体包含"事实主张"和"法律主张"两个部分，事实主张是指当事人"对具体事实存在与否的陈述"，法律主张是当事人对该案件的法律适用的主张和本案法律效果的期待。当事人陈述作为证据的类型之一，主要功能与价值在于对案件事实的证明，最终由法官自由心证判断待证事实的真伪，具有证据证明功能。当事人陈述的诉讼主张属性和证据证明属性相互交织，诉讼主张中的"事实主张"是证据证明属性的重要支撑，"法律主张"明确证据的证明目的。从当事人陈述的证据证明功能出发，为尽可能还原案件事实，在诉讼和庭审过程中应当有所侧重，甄别当事人陈述中诉讼主张的不同性质，着重审查其"事实主张"。

（二）民事、行政当事人的陈述具有两面性

一方面，当事人是争议实体法律关系的知情人和亲历者，对案件的真相往往了解更加深入、全面，其对案件事实客观真实的阐述，能够对还原案件事实发挥重要作用。另一方面，由于当事人往往同案件处理结果存在利害关系，其在陈述过程中可能隐藏于己不利的事实，导致该陈述可能存在着虚假、片面、错误的一面，歪曲已有的真相。也正是基于此，民事诉讼法规定当事人应当履行真实陈述的义务，在程序上要求当事人陈述前签署保证书，在实体上规定虚假陈述的法律责任，通过一系列手段降低当事人作虚假陈述的可能性。

---

[1]　何家弘、刘品新：《证据法学》，法律出版社2022年版，第196页。

（三）民事、行政当事人的陈述具有直接性

一般情况下，当事人是涉争权利义务关系的亲历者，往往对涉争议法律关系的产生、发展、终结有着直接的感性认识，对案件的情况了解得最直接、最全面也最为深刻。当事人陈述的内容亦是以主体对案件事实的真切感知为内容。相较于证人、鉴定人等其他诉讼参与人，当事人所作的陈述具有直接性，更能反映案件的完整事实和客观情况，更有助于客观真实诉讼目的的实现。

（四）民事、行政当事人的陈述具有证据的补充性

当事人的陈述属于人证的范畴，其陈述具有虚实参半的特点，证明力较低，案件事实的认定不能仅依据当事人的陈述，往往需要结合其他证据共同认定。当事人的陈述在法律上处于二律背反的境地。"二律背反"即"纯理性的互相冲突"，双方各自依据普遍承认的原则建立起来的、公认的两个命题之间存在矛盾冲突。当事人陈述作为一种证据种类，其作用往往是证明其他的证明对象。同时，法院往往不当然采信当事人陈述，当事人仍然需要负举证责任，证明陈述的真实性。

三、民事、行政当事人陈述的分类

作为一种重要的证据来源，可以将民事、行政当事人陈述根据不同的标准被划分为多种类型。

（一）书面陈述与口头陈述

这是以当事人陈述的方式为标准所进行的划分。书面陈述是指当事人将案件事实通过纸张、数据电文等可以有形表现记载内容的方式向法院所作的陈述，例如，当事人向法院递交的各类文书。而口头陈述是指当事人将与案件有关的事实情况，通过口头言说的方式向法院所做的陈述，例如，当事人在法庭上陈述意见、接受询问等。在具体司法实践中，二者往往互相结合起来使用。

（二）确认性陈述、否认性陈述和承认性陈述

这是以当事人陈述的性质为标准所进行的划分，这种划分方式在司法实践中有重要意义。确认性陈述是指当事人基于事实，说明某一法律关系存在的陈述。如一方当事人声称他与另一方当事人之间根据买卖合同存在着一定的法律关系，其中原告对买卖货品、流水记录等细节描述就属于此。否定性陈述是指涉及纠纷的当事人通过列举事实来主张不存在涉诉实体法律关系的陈述，如否认存在买卖关系的陈述就属于此。与"确认性陈述"不同，"否定性陈述"通常是被动的，通常是以对方当事人做出确定性承诺为前提。承认性陈述是一种特

殊的表达形式，也指当事人的自认，是指当事人承认另一方当事人所提出的对其不利的事实或者主张，该陈述往往会给作出承认的当事人带来不利影响。

除上述提及的分类外，根据陈述的内容可以将当事人的陈述分为关于案件事实的陈述和案件事实之外的陈述。根据陈述所处的时间段进行划分，可以分为开庭审理之前的陈述和开庭审理之后的陈述。

四、民事、行政当事人陈述的证据效力

由于各国对当事人陈述的理解认识存在差异，因此处理当事人陈述的效力也有所不同。英美法系国家未将当事人陈述视为独立证据，而是将当事人划入证人的范围，通过诸如宣誓和对虚假陈述的惩罚等措施，提高当事人证言的可靠性；面对当事人陈述可靠性不高的情况，德国、日本等国倾向将当事人陈述作为一种辅助证据形式而非单独的证据形式。从当前世界范围来看，多数国家不认为当事人陈述是一种独立的证据形式，而我国则借鉴了苏联的证据模式，将当事人陈述视为可靠证据，并在法律中规定其是一种独立的证据形式。当事人陈述这一证据的效力、后果因陈述内容的不同细可分为以下几种情况：

（一）无须对方当事人证明的效力

当事人在诉讼中承认对方当事人主张的对己不利的事实，即构成自认，将会免除对方当事人的证明责任。这一点体现在最高院《民诉解释》第 92 条第 1款："一方当事人在法庭审理中，或者在起诉状、答辩状、代理词等书面材料中，对于己不利的事实明确表示承认的，另一方当事人无需举证证明。"

（二）具有证据效力

当事人所作的对自己有利的陈述，经其他证据证明为真后，人民法院可以将其作为认定案件事实的根据之一。

（三）不具有证据的效力

对于当事人所作出的有利于自己的陈述，如果没有得到其他证据的佐证，法院则不能将其单独作为认定案件事实的依据，即该当事人陈述不具有证据的效力。最高院《民诉解释》第 110 条第 3 款规定："负有举证证明责任的当事人拒绝到庭、拒绝接受询问或者拒绝签署保证书，待证事实又欠缺其他证据证明的，人民法院对其主张的事实不予认定。"

五、自认

（一）自认的概念

自认的概念有广义和狭义之分。根据民事诉讼法传统理论，广义的自认是指一方当事人对另一方当事人作出的于己不利的案件事实承认其为真实或者对他方的诉讼请求予以认诺的意思表示。而狭义的自认，仅指一方当事人对另一方当事人所主张的不利于己的事实的承认，而不包括当事人一方对他方的诉讼请求的认诺。

自认是民事诉讼法上的一项基本制度，但我国民事诉讼法对自认的范围并没有明确的规定。《民事诉讼法》第54条规定："原告可以放弃或者变更诉讼请求。被告可以承认或者反驳诉讼请求，有权提起反诉。"可见，该法律规定将自认的范围局限于对诉讼请求的承认。而最高院《民诉证据规定》第3条规定："在诉讼过程中，一方当事人陈述的于己不利的事实，或者对于己不利的事实明确表示承认的，另一方当事人无需举证证明。在证据交换、询问、调查过程中，或者在起诉状、答辩状、代理词等书面材料中，当事人明确承认于己不利的事实的，适用前款规定。"依据该条款的规定，当事人自认的范围仅包括对事实的自认。从证据视角分析，当事人的自认是与主张事实的举证义务密切相关的制度，而当事人对诉讼请求的承认是属于诉讼过程中当事人对实体权利的处分行为。因此，作为证据形式的当事人自认应作狭义理解，将其局限于对案件事实的承认。

在自认内容的性质上，是否是对于己不利的事实的承认是自认概念的另一分歧点。有观点认为，自认的事实不一定是对自认方不利，只要双方当事人对某一事实的陈述达成一致，即可视为无争议的事实。"于己不利"的观点难以解决限制自认与先行自认的问题，且利弊界定本身就具有相对性和模糊性，要求自认具有不利己性在实践中难以操作。[1] 而坚持"不利事实说"的观点则认为，自认的事实应当对自认方不利，否则就不会导致举证责任的变化。将自认的内容限定为是对自认方的不利事实，也是目前学界的主流观点，最高院《民诉解释》第92条也是采用的第二种观点。[2]

---

[1] 宋朝武：《论民事诉讼中的自认》，载《中国法学》2003年第2期。
[2] 施鹏鹏：《证据法》，中国政法大学出版社2020年版，第156-157页。

（二）　自认的分类

1. 诉讼中的自认和诉讼外的自认。根据作出自认的时间和场合不同，可以将自认分为诉讼中的自认和诉讼外的自认。诉讼中的自认，又称之为审判上的自认或者裁判上的自认，是指在诉讼过程中，一方当事人对他方当事人所主张的事实作出承认的意思表示。诉讼外的自认，是指在诉讼过程外，一方当事人对他方当事人所主张的事项予以承认的行为，因而也称为审判外的自认或非正式的自认。两种自认形式的证明力和效力有所不同。诉讼上的自认，对方当事人对一方当事人的自认事项不再负有举证责任，其自认的事实对法院和自认一方均具有拘束力。而诉讼外的自认，可以作为证据予以适用，但不免除对方当事人的举证责任，对法院和当事人不产生拘束力。

值得注意的是，最高院《民诉解释》第 107 条规定："在诉讼中，当事人为达成调解协议或者和解协议作出妥协而认可的事实，不得在后续的诉讼中作为对其不利的根据，但法律另有规定或者当事人均同意的除外。"依据该条款的规定，在诉讼调解与和解过程中当事人承认或者让步的事实，不产生自认的效力。其原因在于诉讼调解中的"自认"多是为了解决纠纷而作出的让步，有时并非出于当事人真实的意思表示。

2. 完全的自认和附条件的自认。以当事人自认是否附加条件为标准，可以将自认分为完全的自认和附条件的自认。完全的自认，是指当事人一方对另一方所主张的全部事实，不加条件地予以承认，因而又称为无条件的自认。附条件的自认，是指当事人一方对另一方所主张的事实附加一定的限制条件，因而又称为限制的自认。附条件的自认又可分为以下两种情况：①承认对方主张事实的同时附加独立的攻击或防御方法。例如，在借款纠纷中，被告自认存在借款的事实，但同时主张业已清偿，业已清偿的主张则是附加独立防御方法的具体表现。②当事人一方对另一方所主张的事实，只承认其中的一部分而争执其他部分。例如，在上述借款纠纷中，原告主张借款 5 万元，被告只承认借款 3 万元。最高院《民诉证据规定》第 7 条规定："一方当事人对于另一方当事人主张的于己不利的事实有所限制或者附加条件予以承认的，由人民法院综合案件情况决定是否构成自认。"在附加限制条件的情况下，仅在当事人双方陈述相互一致的范围内成立自认。[1]

3. 明示的自认和默示的自认。以当事人是否作出明确的意思表示为标准，

---

〔1〕　赵钢、刘学在：《试论民事诉讼中的自认》，载《中外法学》1999 年第 3 期。

可以将自认分为明示的自认和默示的自认。明示的自认，是指当事人以明确的意思表示（口头或书面形式）所作的自认。明示的自认是最主要、最基本的自认方式。默示的自认是指一方当事人对另一方当事人所主张的事实没有进行明确驳斥，既不承认也不否认，而法律规定视为自认，因而又称为拟制的自认。最高院《民诉证据规定》第4条规定："一方当事人对于另一方当事人主张的于己不利的事实既不承认也不否认，经审判人员说明并询问后，其仍然不明确表示肯定或者否定的，视为对该事实的承认。"依据该条款规定，拟制自认的成立要件有两个：①当事人一方对他方所主张的事实既未表示承认也未表示否认。②经审判人员说明并询问后当事人仍不明确表示肯定或否定的。

4. 当事人本人的自认、诉讼代理人的自认和共同诉讼人的自认。基于自认主体的不同可以分为当事人本人的自认、诉讼代理人的自认和共同诉讼人的自认。当事人本人的自认，是指当事人在参加诉讼时由本人凭借独立意志所作出的自认。自认的当事人包括原告、被告、共同诉讼人、诉讼代表人及第三人。诉讼代理人的自认，是指当事人的法定诉讼代理人或委托诉讼代理人代为作出的自认。最高院《民诉证据规定》第5条规定："当事人在场对诉讼代理人的自认明确否认的，不视为自认。"依据该条款规定，原则上诉讼代理人的自认具有和当事人自认同样的效力，授权委托书明确排除的事项或在场当事人明确予以否认的除外。

最高院《民诉证据规定》第6条增加了共同诉讼人的自认，分为两种情况：一是在普通共同诉讼中，共同诉讼人中一人或者数人作出的自认，对作出自认的当事人发生效力；二是在必要共同诉讼中，共同诉讼人中一人或者数人作出自认而其他共同诉讼人予以否认的，不发生自认的效力。其他共同诉讼人既不承认也不否认，经审判人员说明并询问后仍然不明确表示意见的，视为全体共同诉讼人的自认。

（三）自认成立的条件

自认需要满足一定的法律条件，才能产生法律上的效力。具体有以下几个方面：

1. 自认的主体要件。通常情况下，只有诉讼中的当事人才可以成为自认的主体。最高院《民诉证据规定》第5条对自认主体作出了例外规定，即当事人没有明确在授权委托书中排除诉讼代理人诉讼权利或在场当事人没有明确予以否认的，诉讼代理人在诉讼过程中作出的自认，可以视为当事人自己的自认。因此，自认的主体是当事人或其诉讼代理人。

2. 自认的客体要件。自认的对象须为法律允许自认的事实。一方面，自认是针对对方当事人所主张的事实，而不能针对另一方提出的诉讼请求或法律、法规和法律解释。同时，该事实在法律允许自认的范围内。目前，我国民事诉讼法以排除性规定方式框定了自认的范围，除了涉及身份关系的案件事实，其他事实均在允许自认的范畴。

3. 自认的时间要件。当事人作出自认的时间必须是在诉讼过程中，即当事人可以在开庭审理前的准备程序中，在起诉状、答辩状、代理词中进行自认，也可以在法庭审理的过程中作出自认。而在诉讼前后所做的自认则不属于当事人自认的范畴，其不具有免除对方当事人举证责任的效力，只可以当作一种普通证据使用，仍需通过举证、质证证明证据的证明力大小。

4. 自认的方式要件。自认的作出需采用法律认可的方式。我国民事诉讼法规定了明示和默示两种自认方式。值得注意的是，默示的自认需满足前述两个法定条件。

5. 自认的内容要件。自认的内容须是当事人对己不利的事实的承认。关于"于己不利"的标准，有不同观点。败诉可能性说认为是否系不利的事实，应当从是否导致败诉（全部败诉或一部分败诉）的可能性来考察。而证明责任说将不利与证明的负担联系起来，所谓"不利的陈述"就是关于应由对方加以证明的事实的陈述。这样一来，证明责任的分配就成了左右自认成立的前提条件，而证明责任分配的复杂性必然使人们难以把握自认的成立要件。因此，是否为不利的事实应当根据客观情况而定，自认者方面知悉与否则在所不问。

（四）自认的法律效力

自认因满足一定的形式和实质要件而产生一定的法律效力，具体而言在诉讼中主要体现为对当事人的效力和对法院的效力两个方面。

1. 对双方当事人的效力。首先，对作出自认一方当事人的效力而言，自认方须受自认内容的约束，除有法律规定的情形外，不得任意地予以撤销。其次，对对方当事人的效力而言，对方当事人对一方当事人在自认范围内的事实免除举证责任。最高院《民诉证据规定》第3条第1款规定："在诉讼过程中，一方当事人陈述的于己不利的事实，或者对于己不利的事实明确表示承认的，另一方当事人无需举证证明。"

2. 对人民法院的效力。对于当事人自认的事实即为无争议的事实，法院应当承认其为真实，并以因自认而使当事人双方达成一致的事实作为裁判基础，无须另行调查证据。一般而言，自认对法院的效力不仅约束本案法院，对上级法院同样具有拘束力。但自认对法院的拘束力存在例外情形。最高院《民诉解释》第 92 条第 2、3 款规定:"对于涉及身份关系、国家利益、社会公共利益等应当由人民法院依职权调查的事实,不适用前款自认的规定。自认的事实与查明的事实不符的,人民法院不予确认。"最高院《民诉证据规定》第 8 条将不适用自认的事实范围进一步扩大为最高院《民诉解释》第 96 条第 1 款的规定的事实:①涉及可能损害国家利益、社会公共利益的;②涉及身份关系的;③涉及《民事诉讼法》第 58 条规定诉讼的;④当事人有恶意串通损害他人合法权益可能的;⑤涉及依职权追加当事人、中止诉讼、终结诉讼、回避等程序性事项的。依据该条款的规定,如当事人出于恶意或是为了达到规避法律或其他非法目的而作出的自认,或自认可能损害国家利益、社会公共利益或他人合法权益时,法院则不受当事人自认的约束。

(五) 自认的撤销

禁反言原则是诚实信用原则在民事诉讼中的体现,诉讼上的自认对当事人的效果来源于禁反言原则。在一般情况下,当事人在诉讼中作出自认后,该自认事实便对当事人产生拘束力且不允许将其撤销。简言之,一般而言,自认一旦作出便具有不可撤销性。但是在特定情况下,即当事人具有充分且正当的理由时,则允许当事人将自认撤销。

最高院《民诉证据规定》第 9 条规定,有下列情形之一,当事人在法庭辩论终结前撤销自认的,人民法院应当准许:①经对方当事人同意的;②自认是在受胁迫或者重大误解情况下作出的。依据该条款的规定,允许当事人撤回自认的事实需要满足一定条件:其一,在时间要件上,自认必须在法庭辩论终结前作出。将自认的撤回时间限定在法庭辩论终结前可以使未进行自认的当事人一方继续主张相关事实,维护其民事权益。其二,在实质要件上,撤销自认需满足两个条件。一是经对方当事人同意,这样规定既可以提醒自认方的当事人谨慎对待对相关事实的承认,同时也符合当事人意思自治的原则,平衡双方当事人民事诉讼权利。二是在受胁迫或重大误解的情况下作出的自认,这种情况下因当事人的自认违背了其真实意愿,故法院应当允许当事人撤销其自认,以更好地保护当事人的合法权利。

需注意的是,自认一旦撤回,对方当事人的举证责任将自行恢复。

第二节　被害人陈述及犯罪嫌疑人、
被告人供述和辩解概述

一、被害人陈述概述

（一）被害人陈述的概念

被害人陈述，一般是指受到犯罪行为侵害的被害人就其被害状况或者本人所了解的犯罪情况向公安司法机关所作的说明，是我国刑事诉讼法规定的法定证据。此处的"被害人"，通常是指合法权益受到犯罪行为侵害的人，既包括自然人，也包括单位。刑事实体法意义上的被害人与刑事程序法意义上的被害人在某些方面存在差异。前者限于实际遭受犯罪行为侵害的人；后者则只是在程序意义上遭受犯罪行为侵害的人，其是否真的受到犯罪行为的侵害，还需要经过诉讼证明，并且最后由法院以裁判加以确定。

被害人的类型包括公诉案件中的被害人、自诉案件中的自诉人以及附带民事案件中的原告，通常而言，其所作陈述都属于"被害人陈述"。但是需要注意的是，在自诉案件中并非所有自诉人均为被害人。除了被害人外，被害人的近亲属或者法定代理人同样可以作为原告提起诉讼，从而成为自诉人，其所作的陈述不属于"被害人陈述"。

被害人陈述的形式以口头陈述为主，但是在必要时也可以采用书面、手势、绘图以及视频资料等形式。比如当被害人是听障人士的情况时，其陈述可以有手语、绘图等多种形式。作为证据种类的"被害人陈述"，其内容仅限于对本案案件事实的陈述。司法实践中，被害人的陈述通常会涉及以下内容：①对案件事实的陈述。被害者既可以揭露和举报犯罪嫌疑人，明确指控犯罪嫌疑人或者提供有力证据协助调查犯罪嫌疑人，还可以详细描述犯罪发生的时间、地点、后果等细节。②对案件事实的分析判断。被害人基于自己感知的犯罪行为和后果从而去推断行为人的犯罪目的或动机等。③提出诉讼请求。公诉案件中，被害人有权提起刑事附带民事诉讼并要求赔偿、道歉等。自诉案件中，被害人有权以事实为依据，以法律为准绳请求司法机关依法惩处犯罪。④揭发、举报犯罪行为人与本案无关的其他犯罪行为。以上 4 种是司法实践中常见的被害人陈述的内容。但是从证据法理论视角来看，只有第一种"被害人对案件事实的陈述"才属于证据法学范畴的被害人陈述，其他的内容则不能作为被害人陈述这种法定证据使用。如果被害人提出的诉讼请求没有任何证据支持其观点，那么这些内容就不应被视为被害人的陈述。此外，如果被害人揭露或举报的犯罪行为与本案毫无关联，那么这些内容也只能算作证人证言，而不能被视为被害人陈述。

（二）被害人陈述的特点

被害人是案件的亲历者，与案件的真相及最终判决息息相关，被害人陈述具有显著区别于其他证据的特点。

1. 被害人陈述的证明直接、具体、真切。犯罪行为直接侵害被害人的合法权益，作为案件的亲历者和犯罪行为的直接承受者，被害人对案件的了解往往比其他人更加直接，提供的证据更加全面、真实。尤其当被害人与犯罪者有过直接、正面接触时，他们对犯罪事实和犯罪者的陈述会更加清晰、准确；另外被害人所承受的身心创伤，往往只有他们自己才能真正感受，而其他人很少能够真正理解这种痛苦。因此，被害人陈述往往拥有比其他证据更为独特的作用。

2. 被害人身份具有不可替代性。在刑事案件中，被害人是指遭受犯罪行为直接侵害的单位或个人，其主体具有特定性。不同于证人、鉴定人，其亲历性、心理与情感冲击等因素使得被害人的身份具有不可替代性。尽管被害人的父母、子女等近亲属同样可能受到情感或身体上的损害，但是这些人都不属于刑事案件的被害人。

3. 被害人既可以是自然人，也可以是法人。传统的刑事诉讼理论一直认为只有自然人才可以作为被害人。近年来，我国司法领域的观点发生了转变，随着刑法理论的发展和司法实践的变化，实务界逐渐承认法人也可以作为被害人。法定代表人可以代表法人做出陈述。

4. 被害人陈述具有复杂性。被害人是案件的重要亲历者，其身份的特殊性对其陈述具有很大影响。一方面，由于被害人是犯罪的直接受害人，又与犯罪嫌疑人和犯罪行为有过直接或间接的接触，因此，被害人的陈述可以为案件的侦破提供线索。这些信息都能够帮助警方准确地锁定犯罪分子，揭示案件真相。另一方面，被害人可能在陈述时夸大或者缩小犯罪事实，因此被害人陈述虚假的可能性很大，陈述不实的情况并不鲜见，这样就会影响公安司法机关的侦查活动、审判进程和审判结果。

（三）被害人陈述的分类

1. 有直接接触的被害人陈述和无直接接触的被害人陈述。根据被害人是否与犯罪行为人有过直接接触，可分为有直接接触的被害人陈述与无直接接触的被害人陈述两类。二者区分的意义在于被害人陈述是否可以作为直接证据使用。有直接接触的被害人陈述能够更加准确地反映出案件的真相、揭示犯罪活动的细节，甚至是犯罪行为人的行为习惯和个性特点等，其来源具有直接性，一般可以作为直接证据使用。相反，无直接接触的被害人陈述因被害人没有直接接触过犯罪行为人，其陈述和声明多数情况下不能作为直接证据。

2. 有过错被害人陈述和无过错被害人陈述。这一分类的依据是被害人是否存在过错。有过错被害人是指在犯罪行为中存在过错或者需要承担一定道德和法律责任的被害人。无过错被害人是指不存在任何违反道德准则或法律规定的无辜被害人。与有过错的被害人陈述相比，无过错被害人陈述通常更为全面客观，有利于公安司法机关对案件事实的调查，并对被告人准确定罪量刑。

3. 未成年被害人陈述和成年被害人陈述。根据被害人的年龄不同，可分为未成年被害人陈述和成年被害人陈述。关于未成年人和成年人的年龄分界，不同的国家有不同的法律规定，但大多数国家确定 18 周岁即为成年人。因此，审查被害人是否已满 18 周岁是区分二者的关键。与成年被害人相比，未成年被害人心智不成熟，可能存在认知偏见和语言表达能力较差的情况，在听取其陈述时应综合考虑，多方审查。同时，未成年人心理承受能力差，在经受犯罪行为侵害后，在收集未成年被害人陈述时，更应当兼顾保护其心理健康。

二、犯罪嫌疑人、被告人供述和辩解概述

（一）犯罪嫌疑人、被告人供述和辩解的概念

犯罪嫌疑人、被告人供述和辩解，是指在刑事诉讼中犯罪嫌疑人、被告人就案件的事实等情况向公安、司法机关所作的陈述。司法实务中将其约定俗成称为"口供"。通常认为，犯罪嫌疑人、被告人的供述和辩解包括以下内容：

1. 承认。承认即犯罪嫌疑人、被告人承认对其指控的犯罪事实，并向司法机关说明其实施犯罪的全部事实和情节。供述表现为自首、坦白和承认。犯罪嫌疑人、被告人的供述应当是出于自愿的，没有外力强迫。

2. 辩解。辩解即犯罪嫌疑人、被告人否认犯罪，或者虽然承认犯罪，但对依法不追究刑事责任，从轻、减轻或者免除处罚作出辩解和说明的行为。表现为否认、申辩、反驳、提供反证等。

3. 攀供。犯罪嫌疑人、被告人可能在承认自己犯罪以后，揭发共犯或者举报他人有犯罪行为；也可能是否认自己犯罪，而举报他人犯罪。关于揭发、检举他人犯罪行为的陈述，如果此类举报的内容与举报人的犯罪行为有关，则可

以作为本案的证据，因此是犯罪嫌疑人、被告人供述和辩解的组成部分。如果是对非共谋者的犯罪嫌疑人、被告人的揭发，又或者是对共谋者、被告人和举报人共同犯罪以外犯罪的举报，则由于检举内容与其犯罪事实无关，所以不得成为证实其犯罪真实情况的依据。但是可以作为破案的线索，在用作证据时，应允许检举揭发者作为证人提供证人证言。

（二）犯罪嫌疑人、被告人供述和辩解的特点

1. 证明案件事实具有直接性。犯罪嫌疑人和被告人的供述和辩解通常是重要证据，因为他们对自己的犯罪动机、目的、手段、时间、地点、过程和后果都非常了解。这些供述和辩解有助于为公安司法机关提供更多线索。若办案人员遵守法律规定、采取适当的措施、恰当运用审讯技巧，取得了犯罪嫌疑人和被告人完整、真实、准确的作案供述，办案人员就能够更加全面、准确地掌握案情，获取完整的证据链。

2. 内容复杂，真假交织。作为当事人的犯罪嫌疑人和被告人清晰明了地知道自己是否实施犯罪行为、作案过程及作案时的精神状态。但是，抱着逃避司法机关指控和法律制裁的心理，其往往会编造谎言、做出虚假陈述，掩盖事实真相。鉴于犯罪嫌疑人及其被告的供述和辩解复杂性，综合判断、全面调研与多方评估至关重要。

3. 缺乏稳定性。在刑事诉讼中，犯罪嫌疑人和被告人的心理活动极其复杂，侥幸、忏悔、恐惧交织在一起，并且犯罪嫌疑人和被告人的思想往往基于各种考虑或受外界影响而波动，因此犯罪嫌疑人和被告人的供述和辩解也可能随着主客观情况的变化而随时发生变化。这使得翻供成为司法实践中普遍存在的现象，使案件真相扑朔迷离，增加了办案的难度。

4. 缺乏客观性。一方面，由于犯罪嫌疑人和被告人与案件的结果存在着密切的联系，因此，他们常常会故意采取"于己有利，而于公不利"的措辞来掩盖真相。另一方面，犯罪嫌疑人和被告人的供述或辩解的生成环境一般具有很强的对抗性和封闭性，这使得他们很难真正自愿地供述。在讯问阶段，讯问是侦查人员与犯罪嫌疑人之间进行交流和博弈的过程。侦查人员可以利用法律赋予的权力来控制讯问的环境、方式和进程，犯罪嫌疑人和被告人处于被动地位，在司法实践中，侦查人员为早日破案，采用非法讯问手段的情况屡见不鲜，这种情况下，难以保证被告人供述的客观性。

因此，基于犯罪嫌疑人、被告人供述和辩解的上述特点，对于犯罪嫌疑人和被告人的供述和辩解不应盲目轻信或忽视，而应结合其他证据仔细审查和

判断。

（三）犯罪嫌疑人、被告人供述和辩解的分类

1. 有罪和罪重供述、无罪和罪轻辩解、检举揭发的攀供。根据犯罪嫌疑人、被告人口供的内容，可以将其划分为有罪和罪重的供述、无罪和罪轻的辩解以及检举揭发而形成的攀供。在司法实践中，在讯问犯罪嫌疑人和被告人时，既要客观对待认罪和罪重供述，也要客观对待无罪和轻罪的辩解，以及对共犯的供述，防止重供述轻辩解的倾向，尤其是不能以非法手段逼供；还应该认真听取和调查无罪和罪轻的辩解。司法实践表明，只强调供述或辩解不利于正确办案。

2. 单犯口供和共犯口供。根据主体是否为共同犯罪成员，可以将口供分为单犯口供与共犯口供。单个罪犯的陈述只涉及个人的犯罪意图和行为。共犯的供述除了要陈述自己的犯罪事实外，不可避免地会涉及其他共犯的意图和行为。因此，在共同犯罪案件的审讯中，不仅要问明每个人的自身情况，注意查明其在共同犯罪中的作用和地位，还要问明他所认识的每个共犯的犯罪事实以及他们在共同犯罪过程中各自的作用和地位。在审查证据时，我们还必须注意每个共犯的供述和辩解是否一致，是否存在勾结；是否存在犯罪嫌疑人、被告人的供述和辩解引诱他人供述和辩解的情形。

第三节 当事人陈述的审查判断

一、民事、行政当事人陈述的审查判断

（一）民事、行政当事人陈述的收集

根据最高院《民诉解释》、最高院《行诉解释》，如果人民法院认为有必要的，可以要求当事人本人到庭，就案件有关事实接受询问。在询问当事人之前，可以要求其签署保证书。保证书应当载明据实陈述、如有虚假陈述愿意接受处罚等内容。当事人应当在保证书上签名或者捺印。最高院《民诉解释》还规定，人民法院调查收集证据，应当由 2 人以上共同进行。调查材料要由调查人、被调查人、记录人签名、捺印或者盖章。

（二）民事、行政当事人陈述的审查判断

在民事和行政诉讼中，当事人的陈述掺杂着许多当事人自己的立场，陈述具有两面性。故在对民事、行政当事人陈述进行审查时，需要谨慎并综合判断。

我国《民事诉讼法》第 78 条第 1 款规定："人民法院对当事人的陈述，应当结合本案的其他证据，审查确定能否作为认定事实的根据。"这一规定，指明了对当事人陈述这类证据审查的方法，即不能将在民事和行政诉讼中当事人陈述作为独立的认定案件事实的根据，对于当事人陈述欲证明的事实，则需要结合其他证据予以补强。而对于行政诉讼当事人的陈述而言，这一点可以参照适用。即审判当事人陈述（包含自认）必须从实际出发，实事求是，重证据，重调查研究，不轻信。

1. 动机审查。审查当事人是在什么情况下进行陈述的，其陈述的动机与目的是什么。动机是指当事人作出陈述的内在动力和原因，而目的则是指当事人期望通过陈述达到的目标或结果。当事人作出陈述的动机和目的对其真实性和可信度具有重要影响。例如，当事人可能出于维护合法权益、表达真实情况或者逃避法律责任等动机作出陈述，而目的可能包括获取法律保护、转移责任等。了解当事人的动机和目的有助于评估其陈述的真实性，同时也能够揭示可能存在的隐含动机和目的，如企图误导法庭或掩盖真相等。

审查判断当事人陈述的真实性主要考虑以下几个方面：当事人是否出于自愿作出陈述，是否受到外部压力或不良影响，是否因错误理解或误导而作出陈述；当事人的陈述是否前后一致，是否存在矛盾，以及当事人是否具有良好的信誉；当事人的陈述是否连贯、一致等。对于当事人在诉讼程序中作出的自认，仍然需要进行审查。一方面是审查当事人作出的自认是否出于误解；另一方面是审查当事人是否是在受到对方威胁或欺诈的情况下作出的以及是否可能是双方合谋以侵害国家或者他人利益。

2. 内容审查。从当事人陈述的具体内容上进行审查，核查其是否与案情相符，即是否符合本案实体法律关系的发生、发展、变化和消灭的过程，是否合情合理，有无可疑之处。

首先，审查当事人陈述的具体内容需要与案情事实进行对比，应当深入研究案件材料和证据，了解案情的来龙去脉，并将当事人的陈述与已知的事实进行比对。如果当事人的陈述与案情事实相符，逻辑一致，那么这些陈述就会增加其真实性和可信度。相反，如果当事人的陈述与已知的事实相悖，或者存在逻辑矛盾，就需要对其陈述进行进一步审查，以确定是否存在虚假陈述或误导行为。其次，合情合理性是指当事人的陈述是否符合一般人的生活经验和常识，是否在合理范围内。应当根据案情背景和相关证据，评估当事人的陈述是否合情合理，是否符合普遍的逻辑思维和人性心理。如果当事人的陈述在合情合理性上存在明显不合理之处，就需要对其进行进一步审查，以确定是否存在不真实的情况。此外，审查当事人陈述的具体内容还需要注意是否存在可疑之处。可疑之处可能表现为陈述中的矛盾之处、遗漏重要信息、过度夸张或不切实际的内容等。应当对这些可疑之处进行重点关注，通过询问当事人、调查相关证据等方式，进一步了解其真实性。如果当事人的陈述中存在多处可疑之处，就需要对其整体可信度进行质疑，可能需要更严格的审查程序以确定真相。

3. 综合审查。结合案件的其他证据进行综合分析审查，审查一方当事人的陈述是否与其提供的其他证据存在相互矛盾，同时审查其陈述与对方当事人的陈述和证据是否存在矛盾之处。若发现矛盾，进一步搜集证据并通过举证质证来确认其证据的真实性和证明力大小。这种综合分析有助于评估各方陈述和证据的真实性和可信度，为最终裁决提供充分依据。

具体做法包括：在审查一方当事人的陈述时，首先，应当将其陈述与其提供的其他证据进行综合比对。如果发现一方当事人的陈述与其提供的其他证据存在明显矛盾，就需要对这些矛盾进行深入分析，并可能需要进一步搜集证据来澄清疑点。其次，在审查一方当事人的陈述时，还需要考虑其陈述与对方当事人的陈述和所提供的证据是否存在矛盾之处的情况。即使一方当事人的陈述与其提供的证据并未出现直接矛盾，但如果其陈述与对方当事人的陈述或证据存在逻辑上的矛盾之处，也需要引起高度关注。在这种情况下，应当通过举证质证来进一步确定各方证据的真实性和证明力大小，以便更准确地判断案件事实和法律责任。在审查过程中，法庭需保持严谨态度，深入分析各方证据的逻辑关系，确保审查全面、准确。这种审查方法能够提高司法公正性和裁决的客观性，保障当事人的合法权益。同时，法庭也应注意不断更新审查标准，及时应对新出现的证据或矛盾，以确保审理过程的公正性和效率性。

二、被害人陈述的审查判断

（一）被害人陈述的收集

《刑事诉讼法》第 127 条规定，对被害人陈述的收集，主要通过询问的方式。被害人陈述的收集要注意以下方面：

1. 公安司法人员、律师询问被害人。《刑事诉讼法》第 52 条规定："审判人员、检察人员、侦查人员必须依照法定程序，收集能够证实犯罪嫌疑人、被告人有罪或者无罪、犯罪情节轻重的各种证据。严禁刑讯逼供和以威胁、引诱、欺骗以及其他非法方法收集证据，不得强迫任何人证实自己有罪。必须保证一切与案件有关或者了解案情的公民，有客观地充分地提供证据的条件，除特殊情况外，可以吸收他们协助调查。"据此，一般情况下，只有公安、司法人员才有权询问被害人。应当特别注意，唯有承办本案的公安、司法人员才有权力对被害人进行询问，对于非办案人员，即使是公安司法人员，未经组织安排或指派也不能对被害人进行询问。《刑事诉讼法》第 43 条第 2 款规定："辩护律师经人民检察院或者人民法院许可，并且经被害人或者其近亲属、被害人提供的证人同意，可以向他们收集与本案有关的材料。"这表明，允许辩护律师从被害人那里获取与案情相关的信息。在调查过程中，应当确保被害人自愿接受询问。

2. 出示证明文件。根据《刑事诉讼法》第 124 条和第 127 条的规定，如果公安司法机关将询问的地点确定在被害人所在单位或者住处进行或者被害人提出的地点，应当出示人民检察院或者公安机关的证明文件。

3. 确定询问的地点。根据《刑事诉讼法》第 124 条和第 127 条的规定，询问被害人的地点主要有四个：一是被害人的所在单位；二是被害人的住处；三是被害人提出的地点；四是必要时公安机关、人民检察院的办公地点。该条中的"必要时"具体是指，由于实践中客观情况复杂，当被害人是个体企业主或没有工作单位的农民，或者到其住所询问可能不方便，或者从便于侦查的角度出发等，在公安、司法机关办公地点提供陈述更为便利的情形。

4. 告知其权利、义务。被害人是刑事诉讼中的当事人。因此，依据《刑事诉讼法》第 29 条和第 32 条之规定，被害人有权要求审判人员、检察人员、侦查人员、书记员、翻译人员和鉴定人回避。上述人员也有自行回避的义务，以保障被害人的回避权，这样既可以消除被害人的不信任，使他们积极地提供陈述，也可以保证公安司法人员客观公正地查办案件。但是，《刑事诉讼法》第 31 条第 2 款也明确规定："对侦查人员的回避作出决定前，侦查人员不能停止对案件的侦查。"公安司法人员应当在询问被害人之前明确告知被害人此项权利，并在询问笔录中如实记录告知的内容和被害人的回答。一般来说，这项工作应该在对案件事实进行询问之前完成。《刑事诉讼法》第 127 条规定，询问被害人，适用有关询问证人的规定。《刑事诉讼法》第 125 条明确规定："询问证人，应当告知他应当如实地提供证据、证言和有意作伪证或者隐匿罪证要负的法律责任。"由此可见，如实陈述，不作虚假陈述，不隐瞒犯罪证据，也是被害人的法定义务。公安司法人员必须告知、说明这一法律义务及其法律后果。

5. 个别询问。根据《刑事诉讼法》第 124 条第 2 款和第 127 条的规定，询问被害人应当个别进行。所谓个别进行有两层含义：一是同一案件中有数个被害人的，应当对各个被害人依次进行询问，不能将 2 名以上的被害人同时通知到场，在同一时间、同一场所内进行询问，更不能以座谈会的方式来询问被害人；二是询问被害人时，与案件调查无关的人员不得在场，即除参加询问的公安司法人员和法律允许在场的情况以外，不得在场。个别询问的目的在于保证被害人能够排除外界干扰和互相影响，如实陈述，以保证证据的真实性。

6. 制作询问笔录。为了将被害人陈述的内容固定并保全，对被害人询问的活动必须制作笔录。询问笔录必须交给被害人核对，如果被害人没有阅读能力，应当向给被害人宣读，允许其补充、修改。被害人认为没有错误的，应当让其陈述意见并签名或盖章。被害者要求自己书写陈述的，应当准许。必要时，办案人员也可以要求其亲笔陈述。根据案件需要和实际情况，还可以辅助录音、录像。

总之，被害人陈述作为一种言词证据，其收集方式与收集证人证言大体相同。在收集被害人陈述时，应当尽可能客观、准确地反映案件的真实情况，并且对于那些有顾虑的被害人，应当给予充分的关怀和帮助，以便他们能够更加理性地认识到自己的处境，使其能够实事求是地反映案件事实。

（二）被害人陈述的审查判断

1. 审查被害人陈述的来源及其形成过程。在审查被害人的陈述时，应当审查收集的方式是否符合法律规定。此外，还应当明确被害人的身份以及询问的程序，以便更好地了解被害人的真实情况，包括其所提供的陈述是否完整、准确，以及录音和录像是否经过剪辑、伪造。在调查过程中，需要确定被害人所陈述的信息是否来源于自身经历与感受，排除被害人通过想象和推测得出的结论。有些被害人所描述的情况并非来源于他们在案发时的经历，而是他们的事后推断，甚至是他人的看法。这些都无法保证被害人陈述内容的客观性。因此，应当进一步调查被害人的感知时间、地点和条件，综合审查判断。

2. 审查被害人陈述的内容是否符合情理。在进行情理审查时，应当评估被害人的叙述是否符合逻辑，以确定其叙述的真实性。如果被害人的叙述完全出于个人的臆测、猜测，或者完全不符合常规，甚至完全是无稽之谈，则不能作为可靠的依据。当判断被害人的叙述是否符合案件的真相时，应该仔细比较其叙述的时间、地点、方法、手段、原因和结果，以便更好地把握其中的内涵。在审核被害人陈述时，应当仔细检验其真实性，并将其与犯罪嫌疑人、被告人的供述和辩解进行对照，从而揭示案件真相。

3. 审查被害人与犯罪嫌疑人、被告人的关系。在某些情况下，被害人和犯罪嫌疑人、被告人之间的联系会对被害人陈述产生一定影响。通常情况下，如果二者素不相识或关系正常，那么被害人作出虚假陈述的可能性较小。但是，当二者之间素有仇怨时，被害人有可能通过编造以歪曲案件的情节，夸大甚至捏造犯罪事实，若二者存在密切关系，如家人、师生关系、朋友关系等，被害人即使提出控辩，也很容易囿于亲情等，帮助犯罪嫌疑人、被告人隐瞒犯罪事实，以此来逃避法律的惩罚。在公诉案件中，需要确定被害人和犯罪嫌疑人之间的关系，以确认其陈述的真伪。对于自诉案件，允许双方自行和解。

4. 审查被害人的作证能力与品格。对于生理上有缺陷的被害人陈述，其证明力需要结合被害人生理缺陷具体分析。盲人被害人可以陈述自己听到的情况，听障人士可以陈述自己看到的情景，由懂手语的人进行翻译。不能辨别是非、不能正确表达的被害人陈述不能作为证据；在审查未成年被害人陈述时，要查清并区分未成年被害人是否基于意思自愿、主动陈述，其陈述的内容是否符合未成年人感知、记忆的特点，其表达能力是否与同年龄段人的相称。若发现存在问题，应当有针对性地做好对被害人的教育工作，在无干扰的条件下让其如实陈述。审查未成年被害人的陈述，要结合其他证据进行分析，不能臆断未成年被害人陈述的真假。

被害人的品格如何也会影响被害人陈述的可信度，公安、司法人员在审查、判断被害人陈述时，不应当单纯依据被害人的人品高低来判断陈述的真假，应当根据案件的相关证据进行分析和判断，发现陈述自相矛盾或不合情理时，要耐心询问，澄清问题，发现真相。

5. 审查被害人陈述时有无思想顾虑。在司法实践中，被害人的心理状态可能会对他们的陈述产生影响。有些人会因为担心报复，有些人则会为了保护自己的名誉而拒绝透露真相，甚至还有一些人会被诱惑做出虚假的陈述。因此，对于被害人有思想顾虑时所作的陈述，必须认真审查和判断。

6. 综合全案证据审查被害人陈述与其他证据有无矛盾。通过对被害人供述与其他证据的综合考察、对比检验，确定被害人供述与其他证据之间的关联性，若存在矛盾，则要仔细甄别，以便更准确地评估被害人陈述是否真实，并做出最终认定。

三、犯罪嫌疑人、被告人供述和辩解的审查判断

（一）犯罪嫌疑人、被告人供述和辩解的收集

程序正义被视为"看得见的正义"。收集犯罪嫌疑人、被告人的供述和辩解时，应当注意以下方面：

1. 传唤犯罪嫌疑人到案。公安部《规定》第 198 条第 4 款："对于不需要拘留、逮捕的犯罪嫌疑人，经办案部门负责人批准，可以传唤到犯罪嫌疑人所在市、县公安机关执法办案场所或者到他的住处进行讯问。"传唤犯罪嫌疑人，应当出示传唤证和侦查员工作证件，并责令其在传唤证上签名、按手印。犯罪嫌疑人到案后，应当在传唤证上填写到案时间。传唤结束时，应在传唤证上填写传唤的结束时间。犯罪嫌疑人拒不填写的，侦查人员应当在传唤证上注明。对现场发现的犯罪嫌疑人，侦查人员可以凭工作证明口头传唤，并告知传唤理由和依据。讯问笔录应当写明犯罪嫌疑人到案方式、到案时间和传唤终结的时间。犯罪嫌疑人自首或者被群众扭送公安机关的，可以依法传唤。传唤持续的时间不得超过 12 小时。案情特别重大、复杂，需要采取拘留、逮捕措施的，经办案部门负责人批准，传唤持续的时间不得超过 24 小时。不得以连续传唤的形式变相拘禁犯罪嫌疑人。传唤期限届满，未作出采取其他强制措施决定的，应当立即结束传唤。传唤、拘传、讯问犯罪嫌疑人，应当保证犯罪嫌疑人的饮食和必要的休息时间，并记录在案。对于已送交看守所羁押的犯罪嫌疑人，应当在看守所讯问室进行讯问。

2. 讯问主体与程序。讯问犯罪嫌疑人，必须由侦查人员进行。讯问时，侦查人员不得少于 2 人。对同案的犯罪嫌疑人，应当分别讯问。侦查人员讯问犯罪嫌疑人时，应当首先讯问犯罪嫌疑人是否有犯罪行为，并告知犯罪嫌疑人享有的诉讼权利，如实供述自己罪行可以从宽处理以及认罪认罚的法律规定，让他陈述有罪的情节或者无罪的辩解，然后向他提出问题。犯罪嫌疑人对侦查人员的提问，应当如实回答。但是对与本案无关的问题，犯罪嫌疑人有拒绝回答的权利。

3. 讯问聋、哑的犯罪嫌疑人。讯问聋、哑的犯罪嫌疑人，必须有通晓聋、哑手势的人参加。并在讯问笔录上注明犯罪嫌疑人的聋、哑情况，以及翻译人员的姓名、工作单位和职业。讯问不通晓当地语言文字的犯罪嫌疑人，应当配备翻译人员。

4. 讯问笔录制作及核对。侦查人员应当将问话和犯罪嫌疑人的供述或辩解

记录清楚，制作讯问笔录应当使用能够长期保持字迹的材料。讯问笔录应当交犯罪嫌疑人核对；对于没有阅读能力的，应当向他宣读。如果记录有遗漏或者差错，应当允许犯罪嫌疑人补充或者更正，并捺指印。笔录经犯罪嫌疑人核对无误后，应当由其在笔录上逐页签名、捺指印，并在末页写明"以上笔录我看过（或向我宣读过），和我说的相符"。拒绝签名、捺指印的，侦查人员应当在笔录上注明。

5. 犯罪嫌疑人自行书写供述。犯罪嫌疑人请求自行书写供述的，应当准许；必要时侦查人员也可以要求犯罪嫌疑人亲笔书写供词。犯罪嫌疑人应当在亲笔供词上逐页签名、捺指印。侦查人员收到后，应当在首页右上方写明"于某年某月某日收到"，并签名。

6. 讯问中的录音或者录像。讯问犯罪嫌疑人，在文字记录的同时，可以对讯问过程进行录音或者录像。对于可能判处无期徒刑或者重大犯罪案件应当对讯问过程进行录音或者录像。其中，可能判处无期徒刑、死刑的案件，是指应当适用的法定刑或者量刑档次包含无期徒刑、死刑的案件。"其他重大犯罪案件"是指致人重伤、死亡的严重危害公共安全犯罪、严重侵犯公民人身权利犯罪以及黑社会性质组织犯罪、严重毒品犯罪等重大故意犯罪案件。对讯问过程录音或者录像的，应当对每一次讯问全程不间断进行，保持完整性。不得选择性地录制，不得剪接、删改。

7. 审查。公安机关应当对犯罪嫌疑人的供述事实、无罪或者罪轻的事实、申辩和反证以及犯罪嫌疑人提供的证明无罪或者轻罪的证据进行认真核查；对于相关证据，无论是否采信，都应如实记录，妥善保存，并连同核查情况附卷。

（二）犯罪嫌疑人、被告人的供述和辩解的审查判断

对犯罪嫌疑人和被告人的供述和辩解进行审查和判断是一项非常复杂的工作。司法实践中，在对犯罪嫌疑人、被告人的供述和辩解进行审查判断时，应当遵守以下要求：

1. 严格遵守"重证据，重调查研究，不轻信口供"的原则。《刑事诉讼法》第55条第1款规定"对一切案件的判处都要重证据，重调查研究，不轻信口供"，犯罪嫌疑人、被告人的口供是证据的一种形式，查证属实的，可以作为定案根据。但是犯罪嫌疑人、被告人作为刑事诉讼中被追诉的对象，案件的处理结果与其有着直接的利害关系，因此，犯罪嫌疑人、被告人口供的虚假性极大。为防止"轻信口供"，《刑事诉讼法》第55条第1款还规定"只有被告人供述，没有其他证据的，不能认定被告人有罪和处以刑罚；没有被告人供述，证据确

实、充分的，可以认定被告人有罪和处以刑罚"。这一规定是在办案实践中确定口供材料证明力的主要指导原则。

2. 审查口供材料的来源、讯问程序是否合法。两院三部《办理死刑案件证据规定》第 19 条："采用刑讯逼供等非法手段取得的被告人供述，不能作为定案的根据。"审查时应当关注：其一，供词是在何种情况下提供的、进行了何种审讯、供认的动机和目的，以及是否有串通；其二，审查是否有刑讯逼供、诱供、骗供、指名问供的情况；其三，是否有翻供、翻供的原因等。

3. 审查供述与辩解是否合情合理。审查在当时、当地的情况下是否会出现被告人供述或辩解的情况；对于口供的时间、地点、手段、过程、动机、目的、后果等，要根据被告人的身份及其与被害人的关系，分析这些情况是否可能发生和存在，是否合理；口供前后是否矛盾等。

4. 审查共同被告人口供。在审查和判断几个共同被告人的口供时，既要考虑到其间共同之利，又应当考虑到其合谋之下的身份之差与角色之别。在司法实践中，合谋之下、受贿之间举报别的犯罪者屡禁不止，学界大致有三种观点：第一种观点认为，若犯罪嫌疑人、被告人既供述了自己的罪行，又揭发同案犯的，应当按口供处理。第二种观点认为，共犯之间的攀供，内容是犯罪嫌疑人、被告人对所知道的案件事实所作的陈述，应当作为证人证言。第三种观点认为，犯罪嫌疑人、被告人进行攀供，本质上还是共犯口供的一部分，不过在一些情况下也可以作为证人证言。判断依据是：供述的内容与自己的罪行有关的，属于犯罪嫌疑人、被告人的供述；如果陈述的内容与自己的罪行无关，则应作为证人证言。

5. 审查犯罪嫌疑人、被告人的口供与其他证据有无矛盾。通过全面审查和评估整个案件证据，可以发现它们之间的矛盾，从而更好地判断犯罪嫌疑人和被告人的供述。在审查过程中，应特别注意两点：首先，审查犯罪嫌疑人、被告人的口供与同一案件中其他犯罪嫌疑人、被告人的供词是否一致，如果发现矛盾，应当对其进行深入的分析和评估。必要时，还需要进一步搜集证据，以排除矛盾。其次，要仔细检查犯罪嫌疑人和被告人的供述，是否与其他证据相矛盾。如果发生冲突，应当仔细研究其表现形式及其背后的原因，在必要的情况下，积极搜集证据，确定真伪。

6. 翻供的审查。最高院《刑诉解释》第 96 条规定："审查被告人供述和辩解，应当结合控辩双方提供的所有证据以及被告人的全部供述和辩解进行。被告人庭审中翻供，但不能合理说明翻供原因或者其辩解与全案证据矛盾，而其庭前供述与其他证据相互印证的，可以采信其庭前供述。被告人庭前供述和辩解存在反复，但庭审中供认，且与其他证据相互印证的，可以采信其庭审供述；被告人庭前供述和辩解存在反复，庭审中不供认，且无其他证据与庭前供述印证的，不得采信其庭前供述。"该条对被告人翻供的情况下，如何采信口供的问题进行规定。

在评估口供的可靠性时，必须谨慎地审视并妥善解决翻供的问题。必须清楚地认识到犯罪嫌疑人、被告人的翻供可能存在多种目的：有的只是出于掩饰自己的罪名，以及试图掩盖自己的真实身份，还有的则可能是对自己的辩解，以及表达自己的反驳意见。尽管翻供可能会延迟案件的审理，增加案件的处理难度，但是要坚持"纠错"态度。若发生了翻供行为，要保持清醒，谨慎地思考，判断翻供的原因。应当分清供述的真伪，确定供述的证据价值。

➡ 练习案例

1. 王某开了一家饭店，陈某某负责为其提供食材。双方才开始业务往来时每次送货收货都有手续，但时间久了之后，王某收货时就不再为陈某某打收条，陈某某也认为双方业务关系一直很好，因此陈某某在收到王某的货款时也没有打收条。后因王某长期拖欠陈某某的货款，陈某某将王某诉至法院，要求王某支付货款 33 000 元。在庭审过程中，陈某某没有证据证明其给王某送货，但在法官询问双方是否存在业务关系时，王某承认陈某某为其送了货，价款为 33 000 元。但王某同时又说已经给陈某某货款 12000 元，实际他只欠陈某某货款 4000 元，但是因为王某没有证据证明其已经给陈某某货款 12000 元（因王某没有收到条），所以法院最后判决王某支付陈某某货款 16 000 元。事实上王某确实给陈某某已经支付了 12000 元。

问题：

王某承认陈某某为其送了货，价款为 33 000 元，这是否构成自认？法律后果是什么？

2. 被告人胡某经预谋后，携带自制的尖刀、铁丝圈在深圳市福田区红荔路骗乘被害人段某（男，时年 21 岁）驾驶的牌号为粤 BX5952 的红旗牌出租车。当车行至深圳市南山区桃源村附近时，胡某趁段某不备，持铁丝圈套住段某的颈部，段某用双手拉住铁丝圈挣扎，胡某用力绞紧铁丝圈将段某勒昏，后将段某丢弃在路边，劫得段某的汽车逃离现场。段某苏醒后报警。本案的主要证据有：被告人供述、被害人陈述、物证（尖刀、铁丝等）、现场勘查笔录等。被害人车辆行驶证上提取到被告人指纹、被告人有罪供述内容称将被害人的鞋脱下后放在汽车后箱内备胎旁与现场勘查提取情况一致，钢铁材料分析测试报告显示被害人颈部缠绕的铁丝与被告人家中搜查出的铁丝系同一炉批、同一批次加工等。被告人到案后供认犯罪事实，后翻供。

问题：

对于翻供，如何进行审查判断？

思考题

1. 如何对当事人陈述进行审查判断？
2. 简述自认的法律效力是什么？
3. 如何对犯罪嫌疑人、被告人供述辩解进行审查判断？
4. 如何区分供述、辩解和攀供？

鉴定意见

⬤学习指导

通过本章学习，应当掌握鉴定意见的概念和特点、鉴定意见的分类和范围、鉴定主体与鉴定程序、鉴定意见的审查与运用。梳理鉴定意见与其他证据种类的区别与独特性。重点在于掌握鉴定主体的资格审查与权利义务、鉴定程序的启动与救济。难点在于掌握鉴定意见对于案件的证明作用以及鉴定意见作为一种专业领域的问题对于非专业人员如何避免出现认知差异。

第一节　鉴定意见概述

一、鉴定意见的概念

在我国，鉴定意见作为一种重要的证据种类，其法源主要是 2005 年第十届全国人大常委会通过的《全国人民代表大会常务委员会关于司法鉴定管理问题的决定》，司法部发布的《司法鉴定程序通则》，《刑事诉讼法》《民事诉讼法》和《行政诉讼法》关于司法鉴定问题的规定以及相关司法解释。在证据法上，我国"鉴定意见"的称谓与域外证据学"专家证人意见"本质上是一致的表述，二者含义都是指具有专门知识的人在专业领域就专门问题提供的专业性意见。而在我国诉讼法传统上，这种专业性问题主要通过司法鉴定管理制度来解决。

所谓鉴定意见，是指在诉讼活动中鉴定人运用科学技术或者专门知识对诉讼涉及的专门性问题进行鉴别并作出的带有判断性的专业性意见。进入 21 世纪以来，随着社会分工的细化和科学技术的发展，在裁判过程中经常会遇到一些超出法官知识范围的专门性问题需要解决，如笔迹比对、毛发血迹比对、被害人伤残等级确定或死因确定、被告人精神状况等问题。而这些专业性问题就需要相关领域专家去辅助法官弥补其认知上的鸿沟，因此鉴定意见的学科基础通常被称为法庭科学（Forensic Science）。从这个意义上讲，辅之以科学技术等检测方法用于解决诉讼中事实认定的问题，都被视为法庭科学的范围。因而法庭科学中以科技型证据呈现的证据材料与鉴定意见中的"科学证据"[1] 类型是种属之间的关系。换言之，广义的科学证据还包括以电子数据、视听资料等为载体形式呈现的证据材料；而狭义的科学证据仅包含鉴定意见这一证据种类。

时至今日，鉴定意见作为一种极为重要的"科学证据"，一方面在帮助法官发现事实、还原事件真相方面起到了积极的作用，另一方面却因越来越多地受到来自司法职业者和当事人的挑战和非议而逐渐褪去"证据之王"[2] 的光环，从而使得鉴定意见这一特殊证据种类成为近年学界引人瞩目的研究热点。

鉴定意见又叫鉴定人意见，是整个鉴定过程的最后结果，通常情况下带有一定的结论性，故在我国 1979 年和 1996 年的《刑事诉讼法》上鉴定意见被称为"鉴定结论"，直至 2012 年《刑事诉讼法》才改称为"鉴定意见"。这个名称的改变体现了观念上的变化。原来叫"鉴定结论"给人的感觉是结论性的，法官必须要采信；现在叫"鉴定意见"意思是专家仅提供意见，法官是否采信还是由其最终决定。应当说，鉴定意见的称谓更加符合证据法认识论的规律。2010 年两院三部《办理死刑案件证据》中首次采用"鉴定意见"的术语，也体现了我国开始正视由于司法鉴定环节的频频失误促使法官和检察官观念发生深刻变化，而不再把侦查机关的司法鉴定结论视为权威的、理所当然应该接受的既定结论。[3]

值得注意的是，《刑事诉讼法》第 128 条规定了在侦查阶段"必要的时候，可以指派或者聘请具有专门知识的人，在侦查人员的主持下进行勘验、检查"；2021 年最高院《刑诉解释》第 100、101 条又规定"因无鉴定机构，或者根据法律、司法解释的规定，指派、聘请有专门知识的人就案件的专门性问题出具的

---

[1] "科学证据（Scientific Evidence）"是一个源于普通法系法律移植意义上的舶来概念，除证据本身带有的科技属性而被称为"科学型证据"，还包括建立在普通法系专家证人制度上的"专家意见型证据"。本文"科学证据"仅指代后者"专家意见型证据"，且后者与我国诉讼法中"具有专门知识的人"虽在外延和内涵上有差异，但在核心和范畴上很大程度是吻合的，都强调专家或鉴定人之判断性意见必须建立在科学的方法及程序上。详见：［美］爱德华·J. 伊姆温克尔里德：《科学证据的秘密与审查》，王进喜等译，中国人民大学出版社 2020 年版，第 5 页。

[2] 柴会群：《从"证据之王"到"是非之王"——司法鉴定争议录》，载《南方周末》2010 年 1 月 21 日，第 8 版。

[3] 张军、姜伟、田文昌：《新控辩审三人谈》，北京大学出版社 2014 年版，第 254-255 页。

报告，可以作为证据使用；"有关部门对事故进行调查形成的报告，在刑事诉讼中可以作为证据使用；报告中涉及专门性问题的意见，经法庭查证属实，且调查程序符合法律、有关规定的，可以作为定案的根据"；2022 年最高院《民诉解释》第 122 条规定："当事人可以……申请一至二名具有专门知识的人出庭，代表当事人对鉴定意见进行质证，或者对案件事实所涉及的专业问题提出意见。具有专门知识的人在法庭上就专业问题提出的意见，视为当事人的陈述。"

根据以上法律规定可以看出，我国在尝试解决司法鉴定中证据可信性的问题上，引入了一个新的诉讼参与人进入审判阶段，即"具有专门知识的人"，在我国理论中通称为"专家辅助人"，但由于法律对专家辅助人的诉讼地位语焉不详，由此造成理论和实务中争议较大；[1] 且随着司法实践发展和证据理念的更新，无论是传统的单一性司法鉴定意见，还是上述法规所称"专门性问题报告""事故调查报告"均统摄于鉴定意见这一法定证据种类之下，表明我国逐渐形成了一种新型的专门性问题多元证据格局的解决方案。[2]

二、鉴定意见的特点

(一) 意见性

鉴定意见要求鉴定人根据提供的资料运用专门知识和技能进行分析、判断后形成专家意见。从本质上说，鉴定意见是鉴定人对案件中的专门性问题提出的带有判断性的意见，属于意见性证据。鉴定意见不是指报告鉴定中观察到的事实而是在观察和检验基础上作出的理性分析、判断意见。

(二) 判断性

鉴定意见为鉴定人的意见，该意见并不是鉴定人对送检材料的说明，其不仅要求鉴定人叙述根据案件材料所观察到的事实，更为重要的是，鉴定人必须对这些事实在观察、检验、分析等科学技术活动的基础上得出主观性的认识，该主观性认识即为对案件中专门性问题作出的鉴别和判断。换言之，鉴定意见就是鉴定人的判断性意见。

(三) 证明性

鉴定意见作为诉讼证据的法定种类之一，其对于待证事实的证明作用基本

---

[1] 关于专家辅助人诉讼地位的学界争议，本章第二节有关鉴定救济程序的内容中有相应论述，此处不赘述。

[2] 吴洪淇：《刑事诉讼专门性证据的扩张与规制》，载《法学研究》2022 年第 4 期。

体现在直接和间接证明性上：从鉴定意见与待证事实的关系看，若鉴定意见能够直接证明案件的要件事实，则该鉴定意见具有直接证明性。如在人身损害案件中，根据人身损伤的后果可以进行损伤程度鉴定，确定人身损伤属于重伤、轻伤还是轻微伤，以此确定是否负刑事责任、民事赔偿责任以及确定相应的赔偿标准；在对案件有争议的账目、单据等会计资料进行鉴定，确定资金流动和存在状况，可直接证明有无犯罪、违法事由发生以及涉案金额等；若鉴定意见对案件待证事实起辅助证明作用，即鉴定意见只能证明案件事实中的一个片段，如实践中大量存在的根据指纹、足迹、血迹得出的痕迹鉴定意见只能准确认定人的身份，但不能直接证明被认定人与案件事实的关系，仍需结合其他在案证据来明确鉴定意见与案件事实的部分证明关系。又如在刑事案件中对被害人的死因鉴定，因鉴定所依据的材料不同所起的证明作用也不同，血型和 DNA 鉴定既可以推断被害人的身份，也可以确定被害人的死因（失血性死亡或中毒死亡等）；骨骼鉴定既可以判断损伤位置和致死原因，也可以根据骨骼分析的被害人身体特征如年龄、身高、性别而推断被害人身份。

（四）书面性

鉴定意见应当是鉴定人对送检材料进行检验测定后作出的书面意见，而不能是口头陈述。这是因为：其一，鉴定中涉及的许多专门性问题和特定含义的专业术语很难用口语表达清楚；其二，鉴定意见还需经过审查与复核，其中的各种数据和检测参数等必须记录清楚，以免造成误解。因此，《刑事诉讼法》第147 条要求"鉴定人进行鉴定后，应当写出鉴定意见，并且签名"。

（五）可替代性

公安司法机关为了解决案件中的专门性问题，指派或聘请具有专门知识的人对之进行鉴定，犯罪嫌疑人、被害人也可以补充鉴定或重新鉴定。事实上，随着诉讼程序的推进，对同一专门性问题，公安、检察、审判三机关都有权启动司法鉴定程序进行鉴定，且当事人也可以聘请鉴定人进行鉴定，而最终采信哪一个鉴定意见由法庭决定。但是不管是谁启动司法鉴定程序所得出的鉴定意见，都是解决案件中的专门性问题，都具有可替代性。

三、鉴定意见的分类

（一）同一认定型鉴定意见、种属认定型鉴定意见和性质状态型鉴定意见

根据鉴定所解决的问题性质不同，可以把鉴定意见分为上述三种鉴定意见。其中同一认定型鉴定意见是以确定物体或人身是否同一为目的的鉴定意见，如

认定某指纹是否为某人手指所留的指纹鉴定意见、认定某笔迹是否为某人所写的笔迹鉴定意见等；种属认定型鉴定意见是以确定物体或物质的种类所属为目的的鉴定意见，如确定白色粉末是否为海洛因的毒物鉴定意见等；性质状态型鉴定意见是以确定人或物的性质或状态为目的的鉴定意见，如确定人体损伤程度的鉴定意见等。

（二）痕迹物证鉴定意见、文书物证鉴定意见、化学物质鉴定意见、生物物证鉴定意见以及音像物证鉴定意见

根据鉴定对象的物质特征不同，可以把鉴定意见分为上述鉴定意见。痕迹物证鉴定意见的对象为人或物在物质载体上留下的痕迹，如指纹、足迹、枪弹痕迹、牙齿痕迹等；文书物证鉴定意见针对文书类物证展开鉴定，如文书书写时间鉴定、伪造或变造文书鉴定、打印或复印纸张鉴定等；化学物质鉴定意见是指采取化学检验方法或仪器分析方法进行检验的有机物质或无机物质的鉴定，如毒物物质鉴定、爆炸物物质鉴定、纵火物物质鉴定等；生物物证鉴定意见是指采用生物学检验方法进行检验的各种生物物质的鉴定，如血液鉴定、精斑鉴定、唾液鉴定、毛发鉴定、人体组织鉴定等；音像物质鉴定意见是指运用现代科学技术来检验、鉴别的音像物证或视听资料的鉴定，如照片鉴定、录音录像鉴定等。

（三）法医类鉴定意见、物证类鉴定意见、声像资料类鉴定意见、环境损害类鉴定意见以及司法会计，工程技术，产品质量，物价类等其他鉴定意见

这是以鉴定学科的不同为标准作出的划分，也是按照我国司法鉴定有关法律规定作出的分类。这种分类对加强研究和统一同一学科下鉴定的科学方法有积极意义。法医类鉴定意见，是指依据法医学专业知识和技术手段，用以检测包含死亡时间、原因、伤害程度、造成损伤的部位以及致死的凶器种类，鉴别血型、基因是否同一，鉴别医疗事故的原因、损害程度以及被鉴定人劳动能力等专门性问题。物证类鉴定包括文书鉴定、痕迹鉴定以及微量鉴定。声像资料鉴定是指运用物理学和计算机学的原理和技术，对录音带、录像带、磁盘、光盘、图片等载体上记录的声音、图像信息的真实性、完整性及其所反映的情况过程进行鉴定；并对记录的声音、图像中的语言、人体及物体作出种类或同一认定。环境损害鉴定是指运用环境科学的技术或专门知识，采用监测、检测、现场勘察、实验模拟或综合分析等技术方法，对环境污染或生态破坏诉讼涉及的专门性问题进行鉴别或判断并提供鉴定意见的活动。其鉴定内容包含确定污染物的性质，确定生态环境遭受损害的性质、范围和程度，评定因果关系，评定

污染治理与运行成本以及防止损害扩大、修复生态环境的措施和方案等。

另外在司法实践领域，一些涵盖庞杂知识的专业性问题近年屡屡成为法庭质证、认证的争议焦点，甚至对定罪量刑有重大影响，却因缺少制定性的法律规范长期游离于统一司法鉴定管理体制之外，如价格鉴定[1]、司法会计鉴定、知识产权鉴定、建设工程鉴定、产品质量鉴定等，且持续更新的行业技术标准的分散、复杂也加剧了统一鉴定意见质量标准的难度。这也是亟待法律规范下一步明确的地方。

第二节　鉴定人与鉴定程序

一、鉴定人

《全国人民代表大会常务委员会关于司法鉴定管理问题的决定》第 4 条规定："具备下列条件之一的人员，可以申请登记从事司法鉴定业务：（一）具有与所申请从事的司法鉴定业务相关的高级专业技术职称；（二）具有与所申请从事司法鉴定业务相关的专业执业资格或者高等院校相关专业本科以上学历，从事相关工作五年以上；（三）具有与所申请从事的司法鉴定业务相关工作十年以上经历，具有较强专业技能。因故意犯罪或者职务过失犯罪受过刑事处罚的，受过开除公职处分的，以及被撤销鉴定人登记的人员，不得从事司法鉴定业务。"根据上述规定在我国，未成年人、有犯罪记录的人、被开除过公职的人均不可能成为鉴定人。

（一）鉴定人的诉讼地位

关于鉴定人的法律地位，有不同的观点。普通法系认为鉴定人是所谓"专家证人"，专家证人的诉讼权利和义务与证人一样。大陆法系则认为，鉴定意见作为一种独立的证据种类，鉴定人必须具有专门的知识，不同于一般的证人。

---

[1]　最高检主办并运行的"检答网"在 2023 年西藏林芝市米林市检察院向其咨询中，就"价格认定结论书是属于鉴定意见还是书证"解答道：①价格认定结论书在证据属性上有别于鉴定意见。因相关价格认定机构在出具的价格认定结论书中无需价格认定人签名，只需价格认定机构盖章；②价格认定书凝聚着价格认定人的主观判断，与案发过程中形成的书证有别，不宜认定为书证；③最高检法律政策研究室与发改委、最高法沟通后，倾向将价格认定结论书视为"准鉴定意见"；④价格认定结论书参照最高院《刑诉解释》87 条"专门性问题报告"的证据类型进行审查与认定。由此可见，我国对这类新证据类型仍采用"参照模式"审查，特别在刑事涉案财物处理中对被告人质证尤为不利。详见顾永忠：《涉案财产价格认定的应然属性及其管理体制》，载《法治研究》2021 年第 2 期。

如法国学者将鉴定人称为审判法官的"科学辅助人"[1]，补充法官所缺乏的知识。在我国，鉴定人作为一种独立的诉讼参与人并享有相关的权利和义务。鉴定人与证人有着本质区别，也不同于最高院《民诉证据规定》第83条和最高院《刑诉解释》第100条规定的"有专门知识的人"。

（二）鉴定人的权利与义务

1. 鉴定人的权利。根据司法部颁布的《司法鉴定人登记管理办法》第21条之规定，司法鉴定人享有以下权利：①了解、查阅与鉴定事项有关情况和资料，询问与鉴定事项有关的当事人、证人等；②要求鉴定委托人无偿提供鉴定所需要的鉴材、样本；③进行鉴定所必需的检验、检查和模拟实验；④拒绝接受不合法、不具备鉴定条件或者超出登记的执业类别的鉴定委托；⑤拒绝解决、回答与鉴定无关的问题；⑥鉴定意见不一致时，保留不同意见；⑦接受岗前培训和继续教育；⑧获得合法报酬；⑨法律、法规规定的其他权利。

2. 鉴定人的义务。根据《司法鉴定人登记管理办法》第22条之规定，司法鉴定人应当履行以下义务：①受所在司法鉴定机构指派按照规定时限独立完成鉴定工作，并出具鉴定意见；②对鉴定意见负责；③依法回避；④妥善保管送鉴的鉴材、样本和资料；⑤保守在执业活动中知悉的国家秘密、商业秘密和个人隐私；⑥依法出庭作证，回答与鉴定有关的询问；⑦自觉接受司法行政机关的管理、监督和检查；⑧参加司法鉴定岗前培训和继续教育；⑨法律、法规规定的其他义务。

二、鉴定程序

鉴定程序即鉴定过程，大体可分为启动、分析判断、作出鉴定意见以及救济四个程序阶段。其中分析判断和作出鉴定意见涉及不同领域的专业科学性问题，实不属于证据法学的研究对象，故此处只针对鉴定意见的启动和救济作阐述。

（一）鉴定的启动

根据启动人的诉讼地位不同，鉴定程序的启动分为自行鉴定、指派鉴定与委托鉴定。

1. 自行鉴定。自行鉴定是指诉讼案件的当事人自行委托鉴定人并提供鉴定资料，由鉴定人出具鉴定意见并提交法院作为证明自己主张成立的证据。自行

---

[1] 周欣主编：《中外刑事侦查概论》，中国政法大学出版社1999年版，第242页。

鉴定启动人一般是刑事案件自诉人或民事案件原告，而鉴定人的选任和鉴定资料的提供全由当事人自主决定。自行鉴定一般发生在诉讼前，因此也被称为"诉前鉴定"。由于自行鉴定很大程度符合当事人自治原则，决定了其较易发生在民事诉讼领域。自行鉴定虽有利于防止依法官指派鉴定产生权力寻租等司法腐败问题，且也能有效减少法官依职权主动开启鉴定而发生侵害民事当事人处分权的情形。但由于民事当事人启动鉴定带有明显有利于己方的证明倾向性，若鉴定人与当事人间的存在金钱交易等现象，将导致鉴定意见的信息失实。再者依最高院《民诉证据规定》第 41 条，对于一方当事人就专门性问题自行委托有关机构或者人员出具的意见，另一方当事人有证据或者理由足以反驳并申请鉴定的，人民法院应予允许。一般而言对方当事人会对诉前鉴定提出反驳并申请重新鉴定，加之我国鉴定人出庭制度尚未完善，往往导致自行鉴定流为形式。

2. 指派鉴定。指派鉴定是指刑事调查机关为解决案件中的专门性问题，由公安机关或检察机关办案人员依职权指定本机关内设专职鉴定人员进行鉴定的一种鉴定启动方式。因此指派鉴定仅限于刑事诉讼领域，带有明显的职权性。指派鉴定多发生在侦查阶段，启动主体是公安机关或检察院，其鉴定人是本机关内设专职鉴定人。

与普通法系当事人主义的诉讼模式不同，我国在犯罪调查中职权主义倾向与大陆法系国家保持一致。一方面，采职权主义模式大陆法系国家大多施行侦控方"单向启动"的鉴定启动方式，[1] 与普通法系国家当事人"双向启动"有别，符合我国司法实际。但过分强调职权主义也有可能侵害当事人权利，故应有法律规制侦控方肆意启动鉴定的职权行为，如在侦查阶段因侦查机关怠于启动而赋予嫌疑人提出相关证据后强制启动精神病问题、非正常死亡原因、未成年人身份年龄等关系其不负刑事责任能力的鉴定程序启动权利。另一方面，在刑事案件中强调职权启动鉴定是必要的。刑事案件中因所涉利益重大，对案件的侦破的时间较为急迫，而且一些特殊的鉴定有时效性，错过了最佳鉴定时间可能会造成结果的不准确，再者侦控职权机关往往具有当事人不具备的提取鉴定材料或保存其不被污染的能力。因此客观来说，指派鉴定在刑事犯罪调查中具有效率高、结果准确的优点。

3. 委托鉴定。委托鉴定是指在审判阶段，法院自行决定或依当事人申请而同意，委托具有法定资质的鉴定人进行鉴定的一种鉴定启动程序。委托鉴定包

---

〔1〕 王跃、王钰玺：《司法鉴定选任二元模式研究》，载《证据科学》2023 年第 1 期。

括法院依职权委托鉴定和当事人申请委托鉴定两种启动方式。

我国民事诉讼中规定了法院依职权启动委托鉴定的证据主要涉及损害国家利益、社会公共利益、身份关系、劳务派遣因工作受损、恶意串通损害他人合法权益等情形；而不论刑事诉讼的控辩双方，民事诉讼双方当事人均有权利提出委托鉴定申请。通常情况，法院在同意当事人委托鉴定申请后，在双方合意基础上协商选任鉴定人，协商不成的才转变为法院指定鉴定。如若法院不同意当事人委托鉴定的应附相应书面理由，提出鉴定的一方还可申请复议。

（二）鉴定的救济

鉴定的救济主要体现在两方面：其一，鉴定意见经庭审质证，一方或双方诉讼当事人提出异议，可依法提出申请要求原鉴定人补充鉴定或委托其他鉴定人重新鉴定；其二，当事人可通过专家辅助人，对鉴定意见提出意见，并对鉴定人进行询问。

1. 补充鉴定与重新鉴定。补充鉴定是指在原有鉴定意见基础上，就原鉴定中的个别问题由原鉴定人再次进行修正和补充的鉴定方法。补充鉴定启动事由包括：原鉴定意见措辞有错误或表述不确切；原鉴定书对鉴定意见的答复不完备；原鉴定意见作出后，委托鉴定方又获得了可能影响原鉴定意见的材料等。

重新鉴定指法院对初次鉴定或补充鉴定意见进行审查后对其是否采信仍存有疑虑因而由法院决定或依当事人申请且符合重新鉴定条件而为法院允许的，委托原鉴定人以外的鉴定人再次进行鉴定。重新鉴定的启动事由包括：鉴定人不具备相应资格；鉴定程序严重违法；鉴定意见明显依据不足；经法庭质证不能作为证据使用的其他情形。

我国三大诉讼法中均明确了当事人可以申请补充鉴定和重新鉴定的情形，但缺乏具体的适用规则。司法实践中经常发生同一鉴定事项多头鉴定、重复鉴定等情况，甚至出现"以鉴定机构层级论鉴定意见权威、公正性"的现象，这类问题应当在今后相关制度设计中加以完善。

2. 专家辅助人。如前所述，我国在三大诉讼法中在审判阶段引入了一个新的诉讼参与人，[1] 这些法律规范中"有专门知识的人"在证据法理论中称为

---

[1] 除前述刑事、民事诉讼中的"具有专门知识的人"相关法律规定以外，我国行政诉讼中也规定了专家辅助人制度。如最高院《行诉证据规定》第48条："对被诉具体行政行为涉及的专门性问题，当事人可以向法庭申请由专业人员出庭进行说明，法庭也可以通知专业人员出庭说明。必要时，法庭可以组织专业人员进行对质……专业人员可以对鉴定人进行询问。"

"专家辅助人"。所谓专家辅助人，是指具有特殊专门知识或经验的人员，受当事人的聘请委托，于诉前或诉讼过程中帮助当事人分析技术问题、评价鉴定意见，必要时经法庭准许出庭，就案件中所涉及的专门性问题发表评论和意见，针对鉴定意见询问鉴定人、与之对质的人员。[1] 一种新的诉讼参与角色引入，必然引起与其他诉讼参与角色的协调，因此明确专家辅助人的诉讼地位，对于构建专家辅助人制度至关重要。

目前学界以专家辅助人的诉讼角色是否参照鉴定人的独立诉讼参与人地位作出区分，主要有"肯定说"和"否定说"。"肯定说"主张专家辅助人的意见不是一种诉讼证据，其作用仅供法官在评价鉴定意见时作参考，因此专家辅助人既不是鉴定人也不是域外的专家证人，是一种特殊的独立诉讼参与人；"否定说"主张专家辅助人的意见既包括针对鉴定意见的质证意见，也包括不针对鉴定意见的独立性意见，因而专家辅助人是类似但不同于鉴定人的专家证人，不具有独立诉讼地位。本书赞同"否定说"。如果说在民事案件中以双方当事人双向启动鉴定居多，"肯定说"有其合理性，但以刑事诉讼侦控方单向鉴定的启动权为出发点，由于被告辩护方聘请的专家辅助人只能接触到控方的鉴定"意见性报告"，因而辩护方专家辅助人只能就控方意见报告进行质证，是一种相对于"官方"鉴定人的"私人"专家证言。因此，专家辅助人按照我国法律规定，将其视为当事人衍生出来的质证意见符合司法实践与诉讼传统。

第三节 鉴定意见的审查判断

作为我国法定证据种类的鉴定意见，其审查判断是指公安、司法工作人员、当事人及其辩护人、司法鉴定人在诉讼过程中对相关鉴定意见进行审查、甄别、分析、判断，找出它们与案件事实之间的客观联系，并确定其有无证据能力和证明力大小的诉讼活动。虽然我国对鉴定意见采取法定登记司法鉴定制度，即一旦法律对司法鉴定机构和鉴定人作出授权并认可，就表明相关专业领域属于

---

[1] 编者语：专家辅助人不是一个法定概念，而是学界、鉴定界常用的称谓，用以指代规范概念中的"有专门知识的人"。应当说我国专家辅助人制度是尝试借鉴普通法系"专家证人"的一种质证制度，但现实是我国专家辅助人既不同于鉴定人，也与域外专家证人有所区别。关于该称谓的渊源和诉讼地位的讨论，详见李学军、朱梦妮：《专家辅助人制度研析》，载《法学家》2015 年第 1 期；吴洪淇：《刑事诉讼中的专家辅助人：制度变革与优化路径》，载《中国刑事法杂志》2018 年第 5 期；章礼明：《比较法视野中辩方专家辅助人的角色定位》，载《证据科学》2022 年第 3 期。

鉴定意见的受理范围，这仅明确了相关专业领域的证据能力问题。但实际上，鉴定意见作为一份专家意见报告，专家依赖的方法、原理和理论是否符合相关专业规范要求；鉴定材料本身是否真实和充分；作出的推理是否科学、可靠；甚至鉴定人是否受到外界干扰等诸多因素，都可能影响鉴定意见最终的证据能力和证明力。因此在鉴定意见的审查判断中，鉴定主体的资格、检材的真实有效性、鉴定意见的形式要件、鉴定意见程序与方法等是其着重审查的内容，具体如下：

一、鉴定主体资格和条件的审查

我国采取司法—行政鉴定体制二元管理模式。鉴定机构和鉴定人具有法定的资质才能依法从事鉴定业务，其所作出的鉴定意见才能具备证据能力。换言之，无论提供的鉴定意见科学、权威与可信与否，只要鉴定主体不具备相关法定资格和条件，都要被排除于法庭定案根据之外。关于鉴定主体资质和条件问题，前述鉴定机构的审核登记与鉴定人义务中已提及此处不再赘述。

二、检材真实有效性的审查

司法实践中经常会出现诉讼双方就作为鉴定对象的送检材料即"检材"的真实性和同一性发生争议。诉讼双方围绕检材真实有效性争议的焦点主要集中在检材的来源、取得、保管、送检是否符合法律、有关规定；与相关提取笔录、勘验检查笔录、扣押物品清单等记载的内容是否相符；检材是否充足、可靠等。首先，如果检材存在来源不明，或受到污染而不具备鉴定条件的情况，即使鉴定人遵循科学鉴定的程序和方法，使用适当的设备和技术，也无法提供真实可靠的鉴定意见；其次，如果检材与笔录类证据及扣押物品清单无法核对并相符时，那么鉴定人作出的鉴定意见对事实认定将变得毫无意义；最后，如果鉴定委托机关提供的检材、样本与拟鉴定的实物证据存在不一致、不可靠的情形，鉴定人作出的鉴定意见将因检材错误而出现南辕北辙，甚至混淆视听的事实认定。证据法理论中常说的判断检材是否发生"证据保管链条的中断"，就是为事实认定者判断鉴定意见的真实性和有效性而规定的审查判断方法，而检材的真实性无法保证的情况下，或称检材的证据保管链条发生中断，鉴定人对该检材所作的任何鉴定意见也就不具有证据能力而只能被排除在定案的根据之外。

三、鉴定意见形式性要件的审查

法律和相关司法解释对鉴定文书的制作规定了一些明确的技术性要求，这些构成了鉴定意见的形式性要件。如是否注明提起鉴定的事由；是否写明鉴定委托人、鉴定机构、鉴定要求、鉴定过程、鉴定方法、鉴定日期等相关内容；是否由鉴定机构加盖司法鉴定专用章并由鉴定人签名、盖章等。从规范层面看，最高院《民诉证据规定》第 40 条第 3 款规定"对鉴定意见的瑕疵，可通过补正、补充鉴定或补充质证、重新质证等方法解决的，人民法院不予准许重新鉴定的申请"；同时，最高院《刑诉解释》第 98 条规定"鉴定意见具有下列情形之一的，不得作为定案的根据：……（七）鉴定文书缺少签名、盖章的"，我国在鉴定意见形式要件缺失的证据审查上并存瑕疵证据补正原则和非法证据排除原则。

四、鉴定程序与方法不符合专业规范要求的审查

我国相关法律规定了司法鉴定的程序，公安机关、检察机关或司法行政部门也就各类司法鉴定确立了明确具体的技术方法。违背了这些技术性较强的程序和方法，或违反了特定鉴定标准，鉴定主体作出的鉴定意见就可能被视为非法证据而被排除在定案根据以外。此外，除了法律规范中明确的鉴定过程和方法不符合相关专业的规范要求不得作为定案根据外，一些程序性规范也相继确立，如刑事诉讼中侦查机关应将用作证据的鉴定意见告知犯罪嫌疑人、被害人，如果犯罪嫌疑人、被害人提出申请，经法官允许可以补充或重新鉴定；又如，经法院通知，鉴定人拒不出庭作证的，鉴定意见不得作为定案的根据。

练习案例

念某因涉嫌犯故意杀人罪，于 2006 年 8 月 9 日被刑事拘留，同月 18 日被逮捕。之后经历数次审判，于 2014 年在福建省高级人民法院完成终审，并改判念某无罪。

在一审中，福建省中级人民法院认定：被告人念某与丁某（被害人）分别租用平潭县陈某家相邻的两间店面经营食杂店，存在生意竞争。2006 年 7 月 27 日晚，念某认为丁某抢走其顾客而心怀不满。次日凌晨 1 时许，念某产生投放鼠药让丁某吃了肚子痛、拉稀的念头，遂将案发前在平潭县医院附近摆地摊的杨某处购买的鼠药取出半包，倒在矿泉水瓶中加水溶解后，潜入食杂店丁家厨

房将鼠药水从壶嘴倒入烧水铝壶的水里。当晚，丁某的孩子俞乙（被害人，殁年10岁）、俞丙（被害人，殁年8岁）、俞甲（被害人，时年6岁）食用了使用壶水烹制的稀饭和青椒炒鱿鱼，丁某食用了其中的稀饭和青椒，房东陈某及其女儿念某食用了其中的青椒炒鱿鱼。后俞乙、俞丙、俞甲等人相继出现中毒症状。次日凌晨，俞乙、俞丙经抢救无效死亡，经鉴定系氟乙酸盐鼠药中毒。俞甲接受住院治疗。据此，福州市中级人民法院认为，被告人念某投放危险物质致二人死亡的行为已构成投放危险物质罪。念某再次上诉至福建省高级人民法院。经审理后，福建省高级人民法院认定相关证据矛盾和疑点无法合理解释、排除，全案证据达不到确实、充分的证明标准，不能得出系上诉人念某作案的唯一结论，改判念某无罪。

本案中，终审法院虽最终认定二被害人系中毒死亡，但不能排除他人作案的可能。相关裁判书指出，案件鉴定意见存在如下操作问题：其一，鉴定人将一名被害人的尿液质谱图误作标样质谱图归档，将另一名被害人呕吐物的质谱图误作其心血质谱图归档；其二，检验电子数据的文件名与检材名称相左；其三，鉴定人员并未设置"空白"对照检验环节，无法排除检材被污染的可能。

问题：

1. 本案终审裁判书所指出的鉴定意见存在的问题，违反了我国关于鉴定意见审查判断的哪些证据规则？

2. 结合本案，既然鉴定意见的范围是专业领域问题，而多数法官并不具备相关专业知识，在法庭审理过程中如何避免出现这种"认知悖论"？从被告人、辩护人以及法官角色谈谈你的理解。

➡ 思考题

1. 简述鉴定人的诉讼权利及义务。

2. 简述鉴定启动的方式有哪几种？

3. 试述如何对鉴定意见进行审查判断？

第
十
章

笔录类证据

学习指导

通过本章学习，应当理解勘验、检查、辨认、侦查实验等笔录证据和现场笔录证据的概念及类别，了解勘验、检查、辨认、侦查实验等笔录证据和现场笔录证据的特点，掌握勘验、检查、辨认、侦查实验等笔录证据和现场笔录证据的审查判断。

第一节　勘验、检查、辨认、侦查实验等笔录

一、勘验、检查、辨认、侦查实验等笔录的概念

笔录是公安司法人员在刑事诉讼过程中制作的各种记录。刑事诉讼中的笔录种类较多，我国刑事诉讼法重点规定了勘验、检查、辨认、侦查实验等笔录。此外，在司法实践中，搜查、扣押笔录及审判笔录也可以作为证据使用，用来证明物证、书证的来源，搜查、扣押程序是否合法及审判活动是否规范。

（一）勘验笔录

勘验笔录是指办案人员依法对与案件有关的场所、物品、尸体进行勘验、检验时制作的笔录。包括现场勘查笔录、物证检验笔录、尸体检验笔录。另外，随着科学技术的日新月异，电子数据被广泛大量运用在网络犯罪中，电子数据网络远程勘验笔录也应运而生，成为勘验笔录中的新的类别。

勘验笔录主要有以下几种：

1. 现场勘查笔录，又称之为场所勘验笔录，是指办案人员对犯罪现场及其他与犯罪有关的场所进行勘验时制作的笔录。这种记录的内容包括勘验的人员、过程和发现的证据等情况，记录的形式包括勘验的文字记录、绘图、照相、录

音、录像等。

2. 物证检验笔录，是指办案人员对单个物证进行检查时制作的笔录。这种记录的内容包括发现物证的位置、物证的特征和性质以及进行检验的过程等情况，记录的形式包括文字记录、绘图、照相、录像等。鉴于物证检验往往在现场勘查等活动中进行，物证检验笔录常被作为现场勘查笔录的附件。

3. 尸体检验笔录，是指由办案人员指派的法医或者聘请的医师对尸体表面进行检验或解剖检验时制作的笔录。这种记录的内容包括检验的过程和发现的情况，如尸体的外表特征和伤口以及尸斑、尸温等尸体变化情况，记录的形式包括文字记录、照相和录像等。

4. 远程勘验笔录，又称网络远程勘验笔录，是指针对难以在现场提取的电子数据采取网络远程勘验时制作的笔录。《电子数据规定》第 29 条第 3 项规定："网络远程勘验，是指通过网络对远程计算机信息系统实施勘验，发现、提取与犯罪有关的电子数据，记录计算机信息系统状态，判断案件性质，分析犯罪过程，确定侦查方向和范围，为侦查破案、刑事诉讼提供线索和证据的侦查活动。"2019 年公安部制发《公安机关办理刑事案件电子数据取证规则》第 31 条规定"远程勘验结束后，应当及时制作《远程勘验笔录》，详细记录远程勘验有关情况以及勘验照片、截获的屏幕截图等内容"。

（二）检查笔录

检查笔录，又称为人身检查笔录，是指对活人的身体进行检查时制作的笔录。记录的内容包括办案人员检查的过程和发现的外部特征、伤害情况和生理状态等情况；记录的形式包括文字记录、照相和录像等。

（三）辨认笔录

辨认笔录，是指侦查人员对让被害人、证人或犯罪嫌疑人对与案件有关的物品、文件、人员、场所、尸体等进行的辨别和确认所作的记录。

（四）侦查实验笔录

侦查实验等笔录，是指侦查人员为了确定和判明与案件有关的某一事实或者现象在某种情况下能否发生或者怎样发生，而模拟案件原有条件，将该事实或者情况实验性地重新加以演示所作的记录。

二、勘验、检查、辨认、侦查实验等笔录的特点

（一）主体的特定性

勘验、检查、辨认、侦查实验等笔录的制作主体具有特定性。勘验、检查

笔录可以由侦查人员、检察人员、审判人员制作，而辨认笔录、侦查实验笔录只能由侦查人员制作。上述主体都是公安司法机关工作人员，其他机关和个人无权制作勘验、检查、辨认、侦查实验等笔录。

（二）形式的规范性

勘验、检查、辨认、侦查实验等笔录的形式具有规范性。这既体现了刑事诉讼活动对该类证据的严格要求，也体现了这类证据在司法实践中运用的客观规律。这种规范性表现在笔录格式的规范性、笔录用语的规范性以及笔录签名的规范性，这是该类证据具有证据能力或证明力的重要保证。如使用格式化的表格、专用的笔录纸等。例如，刑事诉讼法规定，勘验、检查的情况应当写成笔录，由参加勘验、检查的人和见证人签名或者盖章；侦查实验的情况应当写成笔录，由参加实验的人签名或者盖章。

（三）内容的综合性

勘验、检查、辨认、侦查实验等笔录记载内容丰富，表现形式多样，具有综合性。该综合性表现在，该类证据反映的不是案件的单一事实，而是各种证据材料之间存在或者形成的具体环境条件和相互关系，体现了一种具有综合证明力的证据形式和来源；该类证据可以综合反映有关场所中多种证据的组合情况，包括物证之间的关系以及物证和周围环境的关系等；该类证据可以通过文字记录、现场绘图、现场照片或者录音录像等多种形式反映有关案件事实的情况。

（四）具有客观性

勘验、检查、辨认、侦查实验等笔录都是对有关人、物、场所的状况以及勘验、检查、辨认、侦查实验活动的客观记录，与其他证据相比较，更具有客观性。即该类证据只能真实地记录现场实际情形，而不能添加自己的判断性意见，是对勘验、检查等侦查、调查行为的过程和结果的一种客观记载，不应当掺杂任何主观的东西，这是它的鲜明特色。其客观性表现在：其一，证据的内容都是与客观存在的案件事实有关的情况，不包括有关人员的；其二，证据是客观记录，制作者只能记录自己看到的、听到的以及其他方式感知的案件事实，而不能记录侦查人员自己的分析、推测和判断。

（五）证明的间接性

勘验、检查、辨认、侦查实验等笔录对案件事实的证明具有间接性的特点。该类证据对有关人、物、场所的记录，往往是案件的结果，该记录本身并不能直接证明曾经发生案件的主要事实，也无法直接证明相关行为人的行为。因此，勘验、检查、辨认、侦查实验等笔录一般都不能单独作为认定案件事实的根据，必须与物证、书证、证人证言以及其他证据相结合共同证明案件事实。

三、勘验、检查、辨认、侦查实验等笔录的审查判断

（一）勘验、检查笔录的审查判断

在刑事诉讼法中，根据相关立法规定，对勘验、检查笔录的审查判断主要围绕着三个方面：

第一，勘验、检查是否依法进行，笔录制作是否符合法律、有关规定，勘验、检查人员和见证人是否签名或者盖章。

侦查人员对于与犯罪有关的场所、物品、人身、尸体应当进行勘验或者检查。在必要的时候，可以指派或者聘请具有专门知识的人，在侦查人员的主持下进行勘验、检查。侦查人员执行勘验、检查，必须持有人民检察院或者公安机关的证明文件。对于死因不明的尸体，公安机关有权决定解剖，并且通知死者家属到场。

为了确定被害人、犯罪嫌疑人的某些特征、伤害情况或者生理状态，可以对人身进行检查，可以提取指纹信息，采集血液、尿液等生物样本。犯罪嫌疑人如果拒绝检查，侦查人员认为必要的时候，可以强制检查。检查妇女的身体，应当由女工作人员或者医师进行。

勘验、检查的情况应当写成笔录，由参加勘验、检查的人和见证人签名或者盖章。人民检察院审查案件的时候，对公安机关的勘验、检查，认为需要复验、复查时，可以要求公安机关复验、复查，并且可以派检察人员参加。

第二，勘验、检查笔录是否记录了提起勘验、检查的事由，勘验、检查的时间、地点，在场人员、现场方位、周围环境等，现场的物品、人身、尸体等的位置、特征等情况，以及勘验、检查的过程；文字记录与实物或者绘图、照片、录像是否相符；现场、物品、痕迹等是否伪造、有无破坏；人身特征、伤害情况、生理状态有无伪装或者变化等。

第三，补充进行勘验、检查的，是否说明了再次勘验、检查的缘由，前后勘验、检查的情况是否矛盾。与此同时，如果勘验、检查笔录存在明显不符合法律、有关规定的情形，不能作出合理解释的，不得作为定案的根据。

在民事诉讼法中，勘验物证或者现场，勘验人必须出示人民法院的证件，并邀请当地基层组织或者当事人所在单位派人参加。当事人或者当事人的成年家属应当到场，拒不到场的，不影响勘验的进行。有关单位和个人根据人民法

院的通知，有义务保护现场，协助勘验工作。勘验人应当将勘验情况和结果制作笔录，由勘验人、当事人和被邀参加人签名或者盖章。

人民法院认为有必要的，可以根据当事人的申请或者依职权对物证或者现场进行勘验。勘验时应当保护他人的隐私和尊严。人民法院可以要求鉴定人参与勘验。必要时，可以要求鉴定人在勘验中进行鉴定。

（二）辨认笔录的审查判断

根据最高院《刑诉解释》的规定，对辨认笔录应当着重审查辨认的过程、方法，以及辨认笔录的制作是否符合有关规定。

最高检《规则》规定，辨认应当在检察人员的主持下进行，执行辨认的人员不得少于 2 人。在辨认前，应当向辨认人详细询问被辨认对象的具体特征，避免辨认人见到被辨认对象，并应当告知辨认人有意作虚假辨认应负的法律责任。几名辨认人对同一被辨认对象进行辨认时，应当由每名辨认人单独进行。必要时，可以有见证人在场。辨认时，应当将辨认对象混杂在其他对象中。不得在辨认前向辨认人展示辨认对象及其影像资料，不得给辨认人任何暗示。辨认犯罪嫌疑人时，被辨认的人数不得少于 7 人，照片不得少于 10 张。辨认物品时，同类物品不得少于 5 件，照片不得少于 5 张。对犯罪嫌疑人的辨认，辨认人不愿公开进行时，可以在不暴露辨认人的情况下进行，并应当为其保守秘密。

公安部《规定》中对辨认的程序及陪衬物数量也有相似规定。公安部《规定》第 260 条第 4 款规定："对场所、尸体等特定辨认对象进行辨认，或者辨认人能够准确描述物品独有特征的，陪衬物不受数量的限制。"对犯罪嫌疑人的辨认，辨认人不愿意公开进行时，可以在不暴露辨认人的情况下进行，并应当为其保守秘密。对辨认经过和结果，应当制作辨认笔录，由侦查人员、辨认人、见证人签名。必要时，应当对辨认过程进行录音录像。

最高院《刑诉解释》第 105 条规定："辨认笔录具有下列情形之一的，不得作为定案的根据：（一）辨认不是在调查人员、侦查人员主持下进行的；（二）辨认前使辨认人见到辨认对象的；（三）辨认活动没有个别进行的；（四）辨认对象没有混杂在具有类似特征的其他对象中，或者供辨认的对象数量不符合规定的；（五）辨认中给辨认人明显暗示或者明显有指认嫌疑的；（六）违反有关规定，不能确定辨认笔录真实性的其他情形。"

（三）侦查实验笔录的审查判断

根据最高院《刑诉解释》的规定，对侦查实验笔录应当着重审查实验的过程、方法，以及笔录的制作是否符合有关规定。侦查实验的条件与事件发生时的条件有明显差异，或者存在影响实验结论科学性的其他情形的，侦查实验笔录不得作为定案的根据。最高检《规则》规定，为了查明案情，必要时经检察长批准，可以进行侦查实验。侦查实验，禁止一切足以造成危险、侮辱人格或者有伤风化的行为。侦查实验，必要时可以聘请有关专业人员参加，也可以要求犯罪嫌疑人、被害人、证人参加。公安部《规定》规定，为了查明案情，在必要的时候，经县级以上公安机关负责人批准，可以进行电子数据侦查实验。进行侦查实验，应当全程录音录像，并制作侦查实验笔录，由参加实验的人签名。进行侦查实验，禁止一切足以造成危险、侮辱人格或者有伤风化的行为。

第二节　现场笔录

一、现场笔录的概念

《行政诉讼法》第 33 条将勘验笔录与现场笔录并列为一项法定的证据种类，其中，现场笔录是指行政机关制作的、符合法定形式要求的、即时记录行政执法过程中被管理对象的状况和行政执法过程的一种证据。记录的内容主要包括行政执法检查、对相对人的违法事实进行调查、对执法过程的客观记录以及对现场处理情况的记录等。记录的方式包括文字记载、现场照相、摄像等。现场笔录与勘验笔录之区别在于：其一，勘验笔录的主体既可以是行政机关，也可以是人民法院；而现场笔录的制作主体只能是行政机关，不包括人民法院。其二，勘验笔录是对特定场所或者物品进行勘查、测量、检测后，对场所或者物品客观情况的记录；现场笔录是对行政活动过程的记录，内容包括行政活动中对象的状况以及行政活动本身情况等事项，是对行政活动的客观记载，通常不需要通过测量技术手段获得。

二、现场笔录的特点

（一）主体特定

现场笔录的制作主体只能是行政机关，不包括人民法院。因为现场笔录是对行政活动现场的记录，当行政争议进入诉讼时，行政活动已经完成，执法现场不可能事后重现，法院只能审查现场笔录，而不能制作现场笔录。因此，人民法院不可能成为现场笔录的制作主体。

（二）内容特定

现场笔录记载的内容主要包括行政执法检查、对相对人的违法事实进行调查、对执法过程的客观记录以及对现场处理情况的记录等。行政管理中的有些事实具有转瞬即逝的特点，处于不断变化之中，事后很难收集证据予以证明，需要将执法时所呈现出的状况即时记载下来，否则时过境迁，很难事后证明。现场笔录的核心功能就在于通过内容的即时性来真实反映行政活动现场的情况。

（三）形式法定

行政法规以及行政诉讼证据规则对现场笔录的制作过程、现场笔录的形式要件作出严格要求。2002 年最高院《行诉证据规定》第 15 条规定："根据行政诉讼法第三十一条第一款第（七）项的规定，被告向人民法院提供的现场笔录，应当载明时间、地点和事件等内容，并由执法人员和当事人签名。当事人拒绝签名或者不能签名的，应当注明原因。有其他人在现场的，可由其他人签名。法律、法规和规章对现场笔录的制作形式另有规定的，从其规定。"

三、现场笔录的审查判断

对现场笔录的审查判断主要集中在现场笔录合法性或者现场笔录真实性。

（一）审查现场笔录的制作是否严格遵循法定程序

现场笔录的制作主体是否为具有相关职权的行政主体，制作人员是否为有权作出有关具体行政行为的国家工作人员，行政主体的公章和行政人员的签名是否完整；现场笔录是否在行政活动现场制作；是否向行政相对人表明执法身份，有无告知相关权利，有无听取陈述申辩；是否载明时间、地点和事件等内容；是否由执法人员和当事人签名；当事人拒绝签名或者不能签名的，是否注明原因。

（二）审查现场笔录内容是否完整、真实

现场笔录记载的现场执法的时间、地点和事件等内容是否比较详尽、完整地反映案件事实；现场笔录记载重要情况有无遗漏之处，表述是否准确无误，内容有无推测、臆断；现场笔录记录的内容是否与在案其他证据相互印证，有无矛盾。在行政审判中，如果原告或者第三人对现场笔录的合法性或者真实性有异议，法院可以要求相关行政执法人员作为证人出庭作证。

⊃ **练习案例**

A省B市中院依法审理查明：2018年1月3日，公安机关接到群众举报被告人张某某涉嫌贩卖毒品，遂展开调查。1月20日，公安机关在B市C区某酒店门口将张某某抓获，当场查获毒品嫌疑物零包8个，随后又从其住所搜查出毒品嫌疑物三包。经称量，从被告人张某某处查获并扣押的毒品海洛因嫌疑物净重539.3克，甲基苯丙胺嫌疑物净重192克。上述毒品嫌疑物经鉴定，分别含有海洛因成分和甲基苯丙胺成分。另经尿液检测，被告人张某某系吸毒人员。B市中院经审理认为，被告人张某某违反国家毒品违禁物管制秩序，明知是毒品而非法持有且数量巨大，其行为已构成非法持有毒品罪。公诉机关当庭举出的辨认笔录，因辨认活动的见证人系公安机关聘用人员，且该辨认笔录不能排除明显暗示嫌疑，故不能采为定案根据；证人陈某某的证言，没有其他证据予以印证，也不予采信。

一审法院将本案的辨认笔录排除于定案根据之外，基于以下方面的考虑：

第一，辨认中给辨认人明显暗示或者明显有指认嫌疑，且未对辨认过程进行录音录像，无法确定辨认活动的合法性与真实性。本案中，侦查机关组织吸毒人员陈某某对犯罪嫌疑人张某某进行辨认。从形式上审查，辨认是在侦查人员主持下进行，所供辨认的嫌疑人照片共有12张，亦有见证人在场，经初步审查符合相关规定。虽然本案进行了混杂辨认，但是供辨认的照片并不具有相似性。就公安机关提供的照片而言，犯罪嫌疑人张某某的照片是被带至公安机关后拍摄的照片，其他被辩护人对象的照片却是从人口户籍信息网上下载的标准照。尤其重要的是，公安机关对犯罪嫌疑人章某某的照片特别加重了底色。与此同时，公安机关未对辨认过程进行录音录像，更无法确定公安机关在辨认前是否询问证人被辨认的犯罪嫌疑人的特征等情况，因此难以排除明显暗示或者明显有指认之嫌疑。

第二，辨认活动的见证人系公安机关的聘用人员，且无法证明由于客观原因无法由符合条件的人员担任见证人，并对相关活动进行全程录音录像。本案中，辨认笔录上记载的见证人是钟某某，经向公司机关指出，并由公司机关要求公安机关作出合理解释，公安机关出具的情况说明证实了钟某某系侦查机关聘请的驾驶员。可见，公安机关的聘用人员充当了见证人，明显违反最高院《刑诉解释》第80条的规定。况且，公安机关对于"由于客观原因无法由符合条件的人员担任见证人"，既未在辨认笔录中注明情况，也未对相关活动进行全程录音录像。公安机关实际上组织的是吸毒人员陈某某对犯罪嫌疑人张某某进行的辨认，并且辨认地点在陈某某家中，而不是在办案机关的办案场所。

问题：

1. 辨认的法定程序是什么？

2. 如何对辩护笔录进行审查判断？

⊜ 思考题

1. 简述勘验、检查、辨认、侦查实验等笔录的含义及其特点。

2. 如何审查判断勘验、检查、辨认、侦查实验等笔录？

3. 如何理解勘验、检查、辨认、侦查实验等笔录中的"等"？

第十一章 视听资料、电子数据

⊃学习指导

通过本章学习，应当理解并掌握视听资料、电子数据的概念、特点、分类；掌握审查判断视听资料、电子数据、关联性、客观性、合法性的主要方法；了解电子数据和大数据证据的关系；了解电子数据与区块链的关系。

第一节 视听资料概述

一、视听资料的概念

视听资料是一种高科技证据，虽然关于视听资料是否属于一种独立的证据尚有争论，但我国现行三大诉讼法均将视听资料确立为独立的证据种类。视听资料的内涵与外延处于变动之中，尤其是三大诉讼法将电子数据从视听资料中独立出来单列为一种证据类型，使得视听资料的概念表达更为多样。部分代表性教材的表述如下："视听资料是采用现代技术手段，将可以重现案件原始声响、形象的录音、录像资料和储存于电子计算机的有关资料及其他科技设备提供的信息，用来作为证明案件真实情况的资料"；[1] "视听资料是存储的作为证明案件事实的音响、活动影像和图形的录音磁带、录像带、电影胶片，包括录音资料和影像资料"；[2] "视听资料是以录音、录像、电子计算机及其他电磁方式记录储存的音像信息证明案件事实的证据"；[3] "视听资料，是指以录音、录

---

〔1〕 参见樊崇义主编：《证据法学》，法律出版社 2017 年版，第 194 页。

〔2〕 参见陈光中主编：《证据法学》，法律出版社 2019 年版，第 199 页。

〔3〕 参见何家弘、刘品新：《证据法学》，法律出版社 2022 年版，第 177 页。

像、计算机磁盘等记载的音像信息来证明案件事实的资料"；[1]"视听资料，是指以录音带、录像带和其他电磁方式记录存储的音像信息来证明案件事实的材料"。[2]

关于视听资料的概念表述虽有差异，但视听资料所反映的主要是有关客体的声音特征和形象特征这一概念核心已经达成共识。视听资料属于广义的物证范畴，虽然也以物体（磁带、录像带等）的形式呈现，但并非像狭义物证那样通过其外部形态、质量、规格和特征发挥证明作用，而是以声、光、电、磁转换的方式记载和反映客体特征，通过音、像、信息和存储的资料发挥其证明作用。

常见的视听资料以录音带、录像带、电磁设备为载体，这些载体本身具有物证的特征，容易与物证发生混淆。如果录音带、录像带不是以其记录的音像内容证明案件事实，而是以物品的外部特征或价值证明案件事实，则这份具有视听资料外观的物品仍属于物证。

就证明案件事实而言，只有形成于案件发生过程中的音像信息才属于视听资料。如果是在诉讼过程中形成的，用于记录犯罪嫌疑人、被告人供述与辩解、证人证言的同步录音录像和拍摄物证形成的照片，就不能作为视听资料证据，此时的音像材料只是记录相关言词证据和物证复制件的载体，不具有视听资料的性质。当同步录音录像用于证明取证合法性问题时，是在利用立体化的声音、图像和动态画面来证明取证过程事实，则可以将同步录音录像作为证明程序性事实的视听资料。[3]

伴随着信息技术的发展，通过数字化的形式生成、存储和传递的音像资料越来越普遍。在 2012 年《刑事诉讼法》之前，具有电子数据特征的证据材料均被归入视听资料的范畴，视听资料当然包括电子介质中以数字化形式存储的音像资料。2012 年《刑事诉讼法》将电子数据列为法定证据种类之一，与视听资料并列。传统的音像资料主要储存在磁带、录像带、VCD、DVD 等实物中，但当前越来越多的音像资料以电子数据形式存在，那么既符合传统视听资料特征，又具有现代电子数据属性的证据该如何划分？有观点认为，电子数据的构成比传统视听资料更复杂，收集、提取、保存技术要求更多，视听资料的相关规则

---

[1]　参见《刑事诉讼法学》编写组编：《刑事诉讼法学》，高等教育出版社 2019 年版，第 151 页。
[2]　参见潘金贵主编：《证据法学》，法律出版社 2022 年版，第 175 页。
[3]　参见潘金贵主编：《证据法学》，法律出版社 2022 年版，第 175 页。

已经不能对具有电子数据属性的音像资料进行规制。因此，在独立种类背景下，以电子数据的形式而存在的音像资料，不能再纳入视听资料的范畴，而应当作为电子数据加以运用。[1] 该种观点注意到了电子证据较之视听资料更具复杂性，但忽略了两种证据因划分标准不同而存在交叉重叠的现象。最高院《民诉解释》第116条对视听资料和电子数据进行了界定，对于同时符合两者特征的证据材料该如何适用法律给出了明确的指引，即"存储在电子介质中的录音资料和影像资料，适用电子数据的规定"。

二、视听资料的特点

（一）高度的再现性和准确性

视听资料可以直观地展示与案件有关现场的声音和形象，可以生动地再现与案件有关的事件或活动的过程。比如，声音资料可以使人亲耳听到某人的声音，声像资料可以使人亲身感受到某个场所的情景或者某个事件的过程。人们通过视听资料能够有效地再现或者还原案件发生的有关事实，可以对于根据记忆难以言说的声音特征和形象特征有了亲耳所听和亲眼所见的感受，更容易对案件事实的经过作出判断。另外，视听资料是以录音、录像设备等为载体，对有关案件事实信息的客观记录，其所记录和储存的有关案件信息就更为准确，通常不会受到主客观因素的影响而失真。视听资料只要没有遭到人为改动，都会客观地反映现场的言语或场景，对案件事实的还原度最高，具有极强的保真功能，因而一般具有极强的证明力。

（二）高度的动态性和直观性

视听资料虽为实物证据，但其展现案件相关事实的方式是一个连续、动态的过程。视听资料主要是在案件发生过程中对有关声音和形象的记录形成的，其以声像的动态复原来反映案件事实，非常直观。视听资料可以直观地展示与案件有关的客体的声音特征和形象特征，可以生动地再现与案件有关的事件或者活动的过程，能够使人有如临其境、如见其人、如闻其声的感觉。录音证据能使人亲耳听见某人的声音，录像证据可以使人亲身感受到某个场所的情景或者某个事件的发生过程。视听资料的直观性也可以表述为形象性或者直观性。基于动态性和直观性的特点，完整记录案件主要事实经过的视听资料甚至比言词证据更可靠，证明力更强，对案件事实的覆盖更为完整。

---

[1] 参见喻海松：《刑事诉讼法修改与司法适用疑难解析》，北京大学出版社2021年版，第178页。

（三）高效性和便利性

视听资料展现事实经过的直观性和连续性使得办案人员能够高效地查明案件事实，在司法实践中备受青睐。视听资料的高效性还体现在查阅和使用时快捷方便，可以节约办案人员的工作时间，提高司法机关的办案效率。与其他证据种类相比，视听资料具有高科技成分，因为视频资料的记录信息设备，如录音录像设备、电影摄影设备等都具有高度的科学技术成分，记录、储存和播放的过程就是利用高科技设备进行的，离开了高科技设备，视听资料就失去了承载信息的载体。因此，视听资料证据往往表现为含有一定科学技术成分的载体。也正因为如此，视听资料本身体积小、存储信息量大、便于保存、检索与使用等特点，具有明显的便利性。办案人员既可以长期保存反复使用又可以节约时间，提高诉讼效率。

三、视听资料的分类

（一）声音资料、图像资料和音像混合资料

声音资料又称录音资料，是指单独记录客体声音特征的资料，主要通过言语内容来证明案件事实，有时声音资料也能反映出讲话人的语言习惯、音调和心情。声音资料主要通过录制的方式形成，录音设备运用了声学、电学、机械学等方面的科学技术将声音记录并保存下来，其主要载体为录音带、电话录音、激光唱盘等。图像资料指单独记录客体形象特征的静态画面资料，主要包括抓拍图像、监控图像、扫描图像等形式。单一的图像资料只能反映案件事实的某个细节，一般不能作为直接证据，往往需要运用数张图片综合认定。音像混合资料又称录像资料，是指同时记录着客体声音特征和形象特征的资料，如录像带、VCD、DVD等。音像混合资料既可以单独通过言语内容或行为动作来证明案件事实，也可以将两者结合起来证明案件事实。音像混合资料主要通过录制的方式形成，录像设备运用了光电效应和电磁转换的原理将人和物的活动轨迹形象地记录并保存下来。声像资料可以完整连贯地再现原来的场景，对于日常监管和查明案情都有重要意义。

（二）录音证据、录像证据、计算机证据与电磁音像证据

根据记录储存客体特征的载体不同，可以将视听资料分为录音证据、录像证据、计算机证据与电磁音像证据等。录音证据是指通过录音设备记录的存储一定音频并用以证明案件事实的录音磁带等证据。录像证据是指录像设备摄录的储存各种影像，并用以证明与案件有关事实的录像磁带等证据。计算机证据

是指以电子计算机或者电子磁盘作为载体，将声音、图像等视听信息储存在电子计算机内或者电子磁盘中，并用以证明有关案件事实的各种证据。电磁音像证据包括无线电波记载的声音或图像、电子扫描图像、雷达扫描图像、X 射线图像等。此种分类是对视听资料的一种基本分类，可以作为建立视听资料档案的依据。

（三）公开制作的视听资料和秘密制作的视听资料

前者是指在被录音或录像者知晓或应该知晓的情况下制作的视听资料，后者是指在被录音或录像者不知晓的情况下制作的视听资料。但是，机场、海关、银行等机构在特定场所针对不特定人设置的监视仪器所制作的视听资料应该属于公开的视听资料，尽管有些被记录者可能并不知晓他们已经成为了监视的对象。此种分类对判断视听资料的合法性有一定意义。一般来说，秘密制作的视听资料在作为证据使用时可能受到一定限制。[1]

（四）作为案件事实要素的视听资料和作为案件证明手段的视听资料

前者是指视听资料本身就是案件事实的构成要素，比如，贩卖淫秽物品案中的淫秽影碟等。后者是指视听资料只是证明某些案件事实的手段，比如，记录某公司制作盗版录音带或录像带的照片等。此种分类可以帮助人们准确地认识各种视听资料在案件调查和审判中的性质与作用。

第二节　电子数据概述

一、电子数据的概念

电子数据是现代信息技术的产物，现代通信技术、计算机技术、网络技术以及其他信息技术在现代社会活动中的应用助推了电子数据的独立化与不断发展。我国传统上将电子数据归为视听资料，两者系种属概念。2012 年《刑事诉讼法》、2012 年《民事诉讼法》和 2014 年《行政诉讼法》相继将电子数据列入法条，并使其成为一种独立的法定证据类型。

关于电子数据的概念表达较为多样，部分有代表性的概念为："电子数据，是指在案件发生过程中形成的，以数字化形式存储、处理、传输的，能够证明

---

〔1〕 参见何家弘、刘品新：《证据法学》，法律出版社 2022 年版，第 179 页。

案件事实的数据"；[1]"电子证据是指以电子形式存在的，可以用于证明案件事实的一切材料及其衍生物"；[2]"电子数据是指在案件发生过程中通过电子信息技术形成，是介质中的能够证明案件事实的数据材料"。[3]

最高院《民诉解释》、《电子数据规定》、最高检《人民检察院办理网络犯罪案件规定》分别对电子数据进行了定义。最高院《民诉解释》第116条第2款规定："电子数据是指通过电子邮件、电子数据交换、网上聊天记录、博客、微博客、手机短信、电子签名、域名等形成或者存储在电子介质中的信息。"《电子数据规定》第1条第1款规定："电子数据是案件发生过程中形成的，以数字化形式存储、处理、传输的，能够证明案件事实的数据。"最高检《人民检察院办理网络犯罪案件规定》第27条也规定："电子数据是以数字化形式存储、处理、传输的，能够证明案件事实的数据……"三者对于电子数据的解释侧重点略有不同，最高院《民诉解释》强调电子数据所依托的电子介质这一证据载体，即电子数据的外在表现；《电子数据规定》及《人民检察院办理网络犯罪案件规定》则突出电子数据所呈现的数字化这一存在形式，即电子数据的内在构成。对于一份完整的电子数据而言，两者缺一不可。

《电子数据规定》第1条第2款对作为电子数据的常见信息和文件进行了较为详细地列举，包括：①网页、博客、微博客、朋友圈、贴吧、网盘等网络平台发布的信息；②手机短信、电子邮件、即时通信、通讯群组等网络应用服务的通信信息；③用户注册信息、身份认证信息、电子交易记录、通信记录、登录日志等信息；④文档、图片、音视频、数字证书、计算机程序等电子文件。

最高检《人民检察院办理网络犯罪案件规定》第27条给出了电子数据的定义，并且对电子书的常见类型进行了扩展。该条指出，电子数据是以数字化形式存储、处理、传输的，能够证明案件事实的数据，主要包括以下形式：①网页、社交平台、论坛等网络平台发布的信息；②手机短信、电子邮件、即时通信、通讯群组等网络通讯信息；③用户注册信息、身份认证信息、数字签名、生物识别信息等用户身份信息；④电子交易记录、通信记录、浏览记录、操作记录、程序安装、运行、删除记录等用户行为信息；⑤恶意程序、工具软件、网站源代码、运行脚本等行为工具信息；⑥系统日志、应用程序日志、安全日

---

[1]　参见《刑事诉讼法学》编写组：《刑事诉讼法学》，高等教育出版社2018年版，第151页。
[2]　参见樊崇义主编：《证据法学》，法律出版社2017年版，第199页。
[3]　参见潘金贵主编：《证据法学》，法律出版社2022年版，第163页。

志、数据库日志等系统运行信息；⑦文档、图片、音频、视频、数字证书、数据库文件等电子文件及其创建时间、访问时间、修改时间、大小等文件附属信息。

需要说明的是，并非所有具备电子数据特征的信息和文件都能被视为电子数据类证据，有的证据外观上看似电子数据但实际不能纳入电子数据的范畴。比如，数字化形式记载的证人证言、被害人陈述以及犯罪嫌疑人、被告人供述和辩解等证据。此类材料仅仅是承载言词证据的一种方式，且形成于案件发生之后，而非案件发生过程中，因而不宜将其归类为电子数据，而是要根据其所承载的言词证据自身的种类归类。上述以电子介质为载体的其他类别证据，在存储处理和传输时具备电子数据的技术特征，可以参照电子数据的相关规定进行收集提取、移送和审查。

大数据的发展开启了重大的时代转型，以海量信息特征呈现的大数据材料在司法实践中开始涌现。此类大数据材料具有"容量大""种类多""价值密度低"等特点，尤以"容量大"为基础特征。大数据变身证据通常要经过三个环节：一是汇总数据并进行数据清洗，二是建构分析模型或机器算法，三是进行运算形成分析结论。[1] 由此，谈及大数据证据时往往会同时涉及这三种不同的证据：一是大数据集，二是大数据算法，三是大数据报告。此处的大数据集本质上即为电子数据。海量的电子数据是"源"，分析得出的结果或报告是"果"。大数据证据并非法定证据类型，通常将其限定为基于海量电子数据形成的分析结果或报告。大数据证据的本体为大数据报告，而大数据集仅是大数据证据的生成基础和分析对象，大数据算法则是生成大数据证据的方法依据。直接起证明作用的往往是"果"，即大数据分析结果或报告。由此可知，关于大数据证据的证据种类归属观点纷呈，主要有"电子数据说""物证说""鉴定意见说""有专门知识的人的意见说""书证说""侦查实验笔录说"以及"独立证据种类说"，尚未形成统一的认识，但关于大数据证据不等于电子数据这一点已经形成共识。

---

[1] 参见刘品新：《论大数据证据》，载《环球法律评论》2019年第1期。

二、电子数据的特点

（一）电子数据具有科技性

电子数据是借助现代信息技术形成的证据，在生成、传输、存储和读取等环节均体现出信息技术的高科技性。其一，电子数据的科技性体现在生成环节。生成电子数据的设备通常具有一定的智能性，即只要设定了既定的运行程序，电子数据的产生和存储就无须人工操作。其二，电子数据的科技性体现在收集、提取环节。电子数据的载体种类较多，常见的有固态硬盘、移动硬盘、U盘、光盘、内存条、SD卡等存储介质，这些均是人们无法直接进入的空间，只有借助高科技的电子设备才能从中读取和修改相关电子数据，在收集、提取电子数据的各个环节都会运用相应科技手段。例如，在无法扣押原始存储介质的情况下提取电子数据，需要计算电子数据的完整性校验值；在线提取原始存储介质位于境外或者远程计算机信息系统上的电子数据时可以对远程计算机信息系统进行网络远程勘验，必要时还可以在经过批准后采取技术侦查措施。其三，电子数据的科技性还体现在展示和审查环节。电磁空间和数字空间无法像实物那样被人类肉眼识别，需依靠技术设备来展示其内容和技术标准来解读其内容，从而得出准确的结论。

（二）电子数据具有双载体性

首先，与其他传统实物证据一样，电子数据具有外在物理表现形式，依托于电子介质存在。电子数据以数字化形式存在于虚拟空间，按照编码规则处理成"0"和"1"的数据，其存在和展现对其他物质具有较强的依赖性，主要体现为对存储介质和解读设备的依赖。电子数据的存储介质主要是具备数据信息存储功能的电子设备、硬盘、光盘、优盘、记忆棒、存储卡、存储芯片等载体，又称电子介质。其次，与其他传统实物证据不同的是，电子数据具有复杂的内部载体，既体现为文本、图形、图像、动画、音频、视频等显性的内容数据信息，也可能体现为附属信息数据与关联痕迹数据等较为隐蔽的信息。内容数据信息处于虚拟空间，易于增删、改动、破坏。

（三）电子数据具有稳定性

对于早期的电子数据而言，其脆弱性问题较为突出。操作失误、通信故障、网络环境等因素均可能对电子数据造成破坏。但随着电子信息技术的发展，电子数据的脆弱性逐渐消弭，稳定性显著增强。体现在以下方面：①不容易造假。由于电子数据是系统性证据，如果出现了被篡改或删除的情形，则会留下相应的篡改或删除的附属信息、关联痕迹，形成"新"的电子数据，因此容易被发现。对于这种情况，可以通过恢复、破解、统计、关联、比对等方式对存储介质或电子数据进行检查，在刑事诉讼中还可以通过电子数据侦查实验的方式进行验证。在收集、提取电子数据时，电子数据的稳定性同样会得到技术上和程序上的保障，通过扣押原始存储介质、冻结电子数据或计算电子数据的完整性校验值，可以防止电子数据在收集和提取的过程中被篡改或者破坏。②被篡改或删除后可以被恢复。除了刻意篡改、删除之外，病毒、系统故障、误操作、升级或安装软件错误、意外事故、电击、水淹、火烧、震荡、撞击、机械故障等均有可能造成电子数据毁损和改变，但科技发展使得对电子数据的恢复越来越容易。③经过传输后形成的传来件可以高度还原原件，比传统证据的传来形式更加可靠。电子数据的传输依靠的是具备原始载体相似功能的其他电子设备，只要严格遵循相应技术要求，传输后电子数据不会像言词证据那样容易在传递过程中缺失和变形，也不会像传统实物证据的复制件那样无法呈现原件的面貌。

（四）电子数据具有系统性

电子数据的系统性特征体现为无论是一份完整的电子数据类证据材料，还是具体的电子数据集合体，都是由不同维度的要素系统组成。①一份完整的电子数据类证据材料，是由电子数据内容、电子数据本身和电子数据载体组成的系统整体。电子数据内容是包含于电子数据中被展示或解读后的与案件事实相关的信息，是最终发挥证明作用的要素；电子数据本身是按照编码规则处理而成的 0、1 数字组合，体现了电子数据数字化形式的特点；电子数据载体即前述存储介质。②任何电子数据都不是孤立存在的，而是遵循一系列计算机命令、程序或技术规则的"三位一体"产物，即数据电文数据、附信息数据和关联痕迹数据密切联系，构成一个有机的整体，共同指向案件事实。③强调电子数据的系统性特征，即是强调电子数据真实性审查的系统性。电子数据载体的真实性和电子数据内在三个要素的真实性，最终都是为了保障电子数据内容的真实可靠，使其能够成为定案的根据。

三、电子数据的分类

（一）电子通信数据、计算机数据、网络数据和其他电子数据

根据电子数据所依存的信息技术方面的差异，可以将电子数据分为电子通信数据、计算机数据、网络数据和其他电子数据。人类现代通信技术经历了电报时代、电话时代，目前正处于多媒体通信时代。与此相对应，电子通信数据

主要包括了电传资料、传真资料、手机录音数据、手机摄像数据、电话记录等。自 1946 年第一台电子管计算机诞生以来，到晶体管计算机、集成电路计算机、大规模集成电路计算机的产生，电子计算机在运用过程中产生了电子计算机文件、计算机输出物与计算机打印物等计算机数据。网络技术是计算机技术与通信技术融合的产物，由此出现了新型的网络数据，诸如电子邮件、电子数据交换、电子聊天记录、电子公告牌记录、电子博客记录、电子报关单、电子签名域名、网页以及网络痕迹等。除此之外，广播技术、电视技术、电影技术、录音技术、录像技术、摄像技术、幻灯技术等信息技术也不同程度地丰富了电子数据的品种。

（二）电子设备生成数据、电子设备存储数据与电子设备混成数据

根据电子数据形成机制的不同，可以将电子数据分为电子设备生成数据、电子设备存储数据与电子设备混成数据。电子设备生成数据，是指完全由电子计算机等设备自动生成的数据，计算机等设备的内部命令运行，不受人们主观意志的影响。此种电子数据的可靠性完全取决于电子设备的性能与运行状况，客观性很强。电子设备存储数据，是指纯粹由电子计算机等设备录制人类的信息而获得的数据。对此种数据证明力大小的判断，除了要考虑电子设备的性能与运行状况外，还要考虑录入时是否存在影响录制准确性的因素。电子设备混成数据，是指由电子计算机等设备录制信息后，再根据内部指令自动运行而得来的证据。由于这类证据兼有上述两种证据的性质，因此对其证据能力和证明力的判断更为复杂。

（三）数据电文数据、附属信息数据与关联痕迹数据

根据内容和功能的不同，可以将电子数据分为数据电文数据、附属信息数据与关联痕迹数据。依照档案学理论，对于电子文件不仅要保存数据本身，还要保存"元数据（metadata）"，即该文件产生的时间、地点、形成者及形成机构的背景活动、业务活动的经过表述、数据形成及存储方式等，"元数据"又被称为"关于数据的数据"，即用于描述数据及其环境的数据，可以视为电子文件的"档案"。数据电文数据，是指电子数据本身，即记载法律关系发生、变更与灭失的数据，如电子邮件的正文。附属信息数据，指对数据电文生成、存储、传递、修改、增删而引起的记录，如电子系统的日志记录、电子文件的属性信息等，它的作用主要在于证明电子数据的真实性，即证明某一电子数据是由哪一计算机系统在何时生成的、哪一计算机系统在何时存储在何种介质上、由哪一计算机系统或 IP 地址在何时发送的，以及后来又经过哪一台计算机系统或 IP

地址发出的指令而进行过修改或增删等。关联痕迹数据，是指生成、存储、传输、修改电子数据后产生的相关文件信息，其作用与附属信息数据相似，共同形成数据电文数据的保管链条。数据电文数据主要用于证明法律关系，属于主体证据；附属信息数据和关联痕迹数据主要体现数据电文数据从形成到提取，再到向法庭展示，每一个环节都有据可查。

第三节 视听资料、电子数据的审查判断

一、视听资料的审查判断

（一）视听资料的关联性

审查视听资料的关联性，重点是判断音像所展现的内容与案件事实有无关联。如果视听资料与案件事实缺乏关联性，再全面生动、直观的影像也没有证明价值。由于视听资料具有体积小、储存信息量大和便于保存的特点，同一录音带录像带可以记载的画面多，时间长，在司法实践中同一载体记录的音像信息往往既有关联内容，也有无关内容。因此，审查视听资料的关联性时应当做到全面细致、科学严谨，从大量视听资料中找出少量与案件密切关联的事实信息，通过技术手段提取该部分内容作为证据使用。根据最高院《民诉证据规定》第46条和第99条规定，法院对当事人提交视听资料的申请审查后，发现存在当事人申请提交的视听资料不明确、视听资料对于待证事实的证明无必要、待证事实对于裁判结果无实质性影响等视听资料不具有关联性的情形，则不予准许当事人提交。

（二）视听资料的客观性

视听资料的客观性风险来自三个方面：一是视听资料可能被伪造和篡改，导致其所展现的音像信息与事实不符；二是视听资料的音质或画质不佳，影响内容表达的准确性；三是视听资料记录的信息真实性存疑。对此，应当着重从如下几点进行审查：

第一，审查视听资料是否为原件，如是复制件，复制件来源是否真实，复制过程是否发生改变。对实物证据的运用强调最佳证据规则，获取原物、原件是原则。最高院《刑诉解释》第108条规定，应当审查视听资料是否为原件，有无复制及复制份数；是复制件的，是否附有无法调取原件的原因、复制件制作过程和原件存放地点的说明，制作人、原视听资料持有人是否签名。最高院

《民诉证据规定》第 15 条和第 23 条强调当事人以视听资料作为证据的，应当提供存储该视听资料的原始载体，法院调查收集视听资料，应当要求被调查人提供原始载体；最高院《行诉证据规定》第 12 条规定当事人向法院提供录音、录像等视听资料的，应当提供有关资料的原始载体。只有在提供原件确有困难的时候，才可以提供复制件，同时应当附上无法调取原件的原因、复制件制作过程和原件存放地点的说明。应当注明制作方法、制作时间、制作人和证明对象等，声音资料应当附有该声音内容的文字记录，以供审查。

第二，审查视听资料的制作过程是否真实，视听资料有无剪辑、增加、删改等情形。审查制作过程，首先审查是否写明制作人、持有人的身份，制作的时间、地点、条件和方法。这些信息可以使办案人员更为全面地了解视听资料的制作过程，判断内容和制作过程是否真实，对于判断视听资料的真实性意义重大。最高院《刑诉解释》第 109 条规定就明确了应当审查视听资料的制作、取得的时间、地点、方式等。另外，由于视听资料的技术性较强，一般的伪造、变造情形难以通过审判人员的观察作出认定，音质画质受损时也会影响观察判断，需要专业人员的辅助。因此对视听资料有疑问的，可以进行声像资料鉴定，包括对声音、图像信息的真实性、完整性及其所反映的情况进行鉴定和对记录的声音、图像中的语言、人体、物体作出种类或者同一认定鉴定，主要有两个目的：一是判断该视听资料是否是伪造、变造；二是判断不能记录的声音、图像中的语言、人与所涉犯罪嫌疑人被告人、被害人等是否具有关联性。

第三，审查视听资料的内容是否真实。在视听资料的制作、复制、提取、保管等环节得到保障的前提下，还需全面、细致审查视听资料呈现的内容，以最终判断是否作为定案的根据及其证明力大小。对内容真实性的审查，应当按照综合印证、经验法则等方法进行。最高院《刑诉解释》第 115 条规定，应当审查是否移送文字抄清材料以及对绰号、暗语、俗语、方言等不易理解内容的说明，这些是审查视听资料内容真实性的必需材料。

对于真实性存疑的视听资料，不同诉讼的处理方式略有不同。最高院《刑诉解释》第 109 条规定，视听资料系篡改、伪造或者无法确定真伪的，或者制作、取得的时间、地点、方式等有疑问，不能作出合理解释的，不得为定案的根据。根据最高院《民诉证据规定》第 90 条规定，存有疑点的视听资料，不能单独作为认定案件事实的根据。根据最高院《行诉证据规定》第 71 条规定，难以识别是否经过修改的视听资料，不得单独作为定案的根据。

（三）视听资料的合法性

视听资料的合法性主要包括视听资料制作的合法性和收集、提取的合法性两个方面。就刑事案件视听资料制作的合法性而言，最高院《刑诉解释》第108条规定，应当着重审查制作过程中是否存在威胁、引诱当事人等违反法律、有关规定的情形，从而判断视听资料的形成是否是在侵犯他人合法权益的基础上得到的，取证方法是否违反法律禁止性规定。对于制作程序、方式严重违反法律规定所形成的视听资料，应当根据非法证据排除规则进行处理，如未经严格的批准手续，就采取监听或监控措施制作形成视听资料，不仅严重违反法定程序，而且侵犯公民隐私权，应当视为非法获取的视听资料。就刑事案件视听资料收集、提取的合法性而言，最高院《刑诉解释》第108条规定，应着重审查是否附有提取过程的说明，来源是否合法。

对于民事案件视听资料制作的合法性，《最高人民法院关于未经对方当事人同意私自录制其谈话取得的资料不能作为证据使用的批复》（已失效）曾指出，证据的取得首先要合法，只有经过合法途径取得的证据，才能作为定案的根据，未经对方当事人同意私自录制其谈话，系不合法行为，以这种手段取得的录音资料，不能作为证据使用。为了应对纷繁复杂的司法实践，此类严格的把握标准已然逐渐松动。最高院《民诉解释》第106条规定，对以严重侵害他人合法权益、违反法律禁止性规定或者严重违背公序良俗的方法形成或者获取的证据，不得作为认定案件事实的根据。

二、电子数据的审查判断

（一）电子数据的关联性

电子数据的关联性审查比一般证据的更为复杂。最高检《人民检察院办理网络犯罪案件规定》第29条指出，应当注重审查电子数据与案件事实之间的多元关联；第33条将对电子数据关联性的审查概括为两个方面：一是电子数据与案件事实之间的关联性，二是电子数据及其存储介质与案件当事人之间的关联性。具体而言，包括如下几个方面：

第一，审查电子数据与案件事实之间的关联性。这是指传统意义上的内容关联性，其判断方法与其他证据并无二致。

第二，审查电子数据外部载体是否与案件具有关联性。部分案件当事人对电子数据真实性的质疑，实际上是对电子数据外部载体关联性的质疑，比如对外部载体移交、保管的记录不明导致存在调包的可能性。这本质上是通过对载体关联性的质疑来达到否认证据真实性的目的。《电子数据规定》第 25 条第 2 款规定，认定犯罪嫌疑人、被告人与存储介质的关联性，可以通过核查相关证人证言以及犯罪嫌疑人、被告人供述和辩解等进行综合判断。

第三，审查电子数据与涉案人员是否具有关联性。身份关联性是指涉案电子账户、电子系统、电子设备是否为案涉当事人所使用，是当前电子数据载体关联性审查的重中之重，尤其是针对一人使用多个虚拟身份，同一个虚拟身份由多人共同使用的情况，必须确认虚实的同一性，否则相应电子数据就不具有关联性，不得作为证据使用。《电子数据规定》第 25 条第 1 款规定，认定犯罪嫌疑人、被告人的网络身份与现实身份的同一性，可以通过核查相关 IP 地址、网络活动记录、上网终端归属、相关证人证言以及犯罪嫌疑人、被告人供述和辩解等进行综合判断。

最高检《人民检察院办理网络犯罪案件规定》第 17 条针对网络犯罪中的身份关联性的判断方法进行了列举：①扣押、封存的原始存储介质是否为犯罪嫌疑人所有、持有或者使用。②社交、支付结算、网络游戏、电子商务、物流等平台的账户信息、身份认证信息、数字签名、生物识别信息等是否与犯罪嫌疑人身份关联。生物识别信息，是指计算机利用人体所固有的生理特征（包括人脸、指纹、声纹、虹膜、DNA 等）或者行为特征（步态、击键习惯等）来进行个人身份识别的信息。③通话记录、短信、聊天信息、文档、图片、语音、视频等文件内容是否能够反映犯罪嫌疑人的身份。④域名、IP 地址、终端 MAC 地址、通信基站信息等是否能够反映电子设备为犯罪嫌疑人所使用。MAC 地址，是指计算机设备中网卡的唯一标识，每个网卡有且只有一个 MAC 地址。⑤其他能够反映犯罪嫌疑人主体身份的内容。

（二）电子数据的客观性

客观性是电子数据能否最终作为定案根据的关键点，电子数据的原始性、同一性和完整性是审查电子数据客观性的重点内容。对于电子数据的原始性，刑事证据规则重点关注存储介质的原始和扣押，提取到的电子数据是否处于原始状态；民事证据规则着重关注作为原始载体的电子介质能否为电子数据的真实性提供可靠的保障。电子数据的形成和存储环境是否正常对于电子数据的同一性有重要的意义，刑事证据规则着重关注特殊的电子标识和保管链条从而确认电子数据在诉讼过程中是否发生变化，民事证据规则着重关注处理电子数据的主体和方法是否适当、可靠，能否为电子数据在诉讼过程中流转提供技术保障。电子数据的完整性与同一性有一定重合，准确地讲，原始性和完整性都是认定同一性的重要方式，审查电子数据原始性和完整性的目的就是确认电子数据的同一性。另外，对电子数据关联性和合法性的审查在某种程度上也是在对电子数据的真实性进行审查。

由于取证程序有所差别，刑事电子数据真实性的审查要点与民事电子数据真实性的审查要点略有差异。

根据最高检《人民检察院办理网络犯罪案件规定》第 30 条规定，对电子数据是否客观、真实，注重审查以下内容：①是否移送原始存储介质，在原始存储介质无法封存、不便移动时，是否说明原因，并注明相关情况。②电子数据是否有数字签名、数字证书等特殊标识。③电子数据的收集、提取过程及结果是否可以重现。④电子数据有增加、删除、修改等情形的，是否附有说明。⑤电子数据的完整性是否可以保证。第 31 条对电子数据是否完整，规定应注重审查以下内容：①原始存储介质的扣押、封存状态是否完好。②比对电子数据完整性校验值是否发生变化。③电子数据的原件与备份是否相同。④冻结后的电子数据是否生成新的操作日志。

制作数据镜像是重要的电子数据固定方式，是一种保真性极高的取证方式。数据镜像，是指二进制（0101 排序的数据码流）相同的数据复制件，与原件的内容无差别。最高检《人民检察院办理网络犯罪案件规定》第 35 条规定，对原始存储介质制作数据镜像予以提取固定的，注重审查以下内容：①是否记录原始存储介质的品牌、型号、容量、序列号、识别码、用户标识等外观信息，是否记录原始存储介质的存放位置、使用人、保管人；②是否附有制作数据镜像的工具、方法、过程等必要信息；③是否计算完整性校验值；④是否由取证人员、见证人、持有人（提供人）签名或者盖章。

最高院《刑诉解释》第 110 条规定了刑事电子数据真实性的审查要点：①是否移送原始存储介质；在原始存储介质无法封存、不便移动时，有无说明原因，并注明收集、提取过程及原始存储介质的存放地点或者电子数据的来源等情况。②是否具有数字签名、数字证书等特殊标识。数字签名，是指利用特定算法对电子数据进行计算，得出的用于验证电子数据来源和完整性的数据值。数字签名采取非对称加密技术，发送者运用非对称加密技术生成公钥和私钥，对发送数据信息进行数字签名，然后将公钥和签名数据信息发送至接受方，接受方可以使用验证算法来核实该数据信息是否由发送者签名。非对称加密技术可以保障数据信息的完整性、可靠性和身份可认证性。[1]　数字证书，是指包含数字签名并对电子数据来源、完整性进行认证的电子文件。③收集、提取的过程是否可以重现。④如有增加、删除、修改等情形的，是否附有说明。⑤完整性是否可以保证。

就电子数据完整性的审查而言，最高院《刑诉解释》第111条列举了如下方法：①审查原始存储介质的扣押、封存状态。②审查电子数据的收集、提取过程，查看录像。③比对电子数据完整性校验值。完整性校验值，是指为防止电子数据被篡改或者破坏，使用散列算法等特定算法对电子数据进行计算，得出的用于校验数据完整性的数据值。哈希值（hash values）计算比对是最主要的完整性校验方法。哈希值是将任意长度的输入数据通过散列函数算法变换为固定长度的输出值，其主要具有唯一性、确定性、不可逆性。任何一条电子数据有且仅有唯一的哈希值。若电子数据发生增减或修改，其哈希值也会发生变化。较为常见的哈希值算法包括MD5、SHA（Secure Hash Algorithm），由于SHA算法的强度和安全性更高，其已成为目前主流的完整性校验方法。④与备份的电子数据进行比较。⑤审查冻结后的访问操作日志。⑥其他方法。

最高检《人民检察院办理网络犯罪案件规定》第44条对电子数据真实性存疑时的运用作出了规定，电子数据系篡改、伪造、无法确定真伪的，或者有其他无法保证电子数据客观、真实情形的，不得作为定案的根据。电子数据有增加、删除、修改等情形，但经司法鉴定、当事人确认等方式确定与案件相关的重要数据未发生变化，或者能够还原电子数据原始状态、查清变化过程的，可以作为定案的根据。

最高院《民诉证据规定》第93条规定了民事诉讼中电子数据真实性的审查要点：①电子数据的生成、存储、传输所依赖的计算机系统的硬件、软件环境是否完整、可靠；②电子数据的生成、存储、传输所依赖的计算机系统的硬件、软件环境是否处于正常运行状态，或者不处于正常运行状态时对电子数据的生成、存储、传输是否有影响；③电子数据的生成、存储、传输所依赖的计算机系统的硬件、软件环境是否具备有效的防止出错的监测、核查手段；④电子数据是否被完整地保存、传输、提取，保存、传输、提取的方法是否可靠；⑤电子数据是否在正常的往来活动中形成和存储；⑥保存、传输、提取电子数据的主体是否适当；⑦影响电子数据完整性和可靠性的其他因素。人民法院认为有

---

[1]　参见王学光：《电子证据法律问题研究》，法律出版社2019年版，第37页。

必要的，可以通过鉴定或者勘验等方法，审查判断电子数据的真实性。

2018年最高人民法院《关于互联网法院审理案件若干问题的规定》就民事、行政诉讼中电子数据的真实性的判断作出了重要规定，其第11条指出，当事人提交的电子数据，通过电子签名、可信时间戳、哈希值校验、区块链等证据收集、固定和防篡改的技术手段或者通过电子取证存证平台认证，能够证明其真实性的，互联网法院应当确认。

可信时间戳是由时间戳服务中心（Time-Stamp Authority，TSA）签发的电子凭证，可用于证明电子数据自申请可信时间戳之后的完整性和未被篡改性。在时间戳认证中，申请人需将收集的电子数据上传至时间戳服务中心，时间戳服务中心收到电子数据后对其进行哈希值运算，并对该哈希值和收到电子数据的时间进行数字签名，生成可信时间戳认证书发送给申请人。可信时间戳生成后，便锁定了电子数据在哈希值生成时的状态。在此之后，电子数据是否保持了完整性，可借助时间戳服务中心的逆向解码来验证。法院在通过可信时间戳审查电子数据的真实性时，需向时间戳服务中心上传电子数据及其对应的可信时间戳认证书。若验证显示未被篡改，且时间码与申请可信时间戳的时间一致，则表明该电子数据未被篡改，可以确认其完整性和真实性。[1]

区块链作为当下网络信息技术的新兴产物，能有效保障所存储信息的安全性和可靠性。区块链采取的分布式记账技术，可实现对存证数据的分布式存储，让存证数据具有较强的防篡改性。数据被上传至区块链之后，在没有修改后续区块的情况下，不能通过单独改变某个节点来修改数据。[2] 区块链存证综合了分布式存储、完整性校验、可信时间戳等多项信息技术，能够为电子数据的真实性提供技术保障。

最高院《民诉证据规定》第94条还确立了民事电子数据真实性推定规则，电子数据存在下列情形的，法院可以确认其真实性，但有足以反驳的相反证据的除外：①由当事人提交或者保管的于己不利的电子数据；②由记录和保存电子数据的中立第三方平台提供或者确认的；③在正常业务活动中形成的；④以档案管理方式保管的；⑤以当事人约定的方式保存、传输、提取的。另外，民事电子数据的内容经公证机关公证的，法院应当确认其真实性，但有相反证据足以推翻的除外。

---

〔1〕 参见谢登科：《电子数据的技术性鉴真》，载《法学研究》2022年第2期。
〔2〕 参见陈鹏：《区块链本质》，清华大学出版社2019年版，第2页。

（三）电子数据的合法性

电子数据的合法性问题主要集中于收集、提取电子数据是否合法。根据最高检《人民检察院办理网络犯罪案件规定》第 32 条，对电子数据的合法性，从如下方面进行审查：①电子数据的收集、提取、保管的方法和过程是否规范；②查询、勘验、扣押、调取、冻结等的法律手续是否齐全；③勘验笔录、搜查笔录、提取笔录等取证记录是否完备；④是否由符合法律规定的取证人员、见证人、持有人（提供人）等参与，因客观原因没有见证人、持有人（提供人）签名或者盖章的，是否说明原因；⑤是否按照有关规定进行同步录音录像；⑥对于收集、提取的境外电子数据是否符合国（区）际司法协作及相关法律规定的要求。

最高院《刑诉解释》第 112 条规定了着重审查的内容，也为电子数据合法性的判断指明了方向：

第一，审查收集、提取电子数据是否由 2 名以上调查人员、侦查人员进行，取证方法是否符合相关技术标准。取证主体 2 人以上是取证体合法性的基本要求，取证方法是否符合相关技术标准原本是取证的技术性要求，将其纳电子数据的合法性审查范畴，意味着技术资质成为考量取证主体是否合法的一项因素。《公安机关办理刑事案件电子数据取证规则》第 6 条规定，收集、提取电子数据，应当由 2 名以上侦查人员进行。必要时，可以指派或聘请专业技术人员在侦查人员主持下进行收集、提取电子数据。

第二，审查收集、提取电子数据，是否附有笔录、清单，并经调查人员、侦查人员、电子数据持有人、提供人、见证人签名或者盖章；没有签名或者盖章的，是否注明原因；对电子数据的类别、文件格式等是否注明清楚。对这部分程序性事项的审查主要是看勘验笔录、搜查笔录、提取笔录等取证记录是否完备。

第三，审查是否依照有关规定由符合条件的人员担任见证人，是否对相关活动进行录像。收集、提取电子数据应当根据刑事诉讼法的规定，由符合条件的人员担任见证人，由于客观原因无法由符合条件的人员担任见证人的，应当在笔录中注明情况，并对相关活动进行录像。

第四，审查采用技术调查、侦查措施收集、提取电子数据的，是否依法经过严格的批准手续。查询、勘验、扣押、调取、冻结电子数据的法律手续是否齐全，电子数据取证可能对公民的隐私权、财产权、通信自由权等基本权利造成一定的影响，应当严格依法审批和执行。

第五，审查进行电子数据检查的，检查程序是否符合有关规定。具体而言，进行电子数据检查，应当对电子数据存储介质拆封过程进行录像，并将电子数据存储介质通过写保护设备接入检查设备进行检查；有条件的，应当制作电子数据备份，对备份进行检查；无法使用写保护设备且无法制作备份的，应当注明原因，并对相关活动进行录像。电子数据检查应当制作笔录，注明检查方法、过程和结果，由有关人员签名或者盖章。进行侦查实验的，应当制作侦查实验笔录，注明侦查实验的条件、经过和结果，由参加实验的人员签名或者盖章。

欠缺合法性的电子数据可以分为两种，即非法电子数据和瑕疵电子数据。对于非法电子证据，虽然现行规定并未明确如何处理，但可以参照同属实物证据的物证、书证，如果收集、提取电子数据反法定程序，可能严重影响司法公正的，应当予以补正或者作出合理解释；不能补正或者作出合理解释的该证据应当予以排除。对于瑕疵电子证据，包括电子数据的收集未以提存状态移送的；笔录或者清单上没有调查人员或者侦查人员、电子数据持有人、提供人、见证人签名或者盖章的；对电子数据的名称、类别、格式等注明不清的；等等；须经补正或者作出合理解释才可以采用，不能补正或者作出合理解释的，不得作为定案的根据。

⬤ 练习案例

深圳快播科技有限公司及王某等传播淫秽物品牟利案[1]

北京市海淀区人民检察院以京海检公诉刑诉［2015］1、2号起诉书指控被告单位深圳市快播科技有限公司和被告人王某、吴某、张某某、牛某某犯传播淫秽物品牟利罪。起诉书载明：2013年11月18日，北京市海淀区文化委员会（以下简称"海淀文委"）从位于海淀区的北京网联光通技术有限公司（以下简称"光通公司"）查获深圳快播科技有限公司（以下简称"快播公司"）托管的服务器4台。后北京市公安局从上述3台服务器里提取了29 841个视频文件进行鉴定，认定其中属于淫秽视频的文件为21 251个。

针对公诉机关举证的提取淫秽视频的相关证据，辩方从关联性、真实性、合法性等方面主要发表如下意见：①扣押时未对服务器的物证特征进行固定。缺乏物理特征的物证，真实性存疑，直接关系到该物证能否作为鉴定检材。

---

[1] 参见北京市第一中级人民法院（2016）京01刑终592号。

②服务器在行政扣押期间的保管状态不明。扣押的 4 台服务器在 5 个多月时间里没有由行政执法机构保管，其作为证据使用的合法性存疑。③服务器内容存在被污染的可能。公诉机关没有提供任何证据证明文创动力公司具有相应技术资质。行政扣押期间，没有相应证据证明文创动力公司在开启服务器时是否有相关行政执法人员在场监督，服务器硬盘内容是否被污染，有无写入、替换视频文件情况。北京文创动力信息技术有限公司（以下简称"文创动力公司"）曾经受快播公司竞争对手乐视公司委托从事知识产权侵权行为调查，足以让人怀疑涉案 4 台服务器及内容是否真实。④服务器移交程序违法。公安机关从行政机关调取 4 台服务器时，仍旧没有登记服务器的特征、型号，尤其是没有记载服务器内置硬盘的型号、数量、容量，也没有扣押物品。⑤淫秽物品鉴定存在程序违法。⑥检材真实性存疑。服务器内硬盘数量容量前后矛盾，第三次淫秽物品鉴定检材真实性存疑，怀疑是否为原始扣押的服务器。

　　针对控辩双方在两次庭审中的举证情况和质证意见，法庭结合对证据的检验核实，分析认证如下：

　　本案关键证据能否采纳是必须首先明确的焦点问题。在案证据显示，海淀文委针对侵犯著作权违法活动行政执法检查时，于 2013 年 11 月 18 日从光通公司扣押了涉案 4 台服务器，随即移交给北京市版权局进行著作权鉴定。2014 年 4 月 10 日，海淀公安分局依法调取了该 4 台服务器，随即移交给北京市公安局治安管理总队进行淫秽物品审验鉴定。在该 4 台服务器的扣押、移交、鉴定过程中，执法机关只登记了服务器接入互联网的 IP 地址，没有记载服务器的其他特征，而公安机关的淫秽物品审验鉴定人员错误地记载了硬盘的数量和容量。由于接入互联网的 IP 地址不能充分证明服务器与快播公司的关联关系，前后鉴定意见所记载的服务器的硬盘数量和容量存在矛盾，可以让人对现有存储淫秽视频的服务器是否为原始扣押的服务器，是否由快播公司实际控制使用产生合理怀疑。

　　针对辩方关于该服务器及存储内容作为鉴定检材真实性提出的质疑，法院委托信息鉴定中心对在案扣押的 4 台服务器及存储内容进行检验，分析了 4 台服务器（包括原鉴定当中因无法打开而未提取视频的 1 台服务器）的系统日志，检索到服务器的管理者频繁远程登录使用的 IP 地址为 21817.158.115。经法院进一步要求，公安机关和检察机关调取了快播公司与深圳高新区信息网有限公司的上网专线协议，确认该 IP 地址为快播公司专用 IP 地址。同时，鉴定人员经对 4 台服务器内现存快播独有视频格式文件 qdata 文件属性等各类信息的检验分析，没有发现 2013 年 11 月 18 日后从外部拷入或修改 qdata 文件的痕迹。综合海淀文委、北京市版权局、北京市公安局等办案机关、办案人员出具的证据材料，结合对 4 台服务器的检验结果，法院认定，在办案机关扣押、移转、保存服务器的程序环节，文创动力公司为淫秽物品鉴定人提供转码服务等技术支持，没有破坏服务器及其所存储的视频文件的真实性，检材合法有效。基于该检材，公安机关所作淫秽物品鉴定，虽曾有程序瑕疵，但业已由 2015 年 11 月 6 日出具的淫秽物品鉴定所补正。

问题：

1. 结合上述案例分析电子数据存在何种特征？

2. 结合上述案件分析审查电子数据的注意事项。

思考题

1. 简述视听资料的概念、分类与特征？

2. 简述审查判断视听资料的主要方法是什么？

3. 简述电子数据的概念、分类与特征？

4. 简述审查判断电子数据的主要方法是什么？

第十二章 证据的分类

➡学习指导

通过本章学习，理解和掌握证据分类的概念与特点、证据种类与分类的关系；重点掌握言词证据与实物证据的概念、特点及运用规则；原始证据与传来证据的概念、特点及运用规则；直接证据与间接证据的划分标准；本证与反证的概念、作用及运用规则。

第一节 证据分类概述

一、证据分类的概念与特点

证据分类，是指从理论层面将证据按照不同的标准，从不同的角度划分为不同类型。这种分类虽然是理论研究的成果，但也是对证据运用规律的总结。其具有以下特点：

1. 证据分类是根据证据自身的特点，依不同的标准而进行的划分。每一种证据都有其自身的特点，具有自己的表现形态，对案件事实的证明方式、作用大小也不尽相同。但不同种类的证据，可能具有一些共同的特征，这些共同的特征就成为对其进行归类研究的基础和标准。对证据进行分析，有助于揭示证据的复杂性、多样性，达到认识每一类证据特性的效果。需要说明的是，由于对于证据的分类是以不同的标准，从不同角度进行的，因此同一种证据在不同的分类中，都会有自身的位置。例如，被害人陈述在言词证据与实物证据的划分中，就属于言词证据；而在直接证据和间接证据的划分中，根据其对于案件主要事实证明作用的不同，既可能是直接证据，也可能是间接证据。

2. 证据分类是理论上对于证据进行的划分，属于学理的范畴。对于依照法律而进行的划分，证据法学上称其为证据的法定种类；对于证据在学理上的划分，证据法学上称其为证据的理论分类。理论上的分类虽然没有法律效力，不能要求司法机关遵照执行，但是能够帮助我们认识证据、把握证据，更好地运用证据进行证明活动。

二、证据分类的各国研究现状

对证据分类的研究起始于 18 世纪。英国著名法学家边沁在其代表作《司法证据理论》（*Rationale of Judicial Evidence*）一书中，对证据进行了分类研究，将证据划分为：实物证据和人的证据；自愿证据和强制证据；宣誓证据、言词证据和书证；直接证据和情况证据，原始证据和传来证据等。自此，各国的诉讼法学者都十分重视对证据的分类研究。但由于各国的国情和法律制度不同，分类标准和方法也不尽相同，因此各国在证据分类上众说纷纭，没有形成统一的观点。

（一）英美法系国家的证据分类

现代英美法系国家重视判例在审判中的作用。就单个判例而言，其证据的种类与分类难以进行严格区分，因此英美法系一般不严格区分证据种类和证据分类两种概念。英国东南巡回审判区高级律师罗德纳·沃克在《英国法律制度》（*The English Legal System*）一书中，将英国的诉讼证据主要分为以下四类：直接证据与情况证据（环境证据）；原始证据与传闻证据；最佳证据与次要证据；口头证据、书证与实物证据等。可以看出，沃克是以证据对案件事实的证明关系、证据的来源、证据的证明作用和证据表现形式作为划分标准。

美国法学家格里菲斯主张两分法。将证据分为直接证据和情况证据两类；另一位美国学者威格摩尔则主张将证据分为实物证据、情况证据和言词证据。

（二）大陆法系国家的证据分类

大陆法系国家注重成文法的作用，一般都在法律中规定的证据的种类，在理论上对证据进行分类研究。法国对于证据分类问题集中体现于《法国民法典》《法国刑法典》《法国民事诉讼法典》《法国刑事诉讼法典》这四部法典之中，其中以证据是否用于诉讼或正准备用于诉讼为标准，将证据划分为审判外的证据与审判上的证据；以证据形成的时间为标准，将证据划分为事前成立的证据和事后成立的证据。德国学者将证据分为证人、鉴定人和实物证据。日本的学者将证据分为直接证据与间接证据，供述证据与非供述证据，实质证据与辅助证据等。[1]

（三）我国对证据分类的研究

我国台湾地区对证据分类的研究较为发达。有代表性的是陈朴生教授对证据所作的划分，他将证据划分为六类：通常证据与补助证据；本证与反证；直接证据与间接证据；原始证据与传闻证据；主要证据与补强证据；情况证据与供述证据。[2]《云五社会科学大辞典》将证据分为八种：本证（主证）和反证；物证与人证；直接证据与间接证据；积极证据与消极证据；独立证据与补助证据；原始证据与传闻证据；一般证据与补强证据；事前证据、事后证据与当时证据。[3]

我国大陆诉讼法学界对证据的分类研究起始于 20 世纪 50 年代，受苏联证据法律学说的影响，将证据分为三类，即控诉（有罪）证据和辩护（无罪）证据，原始证据与传来证据，直接证据与间接证据。随着法学研究的发展，在吸收比较法上证据分类的可采之处后，又提出了本证和反证，主证据和补强证据，原生证据与派生证据等。近年来，还有学者建议增加新的证据分类，如静态证据与动态证据，客观性证据与主观性证据。[4]

三、证据分类与证据种类的关系

证据分类以证据种类为研究对象，不能脱离证据种类而存在。同时证据分类又是对各种证据的特点、作用进行深入研究后而形成的一种理论体系，是对证据种类的丰富和深化。二者间既有密切的联系，又存在较为明显的区别，主要表现在：

1. 二者是否具有法律约束力不同。证据种类是立法对证据所进行的法定分类，明确地界定了证据的法定表现形式，不具备法定表现形式的事实不能作为定案的依据。法定的证据种类具有法律约束力，在司法实践中应当严格遵照执行。我国证据种类在立法上采取了较为封闭的立法模式。2018 年《刑事诉讼法》第 50 条将刑事证据的种类规定为 8 种：物证；书证；证人证言；被害人陈述；犯罪嫌疑人、被告人供述和辩解；鉴定意见；勘验、检查、辨认、侦查实

---

[1] 参见卞建林、谭世贵主编：《证据法学》，中国政法大学出版社 2019 年版，第 352 页。

[2] 陈朴生：《刑事证据法》，三民书局 1979 年版，第 129 页。

[3] 何孝元主编：《云五社会科学大辞典 第 6 册 法律学》，台湾商务印书馆 1971 年版，第 452 页。

[4] 李富成：《刑事证据分类新探——兼论静态证据与动态证据》，载《中国刑事法杂志》2013 年第 3 期。

验等笔录；视听资料、电子数据。《民事诉讼法》第 66 条、《行政诉讼法》第 33 条也将证据的种类规定为 8 种。

证据分类是理论研究中根据不同的标准和角度对证据进行的类别划分。这种划分有助于人们认识和把握证据，其性质属于学理解释，只具有理论指导作用，不具有法律约束力。目前对于证据分类主要采取"二分法"的方式，即根据一个标准将证据分为两种类型，每一证据都可以归入其中一种类型。

2. 二者划分的依据和标准不同。法定证据种类是以证据的存在和表现形式进行划分，由立法明确规定。其划分依据是确定的，划分标准具有单一性，一个证据只能归属其中一种。我国三大诉讼法中对于证据的种类都界定为 8 种，仅基于不同诉讼的特点在证据种类与排列顺序方面略有差别。证据在理论上的分类则是基于学术研究对证据进行的分类，如根据证据的表现形式、来源、证明作用、与案件事实的关系等的不同而表现出不同的类别。对证据理论上的分类具有多样性，根据不同的划分依据，同一证据也会交叉存在于不同证据类别之中。现阶段，常见的证据分类标准主要有：根据证据的表现形式进行划分；根据证据的来源进行划分；根据证据的证明作用进行划分；根据证据与案件事实的关系进行划分等。

3. 二者对证据特性的揭示程度不同。法定证据种类的划分揭示了证据存在和表现形式的不同，但不能反映证据在存在和表现形式之外的特征，如证据的来源、证据证明力的强弱等均无法在证据种类中体现。而证据的理论分类由于划分标准的不同，能够从不同侧面更深入地揭示各类证据的认识规律和运用规律，更为全面地反映证据的特点，如通过证据是否能直接证明案件主要事实的不同，可将证据划分为直接证据和间接证据。

第二节　言词证据与实物证据

一、言词证据与实物证据的概念及划分标准

根据证据的形成方法、表现形式、存在状况、提供方式的不同，可以把证据分为言词证据和实物证据。

言词证据，是指以人的陈述为存在和表现形式的证据，传统上称之为"人证"。在法定的证据种类中，表现为人的陈述的证据，如证人证言、被害人陈述、犯罪嫌疑人或被告人的供述和辩解、民事、行政诉讼当事人的陈述、鉴定

意见等都属于言词证据。言词证据既可以采用口头形式，也可以以书面形式存在，但书面材料仅作为存在的载体形式，其实质仍然是人的陈述。例如，对于当事人陈述，司法实践中一般都会通过询问而制成笔录，此种情况下，笔录就为当事人陈述记载的载体，其证据分类仍然为言词证据。鉴定意见是一种较为特殊的言词证据，与证人证言、被害人陈述、犯罪嫌疑人或被告人供述和辩解、民事、行政诉讼当事人陈述等言词证据有所不同，鉴定意见的内容是鉴定人对有关鉴定材料进行鉴定后出具的书面结论，而非对案件事实的直接或间接的感知。将鉴定意见归入言词证据，主要是因为其仍属于鉴定人提供的一种主观判断材料。并且在鉴定意见的证据能力和证明力遭受质疑时，法庭有可能传唤鉴定人出庭作证，就其所作的鉴定意见作出解释和说明，并回答控辩双方的询问。

实物证据，是指以实物形态为存在和表现形式的证据，又称为广义上的"物证"。实物证据的外在表现是能够看得见、摸得着或者感觉得到的实物，可以以固态、液态、气态等多种形态出现；既包括物体本身，也包括各种痕迹；既可以表现为纸质材料，也可以是录音、录像材料。我国三大诉讼法规定的证据种类中，物证、书证、视听资料、电子数据、刑事诉讼中的勘验、检查等笔录以及民事诉讼中的勘验笔录、行政诉讼中的现场笔录都属于实物证据。实物证据虽能如实地记录客观发生的事实，但却不能主动地向人们说明，需要人们通过某种方式对其内容进行揭示。

需要指出的是，对于刑事诉讼中的勘验、检查等笔录以及民事诉讼中的勘验笔录、行政诉讼中的现场笔录，有学者认为不能简单地将上述笔录都归为实物证据，而应具体分析其内容的性质，"勘验等笔录中的文字部分属于言词证据，而其中以照相、录像等方式制作的有关物品或痕迹的记录，应当归入实物证据的范畴"。[1] 还有学者认为，因为笔录类证据是办案人员对其行为过程所作的记录，包含着办案人员对某一过程的主观认识，有些笔录甚至还记录了特定自然人对行为的说明。此外，笔录类证据一旦在证据能力或证明力上面临质疑，制作笔录的办案人员还有可能出庭作证，接受各方的询问和质证。因此，各类笔录类证据也具有言词证据性质。[2] 但本书认为，笔录类证据虽然多以文字形式制成和存在，但仍属于实物类证据的范畴，因为它们实质上是对与案件有关的现场、人身、物品、痕迹等情况进行的书面记录，是对实物证据内容的

---

[1] 何家弘、刘品新：《证据法学》，法律出版社 2022 年版，第 137 页。
[2] 陈瑞华：《刑事证据法》，北京大学出版社 2021 年版，第 106 页。

固定和反映。司法、执法人员在后续出庭接受询问时，也主要是为了还原当时的具体情况，而非加以个人判断。此外，考虑到司法实践中的可操作性，也不宜将笔录类证据划分得过于复杂。

综上，言词证据与实物证据的划分标准是证据的存在和表现形式。但在运用此划分标准时，应注意证据的存在形式与其证明方式之间的联系。言词证据以人的陈述为表现形式，其证明方式是以人的陈述所包含的内容来证明案件事实。实物证据多以物品、文件、痕迹等为表现形式，但其范围却并不仅限于狭义的"物证"，而是包括以物所记载的内容或反映的信息来证明案件事实的各类证据。

二、言词证据的特点及收集、运用规则

（一）言词证据的特点

1. 言词证据能主动、全面地证明案件事实。言词证据一般具有明确的意思表示，能够比较形象、生动地表达出案件事实，将案件的起因、经过、结果等具体情节描述清楚。对待证事实的证明具有主动性，只要查证属实，就能直接运用其来证明案件事实。例如，当事人所提供的言词证据，由于当事人本身是案件事实的亲历者，其不仅可以对案件经过进行较为详细的陈述，甚至可以对案件的来龙去脉以及案件过程中当事人的主观心态加以详细描述，有利于司法、执法人员全面了解案件的具体情况。

2. 言词证据真实性易受主客观因素影响而出现失实的情况。言词证据是提供者对自己直接感知或者间接感知的案件事实所作的陈述。从主观方面而言，其真实性容易受到陈述者思想感情、个人品德、利害关系等因素的影响，例如，被害人、犯罪嫌疑人在陈述、供述中可能会夸大或缩小案件的严重程度。证人在一般情况下虽然与案件事实或结果没有直接的利害关系，但可能与当事人产生一定利害关系，同时证人还容易受到威胁或利诱，从而导致其不提供真实的证人证言。从客观方面而言，言词证据的形成过程较为复杂，一般要经过感知、记忆、陈述这三个阶段，而在其中每一个阶段，都可能由于某种客观原因导致提供者提供的言词与案件事实出现偏差甚至失实。

3. 言词证据的证据源不易灭失。言词证据的证据源其实就是提供证据的具体陈述人。当人直接或间接接触到案件事实后，感知到的相关信息便存储于人的大脑之中，形成记忆保留相当长的一段时间，并在需要时将其陈述出来。

（二）言词证据的收集、运用规则

在收集、运用言词证据时，应基本遵循以下几个规则：

1. 收集言词证据不得采用刑讯逼供、威胁、引诱、欺骗以及其他非法方法。收集言词证据一般以口头讯问、询问或提供者自己书写的方式进行，无论采取何种方式，都必须由提供者在自愿的情况下提供，不得采用刑讯逼供、威胁、引诱、欺骗及其他非法方法，不得诱导和暗示。我国三大诉讼法中都确立了非法证据排除规则，特别是对刑事诉讼活动中非法取得的言词证据采取绝对排除。例如，《刑事诉讼法》第52条规定："审判人员、检察人员、侦查人员必须依照法定程序，收集能够证实犯罪嫌疑人、被告人有罪或者无罪、犯罪情节轻重的各种证据。严禁刑讯逼供和以威胁、引诱、欺骗以及其他非法方法收集证据，不得强迫任何人证实自己有罪……"最高院《民诉解释》第106条规定："对以严重侵害他人合法权益、违反法律禁止性规定或者严重违背公序良俗的方法形成或者获取的证据，不得作为认定案件事实的根据。"此外，在对犯罪嫌疑人、被告人、被害人、证人、鉴定人以及民事、行政案件的当事人进行讯问或询问时，应当告知其有如实陈述或作证的义务以及虚假陈述应负的法律责任。

2. 收集言词证据应当迅速、及时。言词证据的形成依赖于自然人的记忆能力，因此收集言词证据要及时进行，防止被讯问或询问人因时间长久而淡忘。讯问、询问应当分别进行，并做笔录，结束后应向被讯问或询问人宣读或让其阅读，如果有误应当立即改正，并让收集对象签名、捺指印。

3. 审查言词证据时，应注意有无受主客观因素影响而产生偏差或失实。言词证据容易受到主客观因素的影响，例如，被害人由于受到侵害而容易夸大犯罪事实，因此在审查言词证据时，应当注意言词证据真实性。我国《刑事诉讼法》第55条第1款规定："对一切案件的判处都要重证据，重调查研究，不轻信口供。只有被告人供述，没有其他证据的，不能认定被告人有罪和处以刑罚；没有被告人供述，证据确实、充分的，可以认定被告人有罪和处以刑罚。"

4. 只有经过法庭查证属实的言词证据，才能作为定案根据。在法庭审判阶段，应当通过询问、质证的方式对言词证据加以核实，只有经双方当事人质证、查证属实，没有矛盾情形后，才能作为定案根据。

三、实物证据的特点及收集、运用规则

（一）实物证据的特点

实物证据是以"物"作证的证据类别，与言词证据相比，具有其自身的独特之处，主要表现为：

1. 实物证据具有较强的客观性和稳定性。实物证据往往是伴随案件发生而形成的客观实在，不依赖于人的意识而独立存在，一经形成在一般情况下不易改变，具有较强的客观性和稳定性。与言词证据易受到主客观因素影响而出现变化的特点不同，实物证据一旦被收集保全后，就可以长期保持相对稳定的形态，从而发挥有力的证明作用。

2. 实物证据具有被动性和依赖性，且证明范围较为狭窄。实物证据通常不会自主传达自身所包含的案件信息，需要靠人来进行分析研究，例如，通过辨认、检验、鉴定等手段，探索揭示其与案件的联系，这就显示出实物证据具有一定被动性与依赖性。此外，实物证据与案件事实的证明关系一般情况下是间接的，往往只能证明案件事实的一个片段或一个情节（视听资料除外），因此还需要与其他证据相结合从而完成整个证明过程。

3. 实物证据本身容易灭失。实物证据虽然一经形成就具有客观性和稳定性，但其本身作为客观的物体，必须存在于一定的外界条件下，如果外界因素发生改变，例如，自然因素导致的地震洪水、风吹日晒，或是人为的污染、毁灭证据行为，都有可能使得实物证据变异，甚至灭失。

（二）实物证据的收集、运用规则

根据上述实物证据的特点，在对实物证据进行收集与运用过程中，应当遵循以下规则：

1. 收集、运用实物证据必须严格依照法律进行，不得非法取证。我国的非法证据排除规则同样适用于实物证据的收集、固定与运用环节。《刑事诉讼法》第 56 条第 1 款中规定"收集物证、书证不符合法定程序，可能严重影响司法公正的，应当予以补正或者作出合理解释；不能补正或者作出合理解释的，对该证据应当予以排除"。

2. 收集实物证据应结合不同种类证据的特点进行。收集实物证据主要有勘验、搜查、扣押、查封、冻结、调取、当事人提供等多种方式，应当根据不同种类证据的特点采取合适的收集手段。例如，收集一般的实物证据时，应当避免或减少外界因素对实物证据的影响，可以以拍照、录像、制作模型等手段对实物证据加以固定，确保其能全面反映所记载的证据信息。在收集一些特殊的微型实物证据或生物学样本时，应充分使用现代的科学技术，避免在收集、固定和运用的过程中破坏证据的证明价值。在收集视听资料、电子数据等实物证据时，还应考虑此类证据的特殊性，根据案情需要采取扣押、封存原始存储介质、现场提取电子数据、网络在线提取电子数据、冻结电子数据、调取电子数据等措施。必要时，还可以指派或者聘请专业技术人员在侦查人员主持下进行收集、提取电子数据。此外，收集、运用实物证据还应做到及时、细致、全面，防止遗漏，对收集到的实物证据，应当开列清单，并妥善保管。

3. 在审查实物证据的证明力和证据能力方面，应采取鉴真与鉴定方法。由于实物证据与案件事实的联系并不明显，所以应当对其是否存在伪造、变造或者发生了形变、损坏进行判断，对需要进行鉴定或检验的实物证据，都应进行鉴定、检验。同时，还应关注实物证据从产生到收集、提取、保管再到出示等环节是否具有完整性。

4. 实物证据同样需经查证属实，才能作为定案根据。在审判阶段，实物证据同样需要在法庭上进行出示，通过控辩双方或原被告双方质证，经法庭查证属实后才能作为定案的根据。

第三节　原始证据与传来证据

一、原始证据与传来证据的概念及划分标准

根据证据来源的不同，以证据是否直接来源于案件事实为标准，可以将诉讼证据划分为原始证据与传来证据。

原始证据，是指直接来源于案件事实的证据，也即第一手证据。该证据是在案件事实的直接作用或影响下而产生、形成的，没有经过传抄、复制、转述等中间环节。例如，书证的原件、物证的原物、耳闻目睹案件事实的证人证言、刑事诉讼中的被害人陈述，民事、行政诉讼中的当事人陈述，犯罪嫌疑人、被告人的供述等。

传来证据，是指并非直接来源于案件事实或原始出处，而是从间接的非第一来源获得的证据，因此又被称为"派生证据"。即在原始证据的基础上，经过传抄、复制、转述等中间环节而派生出的证据，例如，现场痕迹的模型、书证的副本或复印件、物证的照片、证人转达他人感知的事实而形成的证人证言等。

原始证据与传来证据划分的标准，主要在于判断证据是否直接来源于案件事实，即证据是否直接产生于案件或与案件相关的行为。但在判断某一证据是原始证据还是传来证据时，不能机械地以是否经过复制等形式而产生为标准，不能简单地将原始证据和传来证据理解为原件和复印件，还应当考量这一证

与所要证明的案件是何种关系。例如，行为人将侮辱诽谤材料的原件复印多份，并将复印件随处粘贴，此时对于侮辱诽谤行为而言，这些复印件就属于原始证据而非传来证据，因为其证明的事实、对象、目的等已发生了变化。

在划分原始证据与传来证据的标准时，还应注意将传来证据与传闻证据相区别。传闻证据（Hearsay Evidence）是英美法系国家证据法中的一个重要概念，是指在审判时未亲自出庭之人对案件事实所做的陈述，包括证人转述他人的陈述、证人以书面形式作证的证言、证人在庭外通过询问而制作的笔录等情形。《美国联邦证据规则》第801条规定"传闻是指这样的陈述：（1）该陈述并非陈述人在当前审判或听证作证时作出的；并且（2）当事人将其作为证据提出，用以证明该陈述所主张事项之真实性。"[1] 对于传闻证据而言，除非例外，否则一般不可采。这是因为相关陈述并非当庭作出，无法通过法庭上的宣誓和交叉质询对传闻证据的真实性进行检验，因此一般性排除传闻证据，只在少数例外情形下才可采信。而传来证据具备证据能力和证明力，只是在证明力大小方面与原始证据有所区别，因此并不排斥传来证据的使用。除此之外，由于传闻证据主要是针对陈述而言，因此其范围仅限于言词证据，不包括实物证据，而传来证据的范围既包括言词证据也包括实物证据。

二、原始证据的特点及收集、运用规则

（一）原始证据的特点

从原始证据的形成过程及其内容来看，其具有下列特点：

1. 原始证据与案件事实有着直接的关系，具有较强真实性。原始证据直接来源于案件事实或原始出处，没有经过转述、复制等中间环节，因此其与案件事实的关系更密切，与案件真相的差异更微小，能够比较客观地反映案件事实。

2. 原始证据的证明力一般大于传来证据。证据证明力大小与证据和案件事实间联系是一种正比关系，联系越密切可靠性就越强，证明力也就越大；反之可靠性就越弱，证明力也就越小。原始证据是伴随着案件事实而形成的，是案件中某些行为或活动的直接产物，没有被转述、复制的过程，失真的可能性较小，因此原始证据的证明力一般优于传来证据的证明力。但在某些特定情况下，传来证据在传递过程中对案件原始信息保持非常完整，则传来证据与原始证据

---

[1] 参见王进喜：《美国〈联邦证据规则〉（2011年重塑版）条解》，中国法制出版社2012年版，第238页。

具有同等证明力。还有一些情形，原始证据可能因为主客观因素影响而发生变化，而传来证据却很好的固定、保全了证据的具体信息，此时，传来证据的证明力反而会大于原始证据的证明力。

（二）原始证据的收集、运用规则

根据原始证据的上述特点，在收集和运用原始证据时应遵循如下规则：

1. 原始证据优先规则。公安、司法机关及其办案人员在办理案件的过程中，应当追根溯源，尽可能地收集和运用原始证据。只有在收集原始证据确有困难时，才可以用传来证据替代。对此，最高院《刑诉解释》第 83 条规定"据以定案的物证应当是原物。原物不便搬运、不易保存、依法应当返还或者依法应当由有关部门保管、处理的，可以拍摄、制作足以反映原物外形和特征的照片、录像、复制品"。最高院《刑诉解释》第 84 条第 1 款规定："据以定案的书证应当是原件。取得原件确有困难的，可以使用副本、复制件。"《民事诉讼法》第 73 条第 1 款也规定："书证应当提交原件。物证应当提交原物。提交原件或者原物确有困难的，可以提交复制品、照片、副本、节录本。"

2. 贯彻直接言词原则，查证属实才能作为定案根据。对于亲自感知案件事实的证人和当事人，司法工作人员应当尽量亲自询问并制作详细的笔录；在法庭调查中，亲自感知案件事实的被害人、目击证人、民事案件的当事人应当出席法庭，亲自陈述并接受询问，以保证原始证据的客观真实性。对原始证据的审查必须依法进行，应当将原始物证、书证或视听资料当庭出示或者播放，经当事人及相关诉讼参与人当庭辨认、质证，查证属实后，才能由审判人员认证，用作定案的根据。

三、传来证据的特点及收集、运用规则

（一）传来证据的特点

从传来证据的形成过程及其内容，可以看出传来证据具有如下特点：

1. 传来证据与案件事实没有直接联系。传来证据是案件事实经过转抄、复制、转述后形成的，其对案件事实的反映经过了一个甚至多个中间环节，与案件事实没有直接联系。在中间环节中，很有可能会受到各种主客观因素的影响，从而发生失真等情况。

2. 传来证据证明力的大小，与其同案件事实间的距离相关。传来证据通常没有原始证据证明力强，是因为其经过了中间环节而形成，中间环节越多，发生异化的可能性也就越大，证据的可靠性、证明力也越弱。但也不排除在某些

情况下，传来证据在传递过程中完美地保持了证据的原始状态及相关信息。因此，也有学者将传来证据的这一特性总结为"传来证据的可靠程度同传递的次数成不规则反比"。[1]

（二）传来证据的收集、运用规则

传来证据较之于原始证据，其证明力较弱，但我们也应重视其在案件证明过程中所发挥的作用。传来证据往往是发现原始证据的先导，一些案件中是先通过收集到的传来证据，然后根据传来证据所提供的线索，进而发现原始证据。传来证据也是审查原始证据的重要手段，既可以通过传来证据对原始证据进行审查核实，也可以用来佐证原始证据，增强其证明力。在不能获得原始证据的情况下，传来证据经过查证属实后，还可以用以认定案件事实。因此，应注意传来证据的重要价值，在运用过程中应遵循如下规则：

1. 优先收集和运用最接近案件事实的传来证据，即转述、转抄或复制次数最少的传来证据。一般情况下，有原始证据的应当收集原始证据，在收集不到原始证据或者收集原始证据十分困难的情况下，应当收集最接近案件事实的传来证据。因为证据所经历的中间环节越多，失真或发生变异的可能性就越大，其证明力就越弱，反之，越接近案件事实的传来证据，其中间环节越少，证明力也就越强。

2. 必须查明传来证据的来源和出处。传来证据无论有多少中间环节，都应找到其确切出处，确保传来证据与原始证据为同一来源，建立起传来证据与案件事实之间的具体联系。如果无法查清传来证据的确定来源，例如，收集到的匿名信件，或者无法判明其是否可靠，则不能作为证据使用，更不能作为定案的根据。

3. 传来证据必须与其他证据相互印证。运用传来证据认定案件事实时，不仅需要其与案件具有关联性、有确切的来源，还要与其他证据能够相互印证，没有矛盾或有矛盾但能进行合理的解释，否则不能作为定案的根据。我国最高院《民诉解释》第111条第2款规定："……人民法院应当结合其他证据和案件具体情况，审查判断书证复制品等能否作为认定案件事实的根据。"在刑事案件中运用传来证据时，如果只有传来证据而没有原始证据的，一般情况下不宜仅以传来证据而轻易认定被告人有罪。

---

[1] 参见刘广三主编：《刑事证据法学》，中国人民大学出版社2015年版，第210页。

第四节　直接证据与间接证据

一、直接证据与间接证据的概念及划分标准

根据证据与案件主要事实的关系，即证据能否单独证明案件主要事实，可以将证据划分为直接证据和间接证据。直接证据是指能够单独、直接证明案件主要事实的证据；间接证据是指不能单独、直接证明案件主要事实，需要与其他证据结合起来才能证明案件主要事实的证据。

直接证据与间接证据的划分，主要是看证据本身能否单独、直接地证明案件的主要事实。因此，何为案件的主要事实是需要阐明的重要问题。所谓案件主要事实，是指当事人所争之主要事实或诉讼的主要标的。案件的性质和类型不同，其主要事实的内容也就不同，从而会使其直接证据和间接证据的范围有所不同。

就刑事案件而言，其主要事实包含了两个方面的内容：①犯罪事实是否发生；②犯罪行为是否为犯罪嫌疑人、被告人所为。因此，在刑事诉讼中，凡是能够单独、直接证明犯罪嫌疑人、被告人实施了相关犯罪行为或者没有实施相关犯罪行为的证据，都是直接证据。例如，在刑事诉讼中，犯罪嫌疑人、被告人承认自己有罪，其所作的供述就是证明其有罪的直接证据；相反，如果犯罪嫌疑人、被告人否认自己有罪，其所作的辩解就是证明其无罪的直接证据。能够明确指出是谁实施了何种犯罪行为的证人证言、被害人陈述也是直接证据。此外，有学者认为在特定情况下，能够直接证明是谁实施了犯罪行为的物证也属于直接证据，例如，持有型犯罪案件中查获某人随身携带的毒品、枪支弹药等违禁品，此时上述物品就是证明该罪的直接证据。[1]

就民事案件而言，其主要事实是民事当事人之间争议的民事法律关系是否发生、变更或者消灭的事实。民事诉讼案件主要事实包括：①民事法律事实，如继承、签订合同、缔结或解除婚姻等；②民事纠纷事实，如侵权事实和违约事实。凡是能够单独、直接证明或者否定民事当事人之间争议的民事法律关系发生、变更或者消灭的证据，就是直接证据。例如，民事当事人关于某一民事法律关系已经发生、变更或者消灭的陈述或承认，就是肯定性的直接证据；关

---

[1]　张建伟：《证据法要义》，北京大学出版社 2014 年版，第 148 页。

于某一民事法律关系没有发生、变更或者消灭的陈述或承认，就是否定性的直接证据。此外，能够证明民事法律关系是否发生、变更或者消灭的证人证言、书证、物证，以及记录侵权事实存在的视听资料等，也都是直接证据。

就行政案件而言，其主要事实是行政机关作出具体行政行为是否合法的事实，包括：①行政机关作出具体行政行为所依据的事实；②具体行政行为本身的事实；③行政程序事实。因此，凡是能够单独、直接证明或者否定行政机关具体行政行为是否合法的证据，就是直接证据。例如，行政行为人或相对人对于具体行政行为合法性的陈述，就是肯定性直接证据；行政行为人或相对人对于具体行政行为违法性的陈述，就是否定性直接证据。此外，能够直接证明具体行政行为合法与否的证人证言、相关书证以及记录整个行政执法经过的视听资料等，例如，行政机关作出的行政处罚决定书、出具的有关文件、公函等，也都是直接证据。

间接证据与直接证据相比，其范围要广泛得多，只能证明时间、地点、工具、手段、结果、动机等单一的案件事实要素或案件情节的证据，都是间接证据。虽然间接证据对于案件主要事实的证明是间接的，需要同其他证据结合起来才能证明案件的主要事实，但并不是说其不能直接地证明案件事实，而是它只能证明案件事实的某一个情节或者片段。间接证据在案件证明过程中往往会发挥下列几个方面作用：其一，间接证据往往成为发现其他证据的线索。在司法实践中，间接证据的种类和数量要远远多于直接证据，从收集证据的角度来看，间接证据也较易获取。因此，在尚未获取直接证据时，不能忽视间接证据的价值，而应通过其来发现并进一步获取其他证据。其二，间接证据是印证直接证据的有效手段。其三，在无法收集到直接证据时，依赖若干间接证据形成证据锁链也能认定案件事实。

二、直接证据的特点及收集、运用规则

（一）直接证据的特点

1. 直接证据能够单独、直接地证明案件主要事实。直接证据包含着有关案件主要事实的具体信息，其可以直接地、一步到位地证明案件中的实质性争议问题。直接证据对案件事实的证明不需要经过任何中间环节，也不需要借助其他证据或推论就可以直接地指明案件的事实。使用直接证据认定案件事实较为便捷，只要一经查证属实，就可以用作认定案件事实的主要依据。

2. 直接证据多表现为言词证据。当事人作为最为了解案件事实的主体，所

提供的言词证据往往能直接对案件事实起到证明作用。案件目击者的证人证言也是常见的直接证据。因此无论在刑事诉讼、民事诉讼还是行政诉讼中，能证明案件主要事实的直接证据多为当事人或目击证人提供的言词证据。由于言词证据的特点之一就是容易受到主客观因素的影响而发生失实的情况，因此在对作为直接证据的言词证据进行审查时应当特别注意其真实性。例如，被害人陈述可能夸大事实或者因受到侵犯时精神紧张而发生感知上的偏差；犯罪嫌疑人、被告人因为与案件处理结果有着直接的利害关系而使得其作出虚假供述；目击证人对案件事实的感知和记忆也可能因为生理状态的影响而出现错误，或因受到威胁、拉拢、诱导而不敢或者故意不提供真实情况。

3. 直接证据的收集和审查判断较为困难。由于直接证据来源较窄，数量较少，所以在一般案件中收集和提取都比较困难，有时案件中甚至没有直接证据。特别是在刑事案件中，犯罪人因为惧怕受到法律制裁，往往会把能够证明其犯罪的证据尤其是直接证据毁灭或者隐藏起来。有些刑事案件发生得较为隐蔽，除犯罪人本人外，其他人对案件无从知晓。因此这在客观上造成了直接证据在数量上较少且不易收集。同时，由于直接证据多表现为言词证据，容易产生失真的情况，因此在对言词类直接证据进行审查时，不能简单肯定，需要经过认真审查判断，才能作为定案的根据。

（二）直接证据的收集、运用规则

直接证据能够单独、直接证明案件主要事实，其证明力较强，但在收集、运用其证明案件过程中，也应遵循如下规则：

1. 对直接证据应进行全面分析审查。直接证据在司法实务中多表现为言词证据，在运用言词类的直接证据时，应对其进行全面的分析、审查，关注其真实性与可靠性，注意是否存在刑讯逼供、威胁、引诱、欺骗等行为，以上述方式收集到的证据不能作为定案根据。需要注意的是，直接证据虽然主要表现为言词证据，但一些实物证据也可能是直接证据。我国目前刑事诉讼非法证据排除规则对于言词证据、实物证据采取不同的排除标准，对非法言词证据采取绝对排除，对非法实物证据采取裁量性排除。因此，在对直接证据取得的合法性进行审查时，也应进一步区分该直接证据的类型以适用相应的排除规则。

2. 直接证据须有其他证据加以印证。直接证据虽具有较强的证明力，但其真实性不能靠自身来证明，必须由其他证据证明其真实可靠后，才能作为定案的根据。在证明过程中，可以通过直接证据与直接证据彼此相印证；也可以以直接证据为主干，间接证据为补充，共同组成案件的证明体系，确保对案件主要事实和各个环节的证明，最终符合相应的诉讼证明标准。

3. 孤证不能定案。《刑事诉讼法》第 55 条规定："……只有被告人供述，没有其他证据的，不能认定被告人有罪和处以刑罚……"因此在只有一个直接证据，而没有其他证据印证的情况下，不能据此认定案件事实。例如，在刑事案件中，如果只凭借被告人的供述，在没有其他证据印证的情况下就定案，一旦被告人翻供，对案件事实的认定就再无其他的根据。

三、间接证据的特点及收集、运用规则

（一）间接证据的特点

与直接证据相比，间接证据在证明力、数量、表现形式等方面有着自己的特点，主要表现在以下方面：

1. 间接证据对案件事实证明的片段性。单一的间接证据不能独立、直接证明案件的主要事实，只能证明案件事实的某一个情节或片段。因此，间接证据与案件主要事实之间的联系多呈现出片段化、碎片化的特点。对间接证据在进行审查判断时，不仅要审查间接证据本身是否真实可信，也要审查它与案件事实之间的客观联系，判断某一间接证据是否与部分案件事实之间存在联系。如果该证据与案件事实之间并无关联，则不具有可采性。

2. 间接证据具有依赖性。间接证据只能证明案件事实的某一个情节或片段，因此在证明案件事实时，间接证据需要依赖其他证据共同发挥证明作用。既可以与直接证据相结合，印证直接证据的真实性；也可以与其他间接证据相配合，形成完整的证据体系，达到诉讼证明的目的。

3. 间接证据证明过程具有推理性。间接证据只能证明案件事实的某一个情节或片段，在运用其证明案件事实时，需要通过一定的逻辑推理，把一系列证据有机联系起来，综合运用演绎、归纳、推理、反证、排除等证明手段，从一个事实推论出另一个事实，并且排除其他可能性，才能得出案件主要事实的结论。

（二）间接证据的收集、运用规则

间接证据虽然不能单独、直接地证明案件主要事实，但可以证明案件事实的某一情节或片段，可以用确实、充分的间接证据来定案。在收集、运用间接证据时，应遵循以下规则：

1. 间接证据均应查证属实。在运用间接证据时，首先应当确认间接证据是真实可靠的，保证其具有客观性。如果间接证据本身的客观性不能得到保证，

则其作为证明环节的一环，所证明的部分案件事实内容将难以查明，进而可能影响对整个案件事实的审查判断。

2. 间接证据与案件事实间应当具有关联性。关联性是证据的重要属性之一，即便证据查证属实具有客观性，但是如果与案件事实没有关联性，则其也没有证明作用。间接证据与案件事实之间的客观联系是多种多样的，因此，在审查间接证据的过程中，首先应当分析其与案件事实之间是否具有客观联系，具有何种联系，能够证明案件事实的具体哪一片段、环节，避免将无关的材料作为间接证据使用，延误诉讼活动，影响案件的审理查明。

3. 间接证据间应相互印证。用于证明案件事实的各间接证据之间、间接证据与案件事实之间应当能够相互印证，不存在无法排除的矛盾和无法解释的疑问。如果存在相互排斥的情况，则证明有些间接证据可能存在错误，或者两者均存在错误，此时需要继续对案件展开调查、取证，排除间接证据彼此之间的矛盾，否则，不能定案。

4. 间接证据必须形成一个完整的证明体系。单一的间接证据只能证明案件事实的部分内容，只有收集充分的间接证据，并将其形成一个完整的证明体系后，才能保证对案件的全部事实都有相应的证据加以证明。如果间接证据相互具有不衔接的情况，则不能认定案件事实。

5. 运用间接证据得出的结论应当是唯一的。运用间接证据构成的证明体系进行综合分析和逻辑推理后，只能得出一个关于案件事实的结论，其具有唯一性、排他性。但在民事诉讼以及行政诉讼中，根据诉讼证明标准要求的不同，对证明结果也无须强求至刑事诉讼的证明标准，只要能从正面证实案件事实真相，从反面排除案件的虚假成分，得到肯定性的结论即可。

第五节　本证与反证

一、本证与反证的概念及划分标准

(一) 本证与反证的概念

根据证据是否为负有举证责任的当事人所提出，该证据所证明的事实是否为该当事人所主张的事实，可以将证据分为本证与反证。其中，本证是指能够证明当事人主张的事实存在的证据，即能够支持诉讼中一方所主张的事实成立，证明其主张的事实存在的证据；反证是指能够证明对方当事人主张的事实不存在的证据。反证对对方当事人的主张起否定作用。简言之，本证是用以肯定自己主张的事实存在的证据，反证则是否定对方主张的事实存在的证据。

在诉讼中，控、辩双方都可以提出本证或者反证，其判断的标准是看提出的证据是证明自己所主张的事实存在，还是证明对方所主张的事实不存在。在刑事诉讼中，公诉人或自诉人提出的证明被告人有罪、罪重的证据就是本证；被告人及其辩护人提出的证明被告人无罪或罪轻的证据就是反证。在民事诉讼中，双方当事人提出的支持各自主张的事实的证据，都属于本证；用来否定对方主张的事实存在的，就是反证。由于行政诉讼所要解决的问题是具体行政行为是否合法，因此在行政诉讼中，凡是证明具体行政行为合法的证据为本证，证明具体行政行为违法的证据为反证。

需要注意的是，有学者认为，本证与反证的划分只适用于民事诉讼和行政诉讼中的证据；还有学者认为这种划分仅适用于民事诉讼中的证据，对行政诉讼和刑事诉讼中的证据不适用这种划分。本书认为，无论是在刑事诉讼、民事诉讼、还是在行政诉讼中，双方当事人都会有自己主张的事实，抑或提出证据证明对方主张的事实不成立、不存在，这样就有了本证或者反证存在的基础。如在刑事诉讼中排斥本证与反证的划分，采用控诉证据与辩护证据、攻击证据与防御证据、有罪证据与无罪证据、有利于被告人的证据与不利于被告人的证据等分类，则更具局限性。此外，上述分类具有将诉讼中原告、被告身份作为划分本证与反证的倾向，而本证与反证的划分是以证据能否证明自己主张的事实或者否定对方所主张的事实为标准，与提供证据者的身份无关。因此，本证与反证的划分方法在三大诉讼中均可以适用，且不论原告或者被告，都可以提出本证或者反证。

（二）本证与反证的划分标准

本证与反证是以证据对当事人双方所主张的事实的证明作用为标准进行的划分。一个证据是本证还是反证，要看该证据是用来支持己方所主张的事实，还是用来反驳对方所主张的事实。支持己方主张事实的证据为本证，反驳对方所主张事实的证据为反证。需要注意的是，虽然本证通常是由负有举证责任的一方提出，反证也经常由被告一方提出，但本证与反证的划分与举证责任没有必然的联系。

（三）反证与反驳的区别

在理解反证的时候，还应当将反证与反驳区别开来。反驳证据，也称证据抗辩，是指一方当事人为证明其主张而提出证据时，对方当事人并不提出相反证据来否定一方主张的事实，而是针对其证据所存在的瑕疵，指出其主张因证据存在瑕疵而无法得到证明。

反证的主体是提出主张者的对方当事人，其目的在于通过反证否认对方主张的成立。而反驳的主体则可能是双方当事人，其目的在于证明对方当事人提出的证据不具有关联性、客观性或合法性，或者证明价值微弱，因此不能作为认定案件事实的依据。反驳既可能是对对方主张的事实的反驳，也可能是对对方观点的反驳。在对对方主张事实的反驳中，既可能是以自己主张的事实反驳对方主张的事实，并且用证据来证明自己主张的事实，这就形成了反驳与反证的并存，也可能是对对方主张的事实的直接否定，就属于反驳。

二、划分本证与反证的作用

本证与反证的划分，揭示了证据的证明方向和作用，对于指导当事人和司法人员有效地进行诉讼活动具有十分重要的作用，具体表现在以下几方面：

1. 有助于调动当事人举证的积极性，增强诉讼的对抗性。本证、反证的划分与证明责任密切联系，主张某项事实的一方负有举证责任，需要对自己所主张的事实提出证据予以证明，否则就要承担不利的诉讼结果。作为反驳指控的一方，也有权提出证据，其所提出的反证经查证属实，即可被采信。在诉讼活动中，原被告双方的诉讼活动本身具有功利性的特征，参与诉讼也正是双方对维护自身利益的追求。划分本证、反证即为了要求当事人提出事实主张时也应提供相应证据，否则将带来结果上的不利。因此，其对调动当事人举证的积极性、维护自身利益，以及增强诉讼的抗辩性方面具有积极作用。

2. 有助明确提供证据的顺序。法官在对案件进行审查时，应先调查本证。证据的提出通常也遵循本证在前，反证在后的顺序。按照这一明确的证据提供顺序进行查证，当事人对于其主张所依据的事实应提出本证加以证明，而对方当事人对该主张所依据的事实是否需要提出反证可视本证的证明情况而定。即如果提出主张的当事人不提出本证，或所提出的本证证明力很弱，无法达到诉讼的证明标准时，对方当事人可以不必提出反证。

3. 有助于确定案件的争议焦点，尽快查明案件真实情况。审判人员根据当事人出具证据的证明方向、证明作用，迅速把握双方所主张的案件事实，确定案件的争议焦点，将审理的重心放在当事人有争议的问题上，并通过对本证、反证的审查，及时查明案件事实，提高诉讼效率、降低诉讼成本。

4. 有助于对证据的审查判断。基于诉讼活动的对抗性，原被告双方在诉讼中所提出的事实主张和诉讼主张通常是相反的，其所提出的证据内容也不同甚至完全相反。但对案件事实本身而言，案件的真实情况只有一个。在对同一事实存在着肯定或否定的两种证据的情况下，审判人员通过对本证和反证的审查，容易发现其中存在的矛盾，如经审查本证成立，则反证不成立；如反证成立，本证则不成立，从而更好找出问题真相，查清案件事实。

三、本证与反证的收集、运用规则

本证与反证的划分，从证明方向和作用上揭示了证据与待证事实之间的关系，在实际收集、运用过程中要遵循以下规则：

1. 利用本证与反证的证明方向落实证明责任。本证与反证的划分与证明责任虽然不属同一范畴，但与证明责任的分担基本一致。除了对方当事人承认的情形以外，负有证明责任的一方当事人对于自己所主张的事实，必须提供充分的本证加以证明；对方当事人为了反驳其所主张的事实，也必须提供充分的反证加以驳斥。《民事诉讼法》第 67 条第 1 款规定："当事人对自己提出的主张，有责任提供证据。"最高院《民诉解释》第 90 条第 1 款规定："当事人对自己提出的诉讼请求所依据的事实或者反驳对方诉讼请求所依据的事实，应当提供证据加以证明，但法律另有规定的除外。"

2. 本证与反证需达到的证明程度有所不同。根据最高院《民诉解释》第108 条第 1、2 款："对负有举证证明责任的当事人提供的证据，人民法院经审查并结合相关事实，确信待证事实的存在具有高度可能性的，应当认定该事实存在。对一方当事人为反驳负有举证证明责任的当事人所主张事实而提供的证据，人民法院经审查并结合相关事实，认为待证事实真伪不明的，应当认定该事实不存在。"即承担证明责任的主张者要获得胜诉需要达到"高度盖然性"的标准，而提出反证者，无须达到使法院确信的程度，只要使事实处于"真伪不明"的状态，即可推翻对方的主张。在刑事诉讼证明和行政诉讼证明中，主张案件事实存在的主体的本证证明与否认案件事实存在的主体的反证证明的程度或者标准是有本质区别的，前者要比后者有着更高的证明标准或者要达到更高的证明程度。

3. 本证与反证不能同时为真，但可能同时为假。基于本证与反证内容上的对立性，对于同一事实主张，本证与反证不可能同时成立。因此，办案人员在审查证据时，只要确认了本证或反证的成立，即可反推出反证或本证的不成立。但是，在已确认本证或反证不成立的情况下，却不能推定另一种证据为真。

⊕ **练习案例**

　　2017 年 4 月，张某明、毛某明与张某三人通过微信联系，前往三清山风景名胜区攀爬"巨蟒峰"岩柱体。三人携带电钻、岩钉（即膨胀螺栓，不锈钢材质）、铁锤、绳索等工具进行攀爬。张某明在有危险的地方打岩钉，使用电钻在巨蟒峰岩体上钻孔，再用铁锤将岩钉打入孔内，用扳手拧紧，然后在岩钉上布绳索，并通过这种方式于早上 6 时 49 分左右攀爬至巨蟒峰顶部。毛某明一直在其后为张某明拉绳索做保护，并沿着张某明布好的绳索于早上 7 时左右攀爬到巨蟒峰顶部。在巨蟒峰顶部，张某明将多余的工具给毛某明，毛某明顺着绳索下降，将多余的工具带回宾馆，随后又返回巨蟒峰，攀爬至巨蟒峰 10 多米处，被三清山管委会工作人员发现后劝下并被民警控制。在张某明、毛某明攀爬开始时，张某为张某明拉绳索做保护，之后张某回宾馆拿无人机，再返回巨蟒峰，沿着张某明布好的绳索于早上 7 时 30 分左右攀爬至巨蟒峰顶部，在顶部使用无人机进行拍摄。在工作人员劝说下，张某、张某明先后于上午 9 时左右、9 时 40 分左右下到巨蟒峰底部并被民警控制。

　　案件侦查终结后，公诉机关以三人涉嫌故意损毁名胜古迹罪提起公诉，并对破坏生态环境行为提起民事公益诉讼。公诉机关指控上述事实的主要证据包括：①三人对于攀爬巨蟒峰的供述和辩解；②扣押三人工具手机 4 部、无人机 1 台、对讲机 2 台；③电钻、岩钉、铁锤、绳索等攀爬工具；④张某明在巨蟒峰上打入 26 个岩钉的照片；⑤张某在巨蟒峰顶部用无人机拍摄的视频；⑥4 名专家从地学角度对 3 人行为对巨蟒峰地质遗迹点造成严重损毁的论证材料。

　　问题：

　　1. 本案有哪些言词证据？哪些实物证据？

　　2. 本案有哪些直接证据？哪些间接证据？

　　3. 试分析 4 名专家做出的论证材料属于何种证据分类？

⊕ **思考题**

　　1. 简述对证据进行学理分类的意义何在？证据分类与证据种类的关系是什么？

　　2. 简述言词证据和实物证据的特征有哪些？运用时应当遵守哪些规则？

　　3. 简述原始证据与传来证据的特征有哪些？

4. 简述直接证据与间接证据的划分标准及其含义是什么？

5. 简述能否仅依靠间接证据进行定案？应当如何运用间接证据进行定案？

6. 简述本证与反证的划分是否只适用于民事诉讼？为什么？

证据规则

学习指导

通过本章学习，理解并掌握证据规则的概念、种类与体系，认识和掌握关联性规则、非法证据排除规则、传闻证据规则、最佳证据规则、意见证据规则和补强证据规则的含义及内容等。学习的重点和难点是我国非法证据排除规则的立法及实践状况，传闻证据规则与要求证人出庭作证的关系。

第一节　证据规则概述

一、证据规则的概念和种类

证据规则是指规范证据能力、证明过程，以及对证明行为的合理性与合法性进行评价的一系列规则的总称，其核心是规范证据能力和证明行为。现代诉讼中的证据规则，是在长期的立法和司法实践中，通过不断地试点和探索逐步确立和发展起来的，并成为证据法的有机组成部分。

两大法系的证据规则类型不同，特点鲜明。英美法系国家的证据规则复杂并且严格，而大陆法系国家的证据规则简略并且灵活。英美法系的证据规则主要强调证据能力问题，客观上限制了裁判者审查判断证据的范围，削弱了裁判者发现真实的能力。大陆法系的证据规则更强调审查判断证据的程序，目的是充分发挥法官审查判断证据的主观能动性，促进案件真实的发现。同时，因法律传统和制度上的差异，各国证据规则的立法形式和内容也有所不同。有的国家集中规定在证据法典中，有的国家分别规定在诉讼法中，有的国家规定在司法行为规则或司法解释之中，还有的国家规定在刑事或民事实体法中。在法治发达的国家中，证据规则是由一系列具有内在逻辑联系的法律规范组成的有机整体，即证据规则体系。

证据规则主要有：关联性规则、非法证据排除规则、传闻证据规则、最佳证据规则、意见证据规则、补强证据规则等。证据规则可以划分为两类：调整证明力的规则和调整证据能力的规则。一般认为，关联性规则、补强证据规则等属于调整证明力的规则，而非法证据排除规则、传闻证据规则、意见证据规则、最佳证据规则等属于调整证据能力的规则。显然，调整证据能力的规则构成了证据规则的主体部分。

我国证据法学界对证据规则的讨论和研究开始于20世纪90年代。在这些讨论中，学者对"证据规则"的理解不尽一致，主要观点有：①将证据规则等同于证据制度。②将证据规则归结为关于证据能力和证明力的规则。③将证据规则等同于与证据有关的程序性规则，如有学者认为"证据规则就是指在收集证据、采用证据、核实证据、运用证据时必须遵循的一系列准则。换句话说，就是在诉讼中与证据有关的具有可操作性的程序性准则"。[1] ④将证据规则限定于主要规范证据能力的规则。[2] 很显然，我国学界对证据规则的理解侧重于强调证据的运用，而英美学者则主要针对证据能力的规范。

证据规则深深植根于一国的法律制度与法律文化，研究证据规则必须从一个国家的法律传统和制度环境出发，并紧密结合现行法律规定和司法实践。只有这样才能准确把握证据规则的内在规律，为证据规则的确立、梳理与发展提供富有价值的理论支撑。

二、证据规则的意义

（一）有利于查明案件事实，实现实体公正

证据规则的一个重要功能就是有利于查明案件事实。以关联性规则为例，其基本要求就是只有具有关联性的证据才可采，这是发现案件事实真相的基础。具有关联性的证据形成的证明体系才能排除其他可能性，据此得出唯一的、确实的结论。再如，最佳证据规则强调书证原件的可靠性，也是为了保证诉讼证明的准确性。

---

〔1〕 刘善春、毕玉谦、郑旭：《诉讼证据规则研究》，中国法制出版社2000年版，第5页。
〔2〕 宋英辉、吴宏耀：《外国证据规则的立法及发展——外国证据规则系列之一》，载《人民检察》2001年第3期。

（二）有利于尊重和保障人权

这一点主要体现于刑事诉讼领域，各国在诉讼制度和证据规则的设立上都力求兼顾刑事诉讼中控制犯罪和保障人权这两种不同的价值，并力求实现二者的平衡。在证据规则中，非法证据排除规则就彰显了保障被追诉者人权的价值，立法明确规定不得用通过非法手段取得的证据作为定案的根据，并以此来遏制公权力的滥用。

（三）有利于制约与规范司法机关及其工作人员的证据行为

证据规则能够限制国家权力的恣意行使，例如，非法证据排除规则能够有效地制约侦查机关，以减少刑讯逼供、非法取证等侵犯公民合法权益的行为。另外，证据规则有利于从事实方面控制裁量权。通过明确证据的范围、证据资格、调查收集和审查判断证据的程序和方法以及举证质证规则，可以使公安司法机关及其工作人员的取证行为、采证行为置于法律的约束和当事人的监督之下。

（四）有利于提高诉讼效率

大量证据规则的存在和适用，使得当事人双方在诉讼中的质证和辩论行为得到规范，使得不符合证据规则的材料被排除在定案根据之外，从而节省法庭调查的时间，并降低各方的诉讼成本。

第二节　关联性规则

一、关联性规则概述

所谓关联性（或者相关性），是指证据与待证事实之间的某种关联或逻辑上的联系，出于这种联系，证据对待证事实的存在与否能够起到一定的证明作用，该证据从而具有能够证明待证事实的属性。换言之，只有与本案有关的事实材料才能作为证据使用，一切没有关联性的证据均不可采纳。

证据的关联性从本质上说取决于证据事实由案件事实所反映、所产生，与案件事实存在内在的、实质的联系，从而才可能产生不同程度的证明力。实践中往往是在法律框架内对一项证据材料是否具有关联性进行经验判断，这在很大程度上依赖人们的常识与经验，并没有固定的标准。除了经验之外，严格的逻辑推理也是判断关联性的重要方法。逻辑推理与经验、常识之间并不是截然区分的，经验和常识必须是符合逻辑的，逻辑推理也必须以常识和经验为基础。

因此，判断证据是否具有关联性，既需要逻辑推理，还需要有丰富的生活经验和司法实践经验。

关联性规则在证据规则中具有基础性地位。这主要体现在两个方面：首先，关联性规则适用范围非常广泛，适用于所有证据形式；其次，英美证据理论认为，证据既有关联性，又有可采性，而关联性是证据被采纳的先决条件，虽然具有关联性的证据并不必然具有可采性，但是没有关联性的证据一定不具有可采性。一般原则是，除非成文法另有规定，否则所有具备关联性的证据都具有证据能力。以《美国联邦证据规则》第402条为例，在"相关证据一般可以采纳，无相关性的证据不能采纳"这一标题下规定："所有具有相关性的证据均可采纳，但美国宪法、国会立法、本证据规则以及联邦最高法院根据立法授权确立的其他规则另有规定的除外。没有相关性的证据不能采纳。"[1]

二、关联性规则在我国法律中的体现

证据法学理论通说认为关联性是证据不可或缺的属性。我国三大诉讼法中虽然未明确规定关联性规则，但某些法条和司法解释体现了关联性规则的基本精神，存在有关关联性的分散的规定。例如，我国《刑事诉讼法》虽然没有直接对证据的关联性作出明确规定，但一些规定中包含了关联性的内容。例如，《刑事诉讼法》第50条第1款规定："可以用于证明案件事实的材料，都是证据。"此规定要求证据应当同案件事实有关联。第120条规定，侦查人员在讯问犯罪嫌疑人的时候，犯罪嫌疑人"对与本案无关的问题，有拒绝回答的权利"。最高院《刑诉解释》第262条规定："控辩双方的讯问、发问方式不当或者内容与本案无关的，对方可以提出异议，申请审判长制止，审判长应当判明情况予以支持或者驳回；对方未提出异议的，审判长也可以根据情况予以制止。"这一规定赋予法官对于与本案无关的证据依职权决定不予调查的权力，从而防止诉讼争点的混乱和证据调查范围的任意扩大，节约司法资源，提高诉讼效率。最高院《行诉证据规定》第54条规定，法庭应当对经过庭审质证的证据和无需质证的证据进行逐一审查和对全部证据综合审查，遵循法官职业道德，运用逻辑推理和生活经验，进行全面、客观和公正的分析判断，确定证据材料与案件事实之间的证明关系，排除不具有关联性的证据材料，准确认定案件事实。

---

[1]《美国联邦刑事诉讼规则和证据规则》，卞建林译，中国政法大学出版社1996年版，第105页。

三、关联性规则的域外规定与发展

在英美证据法中，关联性规则又称相关性规则，是英美证据法中的一项基本规则。根据《美国联邦证据规则》第401条的规定，"相关证据"是指证据具有某种倾向，使决定某项在诉讼中待确认的争议事实的存在比没有该项证据时更有可能或者更无可能。[1] 所谓关联性是指证据必须与待证事实有关，从而具有能够证明案件事实的属性。

英美证据理论基于以下理由要求证据必须具有关联性才可以采纳：①适应陪审团制度的需要，排除无关联性的证据对陪审团的误导。在陪审团参与审理的案件中，由陪审团负责认定案件事实。为了防止当事人将没有关联性的证据在法庭上出示，从而导致陪审团对案件事实作出错误认定，就必须遵循关联性规则。②适应当事人主义诉讼模式的需要，有利于限定法庭调查的范围。英美法系采用当事人主义诉讼模式，法庭调查证据由当事人进行，当事人完全自主决定提出哪些证据。如不加以限制，势必影响诉讼的顺利进行。

在英美证据法中，通常对于哪些证据具有关联性、哪些证据不具有关联性不作出具体规定，因为这是一个事实和逻辑的问题，需要由法官和陪审团在具体案件中进行判断。但是，鉴于有些证据具有明显的误导性，法律上专门对于它们的关联性作出限定，用以防止此类证据被不适当采用。主要有以下两类：①品格证据。一般规则是，一个人的品格或者品格特征的证据在证明这个人于特定环境下实施了与此品格相一致的行为上不具有关联性。例外情形是，如果被告人主动提出关于其品格或者被害人品格的证据，那么，控诉方提出的反驳被告人提出的品格证据，具有可采性。②类似行为证据。其规则是：被告人曾实施的某一相似行为与他在当前实施的行为通常没有关联性。在刑事诉讼中，不能因犯罪嫌疑人、被告人曾实施过类似的犯罪行为而认定其为此次犯罪的实施者。需要指出的是，鉴于将绝大多数类似行为证据都予以排除在实践中导致一些案件无法作出认定，英国近年来对于类似行为证据的排除出现了变化。传统上，英国以排除类似行为证据为原则，以采纳为例外。改革后的英国立法规定，放宽了采纳的限制，如果属于非常类似的行为，可以采纳为证据。

---

[1] 《美国联邦刑事诉讼规则和证据规则》，卞建林译，中国政法大学出版社1996年版，第105页。

第三节　非法证据排除规则

一、非法证据排除规则概述

（一）非法证据排除规则的概念

非法证据排除规则是指以非法方法取得的证据不具有可采性，不能作为认定案件事实的依据。换言之，非法证据排除规则是指除非法律另有规定，司法机关不能采纳非法证据，不得将其作为定案依据的证据规则。

需要说明的是，尽管我国民事诉讼和行政诉讼相关司法解释中有关于排除非法证据的规定，但是刑事诉讼中的非法证据排除规则具有更加重要的地位和作用，而且非法证据排除规则在域外也主要是刑事诉讼中的证据规则。因此，本节在对非法证据排除规则的理解及非法证据排除规则在域外的规定等，主要是在刑事诉讼的语境下作出的。

非法证据排除规则是中外刑事司法活动中一项重要的证据规则，要正确理解其内涵和要求，需要注意以下几个方面：

第一，非法证据的界定。非法证据排除规则的适用首先遇到的问题是如何界定非法证据，然后才能解决如何予以排除的问题。非法证据也就是非法取得的证据，主要包括两种形式：一是以非法方法获取的言词证据，包括采用暴力等非法手段获取的犯罪嫌疑人供述和辩解、被害人陈述和证人证言。获取言词证据的非法方法一般包括刑讯、精神折磨及其他非人道的变相刑讯方法，还包括使用麻醉药品等非法方法。二是以非法方法获取的实物证据，主要是指违反法定程序的非法搜查、扣押而获取的物证、书证。虽然非法证据排除规则在诞生之初主要是排除违反宪法关于搜查、扣押规定所获取的证据，是为狭义的非法证据排除，但从其在其他国家和地区的发展来看，排除非法言词证据却成为主要内容。因此广义上的非法证据排除规则除了排除非法取得的物证、书证之外，还包括非法言词证据的排除。

第二，非法中的"法"的范围。关于非法中的"法"的含义，各国规定有所不同，在我国，通常是指刑事诉讼法及相关司法解释等；在美国是指宪法及最高法院判例所创立的规则；而在德国，则是指宪法（或基本法）和刑事诉讼法等法律。

第三，非法证据"排除"实质上是否定非法证据的证据能力。因此，凡是被认定为非法的证据都将丧失证据能力（证据资格），进而不得在刑事诉讼中用作认定被告人有罪的证据。

第四，非法证据与不合法的证据含义不同。不合法的证据是指运用证据的主体、证据形式、收集证据的方式、程序等方面都不符合法律规定，属于广义的不合法（非法）；而非法证据仅指在收集证据的过程中违反了法律规定，侵犯了犯罪嫌疑人、被告人、被害人以及证人等的合法权利的证据，属于狭义的不合法范畴。

第五，非法证据与瑕疵证据的区别。非法证据主要是指侦查机关以严重侵犯人权的非法方法收集的证据，而瑕疵证据则是侦查机关违反法定程序较为轻微或者违反了技术性操作规范所取得的证据。[1] 二者在效力上不同，证据一旦被认定为"非法"，即不具有证据能力，必须予以排除；而瑕疵证据更多属于效力待定的证据，可以通过补正或作出合理解释来弥补其证据能力的缺陷，如果达到补正要求或者能够合理解释，依法可以作为定案的根据。

（二）非法证据排除规则的理论依据

1. 遏制警察的违法取证行为，督促其严格执法，维护司法的纯洁性，这是确立非法证据排除规则的首要目标和重要价值。非法证据排除，是对执法人员违法取证行为的否定和谴责，通过宣告其非法取得的证据没有证据能力或者无效，可以消除警察违法取证的诱因，使其在实施违法行为之前就想到其后果，从而达到规范其取证行为的效果。非法证据排除规则通过对非法取证行为及其结果的否定和排除，不仅能够规范警察取证行为、督促其严格执法，而且还能够维护法律的尊严，恢复和提高公民对于司法公正的信心，使刑事司法程序免受污染。[2]

2. 维护公民的宪法性权利。刑事诉讼中的违法取证行为直接侵害了取证对象的宪法性权利，因此，非法证据排除规则是对违反宪法的非法取证行为的补救措施。宪法中规定保障公民的基本权利意味着任何人或者机关都不得非法拘禁、剥夺、限制公民的人身自由，不得非法搜查、侵入公民的住宅，禁止非法侵犯公民的通信自由和通信秘密。非法证据排除规则所针对的非法行为都是违反宪法和其他法律法规的规定。在刑事诉讼中严格遵守宪法的规定，能使宪法

---

〔1〕 陈光中主编：《非法证据排除规则实施问题研究》，北京大学出版社 2014 年版，第 13–14 页。
〔2〕 陈光中主编：《刑事诉讼法》，北京大学出版社、高等教育出版社 2013 年版，第 189 页。

规定的公民权利真正落到实处。[1] 例如，在美国，排除非法搜查和扣押所取得的证据，是保障宪法赋予公民的不受非法搜查、扣押权利的必然结论。

3. 保证证据的真实可靠性。非法证据排除规则可能放纵罪犯，但其最大的优点是能够保证有罪判决的准确性，这对于我们准确适用法律是有重要意义的。非法证据排除规则的确立，就是要保证所收集的证据是自愿的、真实的，从而达到定罪处刑准确性的目的。[2]

二、非法证据排除规则在我国法律中的体现

(一) 刑事诉讼中的非法证据排除规则

尽管我国 1979 年、1996 年《刑事诉讼法》都有"严禁刑讯逼供和以威胁、引诱、欺骗以及其他非法的方法收集证据"的规定，而且 1998 年《最高人民法院关于执行〈中华人民共和国刑事诉讼法〉若干问题的解释》第 61 条也明确规定"严禁以非法的方法收集证据。凡经查证确实属于采用刑讯逼供或者威胁、引诱、欺骗等非法的方法取得的证人证言、被害人陈述、被告人供述，不能作为定案的根据"，1999 年最高检《规则》第 265 条也有类似的规定。由此有学者认为，我国已初步确立了非法证据排除规则，但由于既没有规定具体的操作程序，也缺乏必要的理论研究，导致实践中的非法取证行为频繁发生。这种情况持续到 2010 年，两院三部《非法证据排除规定》和两院三部《办理死刑案件证据规定》(本部分简称"两个《规定》")，第一次对非法证据排除的范围、程序等作出了明确的规定。因此，学界普遍认为，"两个《规定》"的颁行实施标志着我国刑事非法证据排除规则正式确立。

2012 年《刑事诉讼法》吸收了两个证据规定的相关内容，以立法形式对非法证据排除规则予以明确规定。2013 年最高院《防范冤假错案的意见》对非法言词证据排除的范围进一步细化并有所扩大。随着党的十八届三中、四中全会加强人权司法保障，完善人权司法保障制度，严禁刑讯逼供、体罚虐待，严格实行非法证据排除规则等内容的落实，2017 年两高三部《严格排除非法证据规定》就非法证据排除作了更加全面的规定。2018 年修正后的《刑事诉讼法》第 56 条至第 60 条延续了 2012 年《刑事诉讼法》的原有规定。

综合上述关于非法证据排除的一系列法律规定，目前我国非法证据排除规

---

[1] 杨宇冠：《我国非法证据排除规则实施问题研究》，载《法学杂志》2014 年第 8 期。
[2] 参见樊崇义主编：《证据法学》，法律出版社 2017 年版，第 102 页。

则的主要内容如下：

1. 非法证据排除规则的适用范围和阶段。《刑事诉讼法》第 56 条第 1 款明确规定了非法证据排除规则的适用范围："采用刑讯逼供等非法方法收集的犯罪嫌疑人、被告人供述和采用暴力、威胁等非法方法收集的证人证言、被害人陈述，应当予以排除。收集物证、书证不符合法定程序，可能严重影响司法公正的，应当予以补正或者作出合理解释；不能补正或者作出合理解释的，对该证据应当予以排除。"

根据《刑事诉讼法》的规定，采用刑讯逼供等非法方法收集的犯罪嫌疑人、被告人供述和采用暴力、威胁等非法方法收集的证人证言、被害人陈述，是非法言词证据。关于非法言词证据的排除问题，需要注意的是：其一，对于非法言词证据采用强制排除原则，即一旦发现存在非法取证行为，必须予以排除；其二，对刑讯逼供等非法手段取得的证据排除，是指该证据不能被用作追究被刑讯逼供人刑事责任的证据，但其可以作为证据来证明侦查机关对犯罪嫌疑人、被告人实施了刑讯逼供；其三，需要排除的非法言词证据，仅指通过刑讯逼供、暴力、威胁等方法取得的上述证据，至于讯问、询问过程中的程序瑕疵，如讯问笔录制作不完善、缺少讯问人签名等情形下取得的证据，则不属于非法言词证据。

至于何为"刑讯逼供等非法方法"，2012 年最高院《刑诉解释》第 95 条规定，使用肉刑或者变相肉刑，或者采用其他使被告人在肉体上或者精神上遭受剧烈疼痛或者痛苦的方法，迫使被告人违背意愿供述的，应当认定为《刑事诉讼法》第 54 条规定的"刑讯逼供等非法方法"。2012 年最高检《规则》第 65 条第 3 款规定："其他非法方法是指违法程度和对犯罪嫌疑人的强迫程度与刑讯逼供或者暴力、威胁相当而迫使其违背意愿供述的方法。"2013 年最高院《防范冤假错案的意见》对"刑讯逼供等非法方法"有了进一步的细化，第 8 条规定："采用刑讯逼供或者冻、饿、晒、烤、疲劳审讯等非法方法收集的被告人供述，应当排除。除情况紧急必须现场讯问以外，在规定的办案场所外讯问取得的供述，未依法对讯问进行全程录音录像取得的供述，以及不能排除以非法方法取得的供述，应当排除。"

2017 年两院三部《严格排除非法证据规定》对我国非法证据排除的范围有所扩大，规定得也更加明确和具体。主要有，第 2 条规定："采取殴打、违法使用戒具等暴力方法或者变相肉刑的恶劣手段，使犯罪嫌疑人、被告人遭受难以忍受的痛苦而违背意愿作出的供述，应当予以排除。"第 3 条规定："采用以暴力或者严重损害本人及其近亲属合法权益等进行威胁的方法，使犯罪嫌疑人、被告人遭受难以忍受的痛苦而违背意愿作出的供述，应当予以排除。"第 4 条规定："采用非法拘禁等非法限制人身自由的方法收集的犯罪嫌疑人、被告人供述，应当予以排除。"第 5 条规定："采用刑讯逼供方法使犯罪嫌疑人、被告人作出供述，之后犯罪嫌疑人、被告人受该刑讯逼供行为影响而作出的与该供述相同的重复性供述，应当一并排除，但下列情形除外：（一）侦查期间，根据控告、举报或者自己发现等，侦查机关确认或者不能排除以非法方法收集证据而更换侦查人员，其他侦查人员再次讯问时告知诉讼权利和认罪的法律后果，犯罪嫌疑人自愿供述的；（二）审查逮捕、审查起诉和审判期间，检察人员、审判人员讯问时告知诉讼权利和认罪的法律后果，犯罪嫌疑人、被告人自愿供述的。"第 6 条规定："采用暴力、威胁以及非法限制人身自由等非法方法收集的证人证言、被害人陈述，应当予以排除。"

根据 2018 年《刑事诉讼法》第 56 条第 1 款的规定："……收集物证、书证不符合法定程序，可能严重影响司法公正的，应当予以补正或者作出合理解释；不能补正或者作出合理解释的，对该证据应当予以排除。"可见，对于非法实物证据法律采用裁量排除原则，即允许其补正或者作出合理解释。依据规定，对于非法实物证据（物证、书证）的排除必须满足三个条件：其一，该物证、书证的取得违反法定程序。其二，可能严重影响司法公正的，这里的司法公正既包括实体公正，又包括程序公正，但重点是程序公正。对此，2021 年最高院《刑诉解释》第 126 条规定，认定刑事诉讼法规定的"可能严重影响司法公正"，应当综合考虑收集证据违反法定程序以及所造成后果的严重程度等情况。2019年最高检《规则》70 条第 1 款规定："收集物证、书证不符合法定程序，可能严重影响司法公正的，人民检察院应当及时要求公安机关补正或者作出书面解释……"其三，不能补正或者无法做出合理解释的，对该证据应当予以排除。

与非法证据排除规则的适用范围相适应，2018 年《刑事诉讼法》第 56 条第2 款规定了公安司法机关主动排除非法证据的义务："在侦查、审查起诉、审判时发现有应当排除的证据的，应当依法予以排除，不得作为起诉意见、起诉决定和判决的依据。"起诉意见是指侦查机关在侦查终结后，对本案是否应该移送起诉发表的书面意见；起诉决定是指人民检察院审查起诉部门在对案卷材料进行审查后，对于符合起诉条件的案件，决定向人民法院提起公诉；判决是指人民法院对起诉指控的犯罪事实进行审理后，依法对起诉能否成立作出判断的诉讼活动。可见，我国刑事非法证据排除规则适用于刑事诉讼的侦查、起诉、审判阶段。换言之，侦查机关、检察机关和法院都是排除非法证据的义务机关，一旦发现及时排除。

2. 检察院对侦查人员非法取证依法进行法律监督。《刑事诉讼法》第 57 条规定："人民检察院接到报案、控告、举报或者发现侦查人员以非法方法收集证据的，应当进行调查核实。对于确有以非法方法收集证据情形的，应当提出纠正意见；构成犯罪的，依法追究刑事责任。"此规定主要有四个方面的含义：一是明确了检察院是对侦查机关非法取证进行监督的法定主体。二是明确了检察院发现非法取证行为的来源，包括：有关个人和单位的报案、控告和举报，检察院依职权主动发现等。三是规定检察院发现有非法收集证据情形的，应当予以调查核实。关于调查核实的方式，《最高人民检察院、公安部、国家安全部关于重大案件侦查终结前开展讯问合法性核查工作若干问题的意见》第 12 条规定有：讯问犯罪嫌疑人；询问办案人员；询问在场人员及证人；听取辩护律师意见；调取讯问笔录、讯问录音、录像；调取、查询犯罪嫌疑人出入看守所的身体检查记录及相关材料；进行伤情、病情检查或者鉴定等。四是规定了检察院对确属非法取证情形的处理，包括提出纠正意见或者依法追究刑事责任。

3. 非法证据排除程序的启动及条件。《刑事诉讼法》第 58 条规定："法庭审理过程中，审判人员认为可能存在本法第五十六条规定的以非法方法收集证据情形的，应当对证据收集的合法性进行法庭调查。当事人及其辩护人、诉讼代理人有权申请人民法院对以非法方法收集的证据依法予以排除。申请排除以非法方法收集的证据的，应当提供相关线索或者材料。"

非法证据排除调查程序的启动模式包括两种：其一，审判人员可以依职权主动启动非法证据排除的调查程序，即"在法庭审理过程中，审判人员认为可能存在本法第五十六条规定的以非法方法收集证据情形的，应当对证据收集的合法性进行法庭调查"。根据六机关《规定》第 11 条，法庭调查的顺序由法庭根据案件审理情况确定。其二，通过当事人及其辩护人、诉讼代理人向人民法院提出申请，启动非法证据排除调查程序。当事人及其辩护人、诉讼代理人申请启动非法证据排除程序应当具备法定条件"提供相关线索或者材料"。这里的"线索"是指内容具体、指向明确的涉嫌非法取证的人员、时间、地点、方式等；"材料"是指能够反映非法取证的伤情照片、体检记录、医院病历、讯问笔录、讯问录音录像或者同监室人员的证言等。

4. 证据合法性的证明责任及证明方式。《刑事诉讼法》第 59 条规定："在对证据收集的合法性进行法庭调查的过程中，人民检察院应当对证据收集的合法性加以证明。现有证据材料不能证明证据收集的合法性的，人民检察院可以提请人民法院通知有关侦查人员或者其他人员出庭说明情况；人民法院可以通知有关侦查人员或者其他人员出庭说明情况。有关侦查人员或者其他人员也可以要求出庭说明情况。经人民法院通知，有关人员应当出庭。"该条明确规定，在法院启动对证据收集合法性的法庭调查程序后，检察院应当对证据收集的合法性进行证明，即作为控诉方的检察院应对控诉证据的合法性承担证明责任。最高院《刑诉解释》第 135 条规定："法庭决定对证据收集的合法性进行调查的，由公诉人通过宣读调查、侦查讯问笔录、出示提讯登记、体检记录、对讯问合法性的核查材料等证据材料，有针对性地播放讯问录音录像，提请法庭通知有关调查人员、侦查人员或者其他人员出庭说明情况等方式，证明证据收集的合法性。讯问录音录像涉及国家秘密、商业秘密、个人隐私或者其他不宜公开内容的，法庭可以决定对讯问录音录像不公开播放、质证。公诉人提交的取证过程合法的说明材料，应当经有关调查人员、侦查人员签名，并加盖单位印章。未经签名或者盖章的，不得作为证据使用。上述说明材料不能单独作为证明取证过程合法的根据。"

检察院对证据合法性的证明方式是，只有在"现有证据材料不能证明证据收集的合法性"时，才启动让有关侦查人员或者其他人员出庭的程序。在具体证明程序中，首先，是检察院可以提请法院通知有关侦查人员或其他人员出庭说明情况；其次，是法院可以不经提请，直接通知有关侦查人员或其他人员出庭说明情况；最后，有关侦查人员或者其他人员也可以主动要求出庭说明情况。经过法院通知，侦查人员或者其他有关人员有义务出庭作证。

5. 非法证据排除程序中的证明标准。《刑事诉讼法》第 60 条规定："对于经过法庭审理，确认或者不能排除存在本法第五十六条规定的以非法方法收集证据情形的，对有关证据应当予以排除。"据此，我国非法证据排除的标准有两个：一是人民法院"确认"存在非法取证的情形；二是检察机关的证明"不能排除存在"非法取证情形。应当说，检察院不仅要承担证明证据收集合法的举证责任，而且应当证明至排除该证据系非法取得的可能性，否则该证据就要被排除。

（二）民事诉讼和行政诉讼中的非法证据排除规则

2014 年修正《行政诉讼法》时规定了非法证据排除的内容，2017 年《行政诉讼法》延续此规定。《行政诉讼法》第 43 条第 3 款规定："以非法手段取得的证据，不得作为认定案件事实的根据。"2018 年最高院《行诉解释》第 43 条规定："有下列情形之一的，属于行政诉讼法第四十三条第三款规定的'以非法手段取得的证据'：（一）严重违反法定程序收集的证据材料；（二）以违反法律强制性规定的手段获取且侵害他人合法权益的证据材料；（三）以利诱、欺诈、胁迫、暴力等手段获取的证据材料。"此外，最高院《行诉证据规定》第58条规定："以违反法律禁止性规定或者侵犯他人合法权益的方法取得的证据，不能作为认定案件事实的依据。"根据最高院《行诉证据规定》第57条的规定，严重违反法定程序收集的证据材料，以偷拍、偷录、窃听等手段获取侵害他人合法权益的证据材料，以利诱、欺诈、暴力等不正当手段获取的证据材料，不具备合法性和真实性的其他证据材料，等等，都不能作为定案依据。可见，我国行政诉讼中已经确立了非法证据排除规则。

我国《民事诉讼法》未明确规定非法证据排除规则，但最高院《民诉解释》中有非法证据排除的相关规定。

2022年修正的最高院《民诉解释》延续了自最高院《民诉证据规定》以来最高人民法院排除非法证据的一贯立场，在判断非法证据的标准上，将违反法律的禁止性规定仍然作为一项判断标准。最高院《民诉解释》第106条规定："对以严重侵害他人合法权益、违反法律禁止性规定或者严重违背公序良俗的方法形成或者获取的证据，不得作为认定案件事实的根据。"所谓违反法律的禁止性规定，是指违反实体法上的规定，这里的实体法不限于民事法律，一切实体法规范均包括在内。最高院《民诉证据规定》中"侵害他人合法权益"的标准，在该条中被表述为"严重侵害他人合法权益"，即对侵害他人合法权益提出了程度上的条件即要达到严重的程度，一定程度上体现了利益衡量的因素。这意味着对他人合法权益造成一般性侵害的，不会导致证据被排除，可见，非法证据的判断标准有所放宽。同时，增加了"严重违背公序良俗"的情形。由于在审判实践中一直以侵权行为的构成作为判断取证方法是否构成"侵害他人合法权益"的标准，违反公序良俗损害他人合法权益的情形因构成侵权行为，事实上已经被"严重侵害他人合法权益"的标准所涵盖。故"严重违背公序良俗"，是指证据在形成或者获取过程中并无对他人合法权益的明显损害，但其形成或者取得的构成本身违背公序良俗的情形。此外，与最高院《民诉证据规定》相比，最高院《民诉解释》第106条对于非法证据的界定并不限于获取证据方法的违法，证据形成本身违法亦构成非法证据。

依据最高院《民诉解释》，以取得证据的方法是否侵害他人合法权益或者违反法律禁止性规定作为非法证据判断标准，这项规定在审判实践中取得了比较好的法律效果和社会效果。但在一些特殊的情况下，这种判断标准有时会遭遇合法权益之间的冲突。如在离婚案件中，涉及有配偶者与他人同居的事实时，由于该事实一般具有隐秘性，有关证据不易取得，配偶另一方在取得证据的过程中可能会对他人的隐私构成侵害。对于类似情况，如果严格按照最高院《民诉解释》第106条的标准判断可能会产生不公平的结果，也不利于保护受害人的合法权益。然而，"侵害他人合法权益"是一个较为笼统的标准，难以落实和操作。但应当明确的是，"侵害他人合法权益"是确定证据非法性的底线，没有侵害他人合法权益，便不构成非法证据。当然，这并不意味着取证行为只要"侵害他人合法权益"就构成了非法证据，还要衡量该取证行为中的违法因素是否达到了"重大违法"或"严重违法"的程度。

三、非法证据排除规则的域外规定与发展

非法证据排除规则最先起源于英国，正式确立和发展于美国。根据美国联邦最高法院的判例，凡是警察以非法搜查、扣押的方法收集的实物证据，以侵犯犯罪嫌疑人的沉默权、律师帮助权的方法收集的犯罪嫌疑人口供，以及违反正当法律程序所获得的证据，除极其例外的情形外，一律不得在审判中用作不利于被告人的证据。英美法系其他国家以及大陆法系主要国家如德国、法国、意大利、日本等，也普遍确立了非法证据排除规则。

在美国，对非法证据排除规则有两种理解：一种仅指违反美国宪法第四修正案而取得的证据不得在刑事诉讼中用于证明被告人有罪；另一种认为非法证据排除规则不限于对"物"的排除，还包括对非法取得的口供和其他陈述的排除。因此不仅包括违反宪法第四修正案，还包括违反宪法第五修正案、第六修正案和其他成文法和案例法情况下取得的证据，都应当加以排除。这被称为广义上的非法证据排除规则。[1]

美国宪法第四修正案规定："人民保护其人身、住房、文件和财物不受无理搜查和扣押的权利不得侵犯；除非有合理的根据认为有罪，以宣誓或郑重声明保证，并详细开列应予搜查的地点、应予扣押的人或物，否则，不得颁发搜查和扣押证。"[2] 为了遏制警察违法搜查和扣押，1914年，在威克斯诉合众国

---

[1] 杨宇冠：《非法证据排除规则研究》，中国人民公安大学出版社2002年版，第4页。
[2] 《世界各国宪法》编辑委员会编译：《世界各国宪法（美洲大洋洲卷）》，中国检察出版社2012年版，第169页。

（Weeks v. U. S.）一案的判决中，联邦最高法院认为，如果不排除违法搜查或者扣押的证据，那么美国宪法第四修正案将毫无价值可言。以此为标志，现代意义上的非法证据排除规则确立起来了。应当指出的是，该案所确立的非法证据排除规则起初只适用于联邦法院系统，并不适用于州法院系统，此后相当一段时间内，非法搜查、扣押的证据在各州法院系统仍然可以适用。不仅如此，由于官员并未参与非法搜查和扣押，依据所谓"银盘理论"，各州警察非法取得的证据，联邦法院仍可以采用。1961 年，在马普诉俄亥俄州（Mapp v. Ohio）案件中，联邦最高法院明确宣示，非法证据排除规则也适用于州法院系统。至此，非法证据排除规则在美国的适用达到极致。进入 20 世纪 80 年代以来，面对不断高涨的犯罪浪潮的冲击，美国联邦最高法院对于非法证据排除规则逐步设立了一些例外，主要有"最终或者必然发现的例外""善意的例外""在国外取得的证据之例外"[1]等。

在其他英美法系国家，大多沿用普通法上的传统做法，对于是否采纳非法取得的证据，由法官自由裁量。1984 年《英国警察与刑事证据法》第 78 条规定："（1）在任何诉讼中，法庭可以拒绝采纳公诉方据以作出指控的证据，如果它在考虑到包括收集证据情况在内的所有情况以后，认为采纳这种证据将会对诉讼的公正性造成不利的影响，因此不应将它采纳为证据。（2）本条的规定不应有损于任何关于法庭排除证据的法律规则的适用。"[2]

非法证据排除规则在其他国家也产生了广泛的影响。第二次世界大战以后，日本深受美国法的影响，学说上主张排除非法搜查、扣押取得的物证。1978 年，日本最高法院通过判例宣布，如果在物证的扣押程序上存在忘却《日本宪法》第 35 条以及《日本刑事诉讼法》第 218 条第 1 项规定的令状主义的重大违法，从抑制将来的违法侦查角度看采纳该物证不适当时，应当否定该物证的证据能力。此外，意大利、德国、俄罗斯的刑事诉讼法，都对非法证据排除规则予以规定。

由于非法言词证据相对于非法实物证据更为不可靠，大都是采用酷刑等手

---

[1]　"最终或者必然发现的例外"是指即使不发生侦查人员违法取证的行为，证明被追诉人有罪的证据最终或者必然是会被发现的，则不适用非法证据排除规则；"善意的例外"指侦查人员基于善意地执行公务，而不是故意违法收集取得的证据，不适用非法证据排除规则；"在国外取得的证据之例外"指在美国领域外非法取得的证据，除非取证时有美国侦查人员积极参与，原则上在美国的法院审理过程中不予排除。

[2]　熊志海等编译：《英国成文证据法》，中国法制出版社 2007 年版，第 389 页。

段取得，严重侵犯被追诉者的人权，因此当今各国对于非法言词证据通常都采用更为严格的态度，一律予以排除。不仅如此，非法言词证据的排除还得到一些国际公约的承认。1984年通过的联合国《禁止酷刑公约》第15条明确规定："每一缔约国应确保在任何诉讼程序中，不得援引任何业经确定系以酷刑取得的口供为证据，但这类口供可用作被控施行酷刑者刑讯逼供的证据。"

不同于非法言词证据，各国对于非法实物证据的排除采用不同的处理方法，主要分为三种：一种是全部排除，例如，意大利、俄罗斯；一种是原则上排除，但设置若干例外，如美国；第三种是由法官自由裁量，以英国为代表。

第四节　传闻证据规则

司法活动必须在特定的空间场域中进行，为了阻断司法场域外的信息进入裁判者的考量范围，就必须设立特殊的信息过滤机制。传闻证据规则或称传闻证据排除规则是域外证据制度中这一特殊信息过滤机制的表现形式。

一、传闻证据与传闻证据规则概述

（一）传闻证据的概念

传闻证据规则的核心概念是"传闻"（即传闻证据，源自英文 hearsay。在我国的证据理论研究中，习惯上对二者不做区别），这是英美证据法上特有的证据概念。所谓"传闻"，在广义上是指，用以证明其所说内容真实的法庭之外的陈述，包括口头陈述、书面陈述以及有意或无意地带有某种意思表示的非语言行为。

传闻证据是指证人在审判场所以外对案件事实所作的陈述，包括口头陈述、书面陈述以及有意或无意地带有某种意思表示的行为。在英美法数百年的历史上，对于传闻证据的界定有诸多不同，始终未能统一。但总体上应当包含以下内容：

第一，传闻证据必须是一项陈述。但陈述是一个十分广泛的概念，包括意思表达的所有方式。其广义的表现方式包括口头陈述、书面陈述，以及非语言行为。至于陈述的主体，是广义的证人。需要指出的是，由于历史传统、法律习惯等原因，大陆法系和英美法系在证人的概念上有很大区别，主要是证人的范围不同。在大陆法系，证人是指以自己的感官感觉到案件情况的人，不包括当事人、鉴定人。在英美法系国家，证人的概念是广义的。证人通常是指经过宣誓之后在法庭审理过程中对案件事实作证的人，既包括狭义的证人，也包括被害人、鉴定人、进行侦查的警察等广义的证人。

第二，传闻证据是在法庭外作出的。传闻证据的实质在于将两个不同的人以证人的身份置于法官面前：一个是假定的知情者、在法庭外作出陈述的证人，他在先前的某一时点上作出陈述，说某一事实曾经存在，该陈述被未经法官授权的另一个人听到；另一个是在法庭上宣誓作证的证人，他提供证言的目的并非证明该事实的真实存在，而是证明那个在法庭之外作出陈述的证人确实在庭外某场合下作出过这样的陈述。而传闻证据规则所禁止的，正是这种法庭外的证言性的主张。被作为证言提出的人的主张不是在证人席上当庭作出的，而是事先在庭外作出的。根据传闻证据规则，庭外陈述人的主张是不能被接受的，因为该主张不是在能获得某些实质的检验或调查的情况下作出的，而这些检验或调查能够通过暴露其潜在错误来源而彰显其真实价值。

第三，传闻证据是一项主张，并旨在证明这一主张的真实性。传闻证据规则并非一律排除陈述者在庭外的所有陈述，而是不得用于证明其陈述内容的真实性。如果为了其他证明目的，传闻证据是可以采纳的。

（二）传闻证据规则的概念

传闻证据规则即传闻证据排除法则，又称反传闻规则（rule against hearsay）。传闻证据规则是指，如果一个证据被定义为传闻证据，并且没有法定的例外情况可以适用，则该证据不得被法庭采纳。

之所以排除传闻证据，是因为理论上认为传闻证据不真实。传闻证据被认为不真实的理由通常包括以下几点：

第一，传闻证据不是最佳证据。法庭要求就指控的事实提出最好的证据。就陈述类证据而言，毫无疑问，陈述者亲自出席法庭，就其亲历的事实作出的陈述才是最好的和最可靠的证据。日常生活经验告诉人们，对于事件的描述会在人与人之间的传递过程中被扭曲，心理学的研究也证明这一点。任何陈述都有可能因为陈述者的感知、记忆、表达以及诚实信用程度等而不可靠，传闻证据即存在这种危险。

第二，传闻证据通常不是在宣誓如实作证后作出的。这个理由基于如下假定：宣誓作为一种宗教和仪式上的标志会让证人觉得有一种特殊的责任要说实话。当证人已经宣誓还故意对其明知是错误或者不相信的事物证明其真实性时，宣誓是对伪证的强有力的抑制因素。与没有宣誓而作证相比，宣誓至少能让陈述者在陈述时更谨慎一些。此外，宣誓还产生法律上的后果。宣誓后，陈述者才具有合法的证人身份，才可以开始作陈述。宣誓后其所作的陈述才具有可采性，允许用作认定案件事实的依据。宣誓后，陈述者有义务如实作证，如果说假话，一旦被认定，可能承担法律上的责任，受到伪证的追究和处罚。由于陈述者在法庭外的陈述，不是经过宣誓后作出的，因此既不能确保陈述的真实可靠，也不能产生法律上的后果，所以为传闻证据规则所排斥。

第三，如果陈述者本人不被传唤到庭作证，无法对其进行交叉询问。交叉询问是英美法系的重要审判制度和证据检验规则，是当事人主义诉讼模式中最具特色的制度之一。两个世纪以来，英美法系法官和律师已经把获得交叉询问的机会作为确保证人证言准确、完整的一项措施，认为交叉询问是发现案件真实的最佳方式，对证人进行交叉询问是揭露证人证言可能存在的不真实的有力武器；而法庭之外的陈述者无法接受交叉询问，或者至少无法及时接受交叉询问，因此是不可以采纳的。

第四，法官和陪审团没有机会观察陈述者在作出陈述时的行为举止。"以五声听狱讼"在我国的法律传统中源远流长，肇始于我国周朝。而西方国家近现代以来也逐步认识到，在司法活动中观察证人的行为举止可以揭露其证言的不可靠性，这种观念是构成传闻证据排除规则的另一个理论基础。生活常识告诉人们，当一个人讲话时，其语调的高低或者抑扬顿挫，其态度的平静或者烦躁不安，其用词的直率或者闪烁其词，以及眼神、面部表情等，都会提供关于其陈述真实可靠性的有价值的暗示。尽管这种暗示不一定完全正确，但是对于观其言者，通常是很有帮助的。正是基于这种理论，要求陈述者出席法庭，在法官和陪审团面前作出陈述，使得事实的裁判者有机会直接观察到陈述者作出该陈述时的行为举止，就具有积极意义，通过观察证人的行为举止可以揭示其证言的不可靠性。鉴于陈述者法庭外的陈述无法使得法官和陪审团察言观色，所以为传闻证据规则所排除。

二、传闻证据规则在我国法律中的体现

传闻证据规则要求排斥陈述者在法庭外的陈述，因而要求陈述者向法庭以言词方式作出陈述，并接受诉讼双方的口头发问，这是传闻证据规则的基本要义。我国不宜全面照搬传闻证据规则，但应在证人、被害人、鉴定人出庭作证问题上借鉴传闻证据规则并加以完善。我国《刑事诉讼法》第192条规定："公诉人、当事人或者辩护人、诉讼代理人对证人证言有异议，且该证人证言对案件定罪量刑有重大影响，人民法院认为证人有必要出庭作证的，证人应当出庭

作证。人民警察就其执行职务时目击的犯罪情况作为证人出庭作证,适用前款规定。公诉人、当事人或者辩护人、诉讼代理人对鉴定意见有异议,人民法院认为鉴定人有必要出庭的,鉴定人应当出庭作证。经人民法院通知,鉴定人拒不出庭作证的,鉴定意见不得作为定案的根据。"《刑事诉讼法》第 193 条规定:"经人民法院通知,证人没有正当理由不出庭作证的,人民法院可以强制其到庭,但是被告人的配偶、父母、子女除外。证人没有正当理由拒绝出庭或者出庭后拒绝作证的,予以训诫,情节严重的,经院长批准,处以十日以下的拘留。被处罚人对拘留决定不服的,可以向上一级人民法院申请复议。复议期间不停止执行。"尤其值得一提的是,最高院《刑诉解释》第 91 条对出庭和未出庭证人证言的审查规则作出了较为细致的规定,主要内容包括:证人当庭作出的证言,经控辩双方质证、法庭查证属实的,应当作为定案的根据。证人当庭作出的证言与其庭前证言矛盾,证人能够作出合理解释,并有其他证据印证的,应当采信其庭审证言;不能作出合理解释,而其庭前证言有其他证据印证的,可以采信其庭前证言。经人民法院通知,证人没有正当理由拒绝出庭或者出庭后拒绝作证,法庭对其证言的真实性无法确认的,该证人证言不得作为定案的根据。从上述规则来看,我国刑事诉讼中已经具备了传闻证据规则的雏形。

根据 2002 年通过的最高院《行诉证据规定》第 41 条可知,不符合法律规定条件的未出庭作证的证人证言不得被作为证据采纳。对于可以不出庭作证的证人证言,最高院《行诉证据规定》第 41 条作了明确规定,需要证人证言符合相应条件。至于出庭作证和未出庭作证证人证言在证明力上的区别,最高院《行诉证据规定》第 63 条规定:"……(八)出庭作证的证人证言优于未出庭作证的证人证言……"据此,我国行政诉讼事实上已经确立了未出庭作证的证人证言除有法律特殊规定外,不得被采纳的原则。这一点在 2018 年最高人民法院颁行的最高院《行诉解释》第 44 条第 3 款中也有明确体现,"负有举证责任的当事人拒绝到庭、拒绝接受询问或者拒绝签署保证书,待证事实又欠缺其他证据加以佐证的,人民法院对其主张的事实不予认定"。

三、传闻证据规则的域外规定与发展

我国学者一般认为,传闻证据规则是英美法系证据法中的规定,大陆法系国家则确立了直接言词原则。根据该原则,直接感知案件事实的人必须出庭作证,这与传闻证据规则的内在精神是一致的。但是,由于直接言词原则与传闻证据规则分别隶属于两大法系的职权主义与当事人主义诉讼模式之中,因此,

两者主要有以下几个方面的差异：一是两者的适用范围不同。前者主要是规范法官审判行为的原则，要求法官的行为必须符合直接、言词的要求；后者则主要禁止传闻证据进入法庭审理程序。二是两者发挥作用的方式不同。前者无须当事人提出，法官必须依职权贯彻；后者则必须以对方当事人提出为前提，法官不得主动排除传闻证据。三是对证据的效力影响不同。前者要求证据在法官面前以言词的方式提出才具有证据能力；后者则要求证据必须经过对方当事人的反询问或同意方具有可采性。[1]

传闻证据规则确立以后，许多例外相继形成。起初只是由法官在个别案例中逐步确立了一些普通法上的例外，主要包括：已故人的陈述；可采纳的作为有关事情一部分的陈述；公务文件中的记载；公共文书和著作中的记录；先前程序中所作的记录等，后来立法者通过制定成文法也巩固和建立了诸多例外。《美国联邦证据规则》中就规定了以下例外：不必要亲自陈述的例外；不能亲自陈述的例外；"传闻中的传闻"的例外；用于攻击和支持陈述者的可信性的例外；以及其他例外。设置例外的理由是：认为传闻证据规则不应当被死板地运用，当该规则所要避免的危险在既定案件的具体情节中不存在或者可以被忽略的时候，或者在某些情况下不可能得到其他的证据时，法官不应当机械地运用排除规则对该证据予以排除。

在域外法中，传闻证据规则在不断修正和变化之中。一方面，在普通法国家和成文法国家的制度中，传闻证据规则的内涵和外延都在更不断地发展变化。另一方面，同属于英美法系的各个国家之间在传闻证据规则的适用上也有较大的不同。如《英国2003年刑事司法法》对传闻证据采取了比较灵活的方式，允许这类证据进入法庭，由事实审理者自由裁量。而美国则通过多次对传闻证据规则的修订，确立了一系列的传闻证据排除规则的例外：例如，符合特定规则规定的证明书或被制定法许可的证明书，默认其效力，可以作为传闻的例外不被排除。总体而言，传闻证据排除规则的例外范围处于扩大的趋势。[2]

---

〔1〕 参见宋英辉、李哲：《直接、言词原则与传闻证据规则之比较》，载《比较法研究》2003年第5期。

〔2〕 参见彭博：《美国〈联邦证据规则〉的沿革、进步及述评》，载《证据科学》2023年第5期。

第五节　最佳证据规则

一、最佳证据规则概述

最佳证据规则（Best Evidence Rule），又称原始文书规则（the Original Writing Rule），是英美法系国家一项古老的证据规则。"最佳证据"这一用语最早是指 1700 年首席大法官霍尔特在一个案件中指出的："仅仅需要事物本身所能具有的最佳证据。"随后，证据法学者吉尔伯特男爵也指出，最佳证据规则是第一个、且最为出色的有关证据的规则，即一个人必须拥有事实本身所能具有的最好的证据。布莱克斯通也认为，若可能获得的话，应当提供案件性质所能够允许的最好的证据；但是如果不可能的话，那么现有的最好的证据应当被许可。"最佳证据的主要解释是：如果你要证明文书的内容，就必须提供文书本身。"[1]最初的最佳证据规则强调的仅仅是要求提供"最好的证据"，但对什么是"最好的证据"并没有作出明确的解释。直至 18 世纪末，学者才明确提出最佳证据规则的明确含义，即在证明一项文书内容的过程中，如果其内容是重要的，除非可以证明存在非因提出人的重大过失等其他原因，否则必须提出原始的文书。根据最佳证据规则，如果以文书的内容来证明案件事实，必须提供原始的文书；除非存在法定的例外情形。对其他以原始文书派生出来的第二手文书，法院将不予采纳。正是基于此，美国证据法学者华尔兹教授认为："最佳证据规则，这个名字给人带来一些不必要的误解……其实，把这条规则称为'原始文书规则'或许更为妥当，它仅是一项规定原始文字材料有优先权作为证据的简单原则。"[2]

最佳证据规则，就其本质而言，是一项确保证明真实性的规范证据能力的规则。对此，著名证据法学者摩根曾作了经典的论述："所谓最佳证据法则，在现在则为关于文书内容之证据容许性法则。该法则需要文书原本之提出，如不能提出原本，直至有可满意之说明以前，则拒绝其他证据，其理由之至为明显。

---

〔1〕 ［美］约翰·W. 斯特龙主编：《麦考密克论证据》，汤维建等译，中国政法大学出版社 2004 年版，第 464 页。

〔2〕 ［美］乔恩·R. 华尔兹：《刑事证据大全》，何家弘等译，中国人民公安大学出版社 2004 年版，第 420 页。

盖文字或其他符号，如差之毫厘，其意义则可能失之千里；观察时之错误危险甚大，尤以当其在实质上对于视觉有所近视时为然。因此之故，除提出文书之原本以供检阅外，于证明文书之内容时，诈伪及类似错误之机会自必甚多。"[1] 显然，这里的"证据容许性法则"意味着最佳证据规则为一项规范证据能力的规则，而之所以"拒绝其他证据"，是因为"如差之毫厘，其意义则可能失之千里"，这实际上是从确保证明真实性的角度阐述最佳证据规则确立的缘由。

二、最佳证据规则在我国法律中的体现

我国三大诉讼法虽然没有对最佳证据规则作出明确规定，但都有明显的体现。相比较而言，民事诉讼法和最高院关于民事诉讼、行政诉讼的司法解释对最佳证据规则作了较多的规定，例如，《民事诉讼法》第 73 条第 1 款规定："书证应当提交原件。物证应当提交原物。提交原件或者原物确有困难的，可以提交复制品、照片、副本、节录本。"最高院《民诉证据规定》第 11 条规定："当事人向人民法院提供证据，应当提供原件或者原物。如需自己保存证据原件、原物或者提供原件、原物确有困难的，可以提供经人民法院核对无异的复制件或者复制品。"最高院《民诉解释》第 111 条规定："民事诉讼法第七十三条规定的提交书证原件确有困难，包括下列情形：（一）书证原件遗失、灭失或者毁损的；（二）原件在对方当事人控制之下，经合法通知提交而拒不提交的；（三）原件在他人控制之下，而其有权不提交的；（四）原件因篇幅或者体积过大而不便提交的；（五）承担举证证明责任的当事人通过申请人民法院调查收集或者其他方式无法获得书证原件的。前款规定情形，人民法院应当结合其他证据和案件具体情况，审查判断书证复制品等能否作为认定案件事实的根据。"最高院《行诉证据规定》第 10 条规定："……当事人向人民法院提供书证的，应当符合下列要求：（一）提供书证的原件，原本、正本和副本均属于书证的原件。提供原件确有困难的，可以提供与原件核对无误的复印件、照片、节录本；（二）提供由有关部门保管的书证原件的复制件、影印件或者抄录件的，应当注明出处，经该部门核对无异后加盖其印章；（三）提供报表、图纸、会计帐册、专业技术资料、科技文献等书证的，应当附有说明材料；（四）被告提供的被诉具体行政行为所依据的询问、陈述、谈话类笔录，应当有行政执法人员、被询问人、陈

---

〔1〕 ［美］Edmund M. Morgan：《证据法之基本问题》，李学灯译，我国台湾地区"教育部" 1982 年版，第 385 页。

述人、谈话人签名或者盖章。法律、法规、司法解释和规章对书证的制作形式另有规定的，从其规定。"

在刑事诉讼的司法解释中体现了最佳证据规则的精神，例如，最高院《刑诉解释》第82条第1款规定："对物证、书证应当着重审查以下内容：（一）物证、书证是否为原物、原件，是否经过辨认、鉴定；物证的照片、录像、复制品或者书证的副本、复制件是否与原物、原件相符，是否由二人以上制作，有无制作人关于制作过程以及原物、原件存放于何处的文字说明和签名……"第84条规定："据以定案的书证应当是原件。取得原件确有困难的，可以使用副本、复制件。对书证的更改或者更改迹象不能作出合理解释，或者书证的副本、复制件不能反映原件及其内容的，不得作为定案的根据。书证的副本、复制件，经与原件核对无误、经鉴定或者以其他方式确认真实的，可以作为定案的根据。"

从上述规定可以看出，我国还没有正式确立最佳证据规则，但有关立法和司法解释对最佳证据规则给予了一定的关注和吸收。但是整体而言，主要是司法解释的规定，立法层次较低，需要在以后的立法中正式确立，并在司法解释中逐步完善。

三、最佳证据规则的域外规定与发展

起源于英国的最佳证据规则曾作为可以涵盖整个证据法的一般规则而存在，享有其他证据规则无法比拟和取代的显要地位，至今仍在英美法系各国普遍适用。英美证据法中传统的最佳证据规则，其适用范围限于文书。应当指出的是，最佳证据规则与书证优先规则是两个不同的概念。书证优先规则的基本含义是书证优于人证，即只要做成了书证，就排斥了对同一案件事实以证人加以证明的任何可能性。《美国联邦证据规则》对最佳证据规则作了详尽规定。该规则第1002条规定："为证明文字、录音或照相的内容，要求提供该文字、录音或照相的原件，除非本证据规则或国会立法另有规定。"该法对"原件"的解释是："文字或录音的原件即该文字或录音材料本身，或者由制作人或签发人使其具有与原件同样效力的副本、复本。照相的原件包括底片或任何由底片冲印的胶片。如果数据储存在电脑或类似设备中，任何从电脑中打印或输出的能准确反映有关数据的可读物，均为'原件'。"[1] 因此，最佳证据规则已经从证据法体系中

---

〔1〕 ［英］理查德·梅：《刑事证据》，王丽等译，法律出版社2007年版，第8页。

的一般规则变成其中一个具体规则，也就是原始文书规则或原件规则。

与英美法系国家相比，大陆法系国家对最佳证据规则在刑事诉讼中的运用基本没有作出规定，而在民事法律中有一些规定，但其重视程度显然不如英美法系国家。其中，法国和意大利关于最佳证据规则的规定比较接近英美法系国家。通过考察可以看出，现代法治国家一般都遵循以提交书证的原件为基本要求的最佳证据规则，同时也规定了若干例外情形，以使复制件在确保真实可靠的情况下具有可采性，而且只要复制件的真实可靠性被有效地证明，复制件就具有与原件同等的证明力。如《德国民事诉讼法典》第 435 条规定："公文书，可以提出原本或提出经认证的善本，但善本在认证后须具备公文书的要件；法院也可以命令举证人提出原本，或命其说明不能提出原本的原因并释明之。举证人不服从命令时，法院依自由心证对该认证善本具有如何的证明力作出判断。"据此，《德国民事诉讼法典》尽管原则上要求当事人提交文书的原件，但是在当事人提交复制件的情况下，法院并不是简单地以该复制件没有证据能力而不予采纳，而是由法院对其证明力进行自由裁量。

综上，我们可以看出域外法上最佳证据规则的重要性有所下降，但现代法治国家一般都遵循以提交文书的原件为基本要求的最佳证据规则，同时也规定了提交原件的若干例外，以使复制件在确保真实的情况下具有可采性，这体现了在诉讼中愈加重视对事实真相查明的价值取向。

第六节　意见证据规则

一、意见证据规则概述

意见证据规则其主要内容是：证人只能就其自身感知的事实提供证言，一般情况下，不得发表意见，即不得以其感知、观察得出的推断或评论的形式发表意见。判断一个证人的陈述是否为"意见"的依据是其证词的内容，看其是属于证人个人的观察还是证人从中得出的推论或者判断。意见证据规则有利于正确收集和审查判断证人证言。

二、意见证据规则在我国法律中的体现

就我国的法律而言，意见证据规则最早被规定在 2001 年最高院《民诉证据规定》中，其第 57 条规定："出庭作证的证人应当客观陈述其亲身感知的事

实……证人作证时，不得使用猜测、推断或者评论性的语言。"2002 施行的最高院《行诉证据规定》第 46 条也作出了类似规定："证人应当陈述其亲历的具体事实。证人根据其经历所作的判断、推测或者评论，不能作为定案的依据。"从前述内容可以看出，在民事诉讼和行政诉讼中对证人的"意见"实际上采取了"绝对排除"的态度。现行最高院《民诉证据规定》第 72 条基本延续了之前的内容。我国刑事诉讼制度中的意见证据规则出现得较晚，直至 2010 年两院三部《办理死刑案件证据规定》才有所涉及，其第 12 条第 3 款规定"证人的猜测性、评论性、推断性的证言，不能作为证据使用，但根据一般生活经验判断符合事实的除外"。最高院《刑诉解释》第 88 条第 2 款规定："证人的猜测性、评论性、推断性的证言，不得作为证据使用，但根据一般生活经验判断符合事实的除外。"虽然在规范时间上晚于民事、行政诉讼制度，但从具体内容来看，我国刑事诉讼制度关于意见证据规则的规定相对而言更成熟，即对意见证据规则作出一般性规定的同时，以"但书"的形式对意见证据规定了例外情形。

三、意见证据规则的域外规定与发展

意见证据规则是英美证据法上规范证人证言的证据规则。意见证据规则作为源自英美法系国家的一个证据规则，其目的在于"能够确保相关证据客观、真实、可靠。"[1] 通常而言，意见证据规则的要旨表现在两方面：一方面，确保证人证言与案件事实的相关性较为紧密，且证言不会侵犯裁判者的裁判职权；另一方面，实务中很难对证人感知的事实与作出推断的结论进行区分。[2] 因此，英美法系大多数国家的意见证据规则从最初的"绝对排除"逐步发展为现在的"相对排除"，即不仅规定了意见证据的一般排除规则，同时也规定了一些例外情形以便某些意见证据可以被采纳。

意见证据规则的理论基础是证人职能与裁判职能的区别。英美证据法理论将证人视为一种证据来源，其职能在于将其亲自体验的事实如实地提供于法庭，而依据一定的证据材料作出推断或结论，则属于裁判职能，应当由裁判者负责。如果允许普通证人在诉讼中提出推论或意见，将会侵犯陪审团的裁判职能，或者因为该普通证人没有作出推断或意见的特殊技能、经验而误导陪审团，以至

---

[1] 李学军：《意见证据规则要义——以美国为视角》，载《证据科学》2012 年第 5 期。

[2] 李学军、张鸿绪：《我国刑事诉讼中意见证据规则适用的实证分析》，载《证据科学》2016 年第 5 期。

于有可能错误地认定案件事实。

鉴于证人感知的事实和证人的意见在实践中有时很难截然分开，意见证据规则设置了若干例外。英国法中有下列例外：①专家证人就其具有专门知识或者技能的事项作证的意见；②极难分开的意见和事实，而且证人的意见对于裁判者有所帮助的普通证人的意见；③证人对非主要争执点的意见。在《美国联邦证据规则》第 701 条规定："如果证人不属于专家，则他以意见或者推理形式作出证词仅限于以下情况：（a）合理建立在证人的感觉之上；和（b）对清楚理解该证人的证词或确定争议中的事实有益。"[1]

大陆法系国家把证人和鉴定人明确加以区分，证人证言和鉴定意见分别被规定为独立的不同的证据种类。大多数大陆法系国家没有限制证人意见的证据能力的规则。但日本在第二次世界大战以后，受美国法的影响，对意见证据作出了限制性规定。《日本刑事诉讼法》第 199 条之十三规定，原则上禁止对证人进行要求其提供意见的询问，也允许对方当事人对该证人提供的不必要的意见声明异议。

第七节　补强证据规则

一、补强证据规则概述

（一）补强证据规则的概念

补强证据规则是世界各国普遍采用的证据证明力判定规则，它萌芽于欧洲古代宗教法中的证人数量规则，形成于 18 世纪。一般认为，补强证据规则的含义，是指为了保护诉讼参与人的权利、防止错误认定案件事实或发生其他危险性，法律规定和诉讼制度要求在运用某些证明力显然薄弱的证据认定案件事实时，必须有其他证据补充说明或辅助佐证其证明力，用以加强其他证据证明力的证据即为补强证据，被补强的证据即为主证据，主证据通常是言词证据，包括被告人陈述、证人证言、被害人陈述等。[2] 由于被追诉者的口供与其他言词证据在诉讼特征上有很大不同，又可以将补强证据规则分为口供的补强与其他证据的补强两类。

---

[1] 《美国联邦刑事诉讼规则和证据规则》，卞建林译，中国政法大学出版社 1996 年版，第 117 页。
[2] 沈志先主编：《刑事证据规则研究》，法律出版社 2014 年版，第 172 页。

（二）补强证据规则确立的依据

1. 防止司法人员偏重言词证据。言词证据，尤其是被告人的真实供述具有很强的证明力。司法人员为了查明案件的真相，极易产生不择手段获取这类证据的动机，如果仅仅依据被告人的供述定案，将可能导致发生侦查人员、审判人员过分依赖口供，刑讯逼供屡禁不止，被告人合法权益难以得到保障的现象。而从立法上明确规定对被告人的供述必须以其他证据予以补强，可以有效地抑制司法人员偏重口供的心理倾向，防止刑讯逼供、侵犯被告人合法权益现象的发生。[1]

2. 增强、担保言词证据的证明力。言词证据是以人的陈述为表现形式的诉讼证据，即便合法取得，也可能具有一定的虚假性。如果仅仅依据被告人的有罪供述或者单一的言词证据定案，极有可能导致因虚假供述、陈述而误判的后果。为防止误判，对证明力明显薄弱的言词证据以其他证据予以补强成为必要。"补强法则，则系防止偏重自白而生误判之危险之政策的立场，对于自白之证据价值加以限制，禁止自白为有罪判决唯一依据。"[2]

二、补强证据规则在我国法律中的体现

我国《刑事诉讼法》第 55 条第 1 款规定："……只有被告人供述，没有其他证据的，不能认定被告人有罪和处以刑罚……"这一规定强调了不能把被告人的供述作为定罪和处罚的唯一证据，口供必须得到其他证据的补强才具有证明力。由此可见，我国刑事诉讼法确立了口供需要补强的法则。最高院《刑诉解释》第 96 条对此作出了进一步的详细规定："审查被告人供述和辩解，应当结合控辩双方提供的所有证据以及被告人的全部供述和辩解进行。被告人庭审中翻供，但不能合理说明翻供原因或者其辩解与全案证据矛盾，而其庭前供述与其他证据相互印证的，可以采信其庭前供述。被告人庭前供述和辩解存在反复，但庭审中供认，且与其他证据相互印证的，可以采信其庭审供述；被告人庭前供述和辩解存在反复，庭审中不供认，且无其他证据与庭前供述印证的，不得采信其庭前供述。"最高院《刑诉解释》第 141 条规定："根据被告人的供述、指认提取到了隐蔽性很强的物证、书证，且被告人的供述与其他证明犯罪事实发生的证据相互印证，并排除串供、逼供、诱供等可能性的，可以认定被告人

---

[1]　金钟：《证明力判定论——以刑事证据为视角》，中国人民公安大学出版社 2010 年版，第 118 页。

[2]　陈朴生：《刑事证据法》，三民书局 1979 年版，第 336 页。

有罪。"此外，最高院《刑诉解释》第 143 条规定："下列证据应当慎重使用，有其他证据印证的，可以采信：（一）生理上、精神上有缺陷，对案件事实的认知和表达存在一定困难，但尚未丧失正确认知、表达能力的被害人、证人和被告人所作的陈述、证言和供述；（二）与被告人有亲属关系或者其他密切关系的证人所作的有利于被告人的证言，或者与被告人有利害冲突的证人所作的不利于被告人的证言。"以上表明我国刑事诉讼法中已经有补强证据规则存在，只是表述方式不同而已。

三、补强证据规则的域外规定与发展

在英美证据法中，被告人在法庭外所作的有罪供述必须在有其他证据予以补强的情况下，才能在法庭上作为证据提出。在中世纪纠问式诉讼制度下，口供被奉为证据之王，只要有被告人的有罪供述，法官便可以判决其为有罪。但因实践中出现过著名的错判案例，此后有人主张凡是杀人案，应当有被害人的尸体才能作出定罪判决。随着资产阶级启蒙思想家对封建刑讯逼供以及口供主义的反思和批判，口供的补强规则逐渐得以确立。在日本，口供补强被作为被告人的一项宪法性权利。《日本宪法》第 38 条第 3 款明确规定："任何人如对其不利的唯一证据为本人口供时，不得定罪或科以刑罚。"《日本刑事诉讼法》第 319 条第 2 款规定："不论是否被告人在公审庭上的自白，当该自白是对其本人不利的唯一证据时，不得认定被告人有罪。"[1]

在英美法系国家的刑事诉讼中，依照制定法或惯例，以下情形需要补强证据：

（1）对伪证的证明。在对伪证罪以及 1911 年《英国伪证罪法》所规定的任何其他同类罪行的起诉中，如果只有一个证人证明某人作了伪证，不能依此证言判处某人犯伪证罪，因为不能用一个人的宣誓证言去反对另一个人的宣誓证言。在对每个证据的虚假性加以证明时，进行这种证明的证人证言必须有其他证据予以补强。

（2）对某些性犯罪的证明。在对妇女和儿童的某些性犯罪中，例如，强奸等案件中，如果只有一个证人（被害人）的证言，不能认定被告人犯有这种罪行，除非该证言在某些实质的细节上有其他控诉证据补强其证明力。即使在那些法律没有要求必须有补强证据的性犯罪案件中，依照惯例，如果法官没有提

---

[1]《日本刑事诉讼法》，宋英辉译，中国政法大学出版社 2000 年版，第 73 页。

醒陪审团仅仅根据此类证据定案可能存在的风险，该有罪判决在上诉时会被撤销。

（3）儿童提供的不经宣誓的证言。一个年幼的儿童可以不经宣誓而作证，此情形下的证言被认为可靠性较低，该证言需要补强证据。例如，1983年的《英国青少年法》虽然允许不了解宣誓意义的未成年人作证，但其证言必须有其他补强证据。

（4）根据1960年《英国道路交通法》进行的证明。1960年《英国道路交通法》规定，某些车辆在公路上超速行驶会构成犯罪。但是，不得仅依据一位证人认为司机超速行驶的证言而判处被告人有罪。但是，如果证人所讲述的不是自己的看法，而是他通过记秒表和测量的距离确定出来的事实，则无须补强证据。

（5）共犯的证言。根据某一共犯的证言对另一共犯定罪时，如果没有补强证据，依照惯例，法官应当向陪审团说明这样做的危险。如果法官没有按照这一规则提醒陪审团，对另一共犯的定罪将是无效的。补强证据不是要证实证人陈述中的任何实质性细节，而是要证明与被告人有直接联系的某些特定细节。

⊃练习案例

李某于2022年7月毕业后到某民营企业从事财务工作。因无钱买房，单位又不分房，在同学、朋友及亲戚家里四处借住，如何赚钱买一套住房成为他的心结。

2023年4月，单位有一笔80万元现金未来得及送银行，存放于单位保险柜，李某利用职务之便侵吞了全部现金并伪造外人盗窃现场，并用该款项购买了一套公寓。李某的一系列行为引起单位怀疑，被举报到公安机关。公安机关采取侦查措施后查明系李某作案，并予以立案。

在刑事拘留期间，公安机关为了获取李某的有罪供述，明知李某有低血糖发病史的情况下采取让李某不喝水、不吃饭，或者少喝水、少吃饭的方式，导致李某头晕、心慌，并伴有晕厥频发。李某实在无法忍受，便供认了全部犯罪事实。

由于李某最终认罪并将赃物全部追回，根据本案特殊情况和办案需要，检察机关在审查起诉程序中决定对其采取指定居所监视居住。2023年7月该案提起公诉。李某及其辩护律师向法院提出李某在拘留期间遭受了刑讯逼供，要求排除非法证据。

问题：

1. 本案哪些行为收集的证据属于非法证据？哪些非法证据应当予以排除？

2. 本案负有排除非法证据义务的机关有哪些？

3. 法院处理李某及其辩护人申请非法证据排除的程序步骤是什么？

4. 结合本案，阐明非法证据排除规则的诉讼价值。

⊃思考题

1. 简述证据规则的内涵是什么？

2. 如何理解和运用我国非法证据排除规则？

3. 如何区分非法证据与瑕疵证据？

4. 简述传闻证据规则对我国证人出庭制度的建构有何意义？

5. 试述最佳证据规则与意见证据规则的含义及其在我国的体现。

6. 试述补强证据规则对于刑事诉讼有何价值？

第
十
四
章

证明概述

⚫学习指导

通过本章的学习，应当重点掌握诉讼证明的含义、特征，以及证据与证明的关系；理解证明的构成要素和证明的分类。学习的难点在于严格证明与自由证明、狭义证明与释明、自向证明与他向证明的区分标准以及三大诉讼证明的区别。

第一节　证明的概念和特征

一、证明的概念

根据《现代汉语词典》的解释，证明有两种含义，一是"证明书或证明信"，这种解释说明证明具有名词词性。二是"用可靠的材料来表明或断定人或事物的真实性"，这种解释说明证明具有动词词性，强调证明是用已经掌握的材料来证明未知事物的活动。证明作为人类所特有的认识活动，在日常生活中运用较为普遍。可以说，证明在某种程度上就是人类认识世界、获取真理的行为和过程。

诉讼活动中的证明，通常称之为诉讼证明，有别于一般的非诉讼证明，其要受到法律调整和规范限制，"在诉讼程序中，证明除了作为认识的一种过程和状态之外，还具有法律赋予的种种特殊性质"。[1] 因而诉讼证明有其特定的含义，具体是指诉讼主体按照法定的程序和标准，运用已知的事实和证据来认定案件事实的活动。

---

[1] 王亚新：《民事诉讼中的证据与证明》，载《证据科学》2013 年第 6 期。

诉讼证明一直存在"狭义说"和"广义说"之争。"狭义说"认为，证明仅限于审判阶段；而"广义说"认为，证明贯穿于诉讼的全过程，应当包括立案、侦查、起诉和审判阶段。不同国家的证据理论或立法规定也有差异。在英美法系国家，证据理论通常将证明界定为双方当事人（或控辩双方）在法庭上举证以说服法官确认本方所主张是案件事实的活动；[1] 《俄罗斯联邦刑事诉讼法典》第 85 条规定："证明是指为确认本法典第 73 条所列的情况而收集、审查和评定证据。"[2]

本书认为，由于证明所处的诉讼属性不同，因而在刑事诉讼、民事诉讼、行政诉讼中，证明所处的阶段有所不同。在民事诉讼、行政诉讼中，证明所处的诉讼阶段是审判阶段，因此民事诉讼和行政诉讼中的证明就应当限定为审判阶段。但在刑事诉讼中，诉讼阶段包括立案、侦查、起诉、审判等阶段，因而在刑事诉讼中的证明就应当将整个刑事诉讼过程中的证据收集、审查和认定的活动都纳入诉讼证明的范畴。我国刑事诉讼法的相关规定，也表明刑事证明不仅限于审判阶段。例如，《刑事诉讼法》第 116 条规定："公安机关经过侦查，对有证据证明有犯罪事实的案件，应当进行预审，对收集、调取的证据材料予以核实。"因此，刑事诉讼证明适用于包括侦查、起诉、审判在内的刑事诉讼的各个阶段。而且，将刑事诉讼各个阶段查明案件事实真相的活动均纳入到诉讼证明的范畴，使之接受诉讼程序和制度的规制，有利于确保其正当性和科学性，进而保证证明过程与证明结果的公正。[3]

二、证明的特征

诉讼中的证明不同于其他领域的证明，具有以下几个特征：

1. 诉讼证明主体的宽泛性。在诉讼证明活动中，进行诉讼证明的主体不仅有特定的国家专门机关，也有当事人、诉讼代理人和辩护人等。具体而言，在刑事诉讼中，侦查、检察、审判机关担负着查明、认定案件事实的职责，因此他们是诉讼证明的主要主体；而自诉人、附带民事诉讼的当事人及其诉讼代理人、被告人和辩护人等有权举证、质证和辩论，也是诉讼证明的重要主体。在民事、行政诉讼中，当事人及其代理人提出诉讼主张、履行举证责任，成为诉

---

[1] 陈光中主编：《刑事诉讼法》，北京大学出版社、高等教育出版社 2013 年版，第 172 页。

[2] 《俄罗斯联邦刑事诉讼法典（新版）》，黄道秀译，中国人民公安大学出版社 2006 年版，第 82 页。

[3] 陈光中主编：《证据法学》，法律出版社 2019 年版，第 274 页。

讼证明的主体。律师在不同的诉讼中分别承担着辩护或者代理的职责，依法享有调查取证的权利，也应当是诉讼证明的主体。

2. 诉讼证明对象的特定性。证明对象也称为证明客体，就是诉讼证明中需要由证明主体运用证据证明的案件事实，又称为待证事实。案件事实是诉讼证明活动中必须查明、认定的事实，是适用法律不可缺少的重要前提和事实基础。但在不同的诉讼证明中，需要运用证据证明的案件事实有所不同。在刑事诉讼中，案件事实主要是被指控犯罪行为的构成要件事实；在民事诉讼中，案件事实表现为民事法律关系构成要素的事实；在行政诉讼中，案件事实则为具体行政行为合法性的事实。需要强调的是，诉讼证明中需要证据证明的待证事实，必须是依据法律规定必须查明、认定的要件事实，而不是全部事实。而且，待证事实与客观事实也可能不相同，前者是依据法律需要证明的当事人主张的案件事实；而后者则是客观发生或者存在的事实。例如，在民事诉讼中，原告诉请被告归还借款 10 000 元，然而法院经过审理查明被告实际上只欠原告 3000 元。在这种情况下，10 000 元是待证事实，而 3000 元则是客观事实。

3. 诉讼证明方式、程序、标准和期限具有法定性。诉讼证明是一种法律活动，必须受到法律的严格约束，因此诉讼证明许多内容都具有法定性。除了证明主体和证明对象的法定性及特定性以外，诉讼证明的法定性还包括：①诉讼证明方式的法定性，即证明主体进行证明的方法、手段等必须符合法律规定，不仅包括收集证据的手段要合法，对非法证据要依法予以排除，而且证明的方法也有合法性要求，即必须运用证据进行逻辑推理、司法认知或者推定等。②诉讼证明程序具有法定性，即诉讼证明的具体程序受法律规定的限制和约束。例如，调查收集证据的程序、法庭调查程序中的举证、质证、辩论程序等，都有着法律的明确规定。③诉讼证明标准的法定性，即诉讼证明需要达到法定的证明程度才能完成证明责任或者职责，最终使法官认定争议事实、裁判案件。对此，各国法律都明确规定了不同的证明标准。例如，在英美法系国家，刑事诉讼的证明标准是"排除一切合理怀疑"；民事诉讼的证明标准是"盖然性占优势"。我国三大诉讼法的证明标准都可以概括为"案件事实清楚、证据确实充分"。④诉讼证明的期限具有法定性，即诉讼证明应当严格限制在法定诉讼期间内。诉讼外的证明，即便为当事人所为，也属于诉讼外的活动，不属于诉讼证明过程。只有国家专门机关、当事人等在审前程序、庭审期间的证明活动才属于诉讼证明。在许多西方国家，由于严格遵循辩论主义原则，要求所有的证据只有经过庭审质证的方式方能成为定案的根据，法官的定案活动也以当事人之间交换并质证的证据为依据。所以他们的证明被严格地限制于诉讼庭审期间，有效的排除了法官可能受到的庭外影响。

4. 诉讼证明具有明显的主观性。从本质上讲，证明是人的认识活动，也就离不开人和人的思维活动，这就是证明具有主观性的根源所在。有学者指出：主观性是一切证明的通性，无论经验证明、推理还是逻辑证明，也不论是通常的证明还是诉讼证明，均具有主观性。[1] 在诉讼证明活动中，证明主体根据查证属实的证据认识案件事实的过程，也是查明案件事实的过程，而且从证明结果来看，案件事实能否认定，也是裁判者根据证据进行判断、取舍之后，最终内心确信而作出的裁判。尽管裁判者也必须依据法定的证明标准作出裁判，但由于证明是人的活动，因而就离不开人所具有的主观性色彩。

三、证据与证明的关系

关于证据与证明的关系，尽管中外都有解释认为两者是同义的，如《辞源》中对证据的解释有两种，一为"证明事实的根据"；二为"证明，考据。[2] 《布莱克法律大辞典》对证明的一种解释为"导致法庭作出司法判决的证据"。[3] 但更多的学者认为，证据与证明虽然有着密切的联系，但也有着本质的区别。美国教授威斯顿指出：证明是证据的结果或效果，证据是证明的媒介。本书认为，既不能忽视证据与证明的密切联系，也不能抹杀它们之间的重要区别。证据是各种事实赖以确立的手段，它只有通过证明才能发挥作用；证明活动需要依赖证据，是根据证据推导出来的结果或结论。

（一）证据与证明的联系

1. 证据是证明的客观依据。在诉讼活动中，证明实质上是证明主体查明、认识案件事实，最终由法院对案件作出裁判的活动。证明主体想要查明或者证明案件事实，就需要有确实充分的证据作为依据。反之，如果没有证据或者证据不确实、不充分，就无法完成其证明任务。因此，证据是证明的前提和基础，证明离不开证据，离开了证据，证明就无法进行。

2. 证明是证据运用的过程和结果。诉讼证明的过程要围绕着证据来展开，

---

〔1〕 裴苍龄：《新证据学论纲》，中国法制出版社 2002 年版，第 320 页。
〔2〕 广东、广西、湖南、河南辞源修订组、商务印书馆编辑部编：《辞源》，商务印书馆 1983 年版，第 2919 页。
〔3〕 Black Law Dictionary (7th edition), St. Paul, Minn, 1999, p.1231. 转引自何家弘、刘品新：《证据法学》，法律出版社 2022 年版，第 220 页。

诉讼证明的过程其实就是证据运用的过程。而且，诉讼证明的目的是查明、证明案件的真实情况，从而使裁判者对案件事实作出正确认定，即法官对于经过诉讼双方运用证据加以证明的事实予以认定，这就是证据运用的结果。因此，证明是证据发挥作用的根本保障，如果离开了证明活动，任何证据都将失去意义，无法发挥其应有作用。在诉讼证明活动中，证明主体只有依法进行证明活动，才能使证据有效地发挥证明作用，从而准确证明案件事实，使法院对案件作出公正的处理。

（二）证据与证明的区别

1. 所属范畴不同。证据是记载和证明案件事实的材料，具有不以人的意志为转移的客观属性，属于客观或存在的范畴。而证明是证明主体查明或者证明案件事实的活动，它离不开人的主观思维活动，是对案件事实的认识，因而属于主观意识范畴。

2. 产生的过程不同。证据产生于实体过程，而证明产生于程序过程。实体和程序是有着本质区别的两个过程。实体过程是形成案件事实的过程，由此也就产生了与案件事实有关联的、可以证明案件事实的证据；程序过程是证明主体依靠证据查明、认定案件事实的过程，是证据运用的过程，也是证明的过程。

四、证明的意义

证明在诉讼活动中处于十分重要的地位，它是诉讼活动的核心和基本环节。因此，诉讼证明在司法实践中具有十分重要的意义。

1. 证明是证据发挥作用的根本保障。在诉讼证明活动中，证明主体收集证据、审查判断证据和提出证据，其最终目的是使法院查明案件事实，正确适用法律，从而对案件作出裁决，定分止争，维护社会秩序和公民合法权益。因此，证明的过程就是证据运用和证据发挥作用的过程，没有证明活动，证据就会失去意义，也无法发挥其应有的作用。

2. 证明是查明案件事实的重要方法。在诉讼中，需要证明的案件事实通常发生在过去，具有不可回复性，这就使得诉讼证明与一般证明不同，成为一种逆向的、回溯式的证明。而要揭示、查明案件事实，其重要的方法就是通过证明主体收集或者提供的证据来证明案件事实。因此，证明是查清案件事实、正确裁判案件的重要方式和手段。反之，如果没有证明，就无法查明、认定案件事实，也无法对争议事实作出裁判。

3. 证明是诉讼活动的重要内容。证明贯穿于诉讼全过程，诉讼程序的启动、进行等都离不开证明活动。例如，无论是刑事立案还是民事立案抑或行政诉讼立案，都必须有证据证明有关的案件事实已经发生，并且已经达到立案的条件，否则案件就不能成立。在诉讼活动中，每个诉讼阶段都有其相应的诉讼任务，这都需要通过证明活动来实现。例如，在刑事审判中，法院要认定被告人是否有罪，此罪还是彼罪，罪重还是罪轻，就需要运用确实、充分的证据加以证明；同样，在民事审判中，法院要确认侵权事实或者违约事实等是否存在，就必须对承担证明责任的主体的证明行为进行审查，确认其是否达到盖然性占优势的证明标准。因此，证明是诉讼活动的重要内容，离开了合法有效的证明活动，诉讼活动就无法顺利进行。

第二节　证明的构成

证明的构成，即为诉讼证明的构成要素，是指诉讼证明由哪些内容组成。具体来讲，证明主要由证明主体、证明对象、证明责任、证明标准、证明手段和方法以及证明过程等要素构成。

一、证明主体

证明主体是依法承担证明义务、享受证明权利的主体。证明主体是证明活动中的首要问题，它解决的是"谁来证明"的问题。

在诉讼证明中，证明主体是特定的诉讼主体，即特定的国家专门机关和诉讼参与人。如前所述，在刑事诉讼中，担负着查明、认定案件事实的职责的侦查、检察、审判机关，是刑事诉讼的主要证明主体，同时，自诉人、附带民事诉讼的当事人及其诉讼代理人、被告人和辩护人等都有权举证、质证和辩论，也是诉讼证明的重要主体。在民事和行政诉讼中，证明主体主要是当事人，包括原告、被告、第三人以及共同诉讼人。当然，当事人的法定代理人也是证明主体。在诉讼过程中，上述主体对于各自所主张的事实，要依法承担相应的证明责任。同时，人民法院作为行使审判权的主体，享有对当事人提出的证据进行审查、判断和运用的职权，在必要的时候依当事人的申请依法调查收集证据，也属于证明的主体。对此，《民事诉讼法》第 67 条第 2、3 款规定："当事人及其诉讼代理人因客观原因不能自行收集的证据，或者人民法院认为审理案件需要的证据，人民法院应当调查收集。人民法院应当按照法定程序，全面地、客观地审查核实证据。"《行政诉讼法》及相关司法解释也作了与《民事诉讼法》

相类似的规定。

二、证明对象

证明对象又称为待证事实、要证事实[1]，是指在诉讼中需要运用证据加以证明的案件事实。证明对象主要解决证明活动中"证明什么"的问题，为证明主体的证明行为指明了方向和目标，是证明要素中十分重要的内容。

概括地讲，证明对象主要包括两个部分，一是实体法事实，即对于解决案件中的实体问题具有法律意义的事实，实体法事实是证明对象的核心内容和关键部分，具体在刑事诉讼中就是与定罪量刑有关的事实；在民事诉讼中主要是争议的民事法律关系发生、变更和消灭的诉讼；在行政诉讼中主要是有关行政主体的行政行为合法性的事实。二是程序法事实，即对于诉讼程序上如何处理具有法律意义的事实，主要包括管辖的事实、回避的事实、有关强制措施的事实等。例如，在民事诉讼中，原告在提出诉状后，被告提出管辖权异议或者一方当事人申请承办法官回避等情形，对这些程序事项提出申请的当事人需要提供相关证据，法院也可以依职权取证，再根据各种事项的特定条件对当事人的申请进行审查，以决定采纳与否。可见，程序法事实也是诉讼中需要运用证据证明的范畴，是证明对象的内容之一。

三、证明责任

证明责任就是证明主体对其所主张的案件事实负有提出证据并说服裁判者认定其主张成立的责任。证明责任主要解决证明活动中"由谁来证明"的问题。

在不同的诉讼中，证明责任的承担主体是存在差异的。在刑事诉讼中，证明被告人有罪的责任是由控诉方承担，即由检察机关或者自诉人承担；在民事诉讼中，遵循"谁主张、谁举证"的原则，因而民事诉讼的原告或者被告对于其在诉讼中主张的事实，都需要提供证据加以证明，否则将承担不利的后果；在行政诉讼中，原则上是由被告承担证明责任，即被告需要证明其作出的行政行为的合法性，依法应当提供作出该行政行为的证据和所依据的规范性文件。

---

[1] 我国证明对象又称要证事实的说法是值得商榷的，"要证事实"并非我国的法律术语，"要证事实"是日本的法律术语，该概念来自大陆法系法律术语"Beweistatsache"的翻译，最早规定于《日本旧刑事诉讼法》第336条。参见樫田忠美「日本刑事訴訟法論」上卷514頁（巖松堂書店·1935年4月）、安平政吉「日本刑事訴訟法」327頁（南郊社·1938年11月）。

如果被告不提供或者无正当理由逾期提供证据，视为没有相应证据，就要承担举证不能的后果。不过，在法律规定的情形下，三大诉讼法中证明责任分配标准也有例外或者特殊规定，如在刑事诉讼中，巨额财产来源不明罪和非法持有型犯罪的被告人也要承担一定的证明责任；在民事诉讼中也有证明责任倒置的规定；行政诉讼中，依照法律规定，在一些案件中原告也要承担一定的证明责任。

四、证明标准

证明标准是证明主体履行证明责任所要达到的程度，它主要解决负有证明责任的主体将待证事实"证明到何种程度"的问题，即只有达到了法定的证明标准，承担证明责任的证明主体才能够卸除其证明责任。

不同国家、不同诉讼中的证明标准是存在明显差异的。例如，在刑事诉讼中，关于有罪判决的证明标准，英美法系国家采用"排除合理怀疑"标准；大陆法系国家规定"高度盖然性"或"内心确信"的标准。我国有罪判决的证明标准一直奉行"案件事实清楚，证据确实、充分"的立法表述，只是在2012年《刑事诉讼法》修改时明确规定"证据确实、充分的"细化的、更具操作性的条件，其中加入"排除合理怀疑"的表述，作为对"证据确实、充分"的补充性内容。在民事诉讼中，英美法系国家采用"盖然性占优势"或"优势证据"标准；大陆法系国家规定"高度盖然性"的标准，只是民事诉讼盖然性的高度要低于刑事诉讼证明标准。我国民事诉讼中，根据2019年最高院《民诉证据规定》，我国采用"证据占明显优势"证明标准。

五、证明手段和方法

证明的手段是证据，即证明是根据证据来查明、认定案件事实的。证明方法是证明主体运用证据进行证明所必须采取的各种方法。证明的手段和方法主要解决证明主体"如何证明"的问题。

证明的方法既可以由法律加以规定，也可以不由法律明确予以规定。根据各国的证据法及其司法实践，证明方法包括：逻辑推理、推定和司法认知。逻辑推理是根据证据进行归纳演绎、分析、反证及排除等方法，是诉讼证明中最常用、也是最重要的证明方法。推定是由法律明确规定，由一个前提事实的存在而推导出结果事实存在的证明方法。司法认知是法官对依其职务知悉的事实，无须当事人举证予以证明就直接确认其为真实的证明方法。推定和司法认知都是特殊的证明方法，无需一般的取证、举证、质证等程序，是一种快捷的司法证明方法。

六、证明过程

证明过程是证明主体收集、提供、审查和判断证据的过程。证明过程是从动态的角度对证明活动及其进程所进行的描述。证明过程解决的是"怎样证明"的问题。

具体来讲，证明过程是公安司法机关的办案人员、当事人及诉讼参与人等，依照法定程序和要求进行的收集证据、审查判断证据和提出证据，据此认定案件事实的全过程。证明过程主要由四个阶段组成：①收集证据。证据收集阶段是证明的最初环节，也是证明的必经环节。在民事诉讼、行政诉讼和刑事自诉案件中，负有证明责任的一方当事人为在起诉时或庭审时向人民法院提出证据，必须在起诉或开庭前亲自或由诉讼代理人收集或整理证据，用以证明自己的事实主张。在刑事案件中，控诉机关特别是侦查机关必须依法收集和保全证据，以查明犯罪事实，查获犯罪嫌疑人。②审查证据。审查证据是在收集证据的基础上进行的，主要是指由控诉机关和相关的当事人对收集来的证据进行分析研究，鉴别真伪，对证据的关联性、客观性和可采性（合法性）进行审查、核实的活动。审查证据是在收集证据的基础上进行的，也是证明的重要阶段。③提出证据阶段。控诉机关和相关当事人通过对证据的审查、核实之后，即应依法向审判机关提出，以证明其诉讼主张或阐明案件事实，从而使法官获得确信，进而作出判断。④判断认定证据。判断证据就是法官在有关证明主体提出证据之后，对相关证据进行分析判断，明确证据与案件事实有无联系，以确定其有无证明力以及证明力的大小，从而对案件事实予以认定的过程。

第三节　证明的分类

一、严格证明与自由证明

依据证明是否必须使用法定证据，以及是否需要经过法定调查程序的不同，可以将证明分为严格证明和自由证明。学者林钰雄认为，根据证明是否受证方法和法定证据调查程序的双重限制，可以区分为严格证明和自由证明。[1] 严格证明和自由证明是大陆证据法上的概念，由德国学者迪恩茨于 1926 年提出，后由德国传至日本，并在学说和判例中得以发展。[2]

严格证明是指使用法定的具有证据能力的证据，并经过法定的证据调查程序而进行的证明。自由证明，又称任意证明，是指严格证明之外的证明，具体指可以使用不具有法定证据能力的证据，并且无须经过严格的法定程序的证明。日本学者田口守一认为："用有证据能力的证据并且经过正式的证据调查程序作出的证明，叫'严格的证明'；其他的证明，叫'自由的证明'。自由的证明是用某种证据经某种程序的证明。"[3]

关于严格证明与自由证明的适用范围或者证明对象问题，通说认为，严格证明一般是针对实体法事实的证明；自由证明一般是针对程序法事实的证明。例如，在刑事诉讼中，一般对与定罪有关的实体法事实要求实行严格证明，但对于量刑事实是否属于严格证明，各国的规定却有所不同。在德国，有关犯罪行为的经过、行为人的责任与刑罚的程度等重要事项，须经严格证明加以认定。[4] 然而在日本，对于犯罪事实和不存在违法阻却事由、责任阻却事由的事实都需要严格证明，量刑情节则只通过自由证明即可。但是，对于倾向于加重被告人的情节事实仍需要严格证明。[5] 日本学者松尾浩也认为，严格证明的对象包括公诉事实和加重减免刑罚事由，属于犯罪事实本身的量刑情节必须进行严格证明。[6] 虽然自由证明主要是针对程序法律事实的证明，但在不同的诉讼模式下，自由证明的事项也有不同。根据德国联邦法院的判例，了解讯问被告人过程中是否使用了法律禁止的手段，因为是涉及认定程序法适用有无错误的问题，所以可以自由证明。在日本的判例中，法院可以通过适当的方式调查自白的任意性。[7]

除了严格证明与自由证明之外，日本学者平野龙一又提出"适当证明"方式，提出严格证明和自由证明是针对在普通程序中定罪而言的。但是，对于简

〔1〕 林钰雄：《严格证明与刑事证据》，法律出版社 2008 年版，第 7 页。
〔2〕 闵春雷：《严格证明与自由证明新探》，载《中外法学》2010 年第 5 期。
〔3〕 ［日］田口守一：《刑事诉讼法》，刘迪、张凌、穆津译，法律出版社 2000 年版，第 219、220 页。
〔4〕 ［德］克劳思·罗科信：《刑事诉讼法》，吴丽琪译，法律出版社 2003 年版，第 208 页。
〔5〕 ［日］田口守一：《刑事诉讼法》，刘迪、张凌、穆津译，法律出版社 2000 年版，第 220 页。
〔6〕 ［日］松尾浩也：《日本刑事诉讼法》（下卷），张凌译，中国人民大学出版社 2005 年版，第 13 页。
〔7〕 参见陈光中主编：《证据法学》，法律出版社 2019 年版，第 283 页。

易程序和量刑程序，并不能适用严格证明或者是自由证明。在简易程序和量刑程序中，应当保障控辩双方的异议权。如果有人提出异议，要求证据能力，那么在法庭上就应当允许当事人确认证据，给予当事人争辩证据证明力的机会，这就是适当证明。[1] 这就在严格证明和自由证明之外又增加了一种证明方式。本书认为，适当证明充分体现了当事人在诉讼中的主体地位，是诉讼进步的要求，这说明在简易程序和量刑程序中当事人有证明法则的选择权。通过赋予当事人异议权决定到底是适用严格证明还是自由证明是可取的。但这也仅仅是一种选择权，所谓的适当证明根本不存在，最终要么是严格证明，要么是自由证明。[2]

二、狭义的证明与释明（疏明）

依据证明是否要求使裁判者获得完全的确信的不同，可以将证明分为狭义的证明和释明。这种划分是大陆法系证据理论中的概念，来源于德国的刑事诉讼法学。德国学者提出："证明乃指，使法官对所指陈之事实产生确信，相对的，释明则使人相信其具有可能性即可。"[3] 释明在日本诉讼理论中常被称为"疏明"。狭义的证明与释明都是证实行为，但是两者影响裁判者心证形成的程度有所不同，各自的证明要求或证明程度有所差异，狭义的证明与释明的主要区别在于裁判者的心证程度不同。

狭义的证明是指要将待证事实证明到使裁判者确信案件事实为真的诉讼证明，即让裁判者对案件事实达到内心确信的程度。在刑事诉讼中，对于被告人有罪的事实，一般需要狭义的证明。尽管不同国家对被告人定罪的证明标准的规定有所差异，但都要求必须达到使法官确信的程度。例如，在英美法系国家，要对被告人定罪，其证明必须达到"排除合理怀疑"的标准；大陆法系国家要求达到"内心确信"的程度；我国对被告人定罪的法定标准是"犯罪事实清楚，证据确实、充分"。而在民事诉讼和行政诉讼中，对于案件实体事实的证明通常要求达到"高度盖然性"或"优势证据"标准。因此，对于实体法事实的证明，必须进行狭义的证明，其标准要高于释明的标准。

释明（或疏明）是指法官根据有限的证据可以大致推断案件事实为真的诉

---

〔1〕 ［日］田口守一：《刑事诉讼法》，刘迪、张凌、穆津译，法律出版社 2000 年版，第 220 页。

〔2〕 宋志军：《量刑事实证明问题研究》，载《河南财经政法大学学报》2012 年第 6 期。

〔3〕 ［德］克劳思·罗科信：《刑事诉讼法》，吴丽琪译，法律出版社 2003 年版，第 207 页。

讼证明，即当事人对自己所主张的释明事实无需达到使法官确信的程度，仅需提出使法官推测大体真实程度的证据。也就是说，仅使法官形成薄弱的心证就可以了。很显然，释明的证明标准较之狭义的证明要低。在诉讼证明中，通常对于诉讼程序上的特定事实的证明适用释明。例如，根据德国刑事诉讼法的规定，在对法官的回避、回复原状申请中对理由的说明以及对拒绝证言的理由的说明，均适用释明。在日本刑事诉讼中，检察官由于不得已的事由未能在法定期限内请求羁押被逮捕的犯罪嫌疑人时，可以向法官说明理由，请求羁押犯罪嫌疑人。而且在释明其原因时，当事人只叙明其证明之方法足矣，毋庸提出证据；而狭义证明，则不但应指出其证明方法，并应提出其证据。[1] 而在民事诉讼或者行政诉讼中，对于当事人提出管辖权异议、申请回避或提出申请财产保全等程序性事项的证明，也适用释明。

需要说明的是，有人认为严格证明就是狭义的证明，自由证明就是释明，即严格证明与自由证明、狭义的证明与释明的划分是相同的。然而本书认为，尽管严格证明与自由证明、狭义的证明与释明在证明的对象上存在一些重合，但严格证明与自由证明主要是针对证明的依据和证明程序，而狭义的证明与释明的主要指向是证明的标准和结果。因此，这两种划分是有明显区别的，不应将其混淆。

三、自向证明与他向证明

以证明对象指向的对象为标准，可以将证明分为自向证明和他向证明。自向证明是向自己证明，而他向证明是向他人证明。自向证明的主体一般是就案件事实作出某种认定的人，如侦查人员、检察人员和审判人员，其在行使职权过程中，需要根据其所查明的案件事实，完成自身对于案件事实的认识，进而对案件作出相应处理。他向证明的主体一般是提出某一事实主张的人，如当事人及其律师，需要通过自身的诉讼活动，向法官证明其所主张的事实存在。自向证明与他向证明的主体在诉讼过程中可以发生转化。如在刑事案件中，侦查人员在侦查阶段是自向证明的主体，但到了审查起诉阶段，侦查人员则变为他向证明的主体，因为要向检察人员证明申请批准逮捕或提起公诉的事实依据；在审查逮捕和审查起诉阶段，检察人员是自向证明的主体，但到了审判阶段，检察人员又将转化为他向证明的主体，并向法庭证明指控案件事实的存在。

---

[1] 参见陈朴生：《刑事证据法》，三民书局 1979 年版，第 113 页。

区分自向证明与他向证明的价值在于，自向证明一般属于主体的职权行为，以司法职权为中心；他向证明一般属于主体的义务行为，以诉讼当事人的活动为中心。在不同诉讼模式下，自向证明与他向证明的地位与作用有所不同。在职权主义模式下，司法人员的自向证明对案件的处理结果具有决定性的作用；在当事人主义模式下，诉讼当事人的他向证明则会影响案件的处理决定。

四、刑事诉讼证明、民事诉讼证明和行政诉讼证明

依据证明所属诉讼性质的不同，可以将证明分为刑事诉讼证明、民事诉讼证明和行政诉讼证明。

刑事诉讼证明，是指公安司法机关依据刑事诉讼法规定的内容，进行的解决刑事案件事实是否发生、如何发生以及系何人所为的证明活动。它是所有诉讼证明中难度最大、最为复杂、要求最高的证明，而且分为不同阶段的证明。民事诉讼证明，是指民事当事人依民事诉讼法的规定，进行的解决民事主体之间的权利义务纠纷的活动。民事诉讼证明的要求针对不同问题存在一定的差异，一般来说其复杂性、难度等均要低于刑事诉讼证明。行政诉讼证明，是指行政机关等证明主体，依据法律进行的证明行政机关的具体行政行为合法、有效的活动。行政诉讼证明，不同于刑事或民事诉讼证明，具有其特殊性。因此，其证明标准亦较高。

刑事、民事和行政诉讼证明都是诉讼中的证明，这就使得它们具有一定的共同点，如在证明主体上都包括特定的国家专门机关、当事人等；在证明作用上都服务于裁判者认定案件事实；在证明方法上都适用逻辑推理、经验法则、推定等。然而，三大诉讼证明的性质、任务、证明对象、证明标准等的不同，因此，三大诉讼证明也存在明显的区别：

1. 证明的依据即证据的法定种类有所不同。物证、书证、证人证言、视听资料、电子数据、鉴定意见、勘验笔录等，是三大诉讼法共同规定的法定证据种类；但被害人陈述，犯罪嫌疑人、被告人供述和辩解是刑事诉讼法规定的特有的证据种类；现场笔录是行政诉讼法规定的特有的证据种类。需要指出的是，刑事诉讼法将民事诉讼法和行政诉讼法中的"当事人陈述"分解为"被害人陈述"和"犯罪嫌疑人、被告人的供述和辩解"两项。

2. 证明主体和证明责任的承担者不同。在证明主体方面，尽管三大诉讼证明的主体都是特定的国家专门机关、当事人等，但诉讼性质不同，作为证明主体的国家专门机关和当事人的范围有所区别。在证明责任承担方面，刑事诉讼中的证明责任主要由控诉一方承担，即侦查机关、检察机关、自诉人等承担，犯罪嫌疑人、被告人原则上不承担证明自己无罪的责任，只有在法律明确规定的例外情况下（如巨额财产来源不明案件）才承担一定的证明责任。民事诉讼中的证明责任按照"谁主张，谁举证"的原则，分别由当事人承担相应的证明责任。行政诉讼中的证明责任，通常是由作为被告的行政机关承担，原告不承担证明具体行政行为违法的责任。原告只是在特定的情况下承担一定的证明责任，如在行政赔偿、补偿的案件中，原告原则上应当对行政行为造成的损害提供证据。

3. 证明对象不同。虽然三大诉讼的证明对象都包括实体法事实和程序法事实两个部分，但不同诉讼中的实体法事实，其具体内容是根本不同的。在刑事诉讼中，作为证明对象的实体法事实主要是犯罪构成要件事实、与量刑情节有关的事实等；在民事诉讼中，作为证明对象的实体法事实主要包括能够引起民事法律关系发生、变更和消灭的事实，如收养、签订合同、全部或部分偿还债务、全部或部分履行合同等；在行政诉讼中，作为证明对象的实体法事实主要是与被诉行政行为合法性有关的事实。

4. 证明手段和证明行为不同。在证明手段方面，虽然三大诉讼法关于证据种类的规定基本相同，但同一种类的证据在不同的诉讼中的证明意义却不完全相同。如在民事诉讼中，被告的自认在一般情况下可以免除原告对诉讼主张的举证责任，即法院通常可以直接对该事实直接确认而无需其他证据证明；但在刑事诉讼中，依照法律规定，只有被告人供述，没有其他证据的，不能认定被告人有罪和对其处以刑罚。在证明行为方面，刑事诉讼中为了防止国家权力的滥用和保障公民权利，法律对收集证据的主体、方式、程序等都做了严格和详细的规定；而在民事诉讼和行政诉讼中，只是对人民法院审查核实证据作了原则性的规定，远不如刑事诉讼证明在法律制约上的要求。

5. 证明程序和证明标准不同。在证明程序方面，刑事诉讼特有的证明程序既包括审前的侦查和审查起诉阶段，也包括审判阶段的控、辩、审三方的证明活动，同时在我国刑事诉讼法中没有明确规定证据交换或者证据开示程序。在民事诉讼和行政诉讼中，证明程序主要发生在审判阶段，而且我国的民事诉讼法对举证时效以及证据交换都作了明确的规定。另外，在行政诉讼中，在证据收集上有特有的规定，如《行政诉讼法》第 35 条规定，"在诉讼过程中，被告及其诉讼代理人不得自行向原告、第三人和证人收集证据"。在证明标准方面，尽管我国三大诉讼法规定的证明标准基本相同，但结合域外规定，三大诉讼证明的标准应当存在差异。由于刑事诉讼要解决犯罪嫌疑人、被告人的刑事责任问题，因此其证明标准在三大诉讼证明中层级最高、也最严格；在行政诉讼中，主要是解决行政主体与相对人之间的行政争议，即行政机关对作出的行政行为是否合法问题，因而其证明标准属于三大诉讼证明的第二位阶；民事诉讼主要解决平等主体之间的权利义务纠纷问题，其结果主要涉及当事人的人身权和财产权，因此其证明标准较低，属于三大诉讼证明中最低的证明标准。

练习案例

2006 年 11 月 20 日上午，在南京市 83 路公交车水西门广场站，两辆 83 路车前后进站，南京市民彭某在第一辆车上，车进站后，他第一个走出车门。66 岁的老人徐某某拎着保温瓶，赶去搭乘第二辆 83 路车，她至彭某所乘坐的那辆车的后门附近位置跌倒。徐某某如何跌倒，她与彭某是否发生相撞，没有人看到。此案唯一的目击证人陈老先生在案发时也参与了部分救助，他也没有看到徐老太当时如何倒地，在他看到彭某上前帮忙后，自己也上前帮忙，并打电话叫老人的儿女过来，整个过程大约半个小时。彭某将徐某某扶起送往医院，彭某预付了医疗押金。检查结果表明徐某某股骨颈骨折，需进行人造股骨头置换手术。诊断结果出来后，徐某某向彭某索赔医疗费，遭到拒绝，并在各种调解失败后，2007 年 1 月 4 日，66 岁的徐某某向南京市鼓楼区人民法院提起诉讼，以彭某将其撞倒在地致其受伤为由，索赔 13.6 万余元。

这场民事诉讼的一审经过了 3 次庭审，分别在 2007 年的 4 月、6 月和 7 月。法院认为，本案主要存在两个争议焦点：其一，彭某与老人是否相撞；其二，应赔偿的损失数额问题。

2007 年 9 月 4 日下午，鼓楼区法院一审宣判：判决彭某给付受害人损失的 40%，共 45 876.6 元。彭某不服向南京市中级法院提起上诉。二审期间，双方达成和解协议，彭某一次性补偿徐某某 1 万元；双方均不得在媒体（电视、电台、报纸、刊物、网络等）上就本案披露相关信息和发表相关言论；双方撤诉后不再执行鼓楼区法院的一审民事判决。

问题：

1. 本案涉及的证明要素有哪些？

2. 本案证明主体的证明目的是否达到？

3. 如何理解本案的处理与证明的关系？

➲ 思考题

1. 什么是证明？证明有什么特征？
2. 如何理解证据与证明的关系？
3. 简述证明的构成要素有哪些？
4. 简述什么是严格证明与自由证明？
5. 试述三大诉讼的证明有何异同点？

第十五章

证明对象

➡**学习指导**

　　通过本章学习，应当理解并掌握证明对象的概念及其特征、三大诉讼法中证明对象的具体内容、免证事实。学习的重点是能够掌握不同诉讼中的证明对象，难点是认识证据事实能否成为证明对象，以及三大诉讼法中证明对象之间的差异。

第一节　证明对象概述

一、证明对象的概念

　　证明对象，是指证明主体进行证明活动所指向的对象。就诉讼常识而言，从经验世界中可以获得无穷多的事实，而只是需要证明的那部分事实才属于证明对象，由此可以简约地说，证明对象就是待证事实。[1] 诉讼中的证明对象，是指诉讼主体必须运用证据加以证明的待证事实。根据诉讼性质的不同，需要用证据证明的待证事实也有所差异。

　　诉讼证明无疑是一种事实的认识活动，诉讼证据就是对待证事实的证明，[2] 因此，待证事实可以作为证明对象的一般性表述。除此之外，生活事实、客观事实、案件事实、法律事实、要件事实、争议事实等概念与针对证明对象概念之间既有区别、又有联系，不能简单等同视之。

　　第一，生活事实是未进入司法程序的事实或者已被司法机关收集但未经过

---

[1]　周洪波：《修正的事实说：诉讼视野中的证据概念新解》，载《法律科学（西北政法大学学报）》2010 年第 2 期。

[2]　参见周洪波：《刑事证明中的事实研究》，上海人民出版社 2016 年版，第 98—99 页。

程序认可的事实，不是证明对象，而待证事实是进入程序经过司法认可的事实，是证明对象。[1]

第二，客观事实是指已经发生过的事实，确认客观事实只有通过诉讼证明才能达到，但诉讼证明过程既要"求真"，也要法律评价，客观事实仅强调"求真"，而忽略了法律评价。逻辑上，待证事实必须经过从客观事实到法律事实再到证明事实的"求真"和法律评价过程。[2]

第三，案件事实具有不明确性和不特定性，待证事实具有明确性和特定性。比如，甲涉嫌盗窃罪一案，可以"截取"许多案件事实："甲某拿走了被害人的钱包""甲某从被害人的书桌抽屉里拿走了钱包"、"甲从被害人的书桌抽屉里拿走了装有 2000 元钱的钱包"，等等，而待证事实是甲是否构成盗窃罪的明确、特定对象。

第四，证明对象语境下的法律事实是指决定法律是否适用直接有关的事实，即案件中与法律适用直接相关的案件事实。毫无疑问证明对象属于法律事实的范畴，但并非所有的法律事实都是证明对象。

第五，要件事实也称法律要件事实，是一种有限的、特殊的事实，属于证明对象的内容。在大陆法系国家，一般认为要件事实（主要事实）才是证明对象，间接事实与补助事实不是证明对象。[3] 待证事实法律规范符合性的认定，是以证实的要件事实为依据，判断待证事实是否符合法律规范的过程。这里需要注意区别犯罪构成要件与构成要件事实，两者的认定过程和方法在性质上明显不同，犯罪构成要件符合性的认定本质上是法律解释活动，要件构成事实的认定本质上是事实证明活动。比如一起涉嫌贪污犯罪案，检察官拿出一份被告人单位出具的干部履历表，上面记载着被告人于 2010 年 1 月任该国有公司的副总经理，2015 年 4 月起任该公司总经理。这份书证证明的事项是什么？如果认为，"这份证据材料证明被告人是国家工作人员"，这其实就是把贪污罪构成要件中的主体要件直接当成了证明对象。作为书证，干部履历表证明的是"被告人先后担任过该国有公司的副总经理、总经理"这一事实。至于这一事实是否就满足了贪污罪的主体要件国家工作人员的要求，则需要援引《刑法》第 93 条

---

[1] 参见王晓：《论法哲学视野中的证明对象》，载葛洪义主编：《法律方法与法律思维第 5 辑》，法律出版社 2008 年版，第 40 页。

[2] 参见杨锦炎：《论诉讼证明对象——以法律方法论为启示》，载《安徽师范大学学报（人文社会科学版）》2009 年第 5 期。

[3] 王雄飞：《检察官证明责任研究》，西南政法大学 2008 年博士学位论文。

第2款的规定"国有公司、企业、事业单位、人民团体中从事公务的人员和国家机关、国有公司、企业、事业单位委派到非国有公司、企业、事业单位、社会团体从事公务的人员，以及其他依照法律从事公务的人员，以国家工作人员论"加以比较对照，这一过程其实是构成要件符合性的认定过程，而非证明过程。[1]

第六，争议事实是指控辩双方或者当事人发生争议且真伪不明的事实，一般在英美法系国家将争议事实（Facts in Issue）作为证明对象对待。[2] 特定区域来看，证明对象应该是争议事实，因为证明的目的就是阐明诉讼中的争点，说服陪审团接受己方主张。然而，不同诉讼模式和诉讼类型下，没有争议的事实是否真实存在不同规定，并非没有争议的事实都无需证明，并非所有争议的事实都属于证明对象的范围。

二、证明对象的特征

1. 证明对象的法定性。法律的适用，总是对接于一定的生活事实，作为法律适用所直接对应的事实，称为要件事实。要件事实是证明对象的基本锚定点，[3] 证明对象必须根据法律规定的要件事实设定。证明对象乃诉讼之标的，若不能明确界定，诉讼活动则难免无的放矢，相应的证明责任、证明标准等规则也均难以建立。[4] 证据法上证明对象是实体法和程序法规定的司法人员合法处理案件必须证明的事实，刑事诉讼中的证明对象主要包括与定罪量刑有关的实体法要件事实、程序要件事实；民事诉讼中的证明对象主要包括有关民事法律关系构成要件事实以及民事纠纷产生和发展的事实；行政诉讼中的证明对象主要包括与被诉行政行为合法性有关的事实等。

2. 证明对象与诉讼主张密切关联。在诉讼过程中，公诉机关或者当事人为实现一定的诉讼目的提起或者参加诉讼，并依其诉讼地位提出自己的诉讼主张。这些证明主体为了实现其诉讼目的，必须提供证据证明其诉讼主张，以使己方请求得到裁判者认可。一般而言，在诉讼证明活动中，公诉机关或者当事人必须遵循以下步骤进行：第一步，针对各自的诉辩请求分别主张相应的事实；第

---

〔1〕 参见董坤：《构成要件与诉讼证明关系论纲》，载《法律科学（西北政法大学学报）》2020年第1期。

〔2〕 参见陈刚：《证明责任法研究》，中国人民大学出版社2000年版，第71页。

〔3〕 周洪波：《证明对象的基本法理与中国问题》，载《江海学刊》2022年第1期。

〔4〕 孙远：《证明对象、要件事实与犯罪构成》，载《政治与法律》2011年第8期。

二步，利用证据证明所提出的事实主张。可见，整个诉讼过程中，公诉机关或者当事人实现诉辩主张就是通过用证据证明其待证事实的方式来实现的。例如，被告人张某经常在外面跑生意，张某有个表弟李某，因为妻子没有生育能力，已经 50 岁了还没有孩子。张某劝其表弟抱养一个孩子，并且说自己会帮他关心这件事。某日，张某到外地联系业务。天快黑的时候发现一个 3 岁的小孩还在路边玩耍，就到商店里买了很多好吃的东西，连夜将小孩骗走，送给表弟李某领养。李某心里过意不去，将张某这次出差的来回车费以及生活费共计 1000 元钱全部还给张某，后被公安机关查获。本案例需要依靠诉讼主张进而明确证明对象，如果控方主张被告人张某的行为构成了拐骗儿童罪，即以拐骗儿童罪作为证明对象，只要证明张某具有拐骗儿童的行为并且交给其表弟抚养就可以了；但是如果控方主张被告人的行为构成了拐卖儿童罪，即以拐卖儿童罪作为证明对象，那么控方就必须证明被告人张某不仅仅具有拐骗儿童的行为，而且还具有出卖和牟利的目的，即要证明其表弟李某给张某的车费及生活费 1000 元钱就是出卖被拐儿童的非法利益。[1] 可见诉讼主张不同，其证明对象也会存在差异。

3. 证明对象的未知性和待证性。证明对象本身就是需要运用证据证明的待证事实，基于对证明对象概念的认识，既体现出需要通过证据进行论证和回溯的期待性，也反映了待证事实与证据之间是目的与手段之间的关系。在诉讼证明中，证明对象处于真假不明的待证状态，需要运用已知、确定的证据材料进行司法证明。值得注意的是，并非所有案件事实都需要证据加以证明，比如免证事实就仅需依法确认，不需要当事人举证证明，不是证明活动所指向的证明对象。

4. 证明对象与证明活动密切相关。

第一，在诉讼证明中，证明对象主要解决"证明什么"的问题，它为证明主体的证明行为指明了方向和目标，是证明要素中十分重要的内容。明确证明对象对诉讼证明活动有着重要的意义，一方面，有利于证明责任（由谁负责证明）、证明标准（证明到什么程度）、证明程序（如何进行证明）的明晰；另一方面，还有利于取证、举证、质证及认证等证明活动有的放矢地进行。

第二，证明对象在未被确认之前处于真伪不明状态，就必须有特定证明主体对其所主张事实负有提出证据并说服裁判者认定其主张成立的证明责任。因

---

〔1〕 鲁杰、曹福来：《论证明对象的范围是诉辩双方的诉讼主张》，载《政治与法律》2009 年第 1 期。

此，证明对象与证明责任有着密不可分的联系，可以说，只有有证明对象，才有所谓的证明责任，谈到证明责任，必定指向证明对象。[1] 诉讼证明中，在根据相关法律规范初步确定了需要证明的要件事实后，随之而来的问题就是根据当事人的诉讼主张与要件事实之间的正向或反向关系，结合价值权衡、利益衡量等因素，公平地分配证明责任。

第三，凡是列入证明对象的事实，有证明责任的一方必须提出证据予以证明，并且提供证据的证明力必须达到法定证明标准；否则诉讼主张不能成立，或者存在不能成立的风险。[2]

三、证明对象的范围

对事实的证明，在诉讼证明中最为常见。事实指的是案件的真实情况，其既包括动态情况，即事之情况；也包括静态情况，即物之情况。证据法中作为证明对象的事实，具体可以分为实体法事实、程序法事实及证据事实三类。

（一）实体法事实

实体法事实，是指对解决案件的实体问题具有法律意义的事实，是证明对象中最为重要的内容。具体而言，实体法事实的内涵包括以下几个层面：①所有与案件有关的事实，包括犯罪（违法）事实以及与案件无关的非犯罪（违法）事实，例如，起因事实等，这些都是必须搜集证据查明的事实。②犯罪（违法）事实，包括基本犯罪（违法）事实、其他犯罪（违法）事实。③主要事实，在民事诉讼中，主要事实是指产生、变更、消灭民事法律关系的事实；在刑事诉讼中，主要事实是指定罪不可或缺的事实，包括犯罪构成要件事实以及其他为定罪所不可或缺的事实，也可称之为底线事实；[3] 在行政诉讼中，实体法事实主要是指与被诉的行政行为合法性有关的事实，以及行政赔偿构成要件事实。上述实体法事实属于证明对象，基本上是学界共识。

（二）程序法事实

程序法事实是指，那些与案件本身没有关系但是对解决某些诉讼程序性问题具有法律意义的事实，即引起诉讼法律关系发生、变更和消灭的事实。具体包括诉讼行为和诉讼法律后果，前者主要是诉讼主体和其他诉讼参与人实施的

---

〔1〕 樊崇义主编：《证据法学》，法律出版社 2017 年版，第 259 页。

〔2〕 潘金贵主编：《证据法学》，法律出版社 2022 年版，第 248 页。

〔3〕 张建伟：《证据法要义》，北京大学出版社 2014 年版，第 376 页。

具有相应诉讼法律意义的行为，如法官依职权的诉讼指挥、居中裁判等；后者是指不以人的意志为转移，能够产生一定诉讼法律后果的客观情况，如不可抗力、当事人死亡或者丧失诉讼行为能力等。

对于程序法事实能否成为证明对象，学理上存在争议，主要有三种不同的观点，即肯定说、否定说和折衷说。

肯定说认为，程序法事实是证明对象。具体理由是：其一，诉讼的过程，既是适用实体法的过程，也是适用程序法的过程，实体法事实影响对当事人责任的认定，程序法事实则保障对当事人责任的正确认定。其二，当事人对程序法事实有争议时，可以依法请求司法机关查明并作出相应处理，程序法事实因此构成系争事实，提出请求的一方应当提交证据予以证明。其三，对诉讼中有争议的程序法事实，司法机关应当查明，作出裁决后还要允许当事人以上诉、申诉或者申请复议的方式进行权利救济。其四，我国现行三大诉讼法均规定程序违法是撤销第一审判决发回重审的理由，程序法事实因此成为二审法院应当查明的事实，属于证明对象的范围。其五，将程序法事实纳入证明对象的范围，实际上是将诉讼机关人员的程序行为纳入了证明对象的范围，能够起到督促诉讼机关人员遵守法定程序的监督作用。其六，德国、日本等国的诉讼理论认为程序法事实应作为证明对象，并且把证明对象分为严格证明与自由证明，[1] 这对我国具有可借鉴性。

否定说认为，程序法事实不是证明对象。具体理由是：其一，证明对象是一种特殊的诉讼制度，确定诉讼中的证明对象，可以使整个收集、调查证据的活动具有明确的方向，有利于切实查明案件事实。因此，诉讼中的证明对象自然仅指那些具有实体法意义的事实，只包括那些如不查明就不能对案件实体进行正确处理的事实。[2] 只有这样理解证明对象，才有利于诉讼机关，特别是法院在诉讼过程中分清主次，集中精力办案。其二，程序法事实，特别是一些据以作出决定、裁定的事实，有许多是不查自明或者司法机关可以认知的，即便存在一些需要查明的问题，但其证明标准低于盖然性优势标准，不属于严格证明，仅可以称之为"释明"。其三，程序法事实并非每个案件都会遇到，如果没有发生某些程序问题，就不需要对有关的事实加以证明。

折衷说认为，证明对象包含着程序法事实，但举证责任分担的研究并不涉

〔1〕 陈光中主编：《证据法学》，法律出版社 2019 年版，第 290 页。

〔2〕 参见江伟主编：《证据法学》，法律出版社 1999 年版，第 63 页。

及所有的证明对象，而仅以实体法事实为对象。具体理由是：其一，实体法之外的事实尽管同样也存在举证责任问题，但应当由谁负举证责任的问题相当简单，根据"谁主张，谁证明"的一般原则即可解决。其二，实体法事实或者由原告作为诉讼主张的根据提出，或者由被告作为反驳诉讼请求的根据提出，它直接决定当事人之间民事法律关系的产生、变更或消灭，查明其存在与否是整个民事诉讼活动的中心环节。

本书赞成肯定说。折衷说的缺陷在于，既把程序法事实作为证明对象，又将其与证明责任的分担隔离开来，是自相矛盾的。在逻辑上，证明责任分担的原则当然适用于程序法事实。否定说的缺陷在于，简单地以集中精力办案、一些程序事实不查自明为由否定程序事实是证明对象。应当看到，实体法不能脱离诉讼过程而存在，诉讼过程对保障权益、保障实体结果的正确性具有重要意义。

（三）证据事实

证据事实，[1] 是指证据本身所记载和反映的事实。由于证据是证明案件事实的手段，同时自身又需要查证属实，它是否属于证明对象范畴，在理论界有较大的争议，主要有三种观点：

肯定说认为，证据事实是证明的对象。在证据事实与案件事实、证据事实与证据事实之间，存在着一个手段与目的的因果锁链，当证据事实用来证明案件事实时，它是证明手段；当证据事实自身的真实性需要依靠其他证据证实时，它便成为其他证据确证的客体，由证明手段转变为证明对象。因此，处在中间环节的证据事实具有双重身份，既是案件事实的证明手段，又是其他证据事实的证明对象。

有限肯定说认为，按照证据与案件事实的证明关系，证据可以划分为直接证据和间接证据。直接证据是能够单独、直接反映和证明案件主要事实的证据，故其证据事实与案件主要事实重合，也属于证明对象，但不必单独列出。与之相反，间接证据不能单独、直接证明案件的主要事实，必须与其他间接证据相结合、相互印证，它因此而成为证明对象。

否定说认为，证据事实只能作为证明手段，不能成为证明对象。将证据事实排除在证明对象之外，有助于证据法学理论揭示证据和证明对象各自的规律，

---

〔1〕 实则"证据事实"的说法本身值得商榷，一说认为无论证据本身，还是证据所反映的案件事实，都有特定概念予以表达，再称之为"证据事实"纯属多此一举。

证据事实反映的是证据概念、采用标准和种类问题，证明对象则是取证、举证、质证和认证等证明活动的目标问题。

本书赞同否定说，认为证据事实不能成为证明对象。肯定说、有限肯定说都忽视了证明对象和证据事实自身的规定性，混淆了证据的查明与案件事实的证明之间的界限。证据事实和案件事实这两个概念，从其定义初始就处于待定事实的两极，被假定为未知事实的案件事实，由被假定为已知事实的证据事实来探知、认识和推导。因而，案件事实是证明对象，证据事实是证明手段，二者之间的界限十分清楚。把证据事实也说成是证明对象，则必然模糊这个界限，造成证明理论的混乱。[1] 虽然证据也需要查证，但并不意味着等待查证或正在查证的证据就是证明对象，需要查证仅仅是证据所具备的与证明对象相同的一个要素而已，不能据此将二者等同起来。不论是直接证据还是间接证据，查证其真实性活动的目的在于解决其能否成为证明手段的资格问题。此时，印证与被印证的证据与证据之间，确实存在目的与手段的关系，但它仍属于证明手段范围之内的关系，[2] 本质是相同的。在它们之外，在性质相异的更高的层面有一个总的目的，即案件事实。对于后者来说，前二者皆为手段。

第二节　刑事诉讼的证明对象

一、刑事诉讼证明对象概述

刑事诉讼证明对象，是指在刑事诉讼中用来解决犯罪嫌疑人、被告人的刑事责任问题的事实，即犯罪嫌疑人、被告人的行为是否构成犯罪，此罪还是彼罪，罪轻还是罪重，采用何种刑罚以及保证程序公正有关的事实。

刑事诉讼所要解决的中心问题是犯罪嫌疑人、被告人的刑事责任问题，《刑事诉讼法》第52条规定："审判人员、检察人员、侦查人员必须依照法定程序，收集能够证实犯罪嫌疑人、被告人有罪或者无罪、犯罪情节轻重的各种证据……"该条规定了刑事诉讼证明对象中的实体法事实。《刑事诉讼法》第238条规定："第二审人民法院发现第一审人民法院的审理有下列违反法律规定的诉讼程序的情形之一的，应当裁定撤销原判，发回原审人民法院重新审判：（一）

---

〔1〕　王超：《中国刑事证明理论体系的回顾与反思》，载《政法论坛》2019年第3期。
〔2〕　参见卞建林、谭世贵主编：《证据法学》，中国政法大学出版社2019年版，第404页。

违反本法有关公开审判的规定的；（二）违反回避制度的；（三）剥夺或者限制了当事人的法定诉讼权利，可能影响公正审判的；（四）审判组织的组成不合法的；（五）其他违反法律规定的诉讼程序，可能影响公正审判的。"该条规定了刑事诉讼证明对象中的程序法事实。最高院《刑诉解释》第 72 条第 1 款规定："应当运用证据证明的案件事实包括：（一）被告人、被害人的身份；（二）被指控的犯罪是否存在；（三）被指控的犯罪是否为被告人所实施；（四）被告人有无刑事责任能力，有无罪过，实施犯罪的动机、目的；（五）实施犯罪的时间、地点、手段、后果以及案件起因等；（六）是否系共同犯罪或者犯罪事实存在关联，以及被告人在犯罪中的地位、作用；（七）被告人有无从重、从轻、减轻、免除处罚情节；（八）有关涉案财物处理的事实；（九）有关附带民事诉讼的事实；（十）有关管辖、回避、延期审理等的程序事实；（十一）与定罪量刑有关的其他事实。"该款规定了刑事诉讼证明对象中的实体法事实和程序法事实等内容。

综上所述，在刑事诉讼中需要用证据证明的事实主要是与定罪量刑有关的事实，即把实体法事实作为主要的证明对象。同时，为了保证刑事诉讼程序的公正、有效，并保障诉讼参与人的合法权益，也将有关的程序法事实列为证明对象。

二、刑事诉讼证明对象的内容

根据法律规定和司法实践经验，我国刑事诉讼证明对象包括实体法事实和程序法事实。

（一）刑事实体法事实

刑事实体法事实，是指对解决刑事案件的实体处理即定罪量刑问题具有法律意义的事实，这是刑事诉讼中最基本的证明对象。刑事实体法事实，由有关的刑法规范所规定，包括犯罪构成要件事实，量刑情节事实，排除行为违法性、可罚性的事实，有关行为人刑事责任的事实及其他需要证明的事实等。

1. 被指控犯罪行为构成要件的事实。我国刑法理论对于犯罪构成存在"四要件说""三阶层说"等诸多学说。按照"四要件说"，需要证明的被指控犯罪行为构成要件的事实有：犯罪客体和犯罪客观方面、犯罪主体和犯罪主观方面。按照"三阶层说"，有关犯罪成立条件的要件事实分为三个层次，即构成要件该当性、违法性和有责性。本书认为，不管采用哪种学说，从便于掌握的角度，可以将其刑事犯罪归纳为七个要素，就是何人、基于何种动机与目的，在何时、何地、采用何种手段、实施了何种行为，造成何种损害后果。其中何人是犯罪的主体要件，何种动机与目的是犯罪的主观方面要件，何时、何地、何种手段、何种行为和危害后果属于客观方面的要件，指犯罪时间、犯罪地点、犯罪方法、犯罪行为的表现形式及其造成的危害后果。当然，上述"七何"要素是刑事诉讼中通常需要查明的内容，并不十分全面，也非每案必备。如将犯罪动机与目的归结为犯罪的主观方面，就忽略了"过失"这一罪过形式；而对于行为犯来说，不一定要求危害后果。

需要注意的是，《刑法》关于犯罪构成的规定，需由《刑法》总则部分与分则部分共同实现。总则部分规定的是各种犯罪的共同犯罪构成要件，分则规定的是各种犯罪的具体构成要件，不能仅依照分则部分规定的具体犯罪构成要件认定具体犯罪而忽视总则部分规定的共同犯罪构成要件。

2. 有关量刑情节事实。量刑情节，指在某种行为已经构成犯罪的前提下，法院对犯罪人裁量刑罚时，根据犯罪行为的轻重及刑事责任的大小，据以决定量刑轻重或者免除处罚的各种情况。[1] 罪行的轻重决定着法定刑的轻重，刑事责任的大小决定着宣告刑的轻重。罪行的轻重主要表现为危害行为的性质及其社会危害程度；刑事责任的大小不仅表现为行为人罪前、罪中和罪后的各种行为事实，而且还表现为反映行为人主观恶性和人身危险性的各种主客观情况。法院在对被追诉人进行量刑时据以处罚轻重或者免除处罚的主客观事实被称为量刑情节。以是否由《刑法》明文规定为标准，可将量刑情节分为法定量刑情节和酌定量刑情节，法定量刑情节又可细分为总则性情节和分则性情节；以是"应当"还是"可以"为标准，可以将量刑情节分为应当型情节和可以型情节；以是否对被追诉人有利为标准，可以将量刑情节分为从宽型情节和从重型情节。[2]

所谓法定情节，是《刑法》明文规定在量刑时应当予以考虑的情节。我国《刑法》未规定加重处罚的情节。有关"从重处罚"的一般事实、情节主要有：组织、领导犯罪集团进行犯罪活动或者在共同犯罪中起主要作用；教唆不满 18 周岁的人犯罪；累犯；犯罪动机特别恶劣，犯罪手段特别残忍，犯罪造成的危害后果特别严重等。此外，在《刑法》所规定的具体犯罪中，也涉及许多关于从重处罚的规定。有关"从轻处罚"的事实、情节主要有：已满 14 周岁不满 18

---

[1] 张明楷：《刑法学》，法律出版社 2011 年版，第 502 页。

[2] 潘金贵主编：《证据法学》，法律出版社 2022 年版，第 254–255 页。

周岁的人犯罪；尚未完全丧失辨认或者控制自己行为能力的精神病人犯罪；预备犯；又聋又哑的人或者盲人犯罪；未遂犯；从犯；自首等。有关"减轻处罚"的事实、情节主要有：预备犯；又聋又哑的人或者盲人犯罪；未遂犯；从犯；自首；正当防卫超过必要限度造成不应有的损害；紧急避险超过必要限度造成不应有的损害；造成损害的中止犯；胁迫犯；被教唆的人没有犯被教唆的罪；有重大立功表现等。有关"免除处罚"的事实、情节主要有：预备犯；又聋又哑的人或者盲人犯罪；自首且犯罪较轻；正当防卫超过必要限度造成不应有的损害；紧急避险超过必要限度造成不应有的损害；没有造成损害的中止犯；犯罪后自首又有重大立功表现；行贿人在被追诉前主动交代行贿等。

所谓酌定情节，是指在司法实践中根据立法精神和有关刑事政策概括总结出来的有关影响量刑轻重的事实或情节。如犯罪的目的、动机、手段；犯罪侵害的对象；犯罪造成的损害后果；犯罪时的环境和条件、政治、经济形势；犯罪分子的一贯表现；犯罪后的态度；前科；附带民事赔偿；犯罪人因犯罪受到的损失；等等。

3. 排除行为违法性、可罚性或行为人刑事责任的事实。刑事诉讼的任务在于准确、及时查明犯罪事实，惩罚犯罪的同时，注意保障无罪的人不受刑事追究。因此，在查明刑法规定的有关犯罪构成要件的事实的同时，也需注意排除行为违法性、可罚性或行为人刑事责任的事实。也就是说，刑事诉讼中，不仅要把被追诉人有罪的事实列为证明对象，也要把被追诉人无罪的事实列为证明对象，这对推行无罪推定原则，防止冤假错案具有重要意义。

排除行为违法性、可罚性和行为人刑事责任的事实即所谓违法阻却事由和责任阻却事由，具体而言：①排除行为违法性的事实，即违法阻却事由。如根据刑法的规定，正当防卫、紧急避险、行使职权以及意外事件等行为虽然在客观上造成了损害后果，但由于以合法形式出现，从根本上就排除了违法性。②排除行为可罚性的事实，具有《刑事诉讼法》第16条所规定情形之一的，不追究刑事责任。《刑事诉讼法》第16条规定："有下列情形之一的，不追究刑事责任，已经追究的，应当撤销案件，或者不起诉，或者终止审理，或者宣告无罪：（一）情节显著轻微、危害不大，不认为是犯罪的；（二）犯罪已过追诉时效期限的；（三）经特赦令免除刑罚的；（四）依照刑法告诉才处理的犯罪，没有告诉或者撤回告诉的；（五）犯罪嫌疑人、被告人死亡的；（六）其他法律规定免予追究刑事责任的。"这些法定情形，排除了行为的可罚性。③排除行为人刑事责任的事实，行为人没有达到法定的刑事责任年龄或者精神病人在不能辨认或者控制自己行为的期间实施了危害社会的行为，不承担刑事责任。根据我国《刑法》第 17 条第 1-4 款规定："已满十六周岁的人犯罪，应当负刑事责任。已满十四周岁不满十六周岁的人，犯故意杀人、故意伤害致人重伤或者死亡、强奸、抢劫、贩卖毒品、放火、爆炸、投放危险物质罪的，应当负刑事责任。已满十二周岁不满十四周岁的人，犯故意杀人、故意伤害罪，致人死亡或者以特别残忍手段致人重伤造成严重残疾，情节恶劣，经最高人民检察院核准追诉的，应当负刑事责任。对依照前三款规定追究刑事责任的不满十八周岁的人，应当从轻或者减轻处罚。"

4. 其他需要证明的事实。我国对被追诉人适用刑罚，不仅要根据他们犯了何种犯罪和罪行的轻重，而且还要注意到他们的人身危险性和改造的难易程度，因此，有必要查明被追诉人的个人情况。被追诉人的个人情况通常包括姓名、性别、年龄、籍贯、本人成分、身份、民族、职业、住址、工作经历、工作单位、一贯表现、有无前科及被追诉人平时表现及有无悔罪态度等。

（二）刑事程序法事实

刑事程序法事实是决定刑事诉讼程序是否正当、合法的事实。由于程序问题对案件的实体处理产生重大影响，而且诉讼过程中司法机关有责任正确解决案件的程序问题，因此与程序法适用有关的事实也是证明对象的重要内容。

在刑事诉讼中，需要加以证明的程序法事实主要有：①关于管辖的事实；②关于回避的事实；③关于强制措施的事实；④有关是否违反法定程序收集证据的事实；⑤关于审判组织组成的事实；⑥关于刑事诉讼程序的进行是否超越法定期限的事实；⑦司法机关侵犯犯罪嫌疑人、被告人诉讼权利的事实；⑧与执行的合法性有关的事实，如是否罪犯是否怀孕的事实；⑨其他与程序合法性或公正审判有关的事实，如延期审理的事实等。

刑事诉讼中的程序法事实，有些需要当事人提出足以使法官推测大体上确实的证据即可，其证明标准低于对实体法事实的证明，又被称作自由证明或释明，例如，庭审过程中，被告人提出非法证据排除的，其仅需要提供非法取证相关的线索或材料即可，不需要自己运用证据予以证明，也不需要达到事实清楚、证据确实、充分的证明标准。法律允许释明是着眼于效率的原因，但"为释明对象之事实，仅属诉讼程序上之特定事实"。[1] 另外，在刑事诉讼中，也存在不需要当事人申请或者提出异议，司法机关就应当将其作为证明对象，主

---

[1] 陈朴生：《刑事证据法》，三民书局 1979 年版，第 156 页。

动采取补救措施的情形。例如，《刑事诉讼法》第 238 条规定的第二审法院发现第一审法院的审理违反法律规定的诉讼程序的情形之一的，应当裁定撤销原判，发回原审人民法院重新审判。

第三节　民事诉讼的证明对象

一、民事诉讼证明对象概述

在民事诉讼中，原告提出诉讼请求所根据的事实和理由，被告对原告的诉讼请求答辩、反驳和提出反诉所根据的事实和理由，第三人提出诉讼请求所根据的事实和理由，以及法院认为需要用证据加以证明的其他事实，都需要适用证据加以证明。不同的实体法规定的证明对象是不相同的，即使同一个实体法，因诉的类型不同，证明对象也会存在一定的差异。例如，给付之诉、变更之诉和确认之诉的证明对象是有区别的，因而导致了学术界对民事诉讼的证明对象及其范围问题有不同的看法。学术界主要有以下几种观点：第一种观点认为，民事诉讼中凡是需要用证据证明的事实便是证明对象。[1] 第二种观点认为，证明对象是指证明主体运用证据加以证明的对案件审理有重要意义的事实，[2] 包括案件的主要事实，案件的有关事实，证据事实，外国法律和地方性法规。第三种观点认为，民事诉讼中的证明对象是诉讼参加人和法院运用证据加以证明的对案件的解决有法律意义的事实。[3] 第四种观点认为，民事诉讼中的证明对象是被论证、被说明的案件真实情况，包括有争议的民事法律关系据以发生、变更或消灭的事实，阻碍权利和义务发生、变更或消灭的事实以及由民事诉讼法所规定的、能够引起诉讼程序的发生、变更或消灭的事实，即实体法上的事实。此外，原告与被告是否适格等具有程序意义的事实，也是程序法上要证明的对象，可以称之为程序法上的事实。因此，证明对象包括实体法上的事实和程序法上的事实。[4] 第五种观点认为，诉讼证明的客体即证明对象，是指诉讼中争议的案件事实。诉讼的实质在于定分止争，解决当事人之间的争议，而诉

---

〔1〕　闫庆霞：《民事诉讼证明对象的界定》，载《法治论坛》2007 年第 2 期。
〔2〕　常怡主编：《民事诉讼法学》，中国政法大学出版社 2005 年版，第 211-212 页。
〔3〕　江伟主编：《民事诉讼法》，中国人民大学出版社 2000 年版，第 170 页。
〔4〕　田平安：《民事诉讼证据初论》，中国检察出版社 2002 年版，第 94 页。

讼中的争议分为两类，一类是事实争议，另一类是法律争议，有时也表现为事实争议与法律争议的结合。[1]

上述观点的共同之处在于认可证明对象是事实，是在民事诉讼过程中发生、变更和消灭的事实。但学者们研究的侧重点和表述方式各有不同，有的侧重于证明，认为它是必须证明的事实；有的侧重于对案件的影响，认为它是对案件审理有重要意义或对案件解决有法律意义的事实。本书认为，证据是当事人主张的依据，是推进诉讼活动的必要条件，也是法院查明案件的唯一手段和作出正确裁判的前提和基础。当事人运用证据进行证明的过程都围绕、指向并反映证明对象。因此，民事诉讼的证明对象主要包括：当事人争议的案件实体事实，与案件有关的程序方面的事实，域外法律。

二、民事诉讼证明对象的内容

通常认为，民事诉讼证明对象的内容主要由以下几个方面的事实构成：

（一）民事实体法事实

第一，具有法律意义的民事实体法事实。以实体法律规范性质为标准，可以将实体法事实划分为：①权利发生事实。即民事权利发生或成立的事实，又被称为"基本事实""请求权事实"等，如合同订立、物权变动等。②权利妨害事实。即导致权利不能成立的事实，如缺乏相应民事行为能力的事实。③权利消灭事实。即导致现有的民事权利消灭的事实，如债的履行、免除等。④权利阻却事实。即限制当事人行使其民事权利的事实，如重大误解、诉讼时效等。

第二，有必要利用证据加以证明，即真实性尚未确定或者当事人之间存在合理争议的事实。[2] 根据澳门《民事诉讼法》第433条规定，调查对象是对案件的审查及裁判重要且应被视为有争议或需要证明的事实。[3]

（二）民事程序法事实

民事诉讼中，需要当事人证明的程序法事实主要包括：①回避的事实。《民事诉讼法》第47条规定了审判人员、书记员、翻译人员、鉴定人、勘验人必须回避的三种情形：是本案的当事人或者当事人、诉讼代理人近亲属的；与本案有利害关系的；与本案当事人、诉讼代理人有其他关系，可能影响对案件公正

---

〔1〕 卞建林、郭志媛、韩阳：《诉讼证明：一个亟待重塑的概念》，载《证据学论坛》2001年第2期。

〔2〕 邵明：《论民事诉讼证据裁判原则》，载《清华法学》2009年第1期。

〔3〕 赵琳琳：《澳门证据法》，社会科学文献出版社2022年版，第194页。

审理的。如果当事人申请上述人员回避，就应当对是否存在上述事实加以证明。②申请证据保全的事实。根据《民事诉讼法》第84条的规定，当事人向法院申请证据保全时，应当证明证据可能灭失或者之后难以取得的情况。③申请顺延诉讼期限的事实。根据《民事诉讼法》第86条规定，当事人申请顺延诉讼期限时，应当证明耽误期限的不可抗拒的事由或者其他正当理由。④申请保全事实。根据《民事诉讼法》第103条的规定，当事人申请法院采取保全措施，应当证明可能因当事人一方的行为或者其他原因，使判决难以执行或者造成当事人其他损害的事实。⑤申请先予执行的事实。根据《民事诉讼法》第110条的规定，当事人申请先予执行，应当证明以下事实：当事人之间权利义务关系明确，不先予执行将严重影响申请人的生活或者生产经营；被申请人有履行能力。⑥违反法定程序的事实。根据《民事诉讼法》第177条和第211条的规定，当事人以法院违反法定诉讼程序为由提起上诉或者申请再审，应当证明有关程序违法的事实。

（三）域外民事法律

在涉外民事诉讼中，外国法是否存在和有效，对我国法院来说，首先是一个事实问题，而不是法律问题。因此，当事人主张适用外国法的，应当证明该外国法的存在和效力。根据《最高人民法院关于适用〈中华人民共和国涉外民事关系法律适用法〉若干问题的解释（二）》第2条的规定，人民法院可以通过下列途径查明外国法律：①由当事人提供；②通过司法协助渠道由对方的中央机关或者主管机关提供；③通过最高人民法院请求我国驻该国使领馆或者该国驻我国使领馆提供；④由最高人民法院建立或者参与的法律查明合作机制参与方提供；⑤由最高人民法院国际商事专家委员会专家提供；⑥由法律查明服务机构或者中外法律专家提供；⑦其他适当途径。人民法院通过前述其中一项途径无法获得外国法律或者获得的外国法律内容不明确，不充分的，应当通过前述不同途径补充查明。人民法院依法要求当事人协助提供外国法律的，不得仅以当事人未予协助提供为由认定外国法律不能查明。由此可见，我国司法实践中将外国法律视为事实，属于证明对象的范畴。

第四节　行政诉讼的证明对象

一、行政诉讼证明对象概述

在行政诉讼证明对象问题上，学术界的表述不尽相同，如有学者认为证明对象应当是与被诉行政行为合法性有关的案件待证事实[1]，也有学者认为是依照法律规定，人民法院为了审查行政行为的合法性而必须查明的事实，包括实体性事实、程序性事实和证据事实。[2] 上述观点的共同点是，它们都认可证明对象是与被诉行政行为合法性有关的案件事实。

虽然《行政诉讼法》将原来限定为"具体行政行为"统一改成"行政行为"，但不影响理论界此前对行政诉讼证明对象的理解，本书依然认为，行政诉讼是司法机关审查行政行为合法性的活动。与民事诉讼不同，行政诉讼的特殊性在于通过诉讼程序解决行政争议，法院审理行政案件要对行政主体的行政行为（包括作为或不作为）是否合法的事实进行认定。《行政诉讼法》中第6条规定："人民法院审理行政案件，对行政行为是否合法进行审查。"第34条规定："被告对作出的行政行为负有举证责任，应当提供作出该行政行为的证据和所依据的规范性文件。被告不提供或者无正当理由逾期提供证据，视为没有相应证据。但是，被诉行政行为涉及第三人合法权益，第三人提供证据的除外。"第89条规定："人民法院审理上诉案件，按照下列情形，分别处理：（一）原判决、裁定认定事实清楚，适用法律、法规正确的，判决或者裁定驳回上诉，维持原判决、裁定；（二）原判决、裁定认定事实错误或者适用法律、法规错误的，依法改判、撤销或者变更；（三）原判决认定基本事实不清、证据不足的，发回原审人民法院重审，或者查清事实后改判；（四）原判决遗漏当事人或者违法缺席判决等严重违反法定程序的，裁定撤销原判决，发回原审人民法院重审。原审人民法院对发回重审的案件作出判决后，当事人提起上诉的，第二审人民法院不得再次发回重审。人民法院审理上诉案件，需要改变原审判决的，应当同时对被诉行政行为作出判决。"由此可见，对行政行为的合法性审查与判断是行政诉讼的核心任务，凡与行政行为合法性相关的事实及其所依据的规范性法律文件以及行政诉讼的程序法事实都属于行政诉讼的证明对象。

根据《行政复议法》第23条规定，行政复议申请人对行政复议决定不服的，可以向人民法院起诉，而行政复议机关依申请人的申请，可以附带审查抽象行政行为，这就意味着抽象行政行为也可成为行政诉讼的证明对象。此外，行政诉讼法、国家赔偿法及行政复议法中都有关于行政诉讼程序法事实的规定，

---

[1] 李国光主编：《最高人民法院〈关于行政诉讼证据若干问题的规定〉释义与适用》，人民法院出版社2002年版，第178页。

[2] 张树义主编：《行政诉讼证据判例与理论分析》，法律出版社2002年版，第223页。

这些也属于行政诉讼证明对象的内容。

二、行政诉讼证明对象的内容

（一）行政实体法事实

行政诉讼中的实体法事实，是指与被诉行政行为合法性、合理性有关的实体性待证事实，这是行政诉讼的主要证明对象。由于行政管理具有广泛性和多样性的特点，因而行政诉讼证明对象的实体法依据比较复杂，涉及公安、工商、税务、规划、财政、卫生等多个行业，行政法律法规也相应地存在着行政处罚、行政许可、行政收费、行政合同等多种形态。应当明确，行政行为的复杂多样性，决定了各类行政诉讼中的证明对象的差异性。

通常认为，行政诉讼中的证明对象应当包括四个方面的内容：与被诉行政行为合法性和合理性有关的事实、与行政赔偿构成要件有关的事实、行政诉讼程序事实以及规范性文件。

1. 与被诉行政行为合法性和合理性有关的事实。行政行为是指行政机关行使行政职权，依法作出的具有法律效力的行为，具体包括具体行政行为和抽象行政行为。具体行政行为，是指行政机关行使职权，对特定的公民、法人或者其他组织和特定的事件单方面作出的直接产生法律效力的行为。抽象行政行为，是指行政机关依法行使职权，对不特定的人或者事件制定的具有普遍约束力的行为规则的行为。

（1）有关具体行政行为合法性和合理性有关的事实。由于被诉行政行为只能是具体行政行为，其合法性和合理性是一般行政诉讼的主要对象，故与此有关的事实就成为一般行政诉讼的证明对象。具体包括以下事实：其一，行政机关具有法定职权的事实。即被告行政机关是否有权对外以自己的名义代表国家进行行政管理活动。如果有，那么该行政机关是否有权作出被诉行政行为，也就是说是否承担相应的行政职责。其二，原告是否实施了被处理行为或者是否符合法定条件的事实。在行政执法程序中，原告是行政相对人，行政机关要作出正确的行政行为，必须准确认定相对人。然后，行政机关应当进一步查明待处理行为本身的情况。在行政许可和不作为的行政行为案件中，行政机关还应当进一步查明相对人是否符合法定的颁发许可证或者享受给付和保护的条件。其三，被告作出被诉行政行为时目的是否正当的事实。目的是被诉行政行为合法性的主观标准，要查明这个事实，法院可以从被告的记录和当事人陈述作出客观的认定。其四，被诉行政行为的处理与案件的事实、情节和性质是否相适应。比如根据《行政诉讼法》第 77 条的规定，行政处罚明显不当，或者其他行政行为涉及对款额的确定、认定确有错误的，人民法院可以判决变更。这是有关审查行政处罚合理性的规定。其五，被诉行政行为是否符合法定程序的事实。比如《行政诉讼法》第 6 条规定："人民法院审理行政案件，对行政行为是否合法进行审查。"第 43 条第 2 款规定："人民法院应当按照法定程序，全面、客观地审查核实证据……"

（2）有关抽象行政行为合法性的事实。依据《行政复议法》的规定，行政法规和规章以外的抽象行政行为可以成为行政诉讼的审查对象，与其合法性有关的事实也就相应地成为一般行政诉讼的证明对象，具体包括以下事实：其一，作为抽象行政行为主体的行政机关是否享有实施该抽象行政行为的行政职权的事实。例如，行政处罚法规定，规章以下的规范性文件不能设定任何行政处罚，而某县工商局文件中自行设定罚款的行政处罚，这种抽象行政行为就是违法的。其二，抽象行政行为的适用范围和效力情况的事实。其三，制定抽象行政行为的程序是否合法的事实。

2. 与行政赔偿构成要件有关的事实。行政赔偿是指行政机关及其工作人员在行使行政职权过程中违法侵害公民、法人或者其他组织合法权益造成损害的，由国家承担的赔偿责任。在行政侵权赔偿诉讼中，行政赔偿构成要件的事实是主要的证明对象，也是行政赔偿诉讼证明对象区别于一般行政诉讼证明对象之所在。

具体包括以下几方面的事实：①侵权行为是否由作为被告的行政机关及其工作人员实施。对工作人员应当作广义上的理解，不仅包括具有公务员身份的工作人员，而且包括接受行政机关指派或唆使从事实施侵权行为的公民。②侵权行为是否是行政机关及其工作人员在行使行政职权的过程中实施。这一点应当从是否存在着相应的法定职权、行为的目的、时间和场合等方面认定。③侵权行为是否违法。这里的法律包括程序法和实体法，如行政法和民法等。④侵权行为是否给作为原告的受害人造成人身权或者财产权的损害，以及损害的大小。⑤侵权行为与损害结果之间是否具有直接的因果关系。另外，原告单独提出赔偿请求的，人民法院还应当查明赔偿义务机关作出处理的情况。这也属于行政赔偿诉讼的证明对象。

（二）行政程序法事实

一般情况下，行政诉讼活动按照法定程序正常进行，有关诉讼程序方面的事实无须证据加以证明。当某一程序事实需要通过证据来加以确定的时候，这种程序事实实际上也成了行政诉讼中的证明对象。[1] 所以说行政诉讼程序事实，是指行政诉讼程序是否合法进行的事实。按照《行政诉讼法》第70条的规定，"违反法定程序"可以作为撤销该行政行为并判决行政主体重新作出行政行为的依据。

行政诉讼程序事实具体包括以下事实：①有关当事人资格的事实；②有关主管和管辖的事实；③有关审判组织的事实；④有关审判程序的事实；⑤有关采取排除妨害行政诉讼强制措施的事实；⑥有关诉讼期间的事实；⑦被告及其代理人是否在诉讼过程中自行向原告和证人取证的事实；⑧有关行政诉讼执行程序是否合法的事实等。

（三）规范性文件

2017年《行政诉讼法》第53条规定："公民、法人或者其他组织认为行政行为所依据的国务院部门和地方人民政府及其部门制定的规范性文件不合法，在对行政行为提起诉讼时，可以一并请求对该规范性文件进行审查。前款规定的规范性文件不含规章。"可以看出该条规定赋予了公民、法人或者其他组织对规范性文件附带审查的请求权，也赋予了人民法院就规范性文件是否合法的判断权。

这里的规范性文件是指除国务院的行政法规、决定、命令以及部门规章和地方政府规章外，由行政机关或者经法律、法规授权的具有管理公共事务职能的组织，依照法定权限、程序制定并公开发布，涉及公民、法人和其他组织权利义务，具有普遍约束力，在一定期限内反复适用的公文。此外，有学者通过研究英美行政证据理论后提出，行政诉讼中的证明对象还应当包括立法性事实、预测性事实和行政案卷之外的事实在内。[2]

当事人向人民法院提出附带审查规范性文件请求时应当注意以下事项：一是公民、法人或者其他组织还不能单独就规范性文件提出审查请求，必须是对行政行为提起诉讼时一并提出；二是人民法院能够审查的是作为行政行为依据的规范性文件的相关条款；公民、法人或者其他组织请求人民法院一并审查规范性文件的应当在一审开庭前提出，有正当理由的也可以在法庭调查中提出，公民、法人或者其他组织，在第二审程序、审判监督程序中提出的，人民法院不予准许。

---

[1] 李建明：《论行政诉讼中证明对象的范围》，载《法学研究》1990年第2期。
[2] 江伟主编：《证据法学》，法律出版社1999年版，第75-76页。

第五节 免证事实

一、免证事实概述

（一）免证事实的概念

免证事实，是指不需要采用证据加以证明就可以在裁判上加以确认的事实。法谚云："对法庭认为显而易见的，法律并不要求加以证明或证实"。[1] 并非诉讼中遇到的所有事项都需要证明，有些事项在诉讼中是不必提出证据加以证明的，免证事实就是这种情况的一种。免证事实通常包括两类：其一，事实如此显著和众所周知以致不存在合理的争议；其二，能够立即和准确地通过容易获得的准确资料而得到证实的。

免证与"待证"相对应，属于不需要证明的事实，是证明对象的例外。免证事项与证明对象的范围成反比关系：免证事项范围越大，证明对象的范围就越小。[2] 可以认为免证事实属于消极的证明对象契约，是限制证明对象的契约，即从反面确定无用证明的案件事实；[3] 同时，免证又与"举证"相对应，是举证责任的免除，或称举证责任的例外。诉讼中的大部分事实都必须通过证据加以证明才能予以确认。然而，有些事实的真实性或为众所周知，或已为法院先前的裁判所查明等，不必通过证明即可直接予以确认。正确认识免证事实，有助于分清待证与免证的界限和范围。

免证事实与司法认知是存在区别的，具体来说：其一，免证事实与司法认知的认识角度不同，免证事实是以当事人为视角将某一特定事实排除出证明对象范围，而司法认知是以裁判者为视角对于某一特定事实应当如何认证；其二，二者范围并非完全一致，某些免证事实（比如自认等）即使免于当事人举证，也不意味着法院就可以直接认定。其三，免证事实一般是静态地描述了证明对象的相关事实，而司法认知则动态地体现了法院与当事人之间的互动关系。

---

〔1〕 孙笑侠编译：《西方法谚精选》，法律出版社 2005 年版，第 113 页。

〔2〕 潘剑锋：《民事证明责任论纲——对民事证明责任基本问题的认识》，载《政治与法律》2016 年第 11 期。

〔3〕 宋志军：《刑事证据契约论——以"场域理论"为视角》，中国政法大学 2008 年博士学位论文。

（二）免证事实的相关法律规定

由于免证事实攸关当事人举证责任之界阈，关乎当事人两造利益至巨，故各国立法例皆对免证事实予以明确界定，以杜受诉法院恣意滥用之弊。[1] 例如，《美国联邦证据规则》第 201 条规定了"关于裁判事实的认知"（即司法认知），第 301 条和第 302 条规定了民事诉讼中的推定。《德国民事诉讼法典》第 288 条规定了"自认"，第 291 条规定了"显著的事实"，第 292 条规定了"法律上的推定"。《法国民法典》第 1349 条至第 1353 条规定了"推定"，第 1354 条至第 1356 条规定了"当事人自认"。

我国关于免证事实的规定，在三大诉讼法中仅有《民事诉讼法》第 72 条有相关的规定："经过法定程序公证证明的法律事实和文书，人民法院应当作为认定事实的根据，但有相反证据足以推翻公证证明的除外。"另外，其他有关免证事实的规定，则以司法解释的方式作出的规定。

1. 最高院《民诉解释》第 93 条规定："下列事实，当事人无须举证证明：（一）自然规律以及定理、定律；（二）众所周知的事实；（三）根据法律规定推定的事实；（四）根据已知的事实和日常生活经验法则推定出的另一事实；（五）已为人民法院发生法律效力的裁判所确认的事实；（六）已为仲裁机构生效裁决所确认的事实；（七）已为有效公证文书所证明的事实。前款第二项至第四项规定的事实，当事人有相反证据足以反驳的除外；第五项至第七项规定的事实，当事人有相反证据足以推翻的除外。"另外，最高院《民诉解释》第 92 条规定："一方当事人在法庭审理中，或者在起诉状、答辩状、代理词等书面材料中，对于己不利的事实明确表示承认的，另一方当事人无需举证证明。对于涉及身份关系、国家利益、社会公共利益等应当由人民法院依职权调查的事实，不适用前款自认的规定。自认的事实与查明的事实不符的，人民法院不予确认。"

2. 最高院《行诉证据规定》第 68 条规定："下列事实法庭可以直接认定：（一）众所周知的事实；（二）自然规律及定理；（三）按照法律规定推定的事实；（四）已经依法证明的事实；（五）根据日常生活经验法则推定的事实。前款（一）、（三）、（四）、（五）项，当事人有相反证据足以推翻的除外。"最高院《行诉证据规定》第 70 条规定："生效的人民法院裁判文书或者仲裁机构裁

---

[1] 占善刚、刘显鹏：《试论我国民事诉讼中免证事实之应有范围及其适用》，载《法学评论》2004 年第 4 期。

决文书确认的事实，可以作为定案依据。但是如果发现裁判文书或者裁决文书认定的事实有重大问题的，应当中止诉讼，通过法定程序予以纠正后恢复诉讼。"最高院《行诉证据规定》第 65 条规定："在庭审中一方当事人或者其代理人在代理权限范围内对另一方当事人陈述的案件事实明确表示认可的，人民法院可以对该事实予以认定。但有相反证据足以推翻的除外。"

3. 最高检《规则》第 401 条规定："在法庭审理中，下列事实不必提出证据进行证明：（一）为一般人所知晓的常识性事实；（二）人民法院生效裁判所确认的并且未依审判监督程序重新审理的事实；（三）法律、法规的内容以及适用等属于审判人员履行职务所应当知晓的事实；（四）在法庭审理中不存在异议的程序事实；（五）法律规定的推定事实；（六）自然规律或者定律。"

二、免证事实的内容

综合上述司法解释并借鉴国外的有关规定，本书认为不需要当事人举证证明的免证事实应当包括以下内容：

（一）本国法

知晓本国法是一个法官从事审判工作应当具备的基本条件，法官要获得裁判资格，不能不通晓裁判所适用的法律，这是常识常理。"任何情形下，法官必须执行职务，一如其已有所知，当其决定如何处断时，必须予以适用。倘若适用有误，其裁判得由其上级法院予以纠正"。[1] 本国法既然为本国法官所当然知晓，自然无须控辩双方再提出相关证据予以证明。

（二）众所周知的事实

众所周知的事实，是指在一定区域内为人们所共知的常识性事实，即在通常的社会条件下无需人们证明就可知晓的事实。例如，北京是中华人民共和国的首都；10 月 1 日是中华人民共和国的国庆节；每年的阴历正月初一是中国的传统节日——春节等。各国法律一般将众所周知的事实规定为免证事实。

需要注意的是，众所周知是一个相对概念，不同的事实，为人所知的地域和程度可能有大小之分，且会随着时间的推移发生变化，其是否属于众所周知的事实，需要审判人员视具体情况加以认定。

---

[1] ［美］Edmund M. Morgan：《证据法之基本问题》，李学灯译，我国台湾地区"教育部"1982 年版，第 32 页。

（三）自然规律及定理

自然规律，是指客观事物在特定的条件下所发生的本质联系和必然趋势的反映。它是人们通常所感知的客观现象及周而复始地或频繁地出现的那些具有内在必然联系的客观产物。例如，太阳从东边升起，到西边落下；冬天冷，夏天热等。定理，是指已为科学反复证明并得到人们普遍采用为原则性或规律性的命题或公式。例如，新陈代谢、能量守恒等。

在诉讼活动中，当有关案件事实涉及反映自然规律及定理的事实时，通常将其作为免证事实来对待。例如，离地面越高空气越稀薄，且气温也越低；树木一般靠北面的树桩年轮较密，而南面的年轮较疏等。正是由于这些自然规律和定理已为科学证明，并经过了实践的反复验证，因而具有客观性和真实性，无需在诉讼中加以证明。

（四）立可说明的事实

立可说明的事实，是指那些虽然不是法官已经知道的事实，但却是无争议的并且能够依适合法官参考的资料得到确认的事实，因此这类事实属于免证事实的范围，又被称为"确证"事实。立可说明的事实具体包括历史知识、自然规律、定理及概念的含义（如"DNA""银行理财产品"等）。《美国联邦证据规则（2004）》第201条规定："属于司法认知范围内的事实包括：（1）审判法院管辖区内众所周知的事实；（2）能够依据准确性不容置疑的资料加以准确确认的事实。"

（五）预决的事实

预决的事实，就是已为法院的生效裁判或者仲裁机构作出的生效仲裁裁决确认的事实。预决的事实之所以不需要证明，主要基于以下原因：其一，该预决事实已经经过证明程序证实，客观上无再次证明的必要；其二，该事实已经经过生效裁决确认，已具有法律效力。无需证明也体现出对法院裁判和仲裁机构的仲裁裁决的尊重。因此，将预决的事实作为免证范畴的意义在于：其一，有利于节约诉讼成本，提高诉讼效率；其二，防止法院或仲裁机构对同一事实作出相互矛盾的认定；其三，避免重复劳动。

需要指出的是，预决事实要具备免证的效力要满足一定的条件：其一，先行的裁判或裁决已经生效；其二，先行裁判或裁决所确认的事实必须与后行案件的事实存在关联；其三，预决事实的证明必须符合正当程序的保障原则。一事不再理是许多国家所确立的重要诉讼原则，同时也为我国诉讼制度所采纳。如果经过法院或仲裁机构审理并确认的事实，后行审理的法院对之再进行审理，即违反了一事不再理原则。

（六）经公证证明的事实

公证，是指公证机关根据当事人的申请，依法对法律行为、法律事实或者文书的真实性、合法性进行证明的活动。正是由于公证机关对有关事实的确认，是依据法定程序，经过严格的审查后作出的，因而公证书一经作出，即产生法律效力。

公证文书的法律效力主要体现在三个方面：其一，证据的效力或者证明效力；其二，强制执行的效力；其三，作为法律行为成立的必备要件的效力。《民事诉讼法》第72条规定："经过法定程序公证证明的法律事实和文书，人民法院应当作为认定事实的根据，但有相反证据足以推翻公证证明的除外。"因此，经公证证明的事实，属于免证事实范畴，无需当事人举证证明。

（七）自认的事实

自认，是指当事人在诉讼过程中承认对方提出的不利于己的事实。此处的自认，仅指当事人对案件事实的自认，而不包括对诉讼请求的自认（即认诺）。自认必须满足以下条件方能成立：①审判上的自认必须来自当事人对案件事实的陈述；②审判上的自认必须发生在诉讼过程中；③自认的内容必须与对方当事人的事实陈述一致；④审判上的自认的表示必须是明确的。

在民事诉讼中，因为当事人之间的纠纷一般只涉及个人利益，所以允许当事人以自认的方式处分自己的权益，自认具有免除对方证明责任的法律效果。此时的假设和判断是，对于对方提出的不利于己的事实主张，当事人会提出否认或反驳，如其不否认，则是真实的；对于双方当事人没有争议的事实，不必证明。但在刑事诉讼中，因其适用严格证明标准，在仅有被告人供述而没有其他证据印证时，不能认定被告人有罪。

⊃ 练习案例

2017年，张某乘坐西方航空公司航班从甲市前往乙市，在甲市机场托运了一个纸箱，外有国酒茅台的商标，托运重量7.45千克。托运时，机场值机人员李某询问托运的物品，张某回答是茅台老酒。李某询问张某是否做保价，行李丢失时可以获得更多的赔偿。张某同意进行保价，并表示自己的酒每瓶值10 000元，一箱6瓶，一共是60 000元。

李某表示根据航空公司规定，最多只能赔偿8000元。张某表示愿意多付费用，但要求足额进行保价。李某表示电脑系统根本无法录入超过8000元的保价。鉴于登机时间已近，张某无奈之下，按照李某的要求在 8000 元的价值声明上签字，并按规定缴纳了保价费。李某打开纸箱看到纸箱外侧贴上了"小心轻放"标志，完成了托运手续。以上对话过程有监控录像为证。

航班到达乙市后，张某因有事耽误，在行李转盘已经运行了约 10 分钟后才前往转盘取行李。此时，张某发现自己的托运行李不见踪迹，遂向机场行李查询处问询，行李查询处通过系统查阅发现，该件行李箱已经随飞机来到乙市机场，估计被他人领取，建议张某报案解决。

张某报警后，机场派出所调取监控录像，发现一名乘客在张某来到行李转盘之前，已经拿走了张某的纸箱。录像同时显示，转盘和出口处均无工作人员对乘客拿走托运行李进行检查。由于监控录像清晰度不够，已无法确认拿走张某托运行李的乘客身份。

张某认为自己托运的是茅台酒，每瓶市场价格都在 10 000 元左右，一共 6 瓶，总价值超过 60 000 元人民币。西方航空表示可以根据保价规定，赔偿张某损失 8000 元。各方无法达成协议，张某拟向法院起诉，要求航空公司和乙市机场赔偿自己损失 60 000 元。

问题：

关于损害后果的具体数额哪些属于证明对象的范围，依据是什么？

➡️ 思考题

1. 什么是证明对象？它有哪些特征？
2. 什么是实体法事实？为什么它属于证明对象的范畴？
3. 什么是程序法事实？它是否属于证明对象的范畴？
4. 简述刑事诉讼的证明对象及其范围。
5. 简述民事诉讼的证明对象及其范围。
6. 简述行政诉讼的证明对象及其范围。
7. 试述在司法证明中，哪些事实属于免证事实？

第十六章 证明责任

●学习指导

通过本章学习，应当理解证明责任的内涵及其特征，领会客观证明责任是证明责任的本质，能够厘清行为意义上的举证责任和结果意义上的举证责任的关系，掌握刑事诉讼、民事诉讼和行政诉讼中的证明责任分配规范，具有运用证明责任解决实际问题的能力。学习的重点和难点是证明责任的内涵及其本质，民事诉讼、刑事诉讼中的证明责任。

第一节 证明责任概述

尽管证明责任的分配对诉讼而言至关重要，但是它并不仅仅是一个纯粹的诉讼法和证据法问题，而是一个实体法、诉讼法和证据法的交叉领域。因此，证明责任既是贯穿实体法、程序法与证据法，并深刻影响法院在案件事实真伪不明时的裁判方法，也是当事人提出证据并力图说服裁判者等诸多证明活动的制度安排。由于证据法学理论界对证明责任的属性在认识上存在一定的偏差，民事和刑事立法缺乏必要的证明责任规范配置的意识，导致实体法规范尚不能很好发挥科学分配证明责任的功能，这在很大程度上给司法实践中证明责任的分配带来了很多不必要的困扰。[1] 如何在正确理解证明责任的属性的前提下，科学、有效地对证明责任分配规范进行体系化配置，是一个需要进行深入研究的问题。

---

[1] 翁晓斌、郑云波：《〈民法典〉编纂背景下的证明责任分配规范配置》，载《浙江社会科学》2019年第11期。

一、证明责任的概念

证明责任，又称为举证责任，是指由法律预先规定，由提出诉讼主张的当事人对相关要证事实进行举证并说服裁判者，当要证事实真伪不明时，法官裁判该当事人承担不利后果的法律风险分配机制。

证明责任之所以被称为"诉讼的脊梁"，是因为它能够在诉讼过程中发挥促进承担证明责任的当事人积极进行取证、举证、质证、说服裁判者等证明活动，并且在争议的要证事实真伪不明时指引法官依照法律预设的证明责任进行裁判的诉讼风险分配机制的重要作用。在现代诉讼制度中，证明责任是提出主张的当事人所负担的一种特定风险，即承担不利后果甚至败诉后果的风险。证明责任作为一种分配法律风险的诉讼机制，它是由一系列原则和具体规则构成的法律规范体系。这些原则和规则之间具有紧密的联系并相辅相成，共同发挥指引诉讼当事人取证、举证和论证己方承担证明责任的事实的真实性达到证明标准并获得法官认定其成立的功能。

在我国立法、证据法学研究和司法实践中，"证明责任"这一法律术语的内涵、属性及与其他相关术语的关系曾长期存在争论。与"证明责任"密切相关的另一个常用术语是"举证责任"，二者的关系曾经争论多年。随着证明责任理论研究的深入以及对司法实践的经验总结不断加强，"证明责任"与"举证责任"的关系已经不再争论，在多数情况下被当作同义词使用，只是在不同的法律语境下采用"证明责任"或者"举证责任"。在法律规定和司法实践中存在交替使用"举证责任"或"证明责任"的现象。《民事诉讼法》《刑事诉讼法》和《行政诉讼法》采用的都是"举证责任"，2015年的最高院《民诉解释》第90、91条关于"由负有举证证明责任的当事人承担不利的后果"和"人民法院应当依照下列原则确定举证证明责任的承担"的规定，首次采用"举证证明责任"[1]的表述。

---

[1] 2015年最高院《民诉解释》第90条规定："当事人对自己提出的诉讼请求所依据的事实或者反驳对方诉讼请求所依据的事实，应当提供证据加以证明，但法律另有规定的除外。在作出判决前，当事人未能提供证据或者证据不足以证明其事实主张的，由负有举证证明责任的当事人承担不利的后果。"第91条规定："人民法院应当依照下列原则确定举证证明责任的承担，但法律另有规定的除外：（一）主张法律关系存在的当事人，应当对产生该法律关系的基本事实承担举证证明责任；（二）主张法律关系变更、消灭或者权利受到妨害的当事人，应当对该法律关系变更、消灭或者权利受到妨害的基本事实承担举证证明责任。"

二、证明责任的具体内容

（一）证明责任是由法律预先规定的

这里的法律主要指的是实体法，也包括诉讼法、证据法等法律规范。易言之，证明责任不是由法官在具体案件审理过程中临时分配或者随机分配的。证明责任作为一种败诉风险或者承担不利后果的风险，其配置权应当完全或者主要由立法者拥有，不能将其泛化理解为法官在当事人一方存在举证困难时灵活化解事实真伪不明问题的方法。之所以通过法律预先确定证明责任分配的一般原则及特殊规则，是因为唯此才能指引、督促当事人积极进行取证、举证和质证等证明活动。证明责任制度是一个完整的体系，这个体系既包括实体法确立的证明责任分配规范，也包括实体法、诉讼法确立的证明责任缓解规范，还包括诉讼法，甚至司法实务确立的证据调查推进规范。[1] 证明责任在某一案件的诉讼程序开始之前就已经由法律预先进行了分配，而不是在诉讼中临时确定的。2019 年修改的最高院《民诉证据规定》删除了原最高院《民诉证据规定》第 7 条关于证明责任分配司法裁量的规定，这有利于保障证明责任分配规则的明确和刚性。如果法官在个案审理过程中不受证明责任分配的法律规定的限制而临时分配证明责任，这将导致证明责任分配的随意性，不仅不能确保法律规则的统一，而且对当事人的取证、举证行为缺乏明确的指引和促进作用，不利于查明案件事实。法院可以在诉讼实践中归纳总结诉讼证明行为规范，尽可能促进证据信息最大化，进而最大限度地查明案件事实，使得在很多情况下不发生案件事实真伪不明的状态。"规范说"被确立为证明责任的主流理论之后，证明责任就不会存在转移、倒置、法官裁量或者个案分配等问题。因为在"规范说"下，证明责任分配规范的改变就意味着实体法规范的改变。因此，应放弃法官在个案的审理过程中运用裁量权分配证明责任的做法。[2]

（二）证明责任是当案件事实真伪不明时法官裁判的方法

由于证明责任建立在法官不能因事实不清而拒绝裁判的理念之上，它所解决的是要证事实真伪不明时法官如何裁判的问题。在这个意义上，证明责任制度是解决争议事实真伪不明时法院裁决由哪一方当事人承担不利后果的机制。法官运用证明责任进行裁判以事实真伪不明的出现为前提，而查明案件事实真

---

〔1〕 吴泽勇：《不负证明责任当事人的事案解明义务》，载《中外法学》2018 年第 5 期。

〔2〕 胡学军：《现代证明责任"风险"性质重述》，载《法制与社会发展》2022 年第 2 期。

相是诉讼证明活动积极寻求达到的目标，因而法官根据证明责任的分配规则进行裁判是不得已而为之的"最后一招"。在审判程序的最后阶段，双方当事人的举证、质证活动已经结束并且法官已经用尽审查判断证据的方法之后案件事实仍未查明，此时事实真伪不明的潜在风险责任呈现为现实的败诉结果，证明责任为法官对案件的裁判提供方法与指引。证明责任运用的结果是法律适用上对某一方当事人的不利，由于法律适用关系到对当事人主张的最终答复，如果不适用当事人主张的事实所对应的法律也就是不支持当事人主张适用的权利效果的相关法律规定，其结论就是提出主张的当事人败诉。证明责任解决的不是事实问题，而是法律适用问题，本质上属实体法问题。证明责任不是事实判断的方法，而是在事实判断结束时裁判的方法。[1] 事实"真伪不明"本身就是法官对案件事实的一种判断结果，在肯定这一判断结果的前提下，解决案件如何适用法律的问题就是证明责任的方法论。

尽管法官依职权负有一定限度的调查事实乃至调取证据的责任，但是人民法院不承担任何证明责任。其一，人民法院没有自己的事实主张，不具备承担证明责任的前提条件。其二，在诉讼过程中，法院承担审查判断证据的职责，甚至在特殊情况下依职权调查收集证据，然而上述活动并不属于证明责任的范畴，其性质是履行基于审判权而产生的审理职责和实现查明案件事实真相的目的。例如，2021年《民事诉讼法》第67条第2、3款规定："当事人及其诉讼代理人因客观原因不能自行收集的证据，或者人民法院认为审理案件需要的证据，人民法院应当调查收集。人民法院应当按照法定程序，全面地、客观地审查核实证据。"最高院《民诉解释》第96条对2021年《民事诉讼法》第67条第2款规定的人民法院认为审理案件需要的证据范围界定为：①涉及可能损害国家利益、社会公共利益的；②涉及身份关系的；③涉及《民事诉讼法》第58条规定诉讼的；④当事人有恶意串通损害他人合法权益可能的；⑤涉及依职权追加当事人、中止诉讼、终结诉讼、回避等程序性事项的。除此之外，人民法院调查收集证据，应当依照当事人的申请进行。其三，人民法院不存在败诉风险。当案件事实呈现为真伪不明的状态时，承担不利后果的是负证明责任的当事人，法院不承担任何不利后果。

（三）证明责任分配的基本标准是"提出诉讼主张者承担证明责任"

举证责任分配是指"法律按照一定的标准，规定应当由哪一方当事人对诉

---

〔1〕 胡学军：《举证证明责任的内部分立与制度协调》，载《法律适用》2017年第15期。

讼中的相关事实提供证据加以证明，否则就要承担败诉的后果"。[1]"提出诉讼主张者承担证明责任"的标准实质上是以规范说为基础的客观证明责任的分配依据。其一，由主张者承担证明责任的标准符合审判的逻辑顺序，即当事人的主张在先，然后形成争点，对主张的举证必要随之产生，进而具体化为当事人的举证行为且需要承担没有举证或举证未能证明案件事实的不利后果。其二，证明责任与当事人提出的诉讼主张是密切联系的，且当事人的主张必须符合实体法规范的要求。例如，民事诉讼中的主张包括原告提出的诉讼请求所依据的事实、被告答辩所依据的事实、第三人提出独立的诉讼请求或者为保护自己的利益所依据的事实以及被告提起反诉所依据的事实。这些事实都是对于引起法律关系发生、变更、消灭的要件事实。具体来说，一方当事人的主张既包括诉讼请求，也包括诉讼请求所依据的要件事实，该要件事实又称为"请求原因事实"；对方当事人的主张应具有对抗先于其提出主张的法律效果，因而称为"抗辩"，抗辩同样也需要有事实依据，也就是"抗辩事实"。因此，积极提出诉讼主张的一方当事人对请求的原因事实，另一方当事人对抗辩事实负担证明责任。需要注意的是，抗辩与消极否定对方的请求原因事实不同。由于消极否定并未提出新的主张及事实，因此与证明责任并不发生关联。其三，由主张者承担证明责任的标准在行政诉讼中存在例外。如果将证明责任的承担者仅仅限定为主张者，或者将证明责任所指向的事实仅仅限定为当事人所主张的事实，那么就会导致行政诉讼中处于弱势地位的原告的处境更加不利的后果。因此，行政诉讼并未采用按照诉讼主张来分配证明责任的标准。行政诉讼证明责任分配的原则是由被告对其所作出的行政行为具有合法性的事实承担证明责任，而原告所主张的事实是被告行政机关的行政行为不合法或者没有法律依据。

（四）证明责任发挥作用的条件是案件事实真伪不明，而且与证明标准具有密切的联系

德国学者汉斯·普维庭将真伪不明的判断标准界定为：在诉讼结束时，当所有能够释明事实真相的措施都已经采用过了，但是争议事实仍然不清楚的最终状态。一项事实"真伪不明"的前提条件是：①原告方提出有说服力的主张；②被告方提出实质性的反驳主张；③对争议事实主张有必要证明；④用尽所有程序上许可的和可能的证明手段，法官仍不能获得心证；⑤口头辩论已经结束，

---

[1] 应松年主编：《行政法与行政诉讼法》，中国政法大学出版社 2008 年版，第 289 页。

上述第③项的证明需要和第④项的法官心证的不足并没有改变。[1] 无论是法官获得确定的心证，还是案件事实未能得以查明，都是案件事实的真实程度没有达到证明标准的体现。最高院《民诉解释》第 108 条规定："对负有举证证明责任的当事人提供的证据，人民法院经审查并结合相关事实，确信待证事实的存在具有高度可能性的，应当认定该事实存在。对一方当事人为反驳负有举证证明责任的当事人所主张事实而提供的证据，人民法院经审查并结合相关事实，认为待证事实真伪不明的，应当认定该事实不存在。法律对于待证事实所应达到的证明标准另有规定的，从其规定。"

三、结果责任与行为责任：证明责任的两个层次

在证据法学理论研究中，通常将证明责任分为客观证明责任（结果责任）和主观证明责任（行为责任）两个组成部分或者两个层次。证明责任的本质是客观证明责任，其先于行为责任而存在。因为法律预设了结果意义上的风险负担，才产生了承担证明责任的当事人的行为责任，即积极进行取证、举证、质证及说服法官的活动。易言之，避免结果责任从潜在风险成为现实风险是产生当事人行为责任的内在动因。

（一）结果责任是证明责任的本质

证明责任在结果意义上表现为争议事实真伪不明时不利后果的承担。证明责任最终表现为要证事实真伪不明时败诉等不利后果的承担，这是一种风险责任。有学者将其称为诉讼中的"败诉风险"。[2] 我国证明责任理论经过学术界长期的探索才厘清证明责任的本质，即从行为责任一元论到行为责任与结果责任二元论，发展到现在的结果责任（客观证明责任）一元论。证明责任的本质从行为一元论转向结果一元论是在民事庭审方式改革的背景下解决真伪不明问题的必然选择。[3] 从结果责任和行为责任的关系上来看，结果责任虽然只有到了诉讼的最后阶段才可能出现，但其分配标准决定了行为责任的起点，它也是促进当事人积极履行其行为责任的内在动因。结果责任是负有提供证据责任的一方因不提供证据或者提出的证据达不到法定证明标准时所需承担的不利后果的责任。如果主张者不能提出证据并达到证明标准，那么其主张就不能成立。

---

〔1〕 ［德］汉斯·普维庭：《现代证明责任问题》，吴越译，法律出版社 2000 年版，第 22-23 页。

〔2〕 李浩：《民事证明责任研究》，法律出版社 2003 年版。

〔3〕 段文波：《民事证明责任分配规范的法教义学新释》，载《政法论坛》2020 年第 3 期。

它体现了证明责任的诉讼效果，即如果负有证明责任的当事人不能提出证据证明己方的主张，那么就要承担败诉的不利后果。由于证明责任的设立是为了解决案件事实真伪不明时法官裁判的依据或者方法问题，因此该责任不会随着诉讼程序的推进在当事人之间发生转移或者转换，它以潜在诉讼风险（主张未被法官的裁判所支持）的形式固定在提出主张的当事人身上，一旦主张者所依据的要证事实在言词辩论结束时处于真伪不明状态，法官将依据证明责任判决该方当事人败诉或者承担不利后果。

证明责任在本质上不是对当事人的举证要求，而是解决事实真伪不明时法官进行裁判的依据问题，它是当事人未尽举证责任导致其主张的要件事实真伪不明而承担的败诉风险，这是不以当事人的意志为转移的客观存在。行为责任是当事人对其诉讼主张所依据的事实负有提出证据加以证明的责任。行为责任又可以具体化为提供证据和说服裁判者认定其主张的要证事实为真，他们是相伴而生的两个行为所附带的责任。例如，2012 年《民事诉讼法》第 65 条进一步明确了举证时限，促使当事人对自己提出的主张及时提供证据，当事人若无正当理由逾期举证，就会产生证据失权的法律后果，举证时限对于督促当事人履行其行为意义上的举证责任具有积极的作用。最高院《民诉解释》第 90 条的实质是以行为责任为导向对证明责任进行分配的规则。而该解释第 91 条试图以结果责任的分配规则对第 90 条予以补充。本书认为，最高院《民诉解释》第 90 条和第 91 条都是关于客观证明责任的规定，只是从不同的角度对《民事诉讼法》第 64 条的进一步解释。在刑事诉讼中，《刑事诉讼法》第 200 条体现了"疑罪从无"这一结果意义上的证明责任，"在被告人最后陈述后，审判长宣布休庭，合议庭进行评议，根据已经查明的事实、证据和有关的法律规定，分别作出以下判决：……（三）证据不足，不能认定被告人有罪的，应当作出证据不足、指控的犯罪不能成立的无罪判决。"

（二）行为责任是结果责任促进当事人积极举证的表现

在诉讼中降低风险的机制就是促使当事人尽可能最大限度举证，这一机制即所谓具体举证责任机制。具体举证责任不是证明责任的内涵，而是降低风险的手段。充实案件中的证据信息以增加裁判事实认定的确定性，这就是具体举证责任的承担。[1] 证据开示的实质化，使案件事实信息尽可能被披露，不因当事人举证能力及证据为谁所持有这些偶然性因素，使对方获得不合理的"风险

---

〔1〕 胡学军：《现代证明责任"风险"性质重述》，载《法制与社会发展》2022 年第 2 期。

收益"。[1] 无论主张责任、提供证据责任，还是说服责任都是行为意义上的证明责任，在行为意义上表现为提供证据和说服裁判者的活动。在证明理论上，通常将行为意义上的证明责任，即行为责任称为提供证据的责任，也有学者将其称为举证责任，其内容是向法庭提出证据。但需要注意的是，并非所有提出证据的行为都是履行提供证据的"责任"。例如，刑事诉讼被告方提出证明自己无罪或者罪轻的证据，属于行使辩护权的表现，是一种"权利"而不是"责任"。行为责任还应当包括负有证明责任的一方当事人运用证据对要证事实进行说明、论证，使法官形成对该事实确信的心证的活动。在诉讼中，负有证明责任的当事人仅提供证据还是远远不够的，如何通过法庭质证、辩论、攻击对方证据的可采性和证明力以说服法官认定其主张的事实才是重点。

与客观证明责任不同，举证任务（行为责任）往往由双方共同承担，而且是随着诉讼程序的展开以及当事人对举证必要性主观认识的变化在当事人之间转移的。[2] 行为责任会随着举证活动的进行而发生转移。当一方当事人已提出足够的证据后，这种责任会随着举证活动的进行而发生转移。当一方当事人已提出足够的证据后，这种责任就会从该方身上暂时卸下，转移至另一方当事人。而结果责任不发生转移，它一旦由法律确定由某一方当事人负担后，便自始至终由该方当事人负担。当然，客观证明责任对举证任务的配置有着关键的引导作用。当事人应对有利于其的法律规范要求的要件事实承担举证任务。法官获得了对该方当事人有利的临时心证，举证任务才可以移转给对方。法官临时心证是决定举证任务负担是否转移的关键，而心证的动态变化就是决定当事人举证任务往返配置的动态化特点的主要因素。[3]

在证明责任制度体系中，提出证据的行为责任是负担证明责任的当事人为了避免承担事实真伪不明时的败诉风险而积极提供证据并且说服裁判者的活动，但这只是证明责任的表象，结果责任才是证明责任的本质。这是行为意义的证明责任与结果意义的证明责任之间关系的核心，也是理解证明责任之内涵的关键。

---

[1]　时建中、袁晓磊：《我国反垄断民事诉讼证据开示制度的构建：理据与路径》，载《法学杂志》2021 年第 1 期。

[2]　王亚新：《民事诉讼中的举证责任》，载《证据科学》2014 年第 1 期。

[3]　郑金玉：《论民事证明责任的文义解释原则——以〈民法典〉第 311 条及其司法解释的适用为例》，载《法学评论》2022 年第 6 期。

第二节　民事诉讼中的证明责任

民事诉讼证明责任分配是一个相当复杂的问题。民事诉讼领域坚持以实体法立法目的与宗旨为证明责任分配的实质标准，以维护法律的统一适用，通过限制法官在证明责任分配上的自由裁量权，贯彻同等对待原则，提升司法公正。我国民事诉讼证明责任理论的演进从某种意义上是从程序法上的"谁主张、谁举证"到实体上的"依法分配证明责任"，从注重发挥法官分配证明责任的自由裁量权到限制法官自由裁量权的过程。

一、民事诉讼证明责任分配的理论依据

民事诉讼证明责任分配是诉讼法学领域一个具有挑战性的问题。作为民事诉讼证明责任分配理论依据的学说纷繁复杂，主要形成了以下学说：

（一）待证事实分类说

待证事实分类说着眼于待证事实的性质，根据待证事实是否有可能得到证明及其难易程度分配证明责任。待证事实分类说分为积极/消极事实说和内界/外界事实说。

1. 积极/消极事实说。该学说根据证明的难易程度，将待证事实分为积极事实（即肯定的、已经发生的事实）和消极事实（即否定的、没有发生过的事实）。主张积极事实的人应当对该事实的存在承担证明责任，主张消极事实的当事人不承担证明责任。消极事实说的理论依据是两类事实得以证明的可能性及其难易程度，即当事人对没有发生过的消极事实无从举证进行证明或者证明难度太大，而对已经发生的积极事实的证明较为容易。

2. 内界/外界事实说。该学说依据某一事实是否能够通过人的感官从外部加以观察，将待证事实分为内界事实（人的感官不能觉察到的人之内心状态）和外界事实（人的感官可以觉察到的事实）。由于内界事实的证明难度很大，因此主张外界事实的当事人负证明责任，主张内界事实的当事人不负证明责任。

（二）法律要件分类说

法律要件分类说又称为规范说，它依据实体法规定的法律要件的不同类型分配证明责任。该说认为，法律要件事实可以分为法律关系发生的要件事实，妨碍法律关系发生的要件事实，法律关系的消灭、变更、受制的要件事实。主张权利的人，应该对权利赖以存在的实体法上规定的要件事实承担证明责任。

不适用特定的法律规范其诉讼请求就不可能实现的当事人，必须对法律规范的特征在真实的案件中得以实现承担主张责任和证明责任。每一方当事人均必须主张和证明对自己有利的规范（法律效果对自己有利的规范）的条件。[1] 规范说认为证明责任是法规不适用的结果，所以各当事人对有利于自己的法规的要件事实负担证明责任。规范说认为必须仅仅根据实体法作为分配基准，即立法者确定的正义，而不能是法官所认为的正义，否则会导致因人而异的分配，导致不当后果，即实质性考虑排除法则对证明责任的分配需要以具体的实体法为根据，规定证明责任分配的法律规范即为证明责任分配规范。随着我国《民法典》的颁布，民事权利体系化建构基本完成，请求权基础与抗辩基础的区分越来越为法律人所熟悉。具体的证明责任分配规范在民法中主要集中在合同、侵权和知识产权领域。有研究者逐一分析了民法典所有法律条文，将其区分为"主要规范"与"抗辩规范"。在此规范分类基础上，以"规范说"为分配证明责任的原则就具有更强的可操作性。最高院《民诉解释》第 91 条的理论依据就是法律要件分类说中的规范说理论。该条规定将承担证明责任的法律事实分为法律关系存在发生的基本事实，法律关系变更、消灭和权利受到妨害的基本事实。

（三）法规分类说

实体法规范可以区分为原则性规定与例外规定，实体法中的但书即为例外规定。法规分类说认为，凡是要求适用原则性规定的当事人，应当对原则要件事实的存在承担证明责任，不必证明例外规定的要件事实不存在；凡是主张适用例外规定的当事人，就要对例外规定的要件事实的存在承担证明责任。

（四）实质公平证明责任分配理论

上述证明责任分配理论都在一定程度上存在缺陷，尤其是不能解决社会、经济和科技等领域的高速发展所带来的证明责任分配的实质公平问题，例如，环境污染、高度危险作业、产品责任等。20 世纪 60 年代以来，在学术界出现了一些试图修正、补充原有学说的证明责任分配学说。这些学说主要有"危险领域说""盖然性说""损害归属说"和"利益权衡说"。"危险领域说"认为待证事实属于哪一方当事人控制的危险领域，就应当由该方当事人承担证明责任，即当事人应当对其可以控制的危险领域中的事实承担证明责任。"盖然性说"认为，主张的事实存在的盖然性高的一方当事人不承担证明责任，由否定该事实的一方当事人承担证明责任。"损害归属说"主张以实体法确定的责任归属或者

---

[1] ［德］莱奥·罗森贝克：《证明责任论》，庄敬华译，中国法制出版社 2018 年版，第 121 页。

损害归属作为证明责任分配的标准，即根据实体法立法意图，某具体案件的责任或者损害归属于哪一方当事人，就由哪一方当事人承担证明责任。"利益权衡说"主张根据当事人与证据距离的远近、举证难易程度、诚实信用原则，经法官进行利益权衡之后确定哪一方当事人承担证明责任。

由于民事诉讼证明责任分配所涉及的领域非常广泛而且复杂，迄今为止尚没有一种证明责任分配理论学说可以解决所有问题。我国民事诉讼证明责任的分配理论兼采众说之长，在一般分配规则之外还规定了较为具体的特殊规则，通过程序法和实体法构建了较为灵活、实用的证明责任分配规则。

二、民事诉讼证明责任分配的一般规则

2021 年《民事诉讼法》第 67 条第 1 款规定："当事人对自己提出的主张，有责任提供证据。"最高院《民诉解释》第 90 条进一步细化了举证责任分配规则，"当事人对自己提出的诉讼请求所依据的事实或者反驳对方诉讼请求所依据的事实，应当提供证据加以证明，但法律另有规定的除外。在作出判决前，当事人未能提供证据或者证据不足以证明其事实主张的，由负有举证证明责任的当事人承担不利的后果。"最高院《民诉解释》第 91 条在对要件事实分类的基础上，对举证责任分配的一般规则作出明确规定："人民法院应当依照下列原则确定举证证明责任的承担，但法律另有规定的除外：（一）主张法律关系存在的当事人，应当对产生该法律关系的基本事实承担举证证明责任；（二）主张法律关系变更、消灭或者权利受到妨害的当事人，应当对该法律关系变更、消灭或权利受到妨害的基本事实承担举证证明责任。"该条将要件事实的内容表述为"法律关系的基本事实"，主要考虑到我国民诉法上使用主要事实或基本事实的用语而并无法律要件事实的表述，故使用"基本事实"的概念以与立法保持一致，其含义与要件事实相同，均指权利及法律关系的构成要件所依赖的事实。这一规定基本上采纳了法律要件分类说的理论。最高院《民诉解释》第 108 条中明确规定了要证事实真伪不明时法官如何作出判断，体现了结果意义举证责任的基本内容，"对负有举证证明责任的当事人提供的证据，人民法院经审查并结合相关事实，确信待证事实的存在具有高度可能性的，应当认定该事实存在。对一方当事人为反驳负有举证证明责任的当事人所主张事实而提供的证据，人民法院经审查并结合相关事实，认为待证事实真伪不明的，应当认定该事实不存在。法律对于待证事实所应达到的证明标准另有规定的，从其规定。"最高院《民诉证据规定》不再对证明责任及其分配予以规定，而对属于举证行为责任范畴的如申请鉴定责任、举证妨碍的规制、当事人文书提出义务、事实阐明义务、真实完整陈述义务、法官的事实推定、自由心证等配套的证据提出与事实认定制度相关的具体细致规定。

三、民事诉讼证明责任分配的特殊规则

证明责任的特殊分配，是指基于特定的理由，将部分构成要件事实的证明责任从一方当事人转移到另一方当事人。2019 年最高院《民诉证据规定》完整删除了原 2001 年最高院《民诉证据规定》对于证明责任及其分配规范的条文。其原因可认为是此前 2014 年最高院《民诉解释》对证明责任及其分配规范已有规定，新的司法解释无必要重复规定。另一方面原因也可认为是现今已认识到证明责任及其分配问题主要是实体法领域的问题，不宜在主要规范证据证明与事实认定的证据法中加以规定。[1]《民法典》对侵权行为规定的是过错责任原则。《民法典》第 1165 条规定："行为人因过错侵害他人民事权益造成损害的，应当承担侵权责任。依照法律规定推定行为人有过错，其不能证明自己没有过错的，应当承担侵权责任。"根据《民法典》的相关规定，民事诉讼证明责任分配的特殊规则体现为以下几种情形：

1. 污染环境和破坏生态案件中的行为人对"免责事由"以及"不存在因果关系"的事实承担证明责任。《民法典》第 1230 条规定："因污染环境、破坏生态发生纠纷，行为人应当就法律规定的不承担责任或者减轻责任的情形及其行为与损害之间不存在因果关系承担举证责任。"

2. 高度危险作业致人损害的侵权诉讼，由加害人对"受害人故意""不可抗力"或者"战争、武装冲突、暴乱等情形"等免责事实承担证明责任。《民法典》第 1237 条至第 1240 条规定了民用核设施、民用航空器、高度危险物等具有高度危险领域引发的侵权诉讼中免责事由的证明责任。具体情形表现为：①民用核设施或者运入运出核设施的核材料发生核事故造成他人损害的，民用核设施的营运单位能够证明损害是因战争、武装冲突、暴乱等情形或者受害人故意造成的，不承担责任。②民用航空器造成他人损害的，民用航空器的经营者能够证明损害是因受害人故意造成的，不承担责任。③占有或者使用易燃、易爆、剧毒、高放射性、强腐蚀性、高致病性等高度危险物造成他人损害的，占

---

〔1〕 胡学军：《四十不惑：我国证明责任理论与规范的协同演进史综述》，载《河北法学》2022 年第 4 期。

有人或者使用人能够证明损害是因受害人故意或者不可抗力造成的，不承担责任。④从事高空、高压、地下挖掘活动或者使用高速轨道运输工具造成他人损害的，经营者应当能够证明损害是因受害人故意或者不可抗力造成的，不承担责任。

3. 饲养动物致人损害的侵权诉讼，由饲养动物人或者管理人对"被侵权人故意""被侵权人重大过失""尽到管理职责"等免责事由或者减轻责任的事由承担证明责任。《民法典》第 1245、1246 条和第 1248 条规定了饲养动物造成他人损害的诉讼证明责任。具体包括以下情形：①饲养的动物造成他人损害的，动物饲养人或者管理人能够证明损害是因被侵权人故意或者重大过失造成的，可以不承担或者减轻责任。②违反管理规定，未对动物采取安全措施造成他人损害的，动物饲养人或者管理人能够证明损害是因被侵权人故意造成的，可以减轻责任。③动物园的动物造成他人损害的，动物园能够证明尽到管理职责的，不承担侵权责任。需要注意的是，《民法典》第 1247 条对禁止饲养的烈性犬等危险动物造成他人损害案件中的动物饲养人或者管理人未规定免责事由或者减轻责任事由。

4. 建筑物或者物件致人损害侵权诉讼中"免责事由"的证明责任。《民法典》第 1252、1253 条和第 1255 条规定了建筑物、构筑物或者其他设施及其搁置物、悬挂物发生倒塌、塌陷、脱落、坠落致人损害的侵权诉讼中"不存在质量缺陷"或者"没有过错"等免责事由的证明责任。具体分为三种情形：①建筑物、构筑物或者其他设施倒塌、塌陷造成他人损害的，由建设单位与施工单位承担连带责任，建设单位与施工单位能够证明不存在质量缺陷的除外。②建筑物、构筑物或者其他设施及其搁置物、悬挂物发生脱落、坠落造成他人损害，所有人、管理人或者使用人不能证明自己没有过错的，应当承担侵权责任。③堆放物倒塌、滚落或者滑落造成他人损害，堆放人不能证明自己没有过错的，应当承担侵权责任。

5. 在公共道路上堆放、倾倒、遗撒妨碍通行的物品造成他人损害诉讼的证明责任。根据《民法典》第 1256 条的规定，在公共道路上堆放、倾倒、遗撒妨碍通行的物品造成他人损害的，由行为人承担侵权责任。公共道路管理人不能证明已经尽到清理、防护、警示等义务的，应当承担相应的责任。

6. 林木所有人或者管理人的证明责任。根据《民法典》第 1257 条的规定，因林木折断、倾倒或者果实坠落等造成他人损害，林木的所有人或者管理人不能证明自己没有过错的，应当承担侵权责任。

7. 地下施工的施工人或者管理人的证明责任。根据《民法典》第 1258 条的规定，在公共场所或者道路上挖掘、修缮安装地下设施等造成他人损害，施工人不能证明已经设置明显标志和采取安全措施的，应当承担侵权责任。窨井等地下设施造成他人损害，管理人不能证明尽到管理职责的，应当承担侵权责任。

第三节 刑事诉讼中的证明责任

刑事诉讼中证明责任的分配涉及控辩双方在刑事诉讼中的法律地位和诉讼权利及诉讼义务，在刑事诉讼中至关重要。1979 年颁布和 1996 年修正的《刑事诉讼法》中未规定证明被告人有罪的责任由何方承担。2012 年《刑事诉讼法》明确规定了刑事诉讼中的"举证责任"，即"公诉案件中被告人有罪的举证责任由人民检察院承担，自诉案件中被告人有罪的举证责任由自诉人承担。"

一、刑事诉讼证明责任分配的理论依据

无罪推定原则是刑事诉讼证明责任分配的基本理论依据，它确定了刑事诉讼证明中的三个基本方面：其一，指控他人有罪的一方对其主张的犯罪事实承担证明责任，被追诉人不承担证明责任。其二，不得强迫任何人证明自己有罪。犯罪嫌疑人、被告人既没有义务提供证据来证明自己无罪，更不能被强迫提供证据证明自己有罪。其三，当控方指控的犯罪事实证据不足或者真伪不明时，法官依照"疑罪从无"的裁判方法认定被告人的行为不构成犯罪或者认定指控的罪名不能成立，其结果都是无罪判决。

二、刑事诉讼证明责任分配的原则

在我国刑事诉讼中，证明责任主要是指向被告人是否有罪这一实体性问题。公诉案件和自诉案件的区别在于，承担证明被告人有罪的责任是由人民检察院或者自诉人承担，被告人原则上不承担证明自己无罪的责任。

（一）公诉案件中被告人有罪的举证责任由人民检察院承担

在公诉案件中，人民检察院承担证明被告人有罪的责任，被告人既不承担证明自己有罪和罪重的责任，也不承担证明自己无罪和罪轻的责任。在审判过程中，人民检察院要向法庭提供证据来证明其对被告人所指控的犯罪事实，并且要达到法定的证明标准。易言之，被告人可以不向法庭提供任何证据，法庭不能因为被告人不提供证据而作出对其不利的裁判。

公诉案件中由人民检察院承担证明责任，主要基于以下几点考虑：其一，刑事诉讼的过程是国家主动追究犯罪，实现国家刑罚权的活动。除了一部分侵犯公民个人权利的轻罪案件交由被害人提起自诉外，绝大多数案件是由检察机关代表国家进行追诉，行使公诉权，因而检察机关理所当然地负有举证责任。其二，这是无罪推定原则的要求。该原则主张任何人在未经法院生效判决确定为有罪之前均应推定无罪，而推翻这项推定的责任在控诉方，如果控诉方不能举出证据并达到法定的证明要求，被告人将被判无罪。该原则在当今世界各国的刑事诉讼中普遍实行，我国参加或缔结的许多国际公约、条约也有此要求。因此，在确定举证责任的分担原则时必须遵循这一原则的要求。其三，是基于被告人在诉讼中所处的特殊地位之考虑。被告人作为被追诉的对象，可能被采取强制措施以限制其人身自由。被告人既没有强制收集证据的权力，也没有收集证据的现实能力。因此，除法律有特别规定外，不能要求被告人承担举证责任。

在公诉案件中，人民检察院的证明责任具体包括三个方面的内容：一是提出事实主张，即在起诉书中提出指控被告人构成犯罪的事实以及量刑情节的事实。二是提供证据的责任。根据刑事诉讼法的规定，公诉人在提起公诉时应当向人民法院移送案卷材料和证据，在开庭审理阶段向法庭出示相关证据。三是说服责任，即公诉人通过庭审举证、质证等活动说服法官认定其主张的事实成立。检察人员出庭支持公诉的主要目的，是通过提供证据和进行法庭质证，使合议庭形成控方所提出的事实主张成立的心证，说服法官认定其提出的证明被告人构成犯罪的证据达到证明标准的要求，作出被告人有罪的判决。同时，检察人员应当对量刑建议中提出的事实提出相关证据并且进行论证。根据我国《刑事诉讼法》和最高检《规则》的有关规定，公诉案件中，出庭支持公诉的检察官在法庭上通过对证人、鉴定人发问、向法庭出示物证、宣读未到庭证人的证言笔录、鉴定人的鉴定意见，以及勘验、检查、辨认、侦查实验等笔录和其他作为证据的文书等方式来承担证明责任。《刑事诉讼法》第200条规定了结果意义上的证明责任："在被告人最后陈述后，审判长宣布休庭，合议庭进行评议，根据已经查明的事实、证据和有关的法律规定，分别作出以下判决：（一）案件事实清楚，证据确实、充分，依据法律认定被告人有罪的，应当作出有罪判决；（二）依据法律认定被告人无罪的，应当作出无罪判决；（三）证据不足，不能认定被告人有罪的，应当作出证据不足、指控的犯罪不能成立的无罪判决。"该条第3项充分体现了结果意义上证明责任分配的"疑罪从无"。如果公诉人不能举出相应的证据或者举出的证据达不到《刑事诉讼法》规定的"案件事实清楚，证据确实、充分"的证明标准，法庭应当依法作出被告人无罪的判决。

在刑事诉讼中，公安机关的侦查工作主要是收集证据、查获犯罪嫌疑人，为检察机关起诉和证明犯罪提供基础性的事实和证据材料，在公诉案件的证明中起辅助作用。在侦查阶段涉及程序法事实时，公安机关也承担一定的证明责任。例如，依据刑事诉讼法的相关规定，公安机关需要逮捕犯罪嫌疑人时，应当向检察机关提请批准逮捕并且提供犯罪嫌疑人有犯罪事实并且采取取保候审不足以防止发生社会危险性的证据，并且要达到符合逮捕条件的证据要求和证明标准。

（二）自诉案件中被告人有罪的举证责任由自诉人承担

在自诉案件中，向法院提起自诉的自诉人应当承担证明被告人有罪的责任，如果自诉人不能举证或者不能充分证明其指控的犯罪事实，那么就要承担败诉的后果。这一证明责任的分配贯彻了"谁主张，谁举证"原则。根据《刑事诉讼法》和最高院《刑诉解释》的规定，自诉人在提起自诉时，应当向法院提交证明被告人犯罪事实的证据。人民法院经过审查，对于缺乏罪证的，应当说服自诉人撤回起诉；自诉人不撤回起诉的，裁定不予受理。对已经立案，经审查缺乏罪证的，自诉人提不出补充证据的，人民法院应当说服其撤回起诉或者裁定驳回起诉。对犯罪事实清楚，有足够证据的自诉案件，人民法院应当开庭审理。开庭审理后，如果自诉人提出的证据达不到《刑事诉讼法》规定的"案件事实清楚，证据确实、充分"的证明标准，法官则应当依法判决被告人无罪。对于证明被告人有罪的证据不足的自诉案件，如果自诉人提不出补充证据，法院应当说服自诉人撤回自诉，或者裁定驳回。但是，告诉才处理的和被害人有证据证明的轻微刑事案件的被告人可以在诉讼过程中对自诉人提出反诉，对于反诉的事实主张，被告人负有证明责任。

三、被告方承担初步证明责任的范围与限度

根据刑事诉讼法的规定，无论是公诉案件，还是自诉案件，被告人均不承担证明责任。基于无罪推定原则，被告人在刑事诉讼中不负证明自己有罪或者无罪的责任。但是，作为控诉方承担证明责任的例外，被告方在特定领域内、针对特定的事实承担初步证明责任也是合理的。在法律规定的特殊情形下，被告人需要对特定事项承担一定的证明责任。主要包括以下几种情形：

（一）巨额财产来源不明犯罪案件中被告人需承担一定的证明责任

《刑法》第 395 条规定："国家工作人员的财产、支出明显超过合法收入，差额巨大的，可以责令该国家工作人员说明来源，不能说明来源的，差额部分以非法所得论……"对此，在巨额财产来源不明犯罪案件中，当检察机关对被告人的财产和支出明显超出其合法收入并且数额巨大的基础犯罪事实提出证据并予以证明之后，被告人需要就其明显超出其合法收入部分财产的来源承担证明责任，如果不能证明其来源合法，被告人就要承担被法院认定有罪的不利后果。再如，一方不能用充分的证据说明其超出合法收入的那部分巨额财产的合法来源，法院即可推定那些财产是非法所得，以巨额财产来源不明罪定罪处罚。在这类案件中，立法者出于严厉打击贪污贿赂犯罪的需要，规定由被告人承担证明责任。因为，在此类案件中，证明"财产来源合法"这一肯定事实或积极事实要比证明"财产来源非法"这一否定或消极事实要容易得多。也就是说，即使被告人的巨额财产确实是非法所得，检察机关也很难进行证明。而如果这些财产确有合法来源，被告人举证证明则是比较便利的，他有条件提供该财产系合法所得的各种凭据。

（二）非法持有型犯罪案件中被告人承担一定的证明责任

由于持有型犯罪是一种特殊类型的犯罪，持有的合法性往往取决于形成持有状态的行为是否合法或持有物品的用途是否合法，因此证明持有行为合法或持有的物品用途合法成为构成该类犯罪的关键要件事实。从举证便利这一角度来看，证明持有为合法这一肯定事实要比证明持有为非法的否定事实更容易。因此，由主张持有行为合法或持有物品用途合法这一肯定事实的被告人承担证明责任，可以均衡检察机关与被告人在证明责任分担方面的负担，符合证明责任分配的原理和公平原则。《刑法》对于非法持有型犯罪证明责任的特殊分配未做原则性规定，仅在第 282 条针对非法持有国家绝密、机密文件、资料、物品罪的证明责任进行了规定，即非法持有国家绝密、机密文件案件的被告人对这些文件、资料或者物品的来源或用途合法承担证明责任。尽管《刑法》对于其他类型的持有型犯罪案件证明责任的特殊分配规则未作明确规定，然而基于举证便利、重点打击某种严重犯罪的刑事政策以及合理均衡控辩双方证明负担的原理，将严重危及公共安全或者社会管理秩序的持有型犯罪中持有行为或者状态合法的证明责任分配给被告人承担是合理的。对《刑法》规定的非法持有型犯罪，如非法持有毒品、非法持有枪支、弹药、非法持有国家绝密、机密文件资料等，当检察机关对被告人不该持有而持有了上述物品的基础犯罪事实提出证据并予以证明之后，被告人即负有证明其所持物品的来源与用途合法的责任，如果他提不出充分证据来证明所持物品的来源和用途是合法的，被告人就要承担被法院认定有罪的不利后果。

（三）非法证据排除程序中被告人承担一定的证明责任

《刑事诉讼法》第58条第2款规定："当事人及其辩护人、诉讼代理人有权申请人民法院对以非法方法收集的证据依法予以排除。申请排除以非法方法收集的证据的，应当提供相关线索或者材料。"此外，最高院《刑诉解释》第127条规定："当事人及其辩护人、诉讼代理人申请人民法院排除以非法方法收集的证据的，应当提供涉嫌非法取证的人员、时间、地点、方式、内容等相关线索或者材料。"根据以上规定，在是否启动非法证据排除程序这一问题上，被告人需要承担证明该证据存在非法收集的线索或材料的初步责任。被告人及其辩护人、被害人及其诉讼代理人作为启动非法证据调查程序的申请方，不需要以确实充分的证据来证明其主张的非法取证的事实确实存在。相反，只要法庭对取证手段的合法性产生了疑问，检察机关就需要以确实、充分的证据来证明其取证手段合法，消除法官对于存在违法取证行为的怀疑，否则，法官即可认定非法取证行为存在，相关证据应当予以排除。

（四）对于推定的事实承担提出证据推翻的证明责任

在适用推定规则的案件中，检察机关对作为推定前提的基础事实承担了证明责任，使得推定事实初步成立，如果被告人要推翻推定事实，就需要承担相反事实是真实存在的证明责任。近年来，最高人民法院和最高人民检察院通过司法解释确立了大量的推定规则。例如，根据2020年《最高人民法院最高人民检察院办理侵犯知识产权刑事案件具体应用法律若干问题的解释（三）》第2条的规定，在涉案作品、录音制品种类众多且权利人分散的案件中，有证据证明涉案复制品系非法出版、复制发行，且出版者、复制发行者不能提供获得著作权人、录音制作者许可的相关证据材料的，可以认定为"未经著作权人许可""未经录音制作者许可"。这些推定规则的确立对于证明责任带来重要的影响，检察机关只需要证明基础事实的成立，对于犯罪构成要件中的主观事实要件则不需要承担证明责任，这些主观事实被视为推定事实。我国刑事法律规范所确定的推定均为可推翻的推定。在相反事实得到证明的情况下，推定事实就会被推翻。因此，要推翻该项推定事实，被告人需要承担证明责任，证明该项推定事实不真实或者不成立。在推定规范的作用下，检察机关被免除了证明推定事实成立的义务，而证明推定事实不成立的责任则转移给被告人。

第四节 行政诉讼中的证明责任

行政诉讼中的证明责任与民事诉讼和刑事诉讼相比具有特殊性。1989 年颁布的《行政诉讼法》首次在立法上使用了"举证责任"的概念，并明确规定了由被告对作出的具体行政行为负有举证责任。2017 年修正的《行政诉讼法》用"行政行为"代替"具体行政行为"概念，并将"行政争议"作为行政诉讼受案范围的基准，将特许经营协议纳入行政诉讼的受案范围，行政行为既包括单方行政行为也包括双方行政行为，行政诉讼中将会出现一些以非单方行政行为为审理对象的案件，[1] 因此行政诉讼中的证明责任分配将会更加复杂。

一、行政诉讼证明责任分配的理论依据

自 1989 年《行政诉讼法》第 32 条规定由被告对作出的具体行政行为负有举证责任以来，2014 年和 2017 年修正后的《行政诉讼法》一直延续了该分配原则。行政诉讼证明责任分配应在遵循法治政府理念的前提下，体现依法对公权力行使方式进行规范和限制，促进依法行政目标的实现。由于行政行为程序方面的证据都是由作出行政行为的行政机关掌握，行政相对人难以就此向法院举证，因此，行政诉讼按照"主张者负证明责任"的原则进行证明责任分配是不合理的。我国行政诉讼应当兼顾个人权利的救济与维护客观法秩序的关系，行政诉讼的功能要兼顾主观公权利保护和客观法秩序维护的兼容模式，但是二者在其中的地位是不一样的，行政诉讼模式总体上是客观法秩序维护功能模式，其次兼顾主观公权利保护模式的特点。[2] 行政机关在行政程序中应遵守"先取证、后裁决"的基本原则。行政机关实施行政行为时应当有法律依据及证明行政事实的相关证据，这是行政行为具有合法性和正当性的基础。当行政争议进入诉讼之后，由作为被告的行政机关承担证明其行政行为合法的证明责任，既符合督促行政机关依法行政、保障相对人合法权益的目的，也符合举证便利和举证负担均衡的原理。因此，由举证能力较强的被告承担证明责任具有正当性，而且促使行政机关在行使权力的行政程序中注重收集、运用和保存证据，这对于提高行政行为的规范性和权威性也具有重要的意义。

---

〔1〕 邓刚宏：《行政诉讼举证责任分配的逻辑及其制度构建》，载《政治与法律》2017 年第 3 期。
〔2〕 邓刚宏：《论我国行政诉讼功能模式及其理论价值》，载《中国法学》2009 年第 5 期。

二、行政诉讼证明责任分配的一般规则

根据行政诉讼法及相关司法解释的规定，行政诉讼中的证明责任由被告承担。《行政诉讼法》第 34 条规定："被告对作出的行政行为负有举证责任，应当提供作出该行政行为的证据和所依据的规范性文件。被告人不提供或者无正当理由逾期提供证据，视为没有相应证据。但是，被诉行政行为涉及第三人合法权益，第三人提供证据的除外。"该条体现了行政诉讼由被告承担证明责任的一般原则。最高院《行诉解释》以及最高院《行诉证据规定》对行政诉讼证明责任分配原则进行了细化。最高院《行诉证据规定》第 4 条第 3 款规定："被告认为原告起诉超过法定期限的，由被告承担举证责任。"由被告对原告起诉超过法定期限的事实承担举证责任的分配是合理的。首先，被告提出"原告的起诉已经超过诉讼时效"的抗辩是否定原告具备胜诉条件的诉讼主张，依照"主张者负证明责任"的原则，理应由其承担该事实存在的举证责任。其次，告知行政相对人诉权和起诉期限是行政机关的义务，而且行政机关掌握着行政相对人知道或应当知道诉权和起诉期限的证据材料，从举证便利的角度来看，将该事实的举证责任分配给被告是公平的。

从《行政诉讼法》第 34 条规定具体分析可知，法律对行政机关提供证据的要求和对提供规范性文件的要求不同，因而不提供证据和不提供规范性文件所产生的后果也不相同。行政机关及第三人没有提供作出行政行为所依据的规范性文件，并不当然对行政行为作出否定性评价。规范性文件在法律性质上不是证据——规范性文件中的法律、法规不仅是行政机关作出行政行为的依据，而且也是法院审查行政行为合法性的依据。行政诉讼法虽然要求行政机关提供作出行政行为的规范性文件，但对其后果并不适用证据规则的规定，即没有明确规定行政机关不提供规范性文件的，就视为行政行为没有依据。由此可见。对提供证据的要求和对提供规范性文件的要求是不同的，人民法院不能仅因为行政机关及第三人没有提供相应的规范性文件，就撤销所诉行政行为。[1]

由于行政法律体系对保护行政诉讼中第三人权益的力度不够，司法解释通过举证责任的调整加强了对第三人权益的保护。2018 年修订的最高院《行诉解释》第 46 条第 1、2 款规定："原告或者第三人确有证据证明被告持有的证据对

---

[1] 参见安徽省高级人民法院"徐敞凤与高兰美土地权属确认纠纷上诉案"判决书。一审案号：（2017）皖 18 行初 7 号；二审案号：（2017）皖行终 862 号。

原告或者第三人有利的，可以在开庭审理前书面申请人民法院责令行政机关提交。申请理由成立的，人民法院应当责令行政机关提交，因提交证据所产生的费用，由申请人预付。行政机关无正当理由拒不提交的，人民法院可以推定原告或者第三人基于该证据主张的事实成立。"从字面上看，该条文将第三人与原告并列，可以得出所指向的第三人主要为与原告利益一致的第三人的结论。然而，基于保护第三人合法权益的行政法律的立法精神，应当对该条的内容进行合目的性的扩大解释，也就是将第三人的范围扩大到与被告利益一致的第三人。由此，在涉及第三人的行政诉讼中，当被告持有对第三人有利的证据而怠于举证时，第三人有权以书面形式申请人民法院责令被告提交该证据。如果被告无正当理由拒不提交证据，人民法院就可以推定第三人基于该证据主张的事实成立。从法律效果层面分析，在被告怠于举证的情况下，第三人只要有证据证明被告所持有的证据于己有利，人民法院就必须责令行政机关提交，这体现了对第三人合法权益的强有力保障。对于行政机关无正当理由拒不提交对第三人有利的证据，人民法院拥有自由裁量权，可以在既有事实的基础上作出推定第三人基于该证据主张的事实成立的法律认定。

2011 年最高人民法院《关于审理证券行政处罚案件证据若干问题的座谈会纪要》认为，根据《行政诉讼法》第 32 条、最高院《行诉证据规定》第 1 条的规定，监管机构对作出的被诉行政处罚决定承担举证责任。监管机构除依法向人民法院提供据以作出被诉行政处罚决定的证据和依据外，还应当提交原告、第三人在行政程序中提供的证据材料。

三、行政诉讼证明责任分配的特殊规则

被告承担举证责任，并不意味着被告在任何情形下对任何行政行为都负有举证责任，而且行政机关并非在任何情形下都具有举证优势。因此，在某些情况下，原告也要对特定的事实承担证明责任。原告这种举证责任是一种有限责任，只有在行政诉讼特定阶段和特定类型行政案件中才需要承担，而被告承担举证责任更多是一种普遍性的规则。[1] 根据行政诉讼法及相关司法解释，行政诉讼中的原告对下列事项承担证明责任：

（一）起诉被告不履行法定职责案件中的证明责任

在起诉被告不履行法定职责的案件中，原告应当对其在行政程序中曾经向

---

[1] 李大勇：《行政诉讼证明责任分配：从被告举证到多元主体分担》，载《证据科学》2018 年第 3 期。

被告提出申请的事实承担证明责任。《行政诉讼法》第 38 条第 1 款规定："在起诉被告不履行法定职责的案件中，原告应当提供其向被告提出申请的证据。但有下列情形之一的除外：（一）被告应当依职权主动履行法定职责的；（二）原告因正当理由不能提供证据的。"此类案件仅针对依申请的行政行为，不包括被告应当依法主动履行职责没有履职的情形。

（二）行政赔偿、补偿案件中的证明责任

行政赔偿诉讼证明责任的分配与受损害的公民的合法权益能否通过诉讼救济途径得到保护密切相关。因为行政赔偿诉讼本质上与民事侵权案件没有什么差异，因被诉行政行为而造成损害的事实属于原告的主张，由原告对此承担证明责任是合理的。根据《行政诉讼法》和最高院《行诉证据规定》的相关规定，在行政赔偿案件中，原告对行政行为造成损害的事实承担证明责任，无需对被诉行政行为与损害结果之间的因果关系承担证明责任。《行政诉讼法》第 38 条第 2 款规定："在行政赔偿、补偿的案件中，原告应当对行政行为造成的损害提供证据。因被告的原因导致原告无法举证的，由被告承担举证责任。"该条规定既体现了主张者负证明责任的基本原则，又充分考虑到行政诉讼的特殊性与受损害公民合法权益能够通过诉讼途径得到保护的价值取向。在行政赔偿案件中，除了原告受到行政行为侵害的事实之外，还有一个重要事实需要证明，即行政行为与损害之间是否存在因果关系。为了适度减轻行政赔偿诉讼原告的证明负担，最高院《行诉证据规定》第 5 条规定，原告在行政赔偿诉讼中应对损害事实提供证据，无需再对被诉行政行为和损害之间的因果关系承担举证责任。根据《国家赔偿法》第 15 条第 2 款的规定，"赔偿义务机关采取行政拘留或者限制人身自由的强制措施期间，被限制人身自由的人死亡或者丧失行为能力的，赔偿义务机关的行为与被限制人身自由的人的死亡或者丧失行为能力是否存在因果关系，赔偿义务机关应当提供证据。"在公民人身自由受到限制等处于极端不利地位的特殊情况下，由公民对行政行为与损害之间承担证明责任存在较大困难，如果法律规定由原告对此承担证明责任，那么就会导致公民的合法权益难以得到救济的不公正结果。因此，行政行为与损害结果之间不存在因果关系的证明责任由被告行政机关来承担，既有利于保障原告行政赔偿请求权的实现，又可以督促行政机关依法行政。在公民因行政机关非法限制其人身自由而致其人身受到损害的行政赔偿诉讼中，应当由行政机关对其限制人身自由的行为与原告的人身损害之间不存在因果关系承担证明责任。如果行政机关无法证明该要件事实，那么就应当承担赔偿责任。

在行政赔偿、补偿案件中，损失的价值认定是一个比较复杂的问题。为了解决损失价值无法认定时的裁判难题，最高院《行诉解释》第 47 条第 2 款规定："对于各方主张损失的价值无法认定的，应当由负有举证责任的一方当事人申请鉴定，但法律、法规、规章规定行政机关在作出行政行为时依法应当评估或者鉴定的除外；负有举证责任的当事人拒绝申请鉴定的，由其承担不利的法律后果。"该条规定是对原告承担遭受损害的事实的举证责任的转换，即由被告就该损害情况承担举证责任，其前提条件是因被告原因而导致原告无法举证。

（三）原告在政府信息公开案件中的证明责任

原告在政府信息公开案件中承担证明责任的事项包括两种：其一，被告以政府信息与申请人自身生产、生活、科研等特殊需要无关为由不予提供的，人民法院可以要求原告对特殊需要事由作出说明。其二，原告起诉被告拒绝更正政府信息记录的，应当提供其向被告提出过更正申请以及政府信息与其自身相关且记录不准确的事实根据。

（四）原告在特殊类型案件中承担特定事实的证明责任

2011 年最高人民法院《关于审理证券行政处罚案件证据若干问题的座谈会纪要》认为，人民法院在审理证券行政处罚案件时，应当考虑到部分类型的证券违法行为的特殊性，由监管机构承担主要违法事实的证明责任，通过推定的方式适当向原告、第三人转移部分特定事实的证明责任。

➡️练习案例

某甲与某乙系邻居，素无矛盾。某日，某甲诉至法院称：2021 年 10 月 12 日下午，被告乙正在门前的水泥地上练习骑自行车，正好甲从门里走出来，乙躲闪不及，从甲的侧面撞到了甲。当时乙询问甲有没有事，是否需要去医院。甲在法庭上表示由于是邻居，不好意思说去医院，其实当时他是感觉到肋部微微作痛，但他以为是轻微的外表损伤，在家休息几天就会没事的。回家之后，感觉疼痛越来越厉害，第二天到医院就诊，诊断结果为一根肋骨骨折，经过一个多月的治疗，花去各项费用 6000 元。甲要求乙支付医疗费用，遭到了乙的拒绝。甲请求法院判令乙赔偿医疗费 6000 元，并向法院提供了医院病历和医疗费票据，病历和就诊收费单据记载的时间为 2021 年 10 月 13 日上午。被告乙在庭审中辩称：他骑自行车撞到甲确有其事，但甲的伤另有原因，并非自行车撞到所致，而且当时他撞得并不严重。

关于如何认定此案事实有两种不同观点：一种观点认为，甲提供的证据可以证明乙骑自行车撞伤甲，造成甲肋骨骨折的事实可以认定；另一种观点认为，甲提供的证据不足以证明乙撞伤了甲，不能排除甲的骨折是其他原因导致的可能性，不能认定甲的肋骨骨折系乙骑自行车撞击所致。

问题：

1. 本案中，原告应当对哪些案件事实承担证明责任？

2. 本案中，被告是否应当对其提出的抗辩事实承担证明责任？

3. 结合案情对我国证明责任分配的一般规则进行评析。

思考题

1. 如何理解证明责任的内涵及其属性？

2. 简述行为责任与结果责任的关系是什么？

3. 简述刑事诉讼证明责任分配的规则是什么？

4. 简述民事诉讼中证明责任分配的原则及特殊规则有哪些？

5. 简述行政诉讼证明责任分配的一般规则是什么？如何理解其理论依据？

第
十
七
章

证明标准

➡学习指导

通过本章学习，应当掌握影响证明标准的因素、我国三大诉讼的各自证明标准及其理解、适用。本章的难点在于把握两大法系国家刑事诉讼和民事诉讼的证明标准之差异，以及"排除合理怀疑""内心确信"的证明标准的关系，重点理解和把握我国刑事诉讼"案件事实清楚，证据确实、充分"的证明标准；理解行政诉讼证明标准所具有的灵活性、中间性和审查性特征。

第一节　证明标准概述

一、证明标准的概念与特征

证明标准，是指依照法律规定，承担证明责任的主体运用证据对待证事实加以证明所要达到的程度。在日本，证明标准也被称为证明度，用以指代案件中作为证明对象（待证事实）存在所必须达到的最低限的证明程度，以及需要被证明的事实（待证事实）通过举证和辩论所呈现出来的逼真程度。[1]通俗来讲，证明标准实际上就是"证明尺度，据以衡量什么时候证明才算成功"。[2]如果说证明对象是证明活动的起点，证明责任的分配及履行推动着证明活动的展开，那么，证明标准即为最终对证明活动的结果加以衡量和评判的尺度。它一方面属于证明责任制度的内在组成部分，另一方面体现了证据法对于证据在质量和数量方面的要求。

---

〔1〕　参见王亚新：《社会变革中的民事诉讼》，中国法制出版社 2001 年版，第 293 页。
〔2〕　［德］汉斯·普维庭：《现代证明责任问题》，吴越译，法律出版社 2000 年版，第 91 页。

证明标准这一概念虽然是证明责任对于举证方在证据质量和数量方面的要求，但这种要求却不是直接针对证据提出，而是针对法官的内心确信程度所提出的。

首先，证明标准作为诉讼活动之中证明主体证明待证事实、卸除证明责任的目标和方向，衡量与评判证明主体之证明责任是否完成的尺度，其与证明对象、证明责任之间有着密切的联系。一方面，就证明标准与证明对象的关系而言，证明标准针对证明对象而设立。对于不属于证明对象的事实，证明主体无须证明，自然也就不需要达到证明标准；而对于证明对象范畴内的相关事实，则需要根据具体情形设定相应的证明标准，并根据证明是否达到法定的程度来判定该事实是否得到证实。另一方面，就证明标准与证明责任的关系而言，承担证明责任的主体需以履行证明责任的方式寻求证明标准的实现。当承担证明责任的主体运用证据对待证事实的证明达到了法律规定的证明标准，就完成了其所承担的证明责任，就不会承担不利的后果；反之，如果承担证明责任的主体运用证据对待证事实的证明没有达到法律规定的证明标准，就没有完成其所应当承担的证明责任，就会承担不利的后果。是故，在英美证据法理论中，证明标准也被理解为负有证明责任的一方当事人，就其主张的事实予以证明应达到的水平、程度，即证明标准是为了避免遭到于己不利的裁判，负有证明责任的当事人履行其责任所必须达到的法律要求的程度。[1]

其次，法律对于证明标准之设定，对诉讼各方均具有约束力。证明标准既作用于当事人的举证行为，也作用于审理者的裁判行为。对当事人而言，承担证明责任者依循证明标准确定和组织用于证明的证据，并努力按照证明标准来履行自己的举证行为；不负担证明责任的当事人则依循证明标准质疑或抨击对方的举证行为，并选择己方是否有必要提供相反证据进行反驳。对审理者而言，其以证明标准为依据对当事人的证明活动进行法律评价，如果当事人履行证明责任达到了法定的证明标准，法官就可以据此认定当事人的诉讼主张成立；反之，则应判定其诉讼主张不成立。从这个意义上来讲，诉讼各方主体均可借助于证明标准预测相互之间的行为动向和即将采取的程序步骤，同时决定自己将采取哪些对应的诉讼策略。[2]

再次，证明标准本身具有模糊性与主观性。证明标准的模糊性是指精确界

---

〔1〕 Peter Murphy, *A Practical Approach to Evidence*, Blackstone Press Limited, 1992, p. 104.

〔2〕 参见卞建林、谭世贵主编：《证据法学》，中国政法大学出版社 2019 年版，第 488-489 页。

定证明标准是非常困难的，这也就是为什么部分德国学者会以刻度盘为例，更为直观地对盖然性作出描述。同时，证明标准也具有主观性，它存在于人们心中。"无论对证明标准的内容如何进行描述，任何一种表达都可以说只是一种形容或比喻。这是因为作为衡量认识程度或状态的基准，证明标准看不见、摸不着，它只是人们心目中一种共通的理解或认识。"[1]

最后，证明标准具有层次性。无论是大陆法系国家还是英美法系国家，对于证明标准的设定都呈现出层次性的多元化特征。例如，在大陆法系德国，针对不同的证明对象，证明标准被确定为原则性证明标准、降低的证明标准与提高的证明标准三个等级。再如，在美国的民事诉讼中，证明标准亦被分为两个等级，其中，优势证据标准适用于大部分民事案件实体事实的证明；清楚和有说服力的证明标准则用于如欺诈一般的特定事实的证明，"许多司法区要求，民事欺诈案或可能涉及刑事行为的民事案件的主张，要用清晰且令人信服的证据加以证明。"[2]

二、证明标准的设定

科学、合理地设定证明标准，必须考虑如诉讼性质、诉讼阶段、证明对象、证明责任等与其相关的特定因素，这些因素对于多元化、层次化的证明标准的设立产生着重要的影响。

（一）诉讼性质与证明标准的设定

刑事诉讼、民事诉讼以及行政诉讼理应适用不同的证明标准，这既是由不同诉讼之性质，也是由不同诉讼之目的所决定的。刑事诉讼解决的是犯罪嫌疑人、被告人是否犯罪、应否处以刑罚以及如何处罚的问题，其结果往往是犯罪行为人的人身权、财产权甚至生命权被限制或剥夺；民事诉讼主要解决当事人之间的权利义务纠纷，其责任承担往往只涉及公民的财产权；行政诉讼则主要审查具体行政行为的合法性。相较而言，刑事诉讼对当事人权利的影响较之民事诉讼与行政诉讼更大。也正因如此，在诉讼目的上，刑事诉讼更强调发现案件事实真相，而民事诉讼更侧重于解决争议，行政诉讼则限定为对具体行政行为合法性的审查。上述诉讼性质与诉讼目的之差异，决定了立法本身对于刑事

---

[1] 王亚新：《对抗与判定：日本民事诉讼的基本结构》，清华大学出版社 2002 年版，第 214 页。

[2] ［美］艾伦（Allen, R. J.）、库恩斯（Kuhns, R. B.）、斯威夫特（Swift, E.）：《证据法：文本、问题和案例》，张保生、王进喜、赵滢译，高等教育出版社 2006 年版，第 808 页。

诉讼的证明应当比民事诉讼和行政诉讼中的证明更为严格，证明标准也应更高。[1]

从其他国家和地区的立法及司法实践来看，在不同的诉讼中适用不同的证明标准并不鲜见。如在英美法系国家，刑事案件的证明标准要求达到"排除合理怀疑"的标准，而普通民事案件，只要求达到"盖然性占优势"的标准，对于某些特殊类型的案件，则采用"明晰可信"的证明标准，此一证明标准处于普通民事案件与刑事案件的证明标准之间，虽较之普通民事案件的证明标准要高，但仍不及刑事案件的证明标准。

（二）诉讼阶段与证明标准的设定

从域外国家和地区的证据立法规范来看，在不同的诉讼阶段针对不同的事项适用不同证明标准实属较为普遍的现象。例如，在美国证据法上，依证明所需的确定性程度，证明标准由高到低被划分为如下九个层次：①绝对确定——由于认识论的限制，关于绝对确定的标准，一般认为无法达到；②排除合理怀疑——为刑事案件作出定罪裁判所应达到的证明标准，也是诉讼证明的最高标准；③清楚和有说服力的证明——适用于某些民事案件以及某些管辖法院对死刑案件中保释请求的驳回；④优势证据——适用于多数民事案件以及刑事诉讼中被告人的肯定性抗辩；⑤合理根据——适用于逮捕令状的签发、无证逮捕、搜查及扣留、抗诉书和起诉书的发布、缓刑及假释的撤销，以及对公民逮捕的执行；⑥有理由的相信——适用于阻截和搜身；⑦有理由的怀疑——无罪释放被告人的充足理由；⑧怀疑——适用于调查的开始；⑨无线索——不足以采取任何法律行为。[2]

本书认为，在不同的诉讼阶段设定不同的证明标准有其合理性。一方面，不同诉讼阶段的诉讼任务不同。以刑事诉讼为例，侦查阶段的直接任务主要是收集证据、抓获犯罪嫌疑人。因此，在该阶段只需对案件事实进行初步的证明，足以查获犯罪嫌疑人并对其采取相应的强制措施即可。起诉阶段的主要任务是确定能否将犯罪嫌疑人交付审判的问题。在此阶段，只需公诉机关认为具有定罪的较大可能性即可提起公诉。而审判阶段是整个刑事诉讼的中心阶段，将集中并最终确定对被告人的定罪量刑问题。因此，在该阶段中，应力求对有关被告人刑事责任的案件事实进行全面而充分的证明，并达到较高的证明标准。另

---

〔1〕 参见陈光中主编：《证据法学》，法律出版社 2019 年版，第 345 页。

〔2〕 参见《美国联邦刑事诉讼规则和证据规则》，卞建林译，中国政法大学出版社 1996 年版，第 22 页。

一方面，不同的诉讼阶段对认识的要求不同，对案件事实的证明也必须遵循认识论的一般原理，逐步地、渐进地由感性上升到理性认识。从证明标准的角度来考察，也必然是由低到高，逐步达到定案所要求的标准。在侦查的初始阶段，一般只有很少的证据，很难对案件作出完全正确的判断，受认识阶段的局限性，在该阶段不宜设立过高的证明标准。而案件经过审查起诉和审判之后，司法工作人员已对全案的证据材料进行了审查判断，并去粗取精，去伪存真，使得对案件事实的认识从感性阶段上升到理性阶段。此时，要求达到较高的证明标准才具有实现的可能。[1]

（三）证明对象与证明标准的设定

从证明对象来看，大陆法系国家普遍将刑事诉讼的待证事实分为实体法事实和程序法事实，从而将证明区分为严格证明和自由证明，即不同的证明对象适用不同的证明标准。其中，运用诉讼法规定的法定证据方法（证人、当事人等），经过法律规定的证据调查程序进行的证明称为严格证明，而运用除此之外的证据方法，不受法律规定的约束而进行的证明称为自由证明。一般而言，严格证明主要适用于关于刑罚权是否存在及其范围的实体法事实；而自由证明的对象则仅限于程序事实，尤其是涉及诉讼要件的相关事实。[2]

（四）证明难易程度与证明标准

随着社会经济的发展，以消费者权益纠纷、医疗事故纠纷、环境污染纠纷为代表的新型纠纷不断出现。而在此类新型纠纷的诉讼之中，一方当事人处于明显的弱势地位，同时面临着证据匮乏、取证不易等困难。据此，两大法系国家普遍通过采取举证责任倒置与适用相对较低的证明标准等方式保障弱势人群的诉讼利益。以德国为例，《德国民事诉讼法典》第 287 条第 2 款规定，如果通过各种方法（如调查证据、进行鉴定、询问举证人等）去阐明一切有关情况需要花费大量的人力、物力或存在其他困难，法院便可自行决定不进行证据调查，仅依自由心证作出判断即可。[3]在实践层面，德国联邦最高法院则对某些医疗纠纷、交通事故等纠纷通过举证责任倒置和表见证明[4]的方式努力减轻被害人

〔1〕 参见陈光中主编：《证据法学》，法律出版社 2019 年版，第 346 页。
〔2〕 参见张保生主编：《证据法学》，中国政法大学出版社 2023 年版，第 360-361 页。
〔3〕 参见德国贝克出版社编：《德意志联邦共和国民事诉讼法》，谢怀栻译，中国法制出版社 2001 年版，第 70 页。
〔4〕 所谓"表见证明"可以被理解为一种增强法官心证的方式，它依经验法则使法院对一些不明的事实状态更易获得心证。参见陈荣宗：《举证责任分配与民事程序法》，三民书局 1984 年版，第 61 页。

的负担。此外，在英国和美国，依待证事实发生概率之高低调整证明标准的方法也日益受到重视，而我国学界在这一方面的研究则稍显不足。[1]

三、证明标准的价值与功能

在诉讼活动中，诉讼程序如何进行、诉讼措施如何采取，特别是司法裁判如何作出，都涉及证明标准问题。正如有学者言："证明标准既是证明理论的核心，又是证据制度的灵魂，构成指引整个证明活动的灯塔。有了证明标准……证明活动就有了方向，有了目标位，有了归宿点。"[2]法律对于证明标准之设定，既规制当事人的证明活动，也作用于公安司法机关的取证、认证或裁判行为。概括而言，证明标准的价值与功能主要体现在如下四个方面。

第一，指引功能。诚如英国证据法学家摩菲所言："证明标准是指证明责任被卸除所要达到的范围和程度，它实际上是在事实裁判者的大脑中证据所产生的确定性或可能性程度的衡量标尺；也是负有证明责任的当事人最终获得胜诉或所证明的争议事实获得有利的事实裁判结果之前，必须通过证据使事实裁判者形成信赖的标准。从证明责任的履行来看，证明标准是证据质量和证明力的测试仪。"[3]作为当事人履行证明责任的灯塔，证明标准代表了一种努力，以期指示当事人凭借证明标准，明确证明目标，知悉何时应当举证，何时可以暂停举证，于证明主体在证明活动中履行证明责任、进行证明活动发挥着指导和规范的作用。

第二，量化功能。"作为法律对于案件真相之揭示程度所划定的最低底线，证明标准的设定可以指示事实的发现者：我们的社会认为他们要达到何种程度的信念才能做出正确的事实结论。"[4]事实审理者可以借以量化和评判事实真伪，达到了此标准，在法律上即认为待证事实得到了证明。

第三，平衡功能。证明标准的这一功能主要体现在刑事诉讼中。在刑事诉讼中，就实质性能力而言，辩护方和公诉方在诉讼能力、诉讼资源以及诉讼条件等方面皆存在严重的失衡，控辩双方之间的平等只是一种形式上的平等，而

---

[1]　参见陈光中主编：《证据法学》，法律出版社2019年版，第345-346页。

[2]　裴苍龄：《新证据学论纲》，中国法制出版社2002年版，第480页。

[3]　转引自牟军：《民事证明标准论纲——以刑事证明标准为对应的一种解析》，载《法商研究》2002年第4期。

[4]　In re Winship, 397 U. S. 358（1970）（哈兰法官的赞同意见）。

并非真正意义上的实质平等。[1]为最大限度地克服控辩平等对抗的形式性及表面性，两大法系国家普遍要求刑事诉讼中的证明责任一般由控方承担，并为控方设定了较高的证明标准，用以保证刑事诉讼的正义天平在诉讼的起点上人为地向辩护方倾斜，从而保持诉讼构造的平衡与合理，实现诉讼程序的公平与公正。

第四，制约功能。"一切有权力的人都容易滥用权力，这是万古不易的一条经验。"[2]在刑事诉讼中，立案、强制措施、移送审查起诉、提起公诉和定罪的证明标准，既体现了对国家刑事司法权限制的宽严，又体现了对被追诉者权利保障的强弱。证明标准设定之高低、宽严在一定情况下影响着刑事案件的立案、强制措施、起诉和裁判。证明标准设置得越高，对国家刑事司法权的限制也就越严格，对犯罪嫌疑人、被告人人权的保障也就越充分。相反，证明标准设置得越低，对国家刑事司法权的限制也就越宽松，对犯罪嫌疑人、被告人人权的保障也就越不充分。[3]

第二节　刑事诉讼的证明标准

一、英美法系国家的刑事诉讼证明标准

"排除合理怀疑"（beyond reasonable doubt）是英美法系国家所普遍采用的刑事有罪证明标准，其本身建立在 17 世纪神学家、哲学家、历史学家对可能性、确定性、真实的本质、知识的来源作以大量研究的基础上。此一证明标准，最早产生于 18 世纪末 19 世纪初。1824 年，英国学者史塔克率先主张刑事诉讼中的证明标准应当是"具有道德上的确定性以至于排除所有的合理怀疑"。此后，"排除合理怀疑"的证明标准首先在死刑案件中使用，随后逐步扩大到所有的刑事案件，成为英美法系国家刑事案件中认定被告人有罪时的通用证明标准。

关于什么是"排除合理怀疑"，立法未做明确规定。《布莱克法律词典》将其含义解释为"所谓排除合理怀疑，是指全面的证实、完全的确信或者一种道德上的确定性，这一词汇与清楚、准确、无可置疑这些词相当。在刑事案件中，

---

[1] 步洋洋：《刑事庭审实质化路径研究》，法律出版社 2018 年版，第 38 页。

[2] 转引自［法］孟德斯鸠：《论法的精神》（上册），张雁深译，商务印书馆 1961 年版，第 184 页。

[3] 潘金贵主编：《证据法学》，法律出版社 2022 年版，第 301 页。

被告人的罪行必须被明确到排除合理怀疑的程度方能成立，意思是，被证明的事实必须通过它们的证明力使罪行成立。""'排除合理怀疑'的证明，并不排除轻微可能的或者想象的怀疑，而是排除每一个合理的假设，除非这种假设已经有了根据。它是'达到道德上确信'的证明，是符合陪审团的判断和确信的证明，作为理性的人的陪审团成员在根据有关指控犯罪是有被告人的证据进行推理时，是如此确信，以至于不可能作出其他合理的推论。"[1]

　　关于"排除合理怀疑"这一证明标准的含义，英国著名法官丹宁勋爵指出："证明标准必须得到妥适的确定。尽管这种标准不必达到绝对的肯定性，但却必须具有相当高的盖然性程度。排除合理怀疑的证明并不意味着此种证明已没有丝毫可疑的影子。如果不利于某人的证据非常有力，而有利的可能性甚微，那么，此种可能性也可由这样的判决加以消除，即'当然，它是可能的，但一点也不确实'。倘若如此，此案的证明已达到了排除合理怀疑的程度。但任何小于此种程度的证明都不够充分。"[2]英国的一个判例也说道："合理的怀疑就是当你在处理一件你自己重要的事情时你能允许它这样或那样来影响你作出决定的怀疑。"[3]在美国，人们通常习惯于引用马萨诸塞州首席大法官肖恩在"韦伯斯特谋杀帕克曼案"中的说法来解释排除合理怀疑："在对全部证据进行完全的比较和思量之后，在陪审员脑海中留下的印象是，他们不能说他们感觉到，对于指控的事实真相，有必要将被告人予以定罪，达到如此的确定……证据必须将事实证明到理性和盖然性的确定性——这是一种能够说服和指示理解能力，并且满足理性和判断力的确定性……只有这样我们才能说达到了排除合理怀疑的证明标准。"[4]即所谓的排除合理怀疑绝非凭空的猜测或推断，而是关注"被告人事实上无罪的现实可能性"。

　　作为一种抽象的、并不十分明确的概念、标准，"排除合理怀疑"也时常受到质疑甚至批判。戈德勋爵就曾明确指出："指示陪审团什么是'合理怀疑'，是一件很'不幸'的事，因为解释什么是'合理怀疑'以及什么不是'合理怀疑'是非常困难的。"在他看来，告诉陪审团"合理怀疑"不是臆想的怀疑，这并没有给他们真正的指导，告诉陪审团"合理怀疑"是引起他们犹豫不决的迟

---

〔1〕　Bryan A. Garner, Black's Law Dictionary (9th ed.), West Publishing Co, 2009, p. 1380.

〔2〕　参见［英］丹宁勋爵：《法律的界碑》，刘庸安、张弘译，群众出版社1992年版，第131页。

〔3〕　Walter v. R. (1969) 2 A. C. 26, PC.

〔4〕　Commonwealth v. Webster, 59 Mass (5 Cush) 295, 1850.

疑，其实也没有给出一个特定的标准；一个陪审员可能会说，他对某件事还有犹豫，另一个陪审员则可能会说，他对此事实毫无犹豫。[1] 基于此，戈德勋爵建议适用其他用语用以表达有罪证明标准，但由于没有一个更适当的标准或用语替代排除合理怀疑，所以此一标准仍然维持着它原来的地位。[2]

二、大陆法系国家的刑事诉讼证明标准

大陆法系国家刑事诉讼的有罪证明标准是"内心确信"，在证据法理论中又常被概括为"高度盖然性"，用以指代法官在听取并审查了全部证据之后，必须在内心形成一种确信的程度，并根据此种理性的、真诚的确信判决案件。关于内心确信的内涵，《法国刑事诉讼法典》第353条将其表述为："重罪法庭退庭之前，庭长应当宣读以下训言，并用大号字体书写张贴在评议室最明显的地点；法律不责问法官形成确信的理由，也不规定他们应当特别依据全部足够证据的规则；法律仅规定法官必须平心静气、集中精神、自行思考、自行决定，本着诚实、本着良心、依其理智，寻找针对被告及其辩护理由所提出之证据产生的印象。法律只向法官提出一个概括了法官全部职责范围的问题：你们已有内心确信之决定吗？"

从历史发展的维度进行考察，1808年，法国在其颁布的世界上第一部刑事诉讼法典中，最先确立"内心确信"的证明标准。随后，德国在其1877年刑事诉讼法典中采用了此一证明标准后，通过帝国裁判所的判例逐渐形成了"高度盖然性"的公式，即有罪认定除要求法官的诚实、良心和基于此而产生的有罪的内心确信外，还要求通过证据在量和质上的积累而使待证事实达到客观的"高度盖然性"。[3] 而从大陆法系国家及地区的有关立法规定来看，内心确信证明标准之确立与法官的"自由心证"密不可分，即法官通过对证据的审查判断所形成的那种内心确信为"心证"，当这种"心证"达至深信不疑或者排除合理怀疑的程度便形成确信。大陆法系自由心证制度的实质内容，就是对于各种证据的真伪、证明力的强弱以及认定案件事实方式，法律概不作出详尽的规定，它没有英美法系证据法中那些诸多的排除规则和例外规则，而是全数凭悉法官

---

[1] See Heydon, Evidence（Cases And Material），Butterworths，1975，p. 33.

[2] 陈光中主编：《证据法学》，法律出版社2019年版，第349页。

[3] 这里的"高度盖然性"，可以从两个方面加以理解：一是在公开的法庭上通过对证据的提出和调查以及当事人客观状态所反映出来的要证事实的明白性和清晰性；二是法官对这种客观状态的认识，即证据的客观状态作用于法官的心理过程而使其达到的确信境地。

依据"良心"和"理性"来判断证据，不设定任何限制和框架。[1]

　　由于大陆法系国家及地区实行完全的自由心证，因此在自由心证的范围内，无论法官作出何种认定，均不产生违反法律的问题。法官为了形成心证而采用的有关资料也并不仅限于经过有目的的调查所取得的证据资料，而是包括在审理过程中当事人所表现出来的各种态度和状况在内的全部意旨。从某种意义上来讲，证明标准几乎完全受自由心证的制衡。[2]例如，在法国的刑事诉讼中，"法官以完全的自由来评判向其提出的证据之价值，这既适用于预审法庭，也适用于审判法庭。而在刑事审判法庭中，自由心证制度不仅适用于重罪法庭，同样也适用于轻罪法庭和违警罪法庭。"《德国刑事诉讼法典》第261条"自由心证"规定，"对证据调查的结果，由法庭根据它在审理的全过程中建立起来的内心确信而决定。"《俄罗斯刑事诉讼法典》第17条要求，"法官、陪审员以及检察长、侦查员、调查人员根据自己基于刑事案件中已有全部证据的总和而形成内心确信，同时遵循法律和良知对证据进行评价。"《日本刑事诉讼法》第318条也规定"证据的证明力由审判官自由判断"，其最高法院判例认为"在刑事审判中，'证明是犯罪'就是存在'高度盖然性'。但是'盖然性'并不能否定相反事实存在的可能性，应当切记，在观念上强调盖然性是很可能导致错误判决的。因此，上述所说的'高度盖然性'必须达到不允许相反事实存在的程度，'证明构成是犯罪的证明'必须达到这种程度才是可信的判断。"[3]

　　需要明确的是，内心确信的形成是自由的，但却不是恣意的，其以证据和具有说服力的推理证明为基础，并受到证据裁判原则的制约。"法官在行使司法裁判权的时候，并非代表其自身，而是代表法律的逻辑去实施诉讼行为。在对社会控制的司法裁判权配置中，立法机关实际上比法官更早地拥有了对于犯罪事实的裁断权，因为作为事实裁判者的法官正是在证据法规则、法庭程序规则、实体裁判规则等立法规则的框架基础上，对案件事实进行回溯性的重组和抽象，而这些以证据、法规等为基本要素的裁判规则恰恰构成了法官自由裁量的界限，最大限度地减少了法官的恣意。"[4]

〔1〕　卞建林、谭世贵主编：《证据法学》，中国政法大学出版社2019年版，第477页。
〔2〕　［日］兼子一、竹下守夫：《民事诉讼法》，白绿铉译，法律出版社1995年版，第107页。
〔3〕　日本最高法院判例昭和四十八，载《判例时报》第725号，第104页，转引自［日］田口守一：《刑事诉讼法》，刘迪、张凌、穆津译，法律出版社2000年版，第223页。
〔4〕　参见周光权：《行为评价机制与犯罪成立——对犯罪构成理论的扩展性思考》，载《法学研究》2000年第3期。

三、两大法系国家刑事诉讼证明标准之比较分析

（一）两大法系国家刑事诉讼证明标准的区别

关于刑事诉讼的证明标准，大陆法系国家采取的"内心确信"的证明标准和英美法系国家奉行的"排除合理怀疑"的证明标准的确存在一定的差异。首先，在表达方式上，"内心确信"或"高度盖然性"从正面阐释证明标准之含义，而"排除合理怀疑"则从反面阐释证明标准之含义。其次，"内心确信"的表达方式更为强调证明标准的主观方面，而"排除合理怀疑"的表达方式则更为强调主观方面和客观方面的平衡。再次，从证明标准的划分依据来看，英美法系主要根据可能性或确定性的不同，偏重于从诉讼阶段上进行划分，证明标准成为不同诉讼阶段的主导者对案件进行实体处理（逮捕、搜查、起诉、定罪等）的尺度，其刑事诉讼的证明标准亦因此被划分为以绝对确定、排除合理怀疑、清楚和有说服力的证明、优势证据、有合理根据、有理由的相信、有理由的怀疑、怀疑、无线索为内容的逐步递减的九等；而大陆法系国家证明标准之设定则主要根据证明的方式及法官内心确信程度之不同，偏重于从证明对象进行划分，证明标准主要立足于审判程序。[1] 相应地，在大陆法系国家自由心证的证据制度下，法官的心证通常被划分成四个等级：微弱的心证；盖然的心证；盖然的确实心证、必然的确实心证。其中有罪判决的证明标准为必然的确实心证，即法官须以提交庭审辩论并经各方当事人自由争论的材料作为形成内心确信的依据。[2]

（二）两大法系国家刑事诉讼证明标准的联系

在承认两大法系国家刑事诉讼证明标准差异的前提下，我们也应当看到，大陆法系国家所采取的"内心确信"标准与英美法系国家奉行的"排除合理怀疑"标准亦具有某些共性，具体表现在：首先，两大法系国家的刑事证明标准，其证明程度都是要求接近真实，而不是达到真实。其次，两种证明标准在实质内容上具有一致性，两者均将出于良知或真诚形成，是合理的，也是理性的信念确信作为对于事实审理者所应当达到的证明程度的基本要求。再次，两种证

---

[1] 参见熊秋红：《对刑事证明标准的思考——以刑事证明中的可能性和确定性为视角》，载《法商研究》2003年第1期。

[2] 参见陈卫东、刘计划：《关于完善我国刑事证明标准体系的若干思考》，载《法律科学》2001年第3期。

明标准都不是完全主观和任意的，二者都要求具有据以形成确信的证据基础。最后，两种证明标准均要求事实审理者在认定事实的时候达到深信不疑的程度，而当出现疑问时，则实行"存疑当有利于被告人"的原则。

本书认为，大陆法系国家的"内心确信"标准与英美法系国家的"排除合理怀疑"标准相互依存，它们实为互为表里的两种表述，确信无疑是证伪，内心确信是证实。要达到"内心确信"就必须排除合理的怀疑，也只有"排除了合理怀疑"，才能够形成真正的内心确信。[1] 诚如日本学者田口守一所说："高度盖然性"（内心确信）的标准是双重肯定的评价方法，"无合理的怀疑"的证明标准是排除否定的评价方法。两者是同一判断的表里关系。[2]

四、我国刑事诉讼的证明标准

（一）现行《刑事诉讼法》下不同诉讼阶段的证明标准

根据我国刑事诉讼法的规定，公诉案件大体上要经过立案、侦查、起诉和审判等阶段，具体又包括立案、逮捕、移送审查起诉、提起公诉和判决等若干主要环节。由于诉讼阶段不同，证明主体与证明对象不同，相应的证明标准也有所差异，我国现行《刑事诉讼法》下的证明标准因应诉讼阶段之不同而不尽相同，具体规范如下：

1. 立案的证明标准。《刑事诉讼法》第112条规定，人民法院、人民检察院或者公安机关"认为有犯罪事实需要追究刑事责任的时候，应当立案；认为没有犯罪事实，或者犯罪事实显著轻微，不需要追究刑事责任的时候，不予立案"。

2. 逮捕的证明标准。我国《刑事诉讼法》第81条第1款规定："对有证据证明有犯罪事实，可能判处徒刑以上刑罚的犯罪嫌疑人、被告人，采取取保候审尚不足以防止发生下列社会危险性的，应当予以逮捕……"因此，检察机关批准决定或者人民法院决定逮捕犯罪嫌疑人、被告人，证明标准应当达到"有证据证明有犯罪事实"的要求。对于何为"有证据证明有犯罪事实"，公安部《规定》第134条作了界定："是指同时具备下列情形：（一）有证据证明发生了犯罪事实；（二）有证据证明该犯罪事实是犯罪嫌疑人实施的；（三）证明犯罪嫌疑人实施犯罪行为的证据已有查证属实的。前款规定的'犯罪事实'既可以

---

〔1〕 参见魏虹：《论我国刑事证明的最高标准之重构》，载《法学论坛》2007年第3期。

〔2〕 ［日］田口守一：《刑事诉讼法》，刘迪、张凌、穆津译，法律出版社2000年版，第223页。

是单一犯罪行为的事实，也可以是数个犯罪行为中任何一个犯罪行为的事实。"最高检《规则》第 128 条第 2、3 款也作了类似规定。由此可见，逮捕对证据的要求高于立案的证明标准，但并不需要达到"犯罪事实清楚，证据确实、充分"的程度。

3. 侦查终结的证明标准。《刑事诉讼法》第 162 条规定："公安机关侦查终结的案件，应当做到犯罪事实清楚，证据确实、充分……移送同级人民检察院审查决定……"

4. 提起公诉的证明标准。《刑事诉讼法》第 176 条规定："人民检察院认为犯罪嫌疑人的犯罪事实已经查清，证据确实、充分，依法应当追究刑事责任的，应当作出起诉决定，按照审判管辖的规定，向人民法院提起公诉……"

5. 有罪判决的证明标准。《刑事诉讼法》第 200 条第 1 项规定："案件事实清楚，证据确实、充分，依据法律认定被告人有罪的，应当作出有罪判决"。对于"案件事实清楚，证据确实、充分"的具体标准，《刑事诉讼法》第 55 条第 2 款作了细化的规定，即"证据确实、充分，应当符合以下条件：（一）定罪量刑的事实都有证据证明；（二）据以定案的证据均经法定程序查证属实；（三）综合全案证据，对所认定事实已排除合理怀疑。"

（二）我国刑事诉讼有罪证明标准的理解与适用

我国《刑事诉讼法》第 200 条第 1 项的规定："案件事实清楚，证据确实、充分，依据法律认定被告人有罪的，应当作出有罪判决"。明确重申了我国刑事有罪判决的证明标准，即"案件事实清楚，证据确实、充分"。

所谓案件事实清楚，是指认定事实的司法人员对定罪量刑的有关事实和情节已经查清楚或认识清楚，这是从主观状态上说的；而所谓证据确实、充分，则是对证据质和量的综合要求，是实现司法人员对案件事实认识清楚的客观基础。证据确实，即每个证据都必须是客观真实的，并且具有客观的关联性，这是对证据在"质"方面的要求；证据充分，则是指一切定罪量刑的事实都有证据证明，而且证据的数量足以确定性地认定案件事实，即证明案件真实情况的证据必须达到一定"量"的程度。

我国立法采用"犯罪事实清楚，证据确实、充分"作为有罪判决的证明标准并非偶然，而是经过长期的发展。在我国封建社会时期，立法就十分重视对案件事实真相的查明，强调认定案件事实必须做到"无疑""审理明白"。到了新民主主义革命时期，中国共产党的革命政权实行实事求是的作风和路线，具体到司法实践中即要求在查明案件事实真相的基础上作出相应的裁判。新中国成立以后，司法工作的优良传统得到保持和发扬，相关文件中继续强调"取得确凿的证据""查明确实与客观事实相符"。[1] 此后，我国于 1979 年制定的《刑事诉讼法》明确将证明标准确立为"犯罪事实清楚，证据确实、充分"，表明了查明案件事实真相的目标和决心。

司法实践证明，"案件事实清楚，证据确实、充分"的证明标准基本上是正确的、可行的，但由于此标准过于笼统，司法工作人员往往难以把握，增加了证明标准的适用难度。为在刑事司法实践中准确适用证明标准，增强其可操作性，2012 年《刑事诉讼法》使用"排除合理怀疑"来对"证据确实、充分"进行细化解释，使之成为我国有罪证明标准的重要补充。依据现行《刑事诉讼法》第 55 条第 2 款之规定，"证据确实、充分，应当符合以下条件：（一）定罪量刑的事实都有证据证明；（二）据以定案的证据均经法定程序查证属实；（三）综合全案证据，对所认定事实已排除合理怀疑。"

关于立法的细化规定，可以从如下角度进行理解：

首先，"定罪量刑的事实都有证据证明"，这既是证据裁判原则的体现，也是认定"证据确实、充分"的基础，其本身属于对证明标准在证据量上的要求。按照此规定，对犯罪构成要件等相关事实和影响量刑的各种情节都要有相应的证据证明，即为证明被告人犯罪，控诉方需要提出证据证明犯罪事实已经发生、被告人实施了犯罪行为以及犯罪行为的具体情节，被告人的身份与刑事责任能力、被告人的罪过以及共同犯罪中被告人的地位和作用等。

其次，"据以定案的证据均经法定程序查证属实"，这是对作为证明依据而提出的证据转化为定案依据的要求，其本身属于对证明标准在证据质上的要求。此项规定，既包括对证据真实性之要求，还包括对程序正义的相关要求。"据以定案的证据"指证据必须能够证明案件事实，突出的是证据的关联性。而"经法定程序"是对证据能力的要求，强调的是证据的合法性，要求凡是作为认定案件事实的证据都应当经过法律规定的程序进行调查或查证；"查证属实"则是指证据应当符合客观真实性标准，即只有经过检验、核实的证据才能作为认定案件事实的依据，既强调了用以定案的证据是查证属实的结果，又强调了对各种证据查证属实的过程。

最后，"综合全案证据，对所认定事实已排除合理怀疑"，这是对证据综合审查判断的标准，即运用逻辑规则、经验法则对全案证据进行综合判断和推理，

---

[1]　参见陈光中：《陈光中法学文选（第一卷）》，中国政法大学出版社 2010 年版，第 643—646 页。

对所认定的案件事实达到排除合理怀疑的程度。[1]这项要求将我国传统的"证据确实、充分"与西方的"排除合理怀疑"相结合，以"排除合理怀疑"来补充和解释"证据确实、充分"，将"证实"和"证伪"相结合，"论证"与"反驳"相结合，既保留、沿袭了我国传统的表达方式，符合中国国情；又有借鉴吸收"排除合理怀疑"的排除法认知方式，兼融主、客观因素为一体，不仅增强了刑事诉讼证明标准的可操作性，具有重要的方法论意义，同时体现出我国刑事证明标准由强调客观向主客观相并重结合的发展趋势。[2]

需要注意的是，不宜简单地将"排除合理怀疑"理解成"证据确实、充分"的全部内容。一方面，应当承认，"排除合理怀疑"是认定案件事实达到证据确实、充分的必要条件。只有综合全案证据，对案件事实的证明达到排除合理怀疑的程度，才能达到"证据确实、充分"的标准。另一方面，应当看到，"排除合理怀疑"并不是"证据确实、充分"的全部内容，"排除合理怀疑"仅是"证据确实、充分"标准项下的一项具体衡量标准，其与"案件事实清楚，证据确实、充分"一起，共同组成了我国刑事诉讼有罪判决的证明标准。在我国刑事诉讼法中，"证据确实、充分"的标准包含着"排除合理怀疑"。

还需注意的是，2018年10月26日，十三届全国人大常委会第六次会议作出关于修改《刑事诉讼法》的决定，在法律上正式确立了认罪认罚从宽制度。[3]作为我国刑事诉讼制度体系的一部分，认罪认罚从宽制度之下的程序简化并不意味着证明标准的降低，此类案件仍需适用我国现行《刑事诉讼法》下的证明标准。不应也不能因犯罪嫌疑人、被告人自愿认罪认罚而降低证明标准，用以昭示出法治中国建设路上刑事立法与刑事司法所具有的人权司法保障功能。而就这点而言，2018年《刑事诉讼法》所增设的"缺席审判程序"的证明标准亦当如是。

五、我国刑事诉讼证明标准的完善路径探讨

从前述关于刑事诉讼证明标准的立法规定中可以看出，依据刑事诉讼的不

---

[1] 参见卞建林、张璐：《我国刑事证明标准的理解与适用》，载《法律适用》2014年第3期。

[2] 在部分学者看来，"案件事实清楚，证据确实、充分"的证明标准只侧重对证明标准的客观层面进行描述，而忽视了对事实审理者内心确信程度的主观层面的描述，缺乏操作性。"参见陈瑞华：《刑事证据法学》，北京大学出版社2012年版，第260页。

[3] 《刑事诉讼法》第15条规定："犯罪嫌疑人、被告人自愿如实供述自己的罪行，承认指控的犯罪事实，愿意接受处罚的，可以依法从宽处理。"

同阶段划分，我国刑事立法在形式层面规定了旨在针对不同诉讼阶段的不同证明标准。但是，仔细研读便可发现，我国现行刑事立法下的侦查终结、提起公诉与有罪判决的证明标准在实质上近乎一样，都是"犯罪（案件）事实清楚，证据确实、充分"，刑事证明标准在我国现行立法规范下存在着明显的"一元化"的倾向。根据客观真实与法律真实相结合的理念、司法实践中证明标准的运用经验，以及域外国家和地区关于刑事证明标准层次化的有益经验，本书认为，我国刑事立法亦应当逐步建立多元化的证明标准体系，这不仅符合刑事司法实践诉讼证明逐步深入的现实，也与侦查、检察、审判机关在刑事诉讼不同阶段的不同诉讼任务相契合。

首先，在多元化刑事证明标准的设立问题上，刑事立法至少应当考虑如下以下几个因素：其一，应符合诉讼证明的规律。由于不同的证明过程有着不同的证明任务，因而应当适用不同的证明标准，即使是同一诉讼过程，案件的实体事实与程序事实的证明标准也应有所不同。其二，要将查明事实真相同其他价值目标的实现结合起来。既要实现司法公正，又要注意人权保障及提高司法效率、降低诉讼成本等。其三，应当为大多数诉讼所能达到。如果设置标准过多，就会造成可望不可即的结果，因为诉讼证明受时空限制和司法资源的限制。其四，必须是明确、可操作的证明标准，不能将证明标准理解为一种应然模式或理想状态。

其次，关于不同层次的证明标准的具体规范构建，本书认为：其一，在是否存在犯罪事实和被告人是否实施了犯罪行为的关键问题上，必须做到案件事实清楚，证据确实、充分，以避免冤案错案的发生。其二，基于证明的难易以及刑事政策的考量，对某些犯罪事实可以依法采取有确定根据的推定。其三，就程序事实与实体事实的证明标准而言，前者可以适用比后者相对较低的证明标准。在这一点上，可以借鉴域外经验，对程序事实适用"盖然性占优势"或"高度盖然性"标准。

最后，在多元化刑事证明标准的具体规范内容上，本书认为，当下我国立案阶段的证明标准——"有犯罪事实需要追究刑事责任"的规定是适当和可行的，可以继续沿用。侦查终结的证明标准似有过高之嫌，与案件所处的诉讼阶段所要达到和所能达到的诉讼认识有所不符，因而应当适当降低，可以修改为：侦查机关"认为犯罪事实清楚，有定罪的可能"。如此规定，既与侦查的认识阶段与证明过程相符，又便于实践操作。为与审判阶段有罪的证明标准相区别，检察机关提起公诉的证明标准可以规定为：检察机关认为"犯罪事实清楚，足以作出有罪判决"。如此规定，既能够保证起诉的有效性，提高公诉的效率，又得以将公诉的证明标准定位于侦查和审判的证明标准之间，契合诉讼证明不断深入的认识规律。而对于审判阶段有罪判决的证明标准，可以沿用我国《刑事诉讼法》第 200 条第 1 款第 1 项"案件事实清楚，证据确实、充分"的证明标准。[1]

第三节 民事诉讼的证明标准

一、英美法系国家的民事诉讼证明标准

在英美法系国家，民事案件与刑事案件适用不同的证明标准，理论上将其称为"证明标准的二元制"。与刑事诉讼要求控方对被告人的指控必须达到"排除合理怀疑"程度的标准不同，民事诉讼的证明标准相对宽松，只要达到"或然性权衡"或"盖然性（概率）优势"的标准即可。英国通常将民事证明标准表述为"盖然性占优势"（preponderance of probability），美国则通常表述为"优势证据"（preponderance of evidence）。

在"米勒诉年金及国民保险大臣案"中，英国大法官丹宁勋爵表明了民事诉讼证明标准与刑事诉讼证明标准的区别。在谈及民事案件的证明标准时，丹宁勋爵指出："在可能性上，它必须达到合理的程度，这不像刑事案件所要求达到的那么高。如果证据能够使法院裁决说：'我们认为它存在的可能性大于它不存在的可能性'，该证明负担也就卸去了，但如果两种可能性的大小一样，证明负担就没有得到卸除。"[2]英国证据法学家彼德·摩菲也认为："在民事案件中，证明标准无非是要求'或然性权衡'和'盖然性占优势'的标准，也就是说，足以表明案件中负有法定举证责任的当事人就其主张的事实上的真实性大于不真实性。"[3]

关于"盖然性"，《现代汉语词典》将其解释为：有可能但又不是必然的性质。丹宁勋爵对盖然性所作的解释是："如果证据能够让审理者认为'我们宁信

---

〔1〕 参见魏虹主编：《证据法学》，中国政法大学出版社 2015 年版，第 246 页。

〔2〕 Rupert Cross, D. C. L. & Nancy Wilkins, *An Outline of the Law of Evidence*, Butterworths & Co. Ltd., 1964, p. 33.

〔3〕 Peter Murphy, A Practical Approach to Evidence, Blackstone Press Limited, 1992, p. 105.

其有，而不信其无'，那么当事人的证明责任就可以卸除。但如果两种盖然性势均力敌，则没有达到要求。"[1]

而所谓"盖然性占优势"，按照英美法系国家学者的通常理解则是指："凡于特定事实之存在有说服负担之当事人，必须以证据之优势确立其存在。法官通常解说所谓证据之优势与证人多寡或证据数量无关，证据之优势乃在其使人信服的力量。有时并建议陪审团，其心如秤，以双方当事人之证据分置于其左右之秤盘，从而权衡何种有较大之重量。"[2]如果证明责任的承担者所提供的证据在总体上的分量上高出对方当事人或者更为可信，用百分比来表达的话，就是双方当事人证据的分量或者可信度形成了51%和49%的对比关系，那么，证明责任承担者便完成了他的证明责任；相反，如果双方当事人提供的证据分量相等或者反证者的证据分量更高，那么，证明责任承担者便要承受败诉的结果。盖然性占优势的证明并不是说哪一方的证据在数量上占优势即可胜诉，而是看哪一方的证据在总体上对案件事实的证明程度更好，也就是质量更高。[3]

在理解"盖然性占优势"或"优势证据"的证明标准时，需要注意如下的两个问题：一是"盖然性占优势"或"优势证据"的证明标准仍具有模糊性。一方面，何谓"优势证据"？这在英美法上是一个非常微妙且难以解释的问题。在陪审团审理的案件中，法官要在举证结束时向陪审团解释"优势"的含义，但常常感到难以解释，即使竭尽全力作了适当的诉讼指示，陪审团也未必能够获得真正的理解。[4]另一方面，即使一方提出少量证物而另一方不提出任何证据，前者也不一定能够胜诉，因为他的主张可能具有某些内在的不可能性。即如霍夫曼所言一般："放在天平上的分量不是证据的数量而是由证据产生的盖然性以及案件的全部环境决定的。"[5]二是"盖然性占优势"或"优势证据"的证明标准并不意味着在所有的案件中只要一方当事人证明其主张有51%的可能性就可以胜诉。在英美法系国家，"盖然性占优势"或"优势证据"的证明标准亦具有一定的弹性，证明标准会随着争议案件事实的严重程度而发生变化，争议事实越严重，要求的盖然性程度也就越高。正如罗纳德·沃克所指出的那样：

---

[1] Miller v. Minister of Pensions (1947) All ER 372.

[2] [美] Edmund M. Morgan：《证据法之基本问题》，李学灯译，我国台湾地区"教育部"1982年版，第48页。

[3] 樊崇义主编：《证据法学》，法律出版社2017年版，第291-292页。

[4] 潘金贵主编：《证据法学》，法律出版社2022年版，第310-311页。

[5] 沈达明编著：《英美证据法》，中信出版社1996年版，第46页。

"无论是民事还是刑事案件，法官和陪审团所关心的皆是：所证明的情况是否使之信服。如果所述主张性质严重，要使法官信服，自然要求更高的证明程度。"[1] 也正因为如此，美国的民事证据立法还规定了一种适用于特殊民事案件的证明标准，即"明晰可信"或曰"明确的及令人信服"。此标准是美国联邦法院在 1966 年的一起驱逐出境案件中确立的，而这类特殊的民事案件从实质上来说即为行政案件。因此，"盖然性占优势"或"优势证据"的证明标准并不是英美法系国家所有民事案件的证明标准，而是适用于普通民事案件的最低限度的证明标准。

二、大陆法系国家的民事诉讼证明标准

在大陆法系国家，"内心确信"的证明标准不仅适用于刑事诉讼，同时适用于民事诉讼，均以达到高度的盖然性为基本要求。所谓高度盖然性，即根据事物发展的高度概率进行判断的一种认识方法，是人们在对事物的认识达不到逻辑必然性条件时不得不采用的一种认识手段。具体而言，就是在证据无法达到确实充分的情况下，如果一方当事人提出的证据已经证明事实的发生具有高度盖然性，法官即可予以确认。[2] 德国学者以刻度盘为例对高度盖然性标准下的"盖然性"作以描述：假定刻度盘两端为 0% 和 100%，将刻度盘两端之间分为四个等级：1%-25% 为非常不可能，26%-49% 为不太可能，51%-74% 为大致可能，75%-99% 为非常可能。其中 0% 为绝对不可能，100% 为绝对肯定，50% 为可能与不可能同等程度存在。据此，民事诉讼的证明标准应当确定在最后一个等级，即在穷尽了可以获取的所有证据之后，如果仍然达不到 75% 的证明程度，则应当认定案件事实不存在；超过 75% 的，则应当认定事实存在。[3] 此即大陆法系国家和地区在民事诉讼中所普遍采用的高度盖然性的证明标准。

大陆法系国家和地区将高度的盖然性作为其民事案件的证明标准有其特定的制度成因，实与大陆法系各国在证据评判上实行的自由心证制度以及职权主义的诉讼模式密切相关。一方面，自由心证制度在证明标准的问题上体现为"高度盖然性标准"，即依据日常经验可能达到的那样高度，疑问即告排除，产

---

[1] [英] 罗纳德·沃克：《英国证据法概述》，王莹文、李浩译，西南政法学院诉讼法教研室 1984 年印制，第 77 页。

[2] 韩象乾主编：《民事证据理论新探》，中国人民公安大学出版社 2006 年版，第 386-387 页。

[3] [德] 汉斯·普维庭：《现代证明责任问题》，吴越译，法律出版社 2000 年版，第 108-109 页。

生近似盖然性的可能；另一方面，在大陆法系国家的职权式诉讼模式下，法官对于事实的认定并非着眼于双方当事人通过证据加以攻击和防御，从而使一方以优势证据的明显效果导致案件事实自动暴露出来，而是主要由法官对各种证据的调查、庭审活动的开展所直接形成的一种心证，当这种心证在内心深处达到相当高度时，便促使法官对某一案件事实的认定。[1]

但是，需要明确的是，基于两类诉讼的性质差异，大陆法系国家民事诉讼和刑事诉讼对于盖然性的程度要求有所不同，民事诉讼对于"盖然性"的要求在实质上是低于其刑事诉讼的。

三、我国民事诉讼的证明标准

（一）现行《民事诉讼法》及其司法解释下的证明标准

关于民事诉讼的证明标准，我国现行《民事诉讼法》并未作出明确规定，而是通过 2014 年 12 月 18 日通过的最高院《民诉解释》予以明确，其具体规范如下：

1. 一般证明标准：最高院《民诉解释》第 108 条规定："对负有举证证明责任的当事人提供的证据，人民法院经审查并结合相关事实，确信待证事实的存在具有高度可能性的，应当认定该事实存在。对一方当事人为反驳负有举证证明责任的当事人所主张事实而提供的证据，人民法院经审查并结合相关事实，认为待证事实真伪不明的，应当认定该事实不存在。法律对于待证事实所应达到的证明标准另有规定的，从其规定。"

2. 特殊证明标准：最高院《民诉解释》第 109 条规定："当事人对欺诈、胁迫、恶意串通事实的证明，以及对口头遗嘱或者赠与事实的证明，人民法院确信该待证事实存在的可能性能够排除合理怀疑的，应当认定该事实存在。"

（二）我国民事诉讼证明标准的理解与适用

从两大法系国家的民事诉讼证明标准来看，在民事诉讼中针对不同的证明对象通常适用不同的证明标准，如对于某些程序性事实普遍适用较低的证明标准，而对于那些一旦被证明，将给当事人的利益造成重大损害的待证事实则普遍适用较高的证明标准。以德国和日本为例，德日两国在民事诉讼的证明标准上存在"证明"和"疏明"之分。基于此理念，我国最高院《民诉解释》对于不同的待证事实规定了不同的证明标准。

---

[1] 参见刘善春、毕玉谦、郑旭：《诉讼证据规则研究》，中国法制出版社 2000 年版，第 631–632 页。

一方面，最高院《民诉解释》第 108 条从本证和反证相互比较的角度出发对盖然性规则进行描述。本证证明活动的目的在于使事实审理者对待证事实的存在与否形成内心确信，这种内心确信应当满足证明评价的最低要求，即法定的证明标准——"高度可能性"。而反证的证明活动，其目的在于动摇事实审理者对本证所形成的内心确信，使其达不到证明评价的最低要求。因此，对于反证而言，其证明的程度要求相比本证要低，只需要使待证事实陷于真伪不明即可。该条解释对于本证与反证的证明标准和要求的规定非常明确，对待证事实负有举证责任的当事人所提出的本证，需要使事实审理者的内心确信达到"高度可能性"，即中国式表达的高度盖然性程度才能被视为完成证明责任；反证则只需要使本证对待证事实之证明陷于真伪不明的状态即达到目的。在适用该条解释时，需要注意的是，无论本证还是反证，对其证明效果的判断，都应当在依照法定程序和要求的所有证据均提供的情况下，结合全部证据作以综合判断。

另一方面，出于建立多层次民事诉讼证明标准体系、与民事实体法相衔接等目标，也鉴于欺诈、胁迫、恶意串通涉及对一方或他人合法权益的损害，而口头遗嘱和赠与属于特殊民事法律行为的本质，最高院《民诉解释》第 109 条对于欺诈、胁迫、恶意串通以及对口头遗嘱或者赠与这 5 类特殊待证事实的证明，设立了较高的证明标准，要求达到"能够排除合理怀疑"的程度，以防止对合法权益人造成任意侵害。尽管在该解释之前的司法解释未考虑证明标准的层次性而作出多元化的规定，但我国的民事实体法却已然存在要求提高或降低证明标准的相关规定，实体法上所使用的"足以""显失公平"等表述，均反映出立法者对于此类待证事实拔高证明标准的意图。该条解释主要是根据民事实体法之规定，将欺诈、胁迫、恶意串通、口头遗嘱与赠与事实的证明标准予以提高。具体理解与适用如下：

1. 欺诈、胁迫。意思表示真实的前提是意思的形成自由和意思的表示自由，而欺诈、胁迫行为系在意思表示形成和表示过程中欠缺自由甚至完全不自由，属于《民法典》规定的可撤销的行为。

2. 恶意串通。行为人与相对人恶意串通，损害他人合法权益的民事法律行为无效。表意人与相对人通谋实施虚伪的意思表示，系专为侵害他人合法权益。不仅表意人单方面了解自己的表示是虚伪的，而且相对人也了解这一情况，相互勾结，恶意通谋。

3. 口头遗嘱。遗嘱的法定形式有五种：公证遗嘱、自书遗嘱、代书遗嘱、录音遗嘱和口头遗嘱。其中，口头遗嘱是指遗嘱人口头表述的，而不以任何方式记载的遗嘱。我国《民法典》第 1138 条规定遗嘱人在危急情况下，可以立口头遗嘱。口头遗嘱应当有 2 个以上见证人在场见证。危急情况消除后，遗嘱人能够以书面或者录音录像形式立遗嘱的，所立的口头遗嘱无效。

4. 赠与。赠与是指一方当事人将自己的财产无偿给予他方，他方受领该财产的行为。赠与合同系无偿合同、单务合同和诺成合同，自当事人意思表示一致时成立。赠与的动产所有权自交付起转移，不动产所有权依法定不动产权利转移方式而转移。[1]

从最高院《民诉解释》的既有规定来看，现行司法解释对于降低证明标准的情形未有规定。为与两大法系国家的民事诉讼证明标准相衔接，本书认为，未来的民事诉讼立法应当基于实体事实影响当事人的权利义务，而程序性事实不影响当事人权利义务的考量，针对程序事实和实体事实，作出不同的证明标准规范，使前者的证明标准要低于后者的证明标准，即通过明确程序性事实适用降低的证明标准从而减少当事人运用诸如回避、不公开审理、保全等程序申请之困难，彰显诉讼程序在保障公正的前提下对于诉讼效率的价值追求。[2]

第四节 行政诉讼的证明标准

一、两大法系国家行政诉讼的证明标准

在英美法系国家，"几乎所有关于行政法的案件都是民事的，其为刑事诉讼的对称。"[3]因此，一般而言，英美法系国家只存在两种基本的证明标准，一种是刑事案件的排除合理怀疑标准，另一种是民事案件的盖然性占优势（或称优势证据）标准，而没有明文规定的行政诉讼证明标准。尽管并无成文的行政诉讼证明标准，但从英美法系国家的司法实践来看，实践中还可能派生出一种介于两者之间的标准，此种高于一般的优势证据、低于排除合理怀疑的证明标准，在诸如限制人身自由等民事案件（相当于我国行政案件的司法审查案件）中适

---

〔1〕 张保生主编：《证据法学》，中国政法大学出版社 2018 年版，第 374 页。

〔2〕 2017 年《民事诉讼法》第 44 条规定审判人员与本案当事人或诉讼代理人有其他关系，"可能影响对案件公正审理的"，这里的"可能"一词，即表明属于降低证明标准的情形。参见沈德咏主编：《最高人民法院民事诉讼法司法解释理解与适用（上）》，人民法院出版社 2015 年版，第 361 页。

〔3〕 孔祥俊：《最高人民法院〈关于行政诉讼证据若干问题的规定〉的理解与适用》，中国人民公安大学出版社 2002 年版，第 251 页。

用。此外，在 1966 年的一起驱逐出境的案件中，美国联邦法院还曾确立了"清楚的、明确的和令人信服的标准"。对于这一证明标准，美国联邦最高法院的解释是："由于该案涉及公民的基本权利的严重剥夺，并会给相关公民的生活造成立竿见影的障碍，如果仅适用较低的盖然性优势标准，则显得有失法律的严肃性，并显得轻率，故而应当适用新的证明标准。"有学者认为，实际上，这类特殊的民事案件，从实质上说就是行政案件。[1]

在美国，"清楚的、明确的和令人信服"的证明标准主要适用于特殊民事诉讼，即涉及如下内容的民事诉讼：欺诈、不当影响、生前口头契约、灭失遗嘱的内容、口头契约的履行、书面协议事项的撤销或变更、因欺诈或疏忽或不合格而发生的行政行为等。在诸如驱除出境和剥夺国籍等案件中，"清楚的、明确的和令人信服的"证明标准似乎更接近于排除合理怀疑的证明标准，而在民事羁押程序中，这一证明标准则更接近于优势证据标准。

在大陆法系德国，由于民事诉讼与行政诉讼的交叉影响，行政诉讼的证明标准则是类似于民事诉讼的，即以高度盖然性为内容的证明标准。具体来讲，德国行政诉讼的证明标准一般分为两种：一种是高度盖然性的证明标准，也即一般行政诉讼的证明标准；另一种是在特殊情形下降低的证明标准。由于行政诉讼案件的案情千变万化，尤其是被告行政机关拥有强大的实力，要求所有诉讼证明都达到高度盖然性不仅是有相当难度的，而且有时也是没有必要的。因此，当行政诉讼的性质接近于刑事案件时，则要求适用较高的证明标准，即高度盖然性证明标准；而当行政诉讼的性质接近于民事案件时，则没有必要要求适用很高的证明标准。是故，高度盖然性的证明标准在德国的司法实践中根本无法作为统一的证明标准，实践中最常见的就是适用降低的证明标准。而适用降低的证明标准主要有两种方式：其一，立法明文降低证明标准，即通过立法的方式来降低诉讼证明标准，例如，《德国财务法院法》规定："稽征机关无法调查或者计算课税基础时，应估计之。估计课税基础时，应斟酌一切对估计具有重要性之情形。"这个估计其实就是一种对一般证明标准的降低。其二，法院通过司法解释予以降低，即通过法院判决来降低证明标准。这种方式主要适用于存在证明困境的案件，[2]并已成为目前德国行政法院常用的做法。

---

[1] 参见樊崇义主编：《证据法学》，法律出版社 2017 年版，第 292 页。
[2] 典型的存在证明困境的案件有：根据联邦赔偿法，受纳粹迫害的受害人提出的赔偿请求；根据难民庇护法向德国寻求庇护的事由；根据联邦难民救助法关于是否为德国属民的认定等。

二、我国行政诉讼法关于证明标准的规定、理解、适用与重构

我国现行《行政诉讼法》没有关于证明标准的明确条款，但能够从相关法律条文中推导出相应的立法本意，归纳概括出我国行政诉讼证明标准的基本内容。例如，《行政诉讼法》第 69 条规定："行政行为证据确凿，适用法律、法规正确，符合法定程序的，或者原告申请被告履行法定职责或者给付义务理由不成立的，人民法院判决驳回原告的诉讼请求。"第 89 条第 1 款规定："人民法院审理上诉案件，按照下列情形，分别处理：（一）原判决、裁定认定事实清楚，适用法律、法规正确的，判决或者裁定驳回上诉，维持原判决、裁定；（二）原判决、裁定认定事实错误或者适用法律、法规错误的，依法改判、撤销或者变更；（三）原判决认定基本事实不清、证据不足的，发回原审人民法院重审，或者查清事实后改判；（四）原判决遗漏当事人或者违法缺席判决等严重违反法定程序的，裁定撤销原判决，发回原审人民法院重审。"

关于行政诉讼的证明标准，学界的看法不尽相同。有学者认为，我国行政诉讼中的证明标准实与刑事诉讼一样，即"案件事实清楚，证据确实充分"；[1]还有学者认为，行政诉讼的证明标准应当介于"案件事实清楚，证据确实、充分"与"优势证明标准"之间。而且在行政诉讼中，实体法事实和程序法事实是两种不同性质的事实，它们的证明标准也应当不同。前者适用严格证明的标准，后者用自由证明的标准。同时应当根据诉讼阶段的不同设立不同的证明标准。[2]

本书认为，行政诉讼的证明标准兼有刑事诉讼证明标准与民事诉讼证明标准的成分。概括而言，就被告承担行政行为合法性的证明责任角度来说，被告之证明需要达到《行政诉讼法》第 69 条的"证据确凿"的较高证明标准，此标准相当于刑事诉讼"案件事实清楚、证据确实、充分"的证明标准。而从原告的角度来看，对授益性行政行为，或者要求被告履行职责，原告需要证明的事实和一些程序性事实，则仅需达到"理由成立"的较低证明标准，其至多相当于民事诉讼的"优势证据"标准。从这个意义上来说，刑事诉讼和民事诉讼的证明标准分别构成了行政诉讼证明标准的两个极端，行政诉讼的证明标准处于刑事诉讼"案件事实清楚，证据确实、充分"的标准与民事诉讼"高度盖然性"

---

〔1〕 高家伟：《行政诉讼证据的理论与实践》，工商出版社 1998 年版，第 172 页。
〔2〕 参见樊崇义主编：《证据法学》，法律出版社 2017 年版，第 294 页。

的标准之间，具有明显的灵活性、中间性和审查性。

所谓灵活性，用以指代行政诉讼证明标准与行政案件的具体性质和严重程度成比例关系，案件越是重大复杂，证明标准越是更高；所谓中间性，则是指在行政诉讼中，当事人权利义务的不等程度处于中间位置，介于民事诉讼当事人之对等关系与刑事诉讼当事人之权利义务关系不等的最高程度之间；而审查性则是指有关具体行政行为的证明标准，既是被告履行说服责任的证明标准，也是人民法院审查被诉具体行政行为合法性或合理性的证明标准。同一证明标准，对被告来说是证明标准，对人民法院来说则是审查标准，这是由行政诉讼本身所具有的司法审查性决定的。[1]

在行政诉讼中，证明标准由各类行政行为的不同性质、行政诉讼案件涉及客体的多样性和广泛性所决定，本书认为，行政立法应当基于行政诉讼证明标准的特点，建构多元化的行政诉讼证明标准体系，即针对不同的案件事实设定不同的证明标准。具体而言：

1. 当行政机关的行政行为对原告的人身权、财产权等基本权利有重大影响时，适用"案件事实清楚，证据确实、充分"的证明标准，如行政拘留，限制人身自由，财产查封、扣押、冻结等。此情形下行政行为合法性之证明，直接关系到相对人的人身、财产权益，因而需要适用更为严格的证明标准。

2. 紧急处置行为的证明标准应当降低，只要有合理的理由证明行政机关应当采取紧急处置措施，法官就应当认定其合法性。在紧急状态下或者突发事件中，行政机关必须立即采取行动，否则可能带来重大的不可弥补的后果。在这些情况下，法律不可能要求行政机关从容、全面地进行调查证据、审核认定证据，进而对事实作出判断。基于这类行政行为采取的紧迫性和重要性，对其适用较低的证明标准有利于维护公共利益，提高行政效能，因而其证明标准应当低于正常情形。

3. 其他情形，适用明显证据优势标准。"案件事实清楚，证据确实、充分"的标准有利于引导法官认定客观事实，防止其主观臆断。但不可否认的是，在诉讼中，受各方面条件，如认识时间、认识主体的水平、认识手段等因素的影响或限制，客观真实标准很难实现。因此，当被诉行政行为对原告的人身权、财产权等基本权利有重大影响时，应当适用较为严格的证明标准；但在被诉行政行为对原告权利的影响不属于那些基本权利时，就应当适用较低的证明标准，

---

〔1〕 参见卞建林、谭世贵主编：《证据法学》，中国政法大学出版社2019年版，第512页。

即明显证据优势标准。[1]

练习案例

1994 年 6 月 12 日深夜，美国著名黑人橄榄球明星辛普森的前妻妮科尔及其男友戈尔德曼于洛杉矶的豪华住宅里被人谋杀、经鉴定二人都是被利器割断喉咙致死，死亡时间为当天晚上 10 点左右。案发后凌晨，4 名警察部侦探对辛普森的住所进行了调查。随后侦控机关获取了大量的能够证明辛普森犯罪的有力证据，辛普森因此被捕并起诉到法院，随后展开了"美国的世纪审判"。

控方主要证据有：①在辛普森的"野马"牌吉普车门上有辛普森、妮科尔和戈尔德曼的头发；②在妮科尔的尸体上有辛普森的头发；③谋杀现场滴落的血迹和在辛普森住宅发现的手套上的血迹和血酶都与辛普森的相同；④在犯罪现场发现的血脚印与辛普森尺寸相同等。

辩方主要质疑：①警察局长布歇直接调派在血迹遍布的第一杀人现场（妮科尔的住宅）勘察的 4 位白人警官前往辛普森住宅调查；②警方用妮科尔公寓的被单盖住尸体，使得尸体上找到的物证的来源存在其他可能性；③在从尸体采集毛发和纤维样本前，尸体已经被移动；④四位警官在无搜查证的情况下非法搜查辛普森住宅，且进行搜查的警察菲利普·范耐特对事实"轻忽、毫不在意"；⑤警官将在辛宅发现的血手套带到第一犯罪现场；⑥采血样者之一是实习警察，以前没承担过这样的任务；⑦采血的样本数量在一些环节上缺少对应的记录；⑧警长携带辛普森的血样逗留第一犯罪现场达 3 个小时之久，1.5cc 血液去向不明等。

案件经过审理，由 12 人组成的陪审团（其中有 8 名非裔美国人、2 名西班牙裔美国人、1 名美国印第安人和 1 名白种人）作出认定，控方的证据没有达到"排除合理怀疑"的程度，宣布辛普森无罪。但在其后的民事审判中，基于同样的证据，法院却认定辛普森对本案负有"责任"，判决其对死者家属进行巨额赔偿。

问题：

1. 在该案中，陪审团基于控方证据未能达到"排除合理怀疑"的程度，宣告辛普森无罪，其做法是否正确？

2. 结合刑事诉讼法的相关知识，选择评析辩方质疑的根据及合理性。

---

[1] 陈光中主编：《证据法学》，法律出版社 2019 年版，第 376 页。

3. 法院基于同样的证据，作出结果不同的刑事判决与民事判决的原因是什么？

➡ **思考题**

1. 什么是证明标准？证明标准与证明责任的关系如何？

2. 辨析"排除合理怀疑"和"内心确信"证明标准的异同。

3. 评析我国刑事诉讼证明标准的内容、形成、理解与完善。

4. 简述对于我国民事诉讼、行政诉讼证明标准的理解与适用。

第
十
八
章

证明过程

⟹**学习指导**

通过本章学习，应当理解和掌握证据收集与保全的概念、特征及其原则、方法等，重点是证据开示和举证时限、证据的审查判断的内容等，学习的难点在于掌握不同证据种类所要求的审查判断方法、内容之间的差异。

第一节　证据的收集与保全

证据收集，是查明案件事实或证明自己诉讼主张的前提，也是案件办理的必经阶段；证据保全，是对证据的固定和保护，其目的是保证证据的完整性和真实性，而不被人为地破坏或者自然灭失，其针对的是有可能湮灭、伪造、变造、藏匿或碍难使用的情形。[1] 证据的收集与保全是完成证明任务、实现证明过程的基础，是正确办理刑事、民事和行政诉讼案件的首要工作。

一、证据收集与保全的概念及特征

（一）证据收集的概念及特征

证据收集即取证，是指为查明特定的案件事实或证明自己的诉讼主张，公安、司法机关以及其他证明主体，按照法律规定的方法、手段和程序，发现、采集和提取与案件有关的各种证据材料的活动。根据法律规范与司法实践，证据收集通常具有以下四个特征。

1. 证据收集的目的具有明确性。不同证明主体有着不同的证明任务，其证据收集的重点也就有所不同。三大诉讼因案件的性质及类型不同，所需要运用

---

[1]　贾志强、闵春雷：《刑事证据保全制度研究》，载《理论学刊》2011 年第 10 期。

证据证明的案件事实范围有所不同，因而证明主体在收集证据的过程中，应当根据法律的规定明确收集证据的范围和步骤，凡是法律规定的要件事实，都需要相应的证据去证明。每个诉讼主体只有按照法律的规定，有目的、有计划地收集证据，才能完成所担负的证明任务，实现诉讼主张或诉讼目的。

2. 证据收集的主体具有广泛性。在我国三大诉讼中，证据收集既是公安、司法机关运用证据、认定案件事实的基础工作，也是履行法律赋予其职权的活动。在刑事诉讼中，公安机关、人民检察院、人民法院均有权利收集证据。而民事诉讼中、行政诉讼中，人民法院可以依职权、申请调取与本案有关的证据。同时，我国诉讼中的其他证明主体有权收集证据。对于在诉讼中承担证明责任的当事人、诉讼代理人、辩护人而言，进行收集证据的活动不仅体现为一种权利活动，也是履行自己证明责任所必需的诉讼活动。

3. 证据收集的方式具有法定性。合法性是证据的属性之一，证据收集必须按照法律的规定进行。在诉讼证明活动中，证据收集的主体必须遵循法律规定的方法、手段及程序，才能保障有关公民的人身权利和民主权利不受侵犯。依据法律规定，在刑事诉讼中，证据的收集可采用各种合法的侦查和调查手段进行，例如，严禁刑讯逼供等非法方法收集证据，否则非法证据就要依法被排除；在民事、行政诉讼中，证据也只能通过合法调查的方法取得。

4. 证据收集的对象有待核实。可以用于证明案件事实的材料，都是证据。因此，一切可能与案件有关的事实材料，即证据材料，都是证据收集的客体或者对象。但证明主体所收集的各种证据材料在最终经过人民法院审查判断之前，一般表现为"有待核实、确认"的状态，只有经过人民法院审查、核实的证据材料，才能作为认定案件事实的证据加以使用。例如，《刑事诉讼法》第61条规定："证人证言必须在法庭上经过公诉人、被害人和被告人、辩护人双方质证并且查实以后，才能作为定案的根据……"

（二）证据保全的概念及特征

证据保全，是指在证据可能灭失或者以后难以取得的情况下，有关主体在证据收集时、诉讼前或诉讼中用一定的形式将证据固定下来，加以妥善保管，以便公安司法人员或律师在分析、认定案件事实时使用。只有对证据保全的概念有一个正确的宏观认识，我们才能在刑事诉讼领域对刑事证据保全有一个准确的把握。[1] 证据保全具有以下三个特征：

---

[1] 贾志强、闵春雷：《刑事证据保全制度研究》，载《理论学刊》2011 年第 10 期。

1. 证据保全主体的特定性。证据保全的主体是公安司法机关、行政执法机关和公证机关。在刑事诉讼中，对公诉案件，公安机关和检察机关基于法定的职责，可以采取一定的侦查措施，对可能灭失或者以后难以取得的证据进行保全。人民法院对于刑事附带民事诉讼的民事部分也可以采取证据保全措施。在民事诉讼和行政诉讼中，人民法院可以根据当事人的申请或者依照职权采取证据保全措施，以固定证明一定案情的证据，确保诉讼的顺利进行。在行政执法程序中，行政机关认为证据可能灭失或者以后难以取得时，可以依职权或者应当事人申请采取先行登记保存措施。同时，证据保全是国家公证机关的一项业务，公证机关根据当事人的申请，在诉讼前通过公证的方式预先将某项证据确定下来，人民法院对于经公证保全的证据，除非有相反证据足以推翻外，应当确认其真实性。

2. 证据保全条件的该当性。证据保全作为一项保证证据完整和真实，不被破坏或灭失的保护性措施。证据是否需要采取，通常必须具备两个条件：其一，要保全的证据必须有灭失或者以后难以取得的可能性；其二，要保全的证据必须与本案的证明对象具有关联性，也就是说该证据能够证明本案的待证事实。

3. 证据保全措施的合法性。我国三大诉讼法对证据保全有一系列具体的规定，证据保全既可以依职权实施，也可以依申请采取。同时，对于证据保全的程序要求，相关法律都有明确规定，例如，根据民事诉讼法规定，人民法院进行证据保全，可以根据具体情况，采取查封、扣押、拍照、录音、录像、复制、鉴定、勘验、制作笔录等方法。

二、证据收集与保全的原则与方法

(一) 证据收集与保全的原则

证据收集与保全关系到诉讼能否顺利进行，公民合法权利能否全面保障，其地位与作用至关重要。为了保证证据收集与保全顺利进行和取得成效，根据我国三大诉讼法和有关司法解释的规定以及司法实践经验的总结，证据的收集与保全必须遵循以下原则：

1. 合法性原则。合法性原则，是指在证据收集与保全时必须按照法律规定的程序、权限和要求进行。合法性是证据的法律属性，它要求证据的取证主体、取证方法和取证程序都须符合法律规定。无论是主体不合法、形式不合法，还是程序不合法的证据，都存在一个利益衡量的问题。[1] 为了保证证据材料的客观真实和防止取证程序违法所带来的权益侵害，使证据收集的诉讼活动客观、公正和有效，我国三大诉讼法及有关的法律对证据收集的步骤、方法、手续、手段和权限都有明确的规定，对违反合法性原则而收集和保全证据的行为都有相应的制裁措施。

2. 全面客观原则。全面客观原则，是指收集证据与保全证据时，应当从客观实际情况出发全面收集客观存在的证据材料。具体来讲，就是侦查、检察和审判等人员在证据收集与保全时，既不能以主观想象代替客观事实，也不能按主观需要去收集证据，更不能弄虚作假去伪造证据；既要收集和保全正面的支持性证据材料，也要收集和保全反面的排除其他可能性的证据材料；既要收集和保全对当事人有利的证据，也要收集和保全对当事人不利的证据。

3. 秘密保守原则。秘密保守原则，是指公安司法机关及行政执法机关在证据收集的活动中，对于国家秘密、商业秘密和个人生活隐私等，应当注意保密，不得扩散和传播。保守秘密其实是对公安司法机关、行政执法机关及其工作人员的特殊要求。无论是刑事、民事还是行政诉讼案件，在证据的收集与保全时，对于涉及国家秘密、商业秘密和个人生活隐私等的证据都应当注意保密。

（二）证据收集与保全的方法

在诉讼证明活动中，案件的性质、证据的种类以及证明主体的身份不同，证据收集与保全的方法也就不同。因此，应当根据不同证据的特点，有针对性地采取收集与保全方法，以保证证据的证明价值不因提取方法不当而有所减损。根据法律规定和司法实践的经验，证据收集与保全的主要方法包括：

1. 提取原物或制作模型。提取原物主要适用于可以并且便于移动的物证、痕迹载体、书证和视听资料。在诉讼活动中，应当以提交或提取原物为原则，只有在提供原物、原件和原始载体确有困难时，才可以提供与原物、原件和原始载体核对无误的复制件、照片、录像、复印件、节录本等。制作模型是无法提取原物时，近似于提取原物的方法。例如，当存在立体感较强的痕迹物证而又无法提取原物时，可采用制模提取法，即通过制作模型来提取证据材料，这种方法主要用于各种立体痕迹物证。还有主要用于各种平面痕迹物证提取的粘印提取法，即通过粘贴、吸附等方法来提取痕迹物证。

2. 询问（讯问）并制作笔录。询问（讯问）是最基本、最常用的言词证据

---

[1] 谢登科：《电子数据的取证主体：合法性与合技术性之间》，载《环球法律评论》2018 年第 1 期。

的收集与保全方法。通过询问（讯问），可以获取当事人、证人、鉴定人等对有关案件事实的言词证据。司法实践中常见的固定保全方法是制作询问笔录或者讯问笔录。依据法律规定，询问（讯问）、制作笔录有一定的程序要求，如询问、讯问必须由 2 个以上侦查人员、检察人员或者审判人员进行，笔录制作后须交给被询问人或者被讯问人阅读或向其宣读，被询问人或者被讯问人可以要求补充、改正，记录无误或者补充、改正后，被询问人或者被讯问人都应当签名。

3. 勘验、检查并制作笔录。勘验、检查是指侦查人员或审判人员等对与案件有关的场所、物品、尸体、人身等进行勘查和检查，以发现、收集和固定能够证明案件事实的各种痕迹和物品的侦查活动。按照目前我国证据学理论的通说，勘验、检查笔录属于实物证据，因为"它不是对人的语言表述的记载，而是对勘验过程以及勘验过程中所发现的物证情况的固定。"[1] 勘验可以用于刑事、民事、行政诉讼证据的收集与保全的许多场合，勘验的对象一般为与案件有关的场所、物品和尸体。勘验通常包括现场勘验、物证检验、尸体检验等。检查是刑事诉讼中，为了确定被害人、犯罪嫌疑人的某些特征、伤害情况或者生理状态而依法对人身进行查验的活动。

4. 搜查并制作笔录。搜查是指在刑事诉讼中，侦查人员、检察人员依法对犯罪嫌疑人以及可能隐藏罪犯或者罪证的人的身体、物品、住所和其他有关地方进行搜寻、检查的行为。搜查的对象既可以是犯罪嫌疑人，也可以是可能隐藏犯罪证据的人员。搜查的范围，既包括有关犯罪或留有犯罪证据的建筑物、住宅，也包括犯罪嫌疑人的人身以及隐藏罪犯、罪证的其他场所如车船等。为保证搜查的正当性，搜查主体一般要出示搜查证。搜查应当制作笔录，以固定和保全有关的证据材料，保证通过搜查获取的证据的来源合法、客观、真实。需要注意的是，搜查笔录应记载以下内容：①搜查笔录必须有搜查人员和见证人的签名或者盖章；②对于搜查中发现的证据种类、数量等，必须如实予以记载；③必要时可以拍照、录像；④搜查笔录要对搜查时间、地点、对象、范围等予以准确记载。[2]

---

[1] 董坤：《行、刑衔接中的证据问题研究——以〈刑事诉讼法〉第 52 条第 2 款为分析文本》，载《北方法学》2013 年第 4 期。

[2] 王敏远、祁建建：《电子数据的收集、固定和运用的程序规范问题研究》，载《法律适用》2014 年第 3 期。

5. 查封、扣押并制作笔录。查封是对涉案的动产或不动产就地封存、贴上封条，不允许任何机关和个人使用和处分，以防止转移隐匿或毁损丢失，等待进一步查处的证据收集与保全方法；扣押是指侦查人员或审判人员等依法强行提取、扣留和封存与案件有关的物品、文件的行为。查封与扣押区别在于：查封一般是对不可移动的财物就地封存，而扣押是将可移动的财产转移于办案机关的控制下。查封、扣押受到法律强制性限制较多，例如，与案件无关的财物、文件，不得查封、扣押；对于查封、扣押的财物、文件，要妥善保管或者封存，不得使用、调换或者损毁；对查封、扣押的财物等财产，经查明确实与案件无关的，应当迅速解除查封、扣押。

6. 辨认并制作笔录。辨认是指侦查机关或司法机关为查明案件事实而组织安排熟悉或了解辨认对象特征的人对与案件有关的人、物、场所等进行辨别、指认或确认的活动。辨认是司法实践中很多案件都采用的证据收集方法，辨认的主体通常就是案件中的当事人和证人。辨认的对象可以是与案件有关的人，也可以是与案件有关的物品或场所。辨认具有双重性，即它不仅可以作为收集证据的方法，也可以作为检验证据的方法。前者如被害人从许多物品中辨认出与犯罪行为有关的物证，就是将辨认作为收集证据的一种方法来使用的；后者如在法庭调查过程中，当事人对于出示的物证是否与案件有关进行的辨认，起到的就是验证证据真伪的作用。另外，辨认人的陈述和辨认过程的笔录，往往可以成为案件中的证据。

7. 鉴定。鉴定是指具有专门知识和技能的人员，接受公安机关、人民检察院、人民法院的指派或聘请，或接受诉讼当事人及其律师的委托，对案件中某些专门性问题进行检验、分析、鉴别和判断的活动。鉴定意见也是言词证据，但较之当事人和普通证人，鉴定人具有中立性和专业性，因此，对于案件有关专门性问题的解决，鉴定意见具有重要作用。而且，由于证据法发展的科学化趋势，鉴定意见在诉讼中的作用日益凸显。[1] 鉴定的主体是有关的鉴定机构以及负责鉴定的人员。司法鉴定包括以下主要类别：法医病理鉴定、法医临床鉴定、法医精神病鉴定、法医物证鉴定、法医毒物鉴定、司法会计鉴定、文书司法鉴定、痕迹司法鉴定、微量物证鉴定、计算机司法鉴定、建筑工程司法鉴定、声像资料司法鉴定、知识产权司法鉴定等，根据上述鉴定内容而出具的鉴定意见是主要的证据形式。由于鉴定既能够揭示证据的特性，又能够印证证据的真

---

[1] 龙宗智：《刑民交叉案件中的事实认定与证据使用》，载《法学研究》2018 年第 6 期。

伪，因此是刑事、民事及行政诉讼中许多案件经常使用的证据收集与保全方法。

8. 实验及有关笔录。实验是司法实践中证据的收集与保全方法之一，也是验证案件证据的重要措施。该方法在刑事诉讼中称为侦查实验，是指为了确定和判明与案件有关的某些事实或者行为在某种条件下能否发生或者怎样发生，而由侦查人员进行的按照原有条件对该事实或情节进行的一种模拟实验活动。除了刑事诉讼中的侦查实验外，在其他种类的案件中也可能有需要用这种再现性实验方法来查明事故的原因或验证当事人、证人的陈述，如行政执法机关在依法执行行政职权做出具体行政行为时，常借此获取必要的证据。有关人员将实验过程和结果应当制作笔录，实验笔录是固定和保全证据及其线索的方法之一。

9. 技术侦查。技术侦查是刑事诉讼中收集和保全证据的方式。技术侦查是采取一定科学技术手段获取与案件有关信息、证据和追捕犯罪嫌疑人等侦查行为的总称。当前技术侦查措施主要指监听、窃听、秘密录像、秘密搜查、邮件检查等多种形式。《刑事诉讼法》第150条对技术侦查的适用机关、适用案件类型和适用程序等进行了明确规定："公安机关在立案后，对于危害国家安全犯罪、恐怖活动犯罪、黑社会性质的组织犯罪、重大毒品犯罪或者其他严重危害社会的犯罪案件，根据侦查犯罪的需要，经过严格的批准手续，可以采取技术侦查措施。人民检察院在立案后，对于利用职权实施的严重侵犯公民人身权利的重大犯罪案件，根据侦查犯罪的需要，经过严格的批准手续，可以采取技术侦查措施，按照规定交有关机关执行。追捕被通缉或者批准、决定逮捕的在逃的犯罪嫌疑人、被告人，经过批准，可以采取追捕所必需的技术侦查措施。"信息化社会的发展日新月异，随着一些高科技监控手段迅速进入刑事侦查领域，公民的基本人权也面临越来越大的威胁。[1] 因此，在司法实践中，技术侦查措施被严格限制使用，但通过技术侦查手段获取的言词证据、实物证据可以作为证据使用。

第二节 证据开示和举证时限

为有利于证明过程的顺畅、有效，实现程序公正和实体公正，很多国家、

---

[1] 万毅：《解读"技术侦查"与"乔装侦查"——以〈刑事诉讼法修正案〉为中心的规范分析》，载《现代法学》2012 年第 6 期。

地区的诉讼法都规定了"证据开示"制度及民事诉讼、行政诉讼"举证时限"制度，我国亦如此。证据开示制度和举证时限制度的设立，是诉讼证明过程中的重要环节，有利于诉争的迅速解决，提升诉讼效率。

一、刑事证据开示制度

刑事证据开示制度，也称刑事证据展示制度，是指在庭审前控辩双方依法展示与案件有关的信息、证据的一种诉讼制度。这一制度具有"双向性"，即要求控方应当将指控证据向辩护方进行公开，使辩护方能够在庭审中提出有准备、富有针对性的辩护意见；辩护方也应向控方展示相关证据，为控方准确地指控提供帮助。刑事证据开示制度对于充分保障被告人的辩护权、预防控辩双方恶意证据突袭、实现实体公正和提高诉讼效率有着重要的意义。除此之外，建立针对辩护人阅卷权的司法救济机制，确保庭审程序的集中进行，发挥庭前会议之争点整理、程序分流、非法证据排除等功能的实质性作用，均是以证据展示为逻辑前提的自然延伸。因此，证据展示或者双方诉讼信息的交流为庭前会议的重要功能之一。[1]

随着两次刑事诉讼法的修改，我国的刑事立法和刑事司法不断吸收和借鉴对抗式庭审模式的有益因素，刑事庭审模式不断由原有的职权式向对抗式转型，带有了较为明显的具有中国特色的混合特征。作为对抗式庭审模式下诉讼制度体系中的重要一环，证据开示制度日渐得到了学界和实务界的关注和讨论。一方面，学界就证据开示制度之历史发展、基础理论、运作程序等方面的相关内容，进行了较为深入的比较研究；另一方面，一些检察院和人民法院对于证据开示制度作出了有益的实践探索。

与此同时，从我国现行的刑事立法来看，立法上也有一些类似于证据开示的规定。例如，《刑事诉讼法》第 40 条关于辩护人阅卷权的规定；《刑事诉讼法》第 176 条关于庭前卷宗材料全案移送的规定；《刑事诉讼法》第 42 条关于辩护人对三类积极性抗辩事项之告知义务的规定。客观来讲，上述规定的确带有证据开示的某些意味，然而，本书认为，我们并不能据此认为我国刑事立法已经确立了庭前的证据开示制度。上述立法规定不仅在规范层面过于简单，对于证据开示之主体、时间、方式、程序以及不进行开示的法律后果等内容均未

---

[1] 汪海燕：《庭前会议制度若干问题研究——以"审判中心"为视角》，载《中国政法大学学报》2016 年第 5 期。

有涉及。同时，由于立法上的固有缺陷，如未有配套机制的关于审查起诉阶段和法庭审理阶段补充侦查之规定就为证据突袭的发生提供了机会，而证人保护机制的不够健全等也在不同程度上对此一制度之确立产生消极影响，制约其应有功能的发挥，掣肘刑事司法改革目标之实现。[1]

我国 2018 年《刑事诉讼法》体现了刑事证据开示制度，并在相关司法解释中也有了一些细化规定。具体而言，我国的刑事证据开示制度主要有以下内容：

1. 明确双向开示义务。在审前阶段，审查起诉机关有义务向辩方展示相关证据。《刑事诉讼法》第 40 条规定："辩护律师自人民检察院对案件审查起诉之日起，可以查阅、摘抄、复制本案的案卷材料。其他辩护人经人民法院、人民检察院许可，也可以查阅、摘抄、复制上述材料"，该条规定了人民检察院对案卷材料的开示义务。而对于辩护方，《刑事诉讼法》第 42 条规定："辩护人收集的有关犯罪嫌疑人不在犯罪现场、未达到刑事责任年龄、属于依法不负刑事责任的精神病人的证据，应当及时告知公安机关、人民检察院。"该条规定了辩护人对于部分证据的开示义务。

2. 设定开示时间。为保障审查起诉机关、审判机关履行证据开示义务，保障辩护权的实现，刑事诉讼法对证据开示时间进行了明确规定。证据开示的时间分为审查起诉阶段与审判阶段两个阶段。我国刑事诉讼法规定，审查起诉阶段，辩护律师可以查阅、摘抄、复制本案的案卷材料，并自本阶段开始，辩护律师可向犯罪嫌疑人、被告人核实有关证据；审判阶段，检察机关需向人民法院移交全部案卷材料和证据，辩护律师本阶段也可以查阅、摘抄、复制本案的案卷材料。

3. 确立庭前会议制度。庭前会议制度的确立是我国刑事证据开示制度的重要内容。《刑事诉讼法》187 条第 2 款规定："在开庭以前，审判人员可以召集公诉人、当事人和辩护人、诉讼代理人，对回避、出庭证人名单、非法证据排除等与审判相关的问题，了解情况，听取意见。"根据该条规定，庭前会议涉及的程序问题可分为两大类：一是控辩双方提出的程序性请求，二是控辩双方的程序性争议。[2] 具体内容包括：是否申请调取在侦查、审查起诉期间公安机关、人民检察院收集但未随案移送的证明被告人无罪或者罪轻的证据材料；是否提供新的证据；是否申请排除非法证据等问题。庭前会议召开时，审判人员

---

〔1〕 步洋洋：《刑事庭审实质化路径研究》，法律出版社 2018 年版，第 114 页。

〔2〕 闵春雷、贾志强：《刑事庭前会议制度探析》，载《中国刑事法杂志》2013 年第 3 期。

可以询问控辩双方对证据材料有无异议，对有异议的证据，应当在庭审时重点调查；无异议的，庭审时的举证、质证可以简化。庭前会议中，法院作为中立第三方可以对证据展示的有效性发挥极大的促进作用，同时法院也再一次确认进入审判程序的证据范围，减少"证据突袭"造成的休庭情况发生。

4. 确定开示禁止内容。证据开示并不是无限制、无条件地开示，在特定的情况下，双方特别是公诉方对特定的证据材料无需进行开示。例如，《刑事诉讼法》第 64 条第 1 款规定："对于危害国家安全犯罪、恐怖活动犯罪、黑社会性质的组织犯罪、毒品犯罪等案件，证人、鉴定人、被害人因在诉讼中作证，本人或者其近亲属的人身安全面临危险的，人民法院、人民检察院和公安机关应当采取以下一项或者多项保护措施：（一）不公开真实姓名、住址和工作单位等个人信息；（二）采取不暴露外貌、真实声音等出庭作证措施；（三）禁止特定的人员接触证人、鉴定人、被害人及其近亲属；（四）对人身和住宅采取专门性保护措施；（五）其他必要的保护措施。"因此，在公共利益与相关人员保护的前提下，公诉方无需对上述证据进行开示。

5. 确立开示救济制度。无救济即无权利。对于处于弱势地位的辩方而言，控诉方的刑事证据开示是制定辩护策略的重要参考，为保证控辩对等，刑事诉讼确立了证据开示救济制度。《刑事诉讼法》第 41 条规定："辩护人认为在侦查、审查起诉期间公安机关、人民检察院收集的证明犯罪嫌疑人、被告人无罪或者罪轻的证据材料未提交的，有权申请人民检察院、人民法院调取。"申请人民法院调取的，辩护人应当以书面形式提出，并提供相关线索或者材料。人民法院接受申请后，应当向人民检察院调取。人民检察院移送相关证据材料后，人民法院应当及时通知辩护人。

二、民事证据开示制度

民事证据开示制度，也称民事证据交换制度，是指诉讼当事人或诉讼外第三人所掌握的事实材料，只要与案件有关，除享有秘密特权保护的以外均应向对方当事人披露，任何一方当事人均享有要求对方当事人及诉讼外第三人披露上述事项之权利的制度。为保证诉讼公正和诉讼效率，受英美民事诉讼中证据开示制度和大陆法系一些国家准备程序制度的影响，各地法院推出了庭前证据交换制度，以提高庭审的效率，不再过分地强调"一步到庭"，认为应当做好庭前审理的准备工作，做到"分步到庭"。[1] 我国民事诉讼法也规定了民事证据开示制度，《民事诉讼法》第 136 条第 4 项规定："需要开庭审理的，通过要求当事人交换证据等方式，明确争议焦点。"因此，民事证据开示制度对于庭审而言可以"明确争议焦点"，提高诉讼效率。

根据民事诉讼法相关规定，我国民事证据开示制度具有以下内容：

第一，明确了证据开示前提。根据民事诉讼法规定，经民事诉讼当事人申请，人民法院可以组织当事人在开庭审理前交换证据；同时，人民法院对于证据较多或者复杂疑难的案件，应当组织当事人在答辩期届满后、开庭审理前交换证据。因此，证据开示的前提有二：①依当事人申请的证据开示；②依职权对证据较多或者复杂疑难案件的证据开示。

第二，规定了证据开示时间。根据民事诉讼法规定，交换证据的时间可以由当事人协商一致并经人民法院认可，也可以由人民法院指定。人民法院组织当事人交换证据的，交换证据之日举证期限届满。当事人申请延期举证经人民法院准许的，证据交换日相应顺延。因此，民事诉讼中的证据开示时间可以由当事人协商确定并经人民法院认可，也可以由人民法院指定。当事人收到对方交换的证据后提出反驳并提出新证据的，人民法院应当通知当事人在指定的时间进行交换。证据交换一般不超过两次，但重大、疑难和案情特别复杂的案件以及人民法院认为确有必要再次进行证据交换的除外。

第三，释明了证据开示主持人。根据民事诉讼法规定，证据交换应当在审判人员的主持下进行。由审判人员主持证据交换便于裁判者尽早熟悉案情，形成对案件的整体认识，进而对案件作出客观、准确的评判，及时行使审判权，促成以和解、调解等诉外方式解决纠纷。[2] 在证据交换的过程中，审判人员对当事人无异议的事实、证据应当记录在卷；对有异议的证据，按照需要证明的事实分类记录在卷，并记载异议的理由。通过证据交换确定双方当事人争议的主要问题。

第四，确定了证据开示方式。民事诉讼中，人民法院可以在答辩期届满后，通过组织证据交换、召集庭前会议等方式，作好审理前的准备。根据司法实践，一般情况下，证据开示都是在庭前会议程序中进行，其主要内容是对当事人进

---

[1] 张卫平：《改革开放四十年民事司法改革的变迁》，载《中国法律评论》2018 年第 5 期。

[2] 许少波：《民事诉讼证据交换制度的立法探讨》，载《法律科学（西北政法大学学报）》2012 年第 3 期。

行举证指导、由当事人协商确定举证期限、证据交换及开庭审理的时间。

三、举证时限制度

举证时限制度，是指负有举证责任的当事人应当在法律规定和法院指定的期限内提出证明其主张的相应证据，逾期不举证则承担证据失效法律后果的一项诉讼期间制度。举证时限制度存在于民事诉讼与行政诉讼中。具体而言，举证时限制度包含两项内容：一是举证期限，即法律规定和法院指定的诉讼法上的期间，当事人应当在此期间内提供支持其主张的证据；二是举证不能的后果，当事人若在此期间内不提供或不能提供相关的证据，则将产生诉讼程序上的法律后果，该证据不能被法院采纳，当事人将承担对己不利的法律后果。举证时限制度能有效防止"证据突袭"，可以创造同等知悉的证据机会，有利于实现程序公正，并提高诉讼效率，提升诉讼效益。

我国行政举证时限制度较为简洁。首先，被告对作出的行政行为负有举证责任，应当提供作出该行政行为的证据和所依据的规范性文件，被告不提供或者无正当理由逾期提供证据，视为没有相应证据。其次，被告在作出行政行为时已经收集了证据，但因不可抗力等正当事由不能提供的，经人民法院准许，可以延期提供；原告或者第三人提出了其在行政处理程序中没有提出的理由或者证据的，经人民法院准许，被告可以补充证据。最后，原告起诉被告不履行法定职责的案件中，原告应当提供其向被告提出申请的证据，除非被告应当依职权主动履行法定职责的，或原告因正当理由不能提供证据的；但在行政赔偿、补偿的案件中，原告应当对行政行为造成的损害提供证据，因被告的原因导致原告无法举证的，由被告承担举证责任。

相较于行政举证时限制度而言，我国民事举证时限制度包含以下内容：

第一，允许选择举证期限适用方式。"就民事诉讼法理论而言，证据申请原则上应在口头辩论期日或准备程序期日中提出，不排除可以例外地在期日外提出。"[1] 由于我国的民事诉讼制度采用"证据结合主义"模式，证据申请与事实主张一样，作为攻击防御的方法可以在事实审口头辩论终结前的任何时候提出。这是举证时限制度的运行背景，也是当事人提出证据申请的基本原则。[2] 根据我国民事诉讼法规定，举证期限可以由当事人协商一致，并经人民法院认

---

〔1〕 ［日］高桥宏志：《重点讲义民事诉讼法》，张卫平、许可译，法律出版社 2007 年版，第 46 页。
〔2〕 段文波：《民事诉讼举证时限制度的理论解析》，载《法商研究》2013 年第 5 期。

可，由人民法院指定举证期限的，指定的期限在普通程序中不得少于 15 日，自当事人收到案件受理通知书和应诉通知书的次日起计算。[1] 因此，举证期限可以由当事人协商确定，也可以由人民法院指定。另外，人民法院应当在送达案件受理通知书和应诉通知书的同时向当事人送达举证通知书。举证通知书应当载明举证责任的分配原则与要求、可以向人民法院申请调查取证的情形、人民法院根据案件情况指定的举证期限以及逾期提供证据的法律后果。举证期限内，当事人可以申请证人出庭作证、可以申请人民法院调查收集证据，也可以增加、变更诉讼请求或者提起反诉。

第二，明确举证逾期法律后果。一般来讲，人民法院送达当事人的举证通知书中已经载明举证期限以及逾期提供证据的法律后果。当事人应当在举证期限内向人民法院提交证据材料，而逾期提供证据的，人民法院应当责令其说明理由，拒不说明理由或者理由不成立的，人民法院根据不同情形可以不予采纳该证据，或者采纳该证据但予以训诫、罚款。

第三，限定"新证据"范围。"新证据"是指原审庭审结束后新发现的证据，以及当事人经人民法院准许延期举证但因客观原因未能在准许的期限内提供，且不审理该证据可能导致裁判明显不公的，其提供的证据。一方当事人提出新的证据的，人民法院应当通知对方当事人在合理期限内提出意见或者举证。一审程序和二审程序均涉及"新证据"。首先，一审程序中的新的证据包括：当事人在一审举证期限届满后新发现的证据；当事人确因客观原因无法在举证期限内提供，经人民法院准许，在延长的期限内仍无法提供的证据。当事人在一审程序中提供新的证据的，应当在一审开庭前或者开庭审理时提出。其次，二审程序中的新的证据包括：一审庭审结束后新发现的证据；当事人在一审举证期限届满前申请人民法院调查取证未获准许，二审法院经审查认为应当准许并依当事人申请调取的证据。当事人在二审程序中提供新的证据的，应当在二审开庭前或者开庭审理时提出；二审不需要开庭审理的，应当在人民法院指定的期限内提出。另外，当事人在再审程序中提供新的证据的，应当在申请再审时提出。当事人举证期限届满后提供的证据不是新的证据的，人民法院不予采纳。

---

[1] 2019 年最高院《民诉证据规定》第 51 条规定："举证期限可以由当事人协商，并经人民法院准许。人民法院指定举证期限的，适用第一审普通程序审理的案件不得少于十五日，当事人提供新的证据的第二审案件不得少于十日。适用简易程序审理的案件不得超过十五日，小额诉讼案件的举证期限一般不得超过七日。举证期限届满后，当事人提供反驳证据或者对已经提供的证据的来源、形式等方面的瑕疵进行补正的，人民法院可以酌情再次确定举证期限，该期限不受前款规定的期间限制。"

第三节　证据的审查判断

证据的审查判断贯穿于整个诉讼活动，是准确认定案件事实的重要方法。在诉讼过程中，无论是当事人提交的证据材料，还是公安司法人员收集的证据材料，都可能出现不符合证据属性、证据种类、证据规则的情形。对此，司法人员必须根据法律规范和经验逻辑，准确及时地甄别、筛查、认识具有证明价值的证据。在规范层面，我国三大诉讼法及其司法解释创设了大量证据审查判断的规范。尤其是 2010 年以来，我国刑事证据立法和制度改革发展较快，[1]证据裁判原则得以确立，以证据种类为基本框架的证据审查规范体系得以确立。证据审查规范体系建立的一个重要话语标志就是以能否成为"定案根据"作为一系列证据审查规范的法律后果。[2]在司法实践中，由于主客观各种因素的综合影响，公安、司法工作人员、当事人及其辩护人或诉讼代理人在诉讼过程中所收集的证据往往真伪并存、优劣混杂，为了确定所收集的证据是否真实、有效，以及证明力的大小，并最终对案件事实进行裁判，就需要对证据进行审查判断。证据的审查判断既依赖于法律明确载明的原则与规则，也依赖于审查判断者自身的理性、良心、法律知识、生活常识、逻辑思维等。科学、规范地审查判断证据，能够提高诉讼效率，实现公正。与本教材证据种类章节对单个证据审查判断的知识不同，本节侧重于介绍证据审查判断的基本原理与一般方法。

一、证据审查判断的概念及意义

证据的审查判断，是指公安、司法工作人员、当事人及其辩护人或诉讼代理人在诉讼过程中对证据进行审查、甄别、分析、判断，找出它们与案件事实之间的客观联系，并确定其有无证据能力及证明力大小的诉讼活动。证据的审查判断具有以下三个特征：

第一，就行为主体而言，审查判断证据的主体既包括公安、司法工作人员，也包括当事人及其辩护人或诉讼代理人。公安、司法工作人员是审查判断证据的主要主体，但案件当事人及其辩护人或诉讼代理人在诉讼中有收集证据的权利，当然也要对证据进行审查判断。

---

〔1〕 樊崇义：《刑事证据规则体系的完善》，载《国家检察官学院学报》2014 年第 1 期。
〔2〕 吴洪淇：《刑事证据审查的基本制度结构》，载《中国法学》2017 年第 6 期。

第二，就行为属性而言，审查判断证据的本质是一种思维活动。首先，在证据的收集过程中，相关主体就要对证据的真伪优劣进行审查判断，以保证证据收集的有效性；其次，在证据的运用过程中，相关主体经过审查判断，如果发现有疑问或遗漏，则必须再去收集证据以便消除疑问或补充证据；最后，在案件事实的定性时，司法人员、当事人及其辩护人或诉讼代理人等就要把全案所有证据结合起来进行细致分析，综合审查判断，实际上这正是相关主体对案件事实的思维由浅入深，由感性到理性的过程。

第三，就行为内容而言，审查判断证据是确定证据有无证据能力以及证明力大小的活动，前者可以称为证据的采纳；后者可以称为证据的采信。就行为主体的认识过程来说，采纳是对证据的初步审查和认定，采信是对证据的深入审查和认定；采纳是采信的基础，采信是采纳的延续；没有被采纳的证据当然谈不上采信，但是采纳了的证据也不一定都被采信。[1] 司法人员、当事人及其辩护人或诉讼代理人等通过对证据进行分析、研究和鉴别，一方面要确定现有证据有无证据能力，能否作为定案根据；另一方面要确定现有证据与案件事实的联系程度，联系越紧密，其证明力越大，反之，其证明力就越小。

在诉讼证明活动中，审查判断证据具有十分重要的意义。审查判断证据是认识过程的第二阶段即理性认识阶段，它是在收集证据的基础上，运用概念、判断和推理的思维方式来进行的，是公安、司法工作人员、当事人及其辩护人或诉讼代理人对案件事实的认识由浅入深，由感性到理性的发展过程，因此，审查判断证据对于司法实践而言，意义重大。

二、证据审查判断的内容

证据审查判断的内容是指公安、司法工作人员、当事人及其辩护人或诉讼代理人在审查判断证据时所关注的证据关联性、客观性及合法性。

（一）证据关联性的审查判断

证据的关联性，又称证据的相关性，是指证据与待证事实的关联程度。关联性是证据的一种客观属性，根源于证据同案件事实之间的客观联系。作为证据必须与待证事实存在着某种联系，即能够证明案件某一真实情况，如果证据与待证事实之间没有关联性，就对待证事实起不到证明作用，自然就不能成为诉讼证据。根据司法经验及法律规范，在审查判断证据的关联性时，应从以下

---

[1] 何家弘：《证据的审查与认定原理论纲》，载《法学家》2008 年第 3 期。

两个方面进行。

1. 对证据与待证事实之间有无关联进行审查判断。案件事实总是发生在一定的时间、空间内，而时间不可能回溯，只能通过案发现场留下的各种各样的痕迹、物品等证据重构案件事实。类似于这些实物证据特别是物证本身没有思想，不会陈述所要证明的案件事实。所以，收集证据后的重要工作就是对其蕴含的案件事实进行识别，并通过一定的形式表现出来。[1] 虽然这些痕迹、物品等都是客观存在的，但并非每个痕迹、物品等都会对待证事实起到证明作用，只有那些与待证事实有关联性的痕迹、物品等才能成为本案的证据。对于那些与待证事实之间只存在某种表面联系的痕迹、物品等，由于它们本身并不能证明案件的什么问题，因而即使它们是真实的，也不能作为证据加以使用。而对于那些与待证事实无关的痕迹、物品等，均应将其排除在诉讼证据之外。

2. 对证据与待证事实之间关联程度进行审查判断。证据证明力的大小，取决于证据与待证事实的关联程度。关联程度紧密的，证明力就较强，在诉讼中所起证明作用也较大。证据与案件事实之间的联系形式是多种多样的，有必然联系与偶然联系、内在联系和外部联系、直接联系与间接联系等。证据与待证事实之间由于联系程度不同而表现出不同的证明价值。虽然与待证事实具有客观联系的证据都能反映一定的案件事实，但由于联系的程度不同，因而反映的程度就不同，其证明价值也就不同。一般来说，必然联系的证明价值高于偶然联系，内在联系的证明价值高于外部联系，直接联系的证明价值高于间接联系，因果联系的证明价值高于非因果联系。

（二）证据客观性的审查判断

客观性是证据的本质属性。我们通常所说的证据的客观性，就是指证据的真实性或可靠性。三大诉讼法均明确规定，证据必须经过查证属实，才能作为定案根据。因此，对于收集到的每个证据材料，只有通过审查判断，才能确定其是否真实可靠，即是否符合案件的实际情况。[2]

根据司法经验，应当根据案件的具体情况，从以下方面审查证据的真实性：证据形成的原因；发现证据时的环境；证据是否为原件、原物，复印件、复制品与原件、原物是否相符；提供证据的人或者证人与当事人是否具有利害关系；影响证据真实性的其他因素。结合法律规定与司法经验，具体而言，审查判断

〔1〕 罗智勇、冯黔刚：《刑事审判中实物证据的审查判断及排除》，载《证据科学》2012 年第 2 期。
〔2〕 樊崇义、赵培显：《论客观性证据审查模式》，载《中国刑事法杂志》2014 年第 1 期。

证据的客观性，主要应从两个方面进行：

1. 对证据来源的审查判断。证据的来源，是指证据是如何形成的，是由谁提供或收集证据的，收集方法是否正确，收集的方式是否合法等。证据的来源不同，其真实可靠性即证明力也会有所差异。根据证据的来源审查判断证据所反映的事实是否真实可靠，一般应着重审查：①收集主体是否受自身能力、身份与动机或客观环境等主客观因素的制约，影响了证据的客观真实性；②收集证据的主体是否已经对证据本身特性尽到了充分注意义务，以及收集证据的形式是否合法、正确，固定和保全证据的方法是否科学；③是否会存在相关人员出于不良动机，提供虚假、无效证据；④证据提供者是否出于生理上、心理上、认识上、表达上等各种原因，提供了虚假的陈述或证言。

2. 对证据信息的审查判断。证据的信息，是指证据本身蕴含的以及其反映的人、事、物与案件待证事实联系的情况。审查判断证据的信息，应当着重审查以下信息：首先，要判断证据所反映的情况有没有可能发生；其次，要审查判断证据信息是否协调一致，包括证据信息内部能否协调一致、证据信息与本案其他证据能否协调一致以及证据信息与本案已知事实能否协调一致；再次，要审查判断证据信息是否合理，包括证据所表明的情况是否合理，证据信息与其要证明的案件事实之间的关系是否合理；最后，审查证据能否反映某事件的具体细节特征，以及该些特征与其他证据所蕴含信息能否互相印证。

（三）证据合法性的审查判断

证据的合法性，是指证据收集主体在收集证据时是否依照法律的要求和法律规定的形式进行收集和固定，是否具备法律手续或符合法律程序，否则就不能被采纳为诉讼中的证据。合法性是证据的社会属性，是国家基于一定的价值考量而赋予证据的属性。[1] 对证据合法性的审查判断，应当根据案件的具体情况，从证据是否符合法定形式、证据的取得是否符合法律、法规、司法解释和规章的要求以及是否有影响证据效力的其他违法情形上对证据合法性进行审查。

根据刑事诉讼法、民事诉讼法及行政诉讼法律、司法解释的相关规定，结合司法实践经验，对证据合法性的审查判断，应当从以下四个方面进行：

1. 对证据形式要件的审查判断。对证据形式要件的审查判断，主要针对证据是否具备法定的形式，从而确定证据真伪。我国三大诉讼法对证据的形式均

---

〔1〕 何家弘：《证据的采纳和采信—从两个"证据规定"的语言问题说起》，载《法学研究》2011年第3期。

作了明确的规定。我国刑事诉讼法规定的证据有物证、书证、证人证言、被害人陈述、犯罪嫌疑人、被告人供述和辩解、鉴定意见、勘验、检查、辨认笔录、视听资料、电子数据；我国民事诉讼法规定的证据有当事人的陈述、书证、物证、视听资料、电子数据、证人证言、鉴定意见、勘验笔录；我国行政诉讼法规定的证据除与民事诉讼法规定的证据相同外，还有现场笔录。任何证据都必须具备上述法定形式之一，才能成为诉讼证据。

2. 对证据收集主体的审查判断。证据必须由法定的主体收集。例如，刑事公诉案件中，审判人员、检察人员、侦查人员具有收集证据的主体资格，其收集的证据具有合法性。但特殊情况下，行政机关在行政执法和查办案件过程中收集的物证、书证、视听资料、电子数据等证据材料，在刑事诉讼中可以作为证据使用，经法庭查证属实，且收集程序符合有关法律、行政法规规定的，也可以作为定案的根据，法律的严格、明确可见一斑。

3. 对证据收集程序的审查判断。我国三大诉讼法对各种证据的收集、调取都规定了具体的程序。证据的收集是否符合法定程序，直接影响着证据内容的真实性和证据的可采性，因而在审查证据的合法性时，应着重查明收集证据的程序是否合法。程序的违法可以导致证据无效，例如，刑事诉讼中，犯罪嫌疑人、被告人供述的讯问笔录没有经其核对确认；讯问（询问）聋、哑人，应当提供通晓聋、哑手势的人员而未提供等情况下，所取得言词证据都不得作为定案根据。审查判断证据收集程序合法性是诉讼证明的重要环节，收集证据必须严格依照法定程序进行，严禁刑讯逼供和以威胁、引诱、欺骗等非法的方法收集证据。[1]

4. 对证据运用的审查判断。证据的运用符合法律规定，也是证据合法的一项重要内容。为保证证据具有证据能力和证明力，我国三大诉讼法和相关的司法解释对如何运用证据作了许多规定。例如，在诉讼中，证人证言必须在法庭上经过诉辩双方询问、质证，并经查实后，才能作为定案根据；用作证据的鉴定意见必须告知案件当事人等等。这些要求都是衡量证据运用是否合法的标准。如果违反上述证据运用标准，则已经取得证据失去证据效力，不得作为定案根据。

---

[1] 刘金友：《试论我国审查判断证据的原则及其理论根据》，载《政法论坛》2004 年第 2 期。

三、证据审查判断的基本步骤

审查判断证据是从个别到整体，由浅入深的过程，应具体情况具体分析，循序渐进地进行。虽然各审查判断主体因诉讼角色、诉讼利益、审查判断方向而不尽相同，但大致都应包括以下三个基本步骤：

1. 单个证据的审查判断。单个证据的审查判断，是对单个证据客观性、关联性和合法性的审查判断。能够证明案件事实的证据链条是由若干作为"证据链结"的单个证据构成的，因此，对单个证据的审查判断是审查判断证据的最基本步骤。审判人员对单一证据可以从下列方面进行审核认定：证据是否原件、原物，复印件、复制品与原件、原物是否相符；证据与本案事实是否相关；证据的形式、来源是否符合法律规定；证据的内容是否真实；证人或者提供证据的人，与当事人是否具有利害关系。

2. 多个证据的审查判断。对于案件事实的发生留下的各种证据是否具有证据能力，是否具有证明力及证明力的大小，有时仅仅从单个证据本身无法作出准确的判断，需要对案件中证明同一待证事实的两个或多个证据进行比较和对照，看其内容和所反映的情况是否一致，以及能否合理地共同证明待证事实。一般来说，通过比对分析的方法，如果这两个或多个证据材料互相矛盾，则可能其中之一有问题或者都存在问题。当然，相互一致的证据材料也未必都是真实可靠的，因为串供、伪证、刑讯逼供等也可能会造成虚假的一致。对于相互矛盾或者有差异的证据材料也不应一概否定，应当认真分析这些矛盾和差异产生的原因和性质。对多个证据进行审查判断一般有两种方式：一是纵向比对审查，即对同一个人就同一案件事实提供的多次陈述做前后对比，看其陈述的内容是否前后一致，有无矛盾之处；二是横向比对审查，即对证明同一待证事实的不同证据做并列分析，看其内容是否协调一致，有无矛盾。

3. 全案证据的审查判断。对全案证据的审查判断是指对案件中的所有证据进行综合的分析、鉴别和研究，看其内容和反映的情况是否协调一致，能否相互印证，能否确实充分地证明案件的全部事实。我国证据制度强调整体主义的认证模式，要求司法人员对涉案证据进行整体宏观的把握。因此，在我国司法解释中，大量使用了"综合全案判断""相互印证""有其他证据印证"等表达方式。例如，最高院《刑诉解释》第139条规定："对证据的真实性，应当综合全案证据进行审查。对证据的证明力，应当根据具体情况，从证据与案件事实的关联程度、证据之间的联系等方面进行审查判断。"最高院《刑诉解释》第

140 条规定："没有直接证据，但间接证据同时符合下列条件的，可以认定被告人有罪：……证据之间相互印证，不存在无法排除的矛盾和无法解释的疑问……"这是以司法解释的形式确立了我国印证式的证据审查判断方法。所谓印证是指，两个或多个证据之间包含的事实信息完全重合或者部分交叉，使得证据的真实性得到了其他证据的验证。对全案证据进行审查判断时，既要注意鉴别实物证据的真伪，也要注意分析言词证据的真假；既要注意符合自己原先设想或推断的证据，也要注意与原先设想或者推断不相符合的证据，切忌片面性和倾向性。如果审查判断所依据的证据材料不全面，就难以得出正确的结论。因此，审查判断的重点不仅在于其真实可靠性，更在于其证明价值，即其究竟能证明哪些案件事实，以及证明的确定程度。要查明证据的证据能力和证明力，就必须在证据与证据之间、证据与案件事实之间的联系中进行考察。

对全案证据进行审查判断，最基本的方法就是将案件中的各个证据进行比较。在司法实践中，一般会将实物证据、言词证据进行比较分析。例如，对查获的作案工具与犯罪嫌疑人、被告人的供述或被害人陈述进行比较分析；对辨认笔录与被害人陈述、犯罪嫌疑人供述和辩解、证人证言进行比较分析；对勘验检查笔录与鉴定意见、视听资料进行比较分析等。应善于从细微之处发现不同证据之间的矛盾之处，然后认真分析这些矛盾的性质和形成的原因，以便对案件中的证据材料做出整体性评价。

对全案证据进行审查判断，不仅要注意审查证据是否属实，而且要注意判断证据是否充分。从某种意义上讲，对单个证据和多个证据的审查判断，其任务主要是查明证据是否确实，而对全案证据的审查判断，其主要任务是查明证据是否充分。较之单个证据和多个证据的审查判断，全案证据的审查判断更加全面，也更为复杂，更需要发挥办案人员的理性、良心、法律知识、生活常识、逻辑思维。同时，对全案证据进行审查判断并不是对单一证据和多个证据审查判断的简单重复和相加，办案人员需要遵循认识规律，运用各种审查判断证据的具体方法，根据个人的直觉和经验，善于在众多的证据材料中发现矛盾，并找出矛盾的症结，再通过进一步收集证据去排除这些矛盾，从而对全案事实作出正确的认定。

证据的审查、判断，历来是司法工作的核心环节。因为，一方面，现代刑事诉讼法奉行证据裁判原则，认定事实，必须以证据为依据，"无证据，则无事实"，在这个意义上讲，对证据的审查和判断，本身就是司法官认定事实的过程、方式和手段，是司法工作的核心内容之一；另一方面，司法工作本身又强调亲历性，即作为事实裁判者的司法官必须抱着"亲口尝梨子"的态度亲自接触证据源、体认证据，对证据的证据能力和证明力进行审查，并在此基础上认定事实、适用法律。[1]

四、证据审查判断的常用方法

为正确裁判案件事实，必须正确审查判断证据，因此，必须掌握科学审查判断证据的方法。司法实践经验中，审查判断证据通常采用以下几种方式进行：

1. 甄别法。甄别即审查鉴别的意思，因此，甄别法又称鉴别法。运用甄别法审查判断证据，要求根据客观事物发生、发展、变化的一般规律和常识去辨别证据的真伪，确定其是否具有证明力。这种方法主要用于对单个证据的审查判断。对单个证据进行审查判断，主要是看每个证据是否符合事物规律，是否合情合理，来源是否真实可靠。

2. 现场实验法。现场实验法，是指为了验证某一现象在一定的时间、空间、条件下，能否发生，而在相同的时间、空间、条件下进行现场实验的方法。现场实验的目的可以是确定在一定的条件下有关人员能否看到、听到、感觉到有关声音或形象；确定在一定的条件下能否发生某种现象，或有关人员能否完成有关动作；确定用某种工具是否会留下有关痕迹等。

3. 对比法。对比法，又称比较法，是指对证明同一待证事实的证据进行比较或对照以判断其是否具有证据能力和证明力的方法。这种方法主要用于对两个或两个以上证据的分析判断。在采用对比法判断证据时，应当注意各个证据之间必须具有"可比性"，即各个证据所证明的对象必须是同一待证事实。如果用来进行比对的证据之间不具有这种"可比性"，则不能进行比对。在实践中，它通过将各个证据加以比较，在联系中考虑它们是否一致，就较容易发现问题，判明真伪。凡属事实可靠，能证明案件真实情况的证据，它们之间必然是协调一致的，一般可以起到互相印证的作用。如果出现矛盾，则其中必有虚假证据。[2]

4. 鉴定法。鉴定法，是指对案件中涉及专门知识的有关问题，通过指定或聘请鉴定人进行鉴定或者要求重新鉴定、补充鉴定予以查明的方法。因其准确性和科学性，鉴定法也是当今司法实践中最经常使用的证据审查判断方式。司

---

〔1〕 万毅：《论证据分类审查的逻辑顺位》，载《证据科学》2015 年第 4 期。
〔2〕 侯喆：《论刑事证据审查判断的标准与方法》，载《河北法学》2011 年第 1 期。

法实践中，被害人的死亡时间及死亡原因，被盗物品的价值，化学物品的性质，现场提取的血迹的血型，现场遗留的指纹和脚印与犯罪嫌疑人的指纹和脚印是否具有同一性，当事人之间争执产品的质量如何，录音带、录像带是否被删节、篡改或剪接等，都需要运用各种鉴定方法才能判明。在实践中，比较常见的有法医鉴定、会计鉴定、化学毒物鉴定、文件笔迹鉴定、商品质量、价格与性能鉴定等。

5. 辨认法。辨认法，是指在公安、司法人员的主持下，由当事人、证人对与案件有关的物证、书证或者犯罪嫌疑人以及尸体、场所等进行辨别和确认的方法。通过辨认，可以确认与案件有关的物证、书证的真伪，确定犯罪嫌疑人是否为作案人，可以印证其他证据是否真实，有利于司法机关查明案情，正确处理案件。辨认可以依据不同的标准划分为不同的类型：依辨认的方式不同，可分为公开辨认和秘密辨认；依辨认的对象不同，可分为对人的辨认、对物的辨认、对尸体的辨认和对场所的辨认；依辨认的主持者不同，可分为侦查人员主持的辨认和审判人员主持的辨认；等等。

6. 质证法。质证法，是指审判人员在法庭调查中组织诉讼双方对有关证据材料进行交叉审查，以查明案件事实真相的方法。质证一般是由一方当事人或其辩护人、诉讼代理人对另一方当事人或该方证人、鉴定人的陈述进行盘诘，以判断其陈述的真伪和可信度。我国三大诉讼法均规定，证人证言、鉴定结论必须在法庭上经过质证并查实以后，才能作为定案的根据。

7. 对质法。对质法，是指为了确认某一事实的真实性，司法人员依法组织了解该事实的两个或两个以上的人，就有关事实情况进行相互质询、诘问的活动。司法实践中，对质一般发生在当事人之间，当事人与证人之间或者证人与证人之间。使用对质法的前提条件是两个或两个以上的人对同一案件事实的陈述之间出现尖锐矛盾而办案人员难以确认其真假。通过对质，办案人员可以发现对质人陈述之间的矛盾，掌握矛盾的症结所在，进而判明哪一方的陈述是真实的。特别是在缺少旁证的情况下，或者只有"一对一"证据的案件之中，对质法更加有助于办案人员查明证据的真实性和可靠性。

➲ 练习案例

2013年3月17日，线人卢某甲向公安机关报案称被告人卓某贩毒，其能充当买家配合公安机关将卓某抓获。3月18日5时许，被告人卓某回到XX小区1单元17e房门前楼道处时，在此伏击的公安人员将其当场抓获。指控卓某实施贩卖毒品的证据有：①物证：涉案毒品照片等；②书证：接受刑事案件登记表、立案决定书、抓获经过、被告人身份证明材料等；③证人证言：证人卢某甲、董某等人的证言；④被告人供述和辩解：被告人卓某的供述和辩解；⑤鉴定意见：毒品检验报告；⑥勘验、检查、辨认笔录及照片；⑦视听资料：存款录像。

经审理，法院认为：①本案所有物证（包括毒品）的搜查笔录、扣押决定书及扣押清单上的签字系卓某遭到刑讯逼供后所签，并非其真实意愿；②本案的所有物证（包括毒品），没有合法真实的相关提取扣押笔录、清单，不能证明物证的真实性、合法性，均应予以排除；③与物证有关的本案毒品《公（深）鉴（理化）字（2013）1564 号检验报告》由于相关毒品无法证明与本案的关联性，予以排除。由于公安机关在案件侦查过程中存在取证程序违法违规之行为，致使本案所有查获的毒品物证等证据不能作为定案根据，最终导致本案证据无法形成证据链条，不能证明被告人卓某有贩卖毒品之行为。

案例问题：

1. 本案中，侦查人员收集与保全物证时应当遵循哪些原则？
2. 本案中，侦查人员收集物证时应当采用哪些方式？

➲ 思考题

1. 简述实物证据收集、保管程序应当注意哪些事项？
2. 简述证据收集与保全应当遵循哪些原则？
3. 简述笔录证据的价值有哪些？
4. 简述三大诉讼法的证据开示制度有何异同？
5. 试述什么是证据失权？

第十九章 证明方法

⊃**学习指导**

通过本章学习，应当掌握推定、司法认知、经验法则的概念及特征，了解推定在我国立法及司法解释中的规定，理解和把握推定与相关范畴的关系及作用，掌握司法认知与相关范畴的关系。重点掌握法律推定及其适用条件、分类，事实推定及其作用，司法认知的程序以及在我国的体现等。学习的难点在于推定与司法认知在实践中的运用问题。

第一节　推　定

一、推定概述

（一）推定的概念

推定（Presumption），在日常生活语言中具有"经推测而断定"的含义，可以有推理、推论、假定、推断等多重意思。作为一个法律术语，中文的推定概念是从西方翻译过来的，[1] 证据法意义上的推定绝大多数属于证据规则。[2]推定是根据法律规定或者逻辑经验法则，当基础事实已被确认时，据以推断出未知的结果事实存在并允许当事人提出证据予以反驳的特殊证明方法。证据裁判主义是现代法治国家普遍确立的证明事实的原则，司法证明也是认定案件事实的基本途径，但再完备的法律也不可能做到无所遗漏，法律总会因智虑不周或预判困难等原因而漏列一些事实，[3] 而推定作为证据裁判主义的例外，是证

---

〔1〕　何家弘：《司法证明方法与推定规则》，法律出版社 2018 年版，第 186 页。

〔2〕　Bryan A. Garner, Black's Law Dictionary, Thomson West, 2009, p. 1223.

〔3〕　谢晖：《论权利推定的类型和方法》，载《政法论坛》2023 年第 4 期。

据逻辑的跳跃、证明过程的中断，是为了节约司法成本，更是为合理地配置证明责任、保护社会关系，法律直接规定或者依据逻辑经验法则，在具备已知事实的前提下，无相反证据证明的话，直接确认未知结论事实的存在。[1] 可以说，推定是指在证据缺位时通过基础事实推出推定事实的一种事实认定规则。推定必须具备三个基本要素：基础事实、推定事实和推论依据。这三要素在功能定位上分别是推定的逻辑前提、逻辑结论和逻辑基础，且都反映了推定无需证明的本质特征。[2]

运用推定方法认定案件事实的做法由来已久，最早可追溯至古罗马时期。罗马法中已经有了多种推定的相关规定，比如死亡的推定、要式买卖的推定、婚生子女的推定、善意的推定、占有为所有的推定、占有的意思推定等，当然罗马法中的推定具有很大的任意性，且推定和法律拟制的关系混淆不清。近现代的推定可追溯至 1804 年《法国民法典》，其对推定做出了相对系统的规定和分类，此后各国纷纷效仿，推定制度逐步在世界范围内普遍确立。

关于推定概念的理解，必须重点注意以下几个方面：

1. 推定仅是认定事实的方法之一。认定案件事实，主要法治国家主要适用两类方法，一是运用查证属实的证据予以证明，二是采用推定或者司法认知等方法直接予以认定。前者通常被认为是一般的司法证明方法，也是各国认定案件事实的原则性方法，后者仅限于特定情况下使用，是法律直接明文规定或者许可的认定案件事实的例外性方法，其对运用证据证明案件事实的方法起到辅助和补充作用。

2. 推定涉及的事实包括两个部分，即前提基础事实和推定事实。前提基础事实是指作为推断或者认定根据的事实，而推定事实则是指根据前提基础事实认定其存在的事实。运用推定方法就是在前提事实和推定事实之间建立一条法律纽带，该法律纽带原则上应当基于前提基础事实与推定事实间的常态联系，这种常态联系是根据人们在长期社会实践中总结出来的事物之间的内在联系。但是，即便如此，基于前提基础事实推定出来的推定事实也仅具有高度的盖然性，并不是必然发生，因此，前提基础事实和推定事实之间是一种或然性的联系。

3. 推定过程中存在着证明责任的分配。主张推定事实的一方当事人对于推

---

[1] 潘金贵主编：《证据法学》，法律出版社 2022 年版，第 361 页。

[2] 郑阳：《民事推定适用的逻辑及其展开》，载《华北电力大学学报（社会科学版）》2021 年第 2 期。

定事实通常无需举证，但一般需承担证明基础事实存在的初步证明责任。否定推定事实的一方承担证明责任，即如果不能提出相反证据时，接受推定事实。法院在基础事实已经被证实、认知或者承认，而否定推定事实的一方又不能提出相反证据时，可以直接认定推定事实。

4. 推定的理论基础呈现多元化特征。与运用符合证据三性的证据认定案件事实的证明方法相比，推定的方法在其理论基础上呈现出多元化特征。推定的理论基础既有认识论的基础，又有价值论的基础，而且侧重于价值衡量。认识因素的考量确保了推定是特定情况下发现事实的最合理机制，而对发现真实的价值与其他竞争价值的权衡则保证推定事实的正当性。通常而言，在设置推定时必须秉持的价值原则是协调真实发现、人权保障、诉讼效率等多种刑事诉讼价值的关系，对其中任何一种价值的强调都必须在其他价值所允许的范围之内。

（二）推定的特征

1. 推定表示两个事实之间的关系。推定总是涉及两个事实，一个是已知前提基础事实 A，另一个是未知的推定事实 B。通常情形下，基础事实 A 与推定事实 B 之间具有共存关系，所以由事实 A 存在可以推导出事实 B 存在。例如，法定期限内不上诉的事实与当事人放弃上诉权的事实一般具有共存关系，所以由法定期限内不上诉可以推定出当事人放弃上诉权。在推定所涉及的两个事实的关系中，前提基础事实的真伪制约着推定事实的真伪，所以说前提基础事实至为重要。前提基础事实作为已知的事实，即在诉讼中已经成立的事实，主要包括以下几种：①法院认知的事实；②当事人无争议的事实；③基于证据认定的事实；④当事人约定的事实。

2. 推定作为一种思维形式，符合三段论推理的逻辑结构。例如：特定案件中使用婚姻存续期间怀孕所生子女为婚生子女的推定，其逻辑结构为：①婚姻存续期间怀孕所生子女（M）——婚生子女（P）；②特定案件中的子女（S）——婚姻存续期间怀孕所生子女（M）；③特定案件中的子女（S）——婚生子女（P）。这里小前提的判断代表前提基础事实 A，结论代表推定的事实 B，A、B 两个事实之间的共存关系是根据大前提的判断推定出来的，而大前提的判断只反映了事实之间的常态联系，是不周延的，虽然一般情况下大前提的判断能够成立，但并不能排除例外。所以，建立在常态关系基础上的推定有可能为假，从逻辑上而言，推定应当允许反驳。通常而言，反驳推定的方法主要包括以下几种：①就基础事实提出反驳；②对推定事实提出反驳；③证明基础事实和推定事实并不存在因果关系、逻辑关系或者法律上的联系。

3. 推定是一种事实认定方法。推定的本质是由司法机关承担的一项事实认定活动，是无须主张者举证证明而直接认定某一具有或然性的事实或结论为法律真实的一种事实认定过程。诉讼活动对案件事实的确定，一般采用两种方法进行：①采用证据进行证明后确定；②通过推定的方法确定。通过证据来证明案件事实是首选方法，只在一些有限的特定情况下，才使用推定这种方法。

4. 推定既可以法律规定为依据，也可以根据经验法则来展开。推定作为证据证明方法的补充，是一种程序意义上的证据规则，影响着控辩双方的证明行为。推定的依据包括法律规定与经验法则，依前者进行的推定称为法律上的推定，依后者进行的推定称为事实上的推定。法律上的推定与事实上的推定，也是最为基本的推定分类。

（三）推定与相关概念的关系

1. 与拟制的关系。拟制是指立法者通过法律规定，把甲事实直接看作乙事实，使甲事实产生与乙事实相同的法律后果。例如，①根据《刑法》第 269 条的规定，犯盗窃、诈骗、抢夺罪，为窝藏赃物、抗拒抓捕或者毁灭罪证而当场使用暴力或者以暴力相威胁的，依照该法第 263 条规定的抢劫罪定罪处罚，即发生了第 269 条描述的事实就视为发生了第 263 条抢劫的事实。②《民法典》第 25 条规定自然人经常居所与住所不一致的，经常居所视为住所。③《民法典》第 621 条第 1 款规定："……买受人怠于通知的，视为标的物的数量或者质量符合约定。" 推定和拟制在形式上有相似之处，都牵涉两个事实，而且，只要证明前一事实的存在，就能产生后一事实的法律后果。但二者之间具有本质的区别，具体而言有以下三点：①二者性质不同。法律拟制仅仅是一种立法技巧，是立法者为了避免法律条文用语重复、冗长而采用的一种文字表述方式，它并非是由前提基础事实的存在推论出与之相关的另一事实的存在。推定则不同，它通常包含着推论，是从前提基础事实推论出推定事实。②能否用反证推翻不同。法律拟制的目的是使甲事实产生与乙事实相同的法律效果，甲事实的存在得到证明后，自然不允许对方当事人再提出证据来推翻乙事实。在推定中，法律允许当事人提出反证推翻推定事实，只有在缺乏相反证据的情况下，推定事实才会被认定。③对举证责任的影响不同。法律拟制不影响举证责任的分配。在推定中，需要证明的主要是后一项事实，即推定事实。由于推定的作用，主张推定事实存在的一方当事人证明前提基础事实后，法律便假定推定事实存在，这样，就把证明推定事实不存在的举证责任转移于对方当事人。[1]

2. 与假定的关系。一般认为，假定是指对某种事实进行猜测的一种思维形式，属于思维的范畴。作为一种假设，假定是主观任意的产物，不需要前提基础事实，一般也不具有任何法律效力。这和在适用程序和条件上受到严格的法律约束、能够转换证明责任并能深刻影响诉讼法律关系的推定是有质的区别的。具体而言：①假定是主观任意的产物，是不需要任何前提条件的假设，属于思维的范畴，不具有任何法律效力；推定是法律允许的认定案件事实的一种特殊规则，只要在法律规定的条件和范围内，就能产生一定的法律后果。②推定必须由否定推定事实的一方提出相反证据证明其伪，假定必须以证据证明其真。推定只有经相反证据才能推翻，假定必须有证据证明其真。推定无须证明其真，假定无须证明其假。推定只能适用于法院认定案件事实之时，而假定在侦查阶段初期经常使用。

3. 与推理、推论的关系。作为司法实践中最常见的一种思维活动，推理是指从已知的事实和判断出发，根据一定的逻辑规则，推导出新的事实和判断。推理和推定有一定的联系。二者都属于证明方法，都是法官认定案件事实的手段，都牵涉前提基础事实和结论事实，而且，推定从创制到适用一般是以推理为基础的。但是推定与推理的区别还是很明显的，具体而言：①推定是一种法律机制，主要依据法律规定而产生，即便是事实推定，法律一般也设置了严格的适用条件。而推理则是一种主观思维活动，主要依据逻辑经验规则，属于法官自由心证演绎的范围，不影响证明责任。②推理的目的是根据认识论上的一般原理发现真实，而推定则主要考虑的是法律的直接规定。③受到主体知识、经验和主客观认识条件的影响，推理的结论会出现多种可能性，同一合议庭的成员对相同情况可能会形成不同的推论。但推定事实是确定的、唯一的。④作为一种特殊的证明方法，推定只适用于认定案件事实，而推理则在诉讼的各个环节均可广泛使用。

推论是用语言形式表达出来的推理。即推论以推理为基础，先有推理再有推论；推理是推论的前提，推论是推理的延续；推理是推论的实质内容，推论是推理的表现形式。推论是司法证明的重要方法。推理和推论都是司法证明中常用的主观思维方法，反映了人类的思维逻辑规律。在诉讼活动中，侦查、检察、审判人员查明案件事实，均需要进行相应的推理和推论活动。推理属于自

---

[1] 陈光中主编：《证据法学》，法律出版社 2019 年版，第 436 页。

己查明案件事实的活动，推论属于向他人证明案件事实的活动，只有先自己查明案件事实，才能向他人证明案件事实。但推理和推论不同于推定，推定是对事实的认定规则，同时也是一个客观的法的适用过程，推定必须有法律规范的预置才有可能；而推理和推论纯粹为思维逻辑的产物，依靠灵感和想象力，具有极大的主观性质。[1]

4. 与举证责任倒置的关系。举证责任倒置，指基于法律规定，将通常情形下本应由提出主张的一方当事人（一般为控告方），就某种事由不负担举证责任，而由他方当事人（一般为被告方）就某种事实存在或不存在承担举证责任，如果他方当事人不能就此举证，则推定控告方的事实主张成立。推定与举证责任倒置的区别在于：①从形式上看，前者为证明责任的实体分配，为实体法所规范；后者是证明责任的程序分配，为诉讼法所规范，并且在出现时间上后者在先。②从实质上看，推定不同于举证责任倒置之处主要在于实体法上的推定往往是可以推翻的，只要当事人提出相反的证据就可加以驳倒；举证责任倒置是一种程序法上的技巧，它大大改变了实体法上的举证责任分配规则，并且使诉讼程序的价值取向发生逆转。

5. 与无罪推定的关系。无罪推定是指在刑事诉讼中，任何被怀疑犯罪或者受到刑事指控的人在未经司法程序最终确认有罪之前，"推定"其为无罪。无罪推定没有基础事实，甚至在大多数情况下都和客观事实相违背，实质上是一种假定。无罪推定的设立旨在促进推翻该假定即证明犯罪嫌疑人或被告人有罪过程的合法性和文明性，创建正当的有罪认定机制，并纠正预断有罪的错误观念。因此，无罪推定并不排斥作为事实认定特殊方法的不利于被告人的推定。当然，无罪推定意味着"应当由国家积极证明被告犯罪事实之确实存在"，[2] 被告人没有自证无罪的义务，而不自证己罪原则意味着国家追诉机关不得强迫被告人自证有罪，但是，刑事诉讼中的推定却多是给被告人配置了证明负担，被告人不自证无罪就会带来不利益，从而构成了无罪推定和不自证己罪原则的例外。正因为如此，推定才需遵守合理而正当的界限。

因此，无罪推定不是证据规则意义上的推定，无罪推定虽有"推定"之名，但并不是这本书讨论的"推定"。推定与无罪推定的区别具体包括以下几个方面：①从性质上看，两者属于不同的范畴。无罪推定是一项宪法原则和刑事诉

---

〔1〕 卞建林、谭世贵主编：《证据法学》，中国政法大学出版社 2019 年版，第 297 页。
〔2〕 王士帆：《不自证己罪原则》，春风煦日基金 2007 年版，第 94 页。

讼基本原则，要求控诉方承担证明被追诉人符合犯罪构成要件事实的责任，且控诉方履行举证责任必须达到法律规定的定案标准。而推定更多的是一项技术性的证据规则，其根据在于基础事实与推定事实之间的常态联系，旨在加速诉讼的进程、避免举证的困难、实现公平负担举证责任等。②从适用上看，无罪推定是对被告人地位的直接假设，并非基于特定前提基础事实的存在，不需要确认前提基础事实，而使被告人发生被推定为无罪的效果。虽然控诉方可以举证来否定"无罪"，但这种举证责任是根据法律直接规定所产生的结果，并非由他方当事人转换而来。而推定则是通过事物之间的常态联系来实现对部分犯罪构成要件事实的认定，其适用的前提是基础事实已经得到确认。③从是否转换举证责任上看，无罪推定由于不需要首先证实任何前提基础事实，也就没有转换举证责任的问题。推定则会发生举证责任转换的效果。

（四）推定的价值

1. 缓解某些事实证明上的困难，化繁为简，提高诉讼效率。某些特殊案件，负有证明责任的一方证明案件事实可能极为困难，进而法院对该案件的证明也存在很大难度，但诉讼的顺利进行又要求必须查清案件事实。此时，借助推定方法可以从较难证明的事实转化为容易证明的事实，从而使司法证明摆脱困境。而且，法院根据基础事实直接认定结果事实，简化了诉讼证明的过程，减少了当事人举证成本和法院的查证成本，提高了诉讼效益。

2. 特定情况下发现真实的有效、便捷手段。运用推定认定案件事实虽然不及直接运用查证属实的证据认定案件事实可靠，或者说，通过推定所确定的案件事实包含着一定程度的或然性，但这并不意味着推定的案件事实不具有客观性。推定的设立或者出现，从根本上说是有事实之间的规律性联系作为根据的。推定的前提基础事实必须客观、确实、可靠，其所依据的推理过程也都建立在以科学的思维方法对相关事实的感性材料加工、提炼的基础之上，这也决定了推定事实必然体现着客观性，也蕴含绝对真实。推定在证据与经验等因素的平衡中恰恰实现了认识的主观性和客观性、相对性与绝对性的统一。基于此，从某种程度上而言，推定是特定情况下最适当的发现真实的方法。

3. 合理配置证明责任，并促使有便利一方举证。某些案件事实的证据材料可能主要由不负担证明责任的一方掌握和控制，在这种情况下，由这些掌握证据材料的人举证，可能是更加合理的。而推定对证明责任的转移和倒置可以达到这样的目的，证明上的便利性也是设置推定考虑的重要因素之一。但值得强调的是，证明上的便利性只是设置推定所考量的因素之一，并非唯一尺度。推定除了督促有便利一方举证、追求事实的准确性之外，还必须确保获得一个正当的可以作为裁判基础的事实。

4. 促进社会政策。及时有效地贯彻一定的社会政策也是设置推定的重要因素之一。推定一般能反映立法者在一定时期内所倡导的某种价值取向，有利于实施某种社会政策。只有体现社会政策，推定才能适应社会形势，最大限度地实现该规则的法律价值和社会效果。所以，在对一个推定规则进行立法层面上的价值评价时，也可以重新洞察某个时期社会更加重视的价值和利益。而在适用推定规则时，社会政策所体现的目标和精神也可以为事实裁决者在基础事实证明、反驳等环节行使自由裁量权提供价值指向。

二、推定的分类

（一）英美证据法学中的推定分类

在英美法系国家的证据法学中，推定的分类繁多且相当混乱。例如，《布莱克法律词典》列举的推定的分类包括：事实推定与法律推定、可反驳推定与不可反驳推定、强制性推定与许可性推定、绝对性推定与条件性推定、结论性推定与程序性推定、争议性推定与表见性推定、冲突性推定与矛盾性推定、普适性推定与制定法推定、赛耶推定[1]与摩根推定[2]等。这些推定分类都是英美学者在多年的研究过程中为了更好地阐释推定概念的内涵和外延而创设的。这些推定分类对我国的推定理论产生了广泛且深远的影响，尤其是英美证据法中最有影响也最有争议的法律推定与事实推定、可反驳推定与不可反驳推定。

1. 法律推定与事实推定。《牛津现代法律用语词典》明确指出了美国法律学者和英国法律学者在划分法律推定和事实推定种类问题上的不同观点："在美国法中，最基本的划分是法律推定和事实推定。法律推定是一种法律规则，根据这一规则，一个基础事实的认定就导致一个可以反驳的推定事实的成立。事实推定仅是一种论点，是一种可以从一个基础事实的成立得出的推论，但不必作为法律规定来得出。英国法中把推定划分为：（1）合理合法的推定；（2）合法的推定，这是可以用证据反驳的；（3）事实推定，这仅仅是推断。"[3] 由此可见，法律推定和事实推定的认识对象都是未知事实，认识方法都是推断，认

---

〔1〕 指的是只转移现行举证责任但不转移证明责任的推定，由赛耶于1898年提出。
〔2〕 指的是转移证明责任的推定，由摩根于1933年提出。
〔3〕 ［美］加纳（Garner, B. A.）主编：《牛津现代法律用语词典》，法律出版社2003年版，第689页。

识过程都是从一个事实到另外一个事实，二者唯一的区别就在于有没有法律明确的规定，这里的法律不包括判例。从历史发展来看，法律推定往往是从事实推定发展或者转化而成的。

英美法国家关于法律推定和事实推定分类的反对声从没有间断过，美国证据法学家威格摩尔明确指出："法律推定和事实推定的区别仅仅是借用已被误用的大陆法系的词语，实际上只有一种推定，就是法律推定，事实推定作为无用和引起混乱的东西应该予以废弃。"〔1〕 美国学者罗纳德·艾伦甚至认为"推定的概念中没有什么固定的独立内容。毋宁说，推定仅仅是一个标签，法院、立法机关和评论者们都把操作证明过程的不同方法附着在上面。明确和直接地描述那些操作方法，以及从法律论文中消除推定这个术语是可行的"〔2〕。

2. 可以反驳的推定和不可反驳的推定。推定都是以前提基础事实和推定事实之间的常态联系或者伴生关系为依据的。但是在不同的推定中，前提基础事实和推定事实之间的联系或者关系并不完全相同。其中有些联系的盖然性很高，有些则较低；有些关系非常稳定，有些则不太稳定。另外，法律推定和事实推定的划分也让人们感觉应该对这两种推定的效力进行区分。于是，有的学者就创设了可以反驳的推定和不可反驳的推定这个分类。不可反驳的推定是一种不能用其他证据或者论据来推翻的推定，例如，7 岁以下的儿童不具备实施重罪的能力就属于不可反驳的推定；可以反驳的推定是根据一定事实做出的构成表见证明的推断，可以通过提出相反的证据来推翻，例如，一封以恰当方式通过邮局寄出的信件在经过适当时间之后就会到达收件人的手中；但是在有些情况下，信件也可能中途遗失或者损毁了，因此这推定结论是或然的，收信人可以进行反驳，即可以用证据和推论证明因为某种特殊事件的发生而实际上没有收到该信件。

可以反驳的推定和不可反驳的推定与法律推定和事实推定是一种什么样的关系呢？具体而言：①我们能说法律推定都是不可反驳的推定而事实推定都是可以反驳的推定吗？回答应该是否定的，因为许多所谓的法律推定显然都是可以反驳的。②不可反驳的推定是法律推定与事实推定之外的分类吗？根据上文对法律推定和事实推定的解释，二者应该是可以反驳的，那么不可反驳的推定

---

〔1〕 转引自龙宗智：《推定的界限及适用》，载《法学研究》2008 年第 1 期。

〔2〕 ［美］艾伦（Allen, R. J.）、库恩斯（Kuhns, R. B.）、斯威夫特（Swift, E.）：《证据法：文本、问题和案例》，张保生、王进喜、赵滢译，高等教育出版社 2006 年版，第 852–853 页。

又是从何而来呢?《元照英美法词典》对此解释:"事实推定是指从其他已知的确定事实推定某一事实成立。事实推定并非必然成立,允许通过反证予以推翻;法律推定是指当特定的事实已经证实,且无相反的证据提出时,要求法庭作出法律上的假定,即裁决推定的事实成立,法律推定允许反驳。"[1] 从这两段定义来看,事实推定和法律推定都是可以反驳的。这里就产生了一个逻辑问题:如果法律推定和事实推定是对推定概念的划分而且二者都是可以反驳的,那么就不能在二者之外存在一种不可反驳的推定;如果不可反驳的推定和可以反驳的推定也是对推定概念的划分,那么上述词典对法律推定和事实推定的解释就是不正确的。

从认识论的角度来说,推定是以推断为桥梁的间接事实认定,其认识结论具有或然性和可假性,换言之,推定的事实不一定等同于客观发生的事实,因此,推定都应该是可以反驳的。学者陈一云就反对使用可以反驳的推定和不可反驳的推定的分类,认为"推定的事实都可以反驳"[2]。然而,推定问题之复杂在于它不仅是认识论的产物,而且是价值论的产物,是证明成本和诉讼效率之考量的产物。于是,人们看到有些法律中关于推定的规定就具有不可反驳的含义,如前文中"七岁以下的儿童不具备实施重罪的能力"的推定。然而,学者们会对这类法律规定是否属于推定产生怀疑,因为这个法律规定并不是前提基础事实与推定事实之间的伴生关系做出的推断,而是法律基于一定的价值考量做出的规定。

大概因为认识到可以反驳的推定和不可反驳的推定这对概念的瑕疵,英美法系国家的学者便纷纷试图用其他词语来描述不同推定在效力上的差异,于是就出现了一系列与可以反驳的推定和不可反驳的推定相同或者相近的范畴,如强制性推定和许可性推定、绝对性推定和条件性推定等。我国证据法学者必须警惕,不可盲目地把那些容易引起混乱的推定分类移植进来,否则就会因为司法实践和司法文化传统的差异而导致更加复杂的混乱。

(二)我国证据法学中的推定分类

由于中国证据法学中的推定理论主要借鉴自英美法系国家,所以英美证据法学中的推定分类也多被中国学者所接受。基于此,我国学界的主流观点认为,推定分为法律推定与事实推定,也将事实推定作为与法律推定相对应的概念,

---

[1] 薛波主编:《元照英美法词典》,法律出版社2003年版,第1085页。
[2] 陈一云主编:《证据学》,中国人民大学出版社2000年版,第180-181页。

两者属于并列关系。[1] 有必要对我国的法律推定和事实推定的分类进行分析。

1. 法律推定。法律推定，是指通过法律明文确立下来的推定，即法律要求事实认定者在特定的基础事实被证实时必须做出的推断。具体而言，法律推定指的是，当某法律规定的要件事实（甲）有待证明时，立法者为避免举证困难或举证不能的现象发生，乃明文规定只须就较易证明的其他事实（乙）获得证明时，如无相反的证明（即甲事实不存在），则认为甲事实因其他法律规范的规定而获证明。从内容上看，法律上的推定包括法律上的事实推定和法律上的权利推定。

法律推定是立法者根据两个事实之间的常态联系，在法律上规定，当已知事实 A 存在的情况下，推定事实 B 存在。法律推定的本质在于，通过证明前提基础事实的存在，来使推定事实也获得证明。原则上适用法律推定必须遵守两项基本要求：①要确认前提事实。法律推定是根据前提基础事实作出的判断，不需要作为证明对象予以证明。但是，作为推断根据的前提基础事实，除众所周知的事实和法院审判上知悉的事实可由法院径行认定外，都应该由主张存在该事实的当事人举证证明。如果负举证责任的当事人没有提供证据或者提供的证据不足以证明前提基础事实，推定法则就无法适用。前提基础事实一旦得到证明，法院就会依照法律规定作出存在推定事实的认定。所以，推定法则仅免除了于其有利的一方当事人对推定事实的举证责任，而没有免除他对前提基础事实的举证责任。对于未履行举证责任的当事人，法院可责令其提供证据，否则，不能认定前提事实，也就不能确认推定事实的存在。②适用法律推定须以无反证推翻为条件。法律推定的事实，必须是能够以相反证据推翻的事实。不能以相反证据推翻的推定，不是法律推定。当推定事实因前提基础事实的确认而被假定存在后，否认推定事实的一方要推翻该推定事实，就必须对不存在推定事实负举证责任。当相反证据不足以否定推定事实时，法院应当认定推定事实；当相反证据足以推翻推定事实时，就不能适用推定。

当然，对于法律推定的反驳并不限于针对推定事实提出相反证据，为阻碍法院适用有利于对方的推定，当事人一方还可就前提基础事实提出争议，并提供证据证明前提基础事实不存在。只要当事人提出相反证据使前提基础事实的存否处于真伪不明状态，就能有效地排除适用法律推定的可能。

2. 事实推定。事实推定，是与法律上的推定相对而言的，是指法律规定法

---

[1] 余文唐：《事实推定：概念重塑与界限甄辨》，载《法律适用》2023 年第 3 期。

院有权依据已知事实，根据经验法则进行逻辑上的演绎，从而得出待证事实是否存在及其真伪的结论。简言之，事实推定就是指法律没有规定，但在实践中习惯上运用的推定。有无法律的明文规定，乃区别法律推定与事实推定的明显标志。从演变过程来看，事实推定在先，法律推定在后。据此可以认为，法律推定是事实推定的法律化、定型化；事实推定是法律推定的初级阶段，有待上升为法律推定。事实推定就其本质而言，乃是一个由立法机关赋予司法者在一定情形下行使自由裁量权、调节举证责任的具体运作状态从而决定是否认定事实的司法原则。

当证明成本大于错判成本时，严格证明就必须放弃，事实推定即可适用。[1] 事实推定是在诉讼过程中，司法工作人员根据两个事实之间的常态联系，在事实 A 已经明确的情况下，推定事实 B 存在。例如，①根据被告在诉讼中销毁或者隐匿证据这一事实，可以推断出示该证据必定于其不利；②根据某人在事故发生后的瞬间正驾驶着某辆汽车这一事实，可以推断事故发生时正在驾驶这辆汽车。

我国法学界也存在着否认事实推定的观点，认为事实推定是"司法机关经过推理来认定事实，应当直接使用推理或者推论一词"。[2] 推定与推理、推论等用语在语义上作为一种思维形式的反映，含义并无多大差距，关键应该分析推理、推论在法律上是否有其意义。回答如果是肯定的，这种推理、推论就应该纳入法律范畴，并称之为推定。既然这种推理、推论就是司法机关经过推理来认定案件事实，其法律意义也就不言自明，所以这种推理、推论即使没有法律上的明文规定，也应该称之为事实推定。肯定事实推定，实际上就等于肯定司法工作人员在诉讼中的主观能动性，使司法变成一种既是合法的又是能动的过程，而不是简单地适用法律。

事实推定和法律推定之间存在着相同和有联系之处，具体而言：①事实推定和法律推定都具有推定的一般特征，二者并非证据而是一种证明方法和法则，须有前提基础事实和推定事实，一般允许当事人提出相反证据推翻；②法律推定和事实推定的划分是相对的，某一推定暂时属于事实推定，以后可能通过立法确认而成为法律推定；③对法律推定和事实推定提出相反证据予以反驳时，都可以使用直接反证和间接反证两种方式。直接反证是指证明人通过直接证明

---

〔1〕 王彬：《事实推定中的后果考量》，载《法律科学（西北政法大学学报）》2021 年第 6 期。

〔2〕 陈一云主编：《证据学》，中国人民大学出版社 2000 年版，第 164 页。

推定所依据的基础性事实不存在的方式反驳推定事实的存在。间接反证是指证明人提出新的证据，使法官根据这些新的证据认定推定事实不存在。

但是，法律推定和事实推定之间的区别也是很明显的，具体而言：①法律推定的根据是法律的明文规定，事实推定的根据则是法官的逻辑和经验；②对于推定的反驳，法律虽然规定都可以采取直接反证和间接反证两种方式，但是提出相反证据证明的标准是不同的。法律推定的反驳，要达到推定事实不存在程度的证明；而对于事实推定的反驳，仅要求达到使法官产生合理怀疑的证明程度，即动摇法官心证的程度即可。[1]

三、推定的适用

在适用推定时，一般需要满足以下四个方面的基本要求：

1. 基础事实已经被确认。虽然前提基础事实通常只是与推定事实之间有间接关系，但推定事实毕竟是根据前提基础事实作出的判断，而该推断能够直接给当事人带来不利益，在刑事诉讼中甚至能直接置被告人于被追究刑事责任的风险之中，因此，前提基础事实必须确实、可靠。如果前提基础不真实，推定也就失去了根基，通过推定认定案件事实的准确性就无从谈起。一般而言，确立前提基础事实的责任需要由主张适用推定的一方当事人承担，即由该方当事人举证证明前提基础事实的存在。除此之外，前提基础事实的确认还有以下两种方式：①对于众所周知的事实、裁判文书所确定的事实、公证证明的事实等，法院依当事人申请或者依职权直接确认；②前提基础事实获得了申请适用推定方之对方当事人的承认。

2. 必须有明确或者充分的根据。对于法律推定而言，推定的适用必须根据明确的法律规定。我国法律中已经有不少关于推定的明文规定。例如，①《民法典》第48条关于宣告死亡的推定；②《民法典》第1222条关于医疗机构有过错的推定；③《著作权法》第12条关于署名人即为作者的推定；④《刑法》第395条关于财产来源非法的推定；⑤《刑法》第236条第2款奸淫幼女罪关于明知对方是幼女的推定；⑥《最高人民法院最高人民检察院关于办理非法利用信息网络、帮助信息网络犯罪活动等刑事案件适用法律若干问题的解释》第11条及《最高人民法院最高人民检察院公安部关于办理电信网络诈骗等刑事案件适用法律若干问题的意见（二）》第8条关于帮助信息网络犯罪活动罪的明

---

[1] 陈光中主编：《证据法学》，法律出版社2019年版，第440页。

知推定规则；⑦《行政处罚法》第 33 条第 2 款关于当事人主观过错的推定；⑧《个人信息保护法》第 69 条第 1 款关于个人信息处理者的过错推定。

对于事实推定，则要求前提基础事实与推定事实之间必须要有以经验常识为基础的常态联系。具备常态联系是适用事实推定的关键条件。前提基础事实与推定事实之间是否具备这种联系，审判人员要依据逻辑和经验判断，这种联系必须与一般人的期许相符合，必须为公众所能认可和接受。审判人员在进行事实推定时并不能主观臆断。对于法律推定而言，该问题已经在推定的创制阶段解决。而且，在法律推定中，并不必然要求推定事实与前提基础事实之间具备常态联系。法律推定可以建立在人类的普遍经验和一定的逻辑规则之上，但也可能以刑事政策、价值权衡等其他因素为依据。例如，2022 年 6 月 9 日高某抢劫案，高某因抢劫他人财物被民警抓获。公诉机关提交了高某的户籍证明，还有其出生地的卫生防保工作站出具的 2004 年预防接种登记表，证实高某的出生日期为 2004 年 5 月 9 日。高某的辩护律师向法庭提交了高某出生地卫生防疫站印发的高某的儿童计划免疫保偿证一份，以及高某同村的一位村民的证言，证明高某的出生日期为 2004 年 6 月 22 日。如果高某出生日期为 2004 年 5 月 9 日，则他 6 月 9 日犯罪时已成年，而如果是 2004 年 6 月 22 日，则未成年，依法可以减轻处罚。最终合议庭认为公安机关的户籍证明、卫保站的预防接种登记表所证实的出生日期，与证人证言、高某的儿童计划免疫保偿证所证实的日期相互矛盾，且对双方相互矛盾的内容再无其他证据予以证实。因此，控、辩双方都没有充分的证据能够证明高某的实际出生日期，且该事实也确实无法查明。本着有利于被告人的原则，应当推定其犯罪时未满 18 周岁。

3. 允许对方当事人提出反驳。根据最高院《民诉证据规定》第 10 条的规定，允许对法律推定进行反驳，其实无论是基于实体真实，还是程序公正，作为证明方法意义上的任何推定都应当是可以反驳的，即允许对方当事人提出反驳，并视反驳情况决定推定的成立与否。反驳作为推定的构成要素，不仅是对方当事人的一种权利，更是一种义务或者负担，是在履行推定规则施加给自己的责任，放弃反驳或者反驳未达要求就意味着要承担不利后果。对方当事人既可以反驳前提基础事实，又可以反驳推定事实。对于前提基础事实的反驳只需要使基础事实达到真伪不明的状态即可，而对于推定事实的反驳需要达到产生合理怀疑的严格证明标准，才能卸除其证明责任。

4. 符合特定的适用范围。推定毕竟只是例外适用的特殊证明方法，对于其适用的范围必须加以适当的限制。尤其是在被告人享有不受强迫证实自己犯罪权利的刑事诉讼中，在设置和运用推定时，立法者或者司法者首先要考虑证明的难度及付出的成本，以及是否为被追诉者所独知，在此基础上，兼顾刑事政策和经验法则，并权衡秩序、效率、人权等多重价值，仅当推定保护的利益明显大于可能牺牲的利益时，该推定才是必要而正当的。我国民事诉讼中推定的适用范围较广，民事推定可以适用于意思、证据事实、能力、过错、因果关系等；行政诉讼中，推定主要适用于被告的过错、被告举证不能、被告隐匿证据、原告未过起诉时限、原告委托成立以及原告放弃举证权利等事实。

但是，不管在刑事诉讼、民事诉讼还是行政诉讼中，在运用事实推定的方法时，必须严格遵循必要性原则，即审判人员必须确保无法直接证明待证事实的存在，只能从基础事实中对该待证事实进行推断。如果能够直接运用证据证明案件事实，就没有使用事实推定的必要。

第二节　司法认知

一、司法认知概述

（一）司法认知的概念

司法认知，又称审判上的知悉、审判上的确认或司法确认，其英文表述为 Judicial Notice，用以指代法院在审理过程中以裁定的形式直接确认特定事实的真实性，及时排除没有合理根据的争议，确保审理顺利进行，从而提高诉讼效率的一种诉讼证明方式。《布莱克法律词典》将其解释为："法庭为了便利起见，接受公众周知并不存在争议的事实，而不要求当事人对其予以证明。如法庭有权接受这样的一个事实：水在华氏 32 度（0 摄氏度）时会结冰。"[1]

作为英美证据法上的一项重要概念，司法认知源于欧洲中世纪关于法官的一项理念。法官在那个时代被认为是一个"博学的人"，在每一个学科方面都受过良好的培训；法官拥有或至少被假设拥有全世界的知识并可以自由使用。[2]通说认为，证据法上的司法认知最早可以追溯到古罗马法和寺院法时代，它直

---

〔1〕　Bryan A. Garner, *Black's Law Dictionary*, Thomson West, 2009, p. 923.
〔2〕　Nathan Isaacs, *The Law and the Facts*, Columbia Law Review, 1922, Vol. 22, No. 1.

接起源于古罗马法的"显著之事实，无须证明"这一古老法谚，[1]并在 1872 年《印度证据法》中首次作为一项明确的成文法规则予以规定[2]。经过证据法学的不断发展，无论是英美法系国家还是大陆法系国家的法律，都存在着对众所周知的、当事人双方没有争执的事项由法院直接认知的规定，以求得诉讼上的迅速快捷，用以提高诉讼效率。例如，《美国联邦证据规则》第 201 条对司法认知作以 7 款明确规定，以为法官之司法认知提供可操作性的基本框架法则，在厘定司法认知范围、裁判事实种类的基础上，明确司法认知程序及司法认知效力等核心问题。《德国民事诉讼法典》第 291 条规定："于法院已经显著的事实，不需要举证。"《日本民事诉讼法》将众所周知的事实与当事人的自认并列规定，即"当事人在裁判所自白的事实及众所周知的事实，无须举证"。[3]

究其本质，本书认为，司法认知应当被理解为证据裁判原则的例外，即"司法认知授权事实发现者，在审判法官的指导下，接受某些事实为真而无须正式证明。"[4]在证据法学者格莱姆看来，"司法认知建立在这样的假设之上：对于特定事实而言，其存在不会遭到理性的争议，从而也就不必以提交证据证明的方式来加以确认；因此，当一个诉讼中的事实被当作司法认知加以确认时，它就是无须以正式证据加以证明的事项"。[5]同推定和证据证明一样，司法认知也是证明特定案件事实的诉讼行为，它与证据证明及推定一同建构起完整的诉讼证明的方法体系。所不同的是，经法院司法认定的事实，其法律上的真实性得到确认，当事人无需举证证明，法院也无需进一步调查和审查。除非一方当事人提出合理的反证，或者法院发现了新的事实，否则法院可以直接依据司法认知的事实作出定案结论。[6]就内容而言，司法认知可以划分为对事实的司法认知和对法律的司法认知两种，此一诉讼证明方式仅适用于法院管辖权限内人所共知的事实或当事人就其准确性不能提出合理争辩的事项。就性质而言，一

---

[1] 经 19 世纪末的著名证据法学家塞耶考证，"'承认某事实而无须证据证明该事实存在或真实'是'进行司法认知'的言外之意这种表述可以追溯到一个古老的英语惯用法。他经考证后认为，古英语中的'认知（notice）'经常与'知道（knowledge）'以及法律术语'知悉（conusance）'交替使用"。转引自周萃芳：《司法认知论》，中国人民公安大学出版社 2008 年版，第 12—13 页。

[2] 1872 年《印度证据法》第 56 条规定："认知无须举证。"第 57 条则对包括法律、印度政府的公章、公报、行政区划、历史、文学、科学和艺术等在内的 13 项法院必须认知的事项予以明确。

[3] ［日］兼子一、竹下守夫：《民事诉讼法》，白绿铉译，法律出版社 1995 年版，第 303 页。

[4] Graham C. Lilly, *An Introduction to the law of Evidence* Thomson West, 1978.

[5] Michael H. Graham, *Evidence: An Introductory Problem Approach*, Thomson West, 2007, pp. 613-614.

[6] 樊崇义主编：《证据法学》，法律出版社 2017 年版，第 336 页。

方面，司法认知在静态上属于法官应当履行之义务，其本身构成法官自由裁量权的合理限制，司法认知的根据是众所周知的、没有争议的、内容确定的事实和国家的法律，法官在进行司法认知时，须以排除个人私知、自我的道德标准；另一方面，司法认知在动态上属于司法证明环节中的认证环节，其本身属于一种特殊的认证形式，即在对当事人之举证、质证予以省略或简化的前提下，径直由法官作出判定，打破了建立在当事人举证、质证基础上的常态化认证模式。[1]

（二）司法认知的特征

司法认知的特征是司法认知本质的外化表现，是司法认知区别于近似概念、规则的显著标志。总体而言，司法认知的特征主要体现在如下几个方面。

1. 认知主体的唯一性。作为法院行使审判权的一种形式，司法认知的主体只能是法院。尽管从启动方式来看，司法认知既可以由当事人申请启动，也可以由法院依职权启动，但是不管采取哪一种启动方式，决定是否认知、如何认知、认知什么，均属于法官的专属权力。当事人可以申请法院对特定的案件事实采取司法认知，但没有自行采取司法认知的权利。在刑事诉讼中，公安机关、人民检察院虽然可以依职权或应有关人员的申请调查收集证据和审查判断证据，作出自己的认定结论，但却仍需接受法院审查与法庭质证，不会直接成为定案的根据，因而不属于司法认知。

2. 认知对象的特定性。相较于运用证据确定待证事实的常态化事实认定方式，司法认知实乃一种非常态化的认证方式，因而在认知对象或曰认知范围上呈现出特定性特征，法院只能对特定的事实采取司法认知。所谓"特定事实"，用以指代明显的事实或当事人不能提出合理争议的事实。法院不能对需要进一步证明（即不明显）的事实及存在合理争议的事实适用司法认知。对于特定事实之范围，尽管两大法系国家和地区的立法规范并不完全一致，但普遍对其作出明确且具体的限定，未经法律明确规定的事实，裁判者无权通过司法认知的方式进行认定。

3. 认知过程的交涉性。司法认知的过程并非法官单方运作的独立过程，而是法官与当事人相互交涉的渐次过程。在司法认知的过程中，此种交涉性体现为法官在司法认知作出前后应当给予当事人对拟就司法认知之事项提出反驳的

---

[1] 阎朝秀：《司法认知研究》，中国检察出版社 2008 年版，第 22-35 页。

机会，即部分学者所称的"认知结果的可反驳性"。[1] 受制于一系列的主客观原因，即便是对众所周知事实之认定也可能出现偏差。为保证司法认知的准确性和正确性，保障当事人的参与权和知情权，法院在采取司法认知的过程中理应给予当事人提供反驳的机会。例如，《美国联邦证据规则》第201条（e）款规定："当事人在及时请求的前提下，有权就'司法认知的适当性和认知的要旨'请求法院听证。在诉讼过程中，法院对某一事实认知后，对方当事人有可能提出反证或反驳意见，法院对此必须进行审查，然后作出认定。"

4. 认知程序的法定性。程序，指代以保证实体权利和义务得以实现或职权和职责得以履行的过程、步骤、方法的总和。程序法定则用以指代诉讼主体必须在法律规定的过程、步骤、方法的范围内进行活动，以保证诉讼活动处于一种有序、稳定和可预见的状态。程序法定之意义一方面在于助力实体公正的实现，另一方面则在于保证程序正义的看得见。作为法院行使审判权的一种方式，司法认知同样要遵循一定的、由法律明确规定的过程、步骤和方法，如司法认知的启动、司法认知的调查、司法认知的抗辩、司法认知的作出和救济程序。

5. 认知分类的多样性。同其他事物一样，从不同的角度进行审视，依据不同的分类标准，司法认知亦可以被划分为不同的类型。例如，以司法认知的事项是否为法律强行规定为标准，司法认知被划分为必须认知和可予认知两种；以司法认知的客体属性为标准，司法认知被划分为对案件事实的司法认知与对证据事实的司法认知两种；以法院采取司法认知的原因为标准，司法认知被划分为依职权的司法认知和依申请的司法认知两种；以司法认知的方式为标准，司法认知被划分为口头司法认知和书面司法认知两种；以司法认知适用的诉讼领域为标准，司法认知被划分为刑事诉讼司法认知、民事诉讼司法认知和行政诉讼司法认知三种；而以司法认知的内容为标准，司法认知则被划分为对事实的司法认知和对法律的司法认知两种。[2]

---

[1] 参见潘金贵主编：《证据法学》，法律出版社2022年版，第369页；张保生主编：《证据法学》，中国政法大学出版社2023年版，第414页。

[2] 关于法院是否应对法律采取司法认知的证明方法，我国学界存在肯定说、否定说和折衷说三种观点。例如，在陈光中教授看来，证据法的核心是通过正当的程序追求案件的事实真相，而有关法律的规定是对事实的评价，与发现事实真相无关，因此他主张证据法中的司法认知仅指法官对案件事实的认知，而不包括对法律的认知。参见陈光中主编：《证据法学》，法律出版社2019年版，第444页。关于法院是否应对法律采取司法认知的肯定说、否定说、折衷说观点，可以参见阎朝秀：《司法认知研究》，中国检察出版社2008年版，第156-157页。

（三）司法认知与相关概念的关系

诚如美国证据法学者威格摩尔指出的那样："在当事人提出的所有主张或主张的事实当中，有一些是不需要用证据加以证明的，其中包括自认的事实、推定事实，以及众所周知的事实或者由于其他特殊原因而不需要当事人提供证据的事实等。"[1]据此，我们不能也不应将那些不需要用证据加以证明的事实全然等同于司法认知，而是应当在深入分析司法认知与近似概念之联系和区别的基础上，将司法认知与近似概念，特别是与免证事实、推定和自认区别开来。

1. 司法认知与免证事实。"经常在审判中会有一些事实并没有经过严格的证明程序而无疑义地被法庭认定为真实或真实存在，这种未经严格证明程序而得到法庭认定的事实，通俗地说就是免证事实"。[2]就概念而言，免证事实是指不需要当事人提供证据证明，直接由法官确认其效力的事实。免证事实免除了当事人的举证证明义务，可以直接成为法院判决的事实基础。在我国传统的证据法研究中，部分学者基于司法认知与免证事实的共性联系，将两者视为同等范畴，[3]一定程度上忽视了两者之间的区别。

一方面，司法认知与免证事实确有联系，从逻辑学上讲，司法认知属于免证事实的一种。免证事实属于"属"概念，司法认知属于"种"概念，免证事实除了包括司法认知，还包括推定、自认等事实，免证事实的外延比司法认知广泛得多。另一方面，司法认知与免证事实的区别也较为明显，突出表现在：首先，司法认知和免证事实的认识角度不同。就某一无需举证的事实来说，免证事实是从当事人的角度来看的，作为待证事实的对应概念，免证事实一般放在证明对象之中，强调的是对当事人证明责任的免除。而司法认知则是从法院的角度来看的，强调的是法院的认证行为，即法官对于某一特定事实如何认证，属于一种特殊的认证活动。其次，免证事实仅指某一不需要由当事人举证的事实本身，此一概念静态地描述了与证明对象有关的事实，它通常不涉及法官的认证行为和当事人的行为。而司法认知则动态地反映了法院与双方当事人之间的关系，体现了法官与当事人之间相互交涉的过程。

2. 司法认知与推定。如前所述，所谓推定，是指根据事实之间的常态联系，

---

[1] John Henry Wigmore, *Evidence in Trials at Common Law*, Peter Tillers Rev., Bosten：Little, Brown and Co., 1983, Vol.9, p. 693.

[2] 周萃芳：《司法认知论》，中国人民公安大学出版社 2008 年版，第 4 页。

[3] 例如，裴苍龄教授认为："免证的事实法院可以认知。认知是法院对某些事实，可以不经证明，直接确认其为真实。"参见裴苍龄：《证据法学新论》，法律出版社 1989 年版，第 162-163 页。

依照法律规定或经验法则，从已知的基础事实或称前提事实推引未知的推定事实存在，并允许当事人提出反证用以推翻推定事实的证据法则。作为诉讼证明的两种特定方式，司法认知与推定既有共同点，又有明显的区别。

（1）司法认知与推定的共同点：首先，司法认知与推定的适用主体相同。推定和司法认知的适用主体都是确定的，只能是法官，并且专属于法官，这是由审判的中立性、客观性、被动性以及裁决的终结性所决定的。其次，司法认知和推定的价值功能基本相同。无论是推定还是司法认知，其基本价值功能都在于补足常态的证据证明方式，用以减轻当事人的证明责任、简化审理程序、提高诉讼效率。除上述两种共同点外，司法认知与推定的联系还体现为司法认知的事实可以作为推定的前提事实。在推定所涉及的两个事实关系中，基础事实的真伪制约着推定事实的真伪，所以基础事实为真就显得尤为重要。而对司法认知而言，不符合案件真实情况的事实、虚假的事实，法院不能进行司法认知，亦即司法认知的真实性已然得到确认，因而可以直接作为推定的前提事实。

（2）司法认知与推定的区别：首先，司法认知与推定的构造不同。推定表示两个事实的关系。推定总是涉及两个事实，一个是已知的事实 A，叫作基础事实或前提事实；另一个是未知的事实 B，叫作推定事实。一般情况下，事实 A 与事实 B 之间具有共存关系，所以由事实 A 可以推导出事实 B 存在。而司法认知并不像推定一般有两类事实之分，司法认知的作出无须以任何事实为前提或基础。其次，司法认知与推定的内容不同。司法认知的内容具有客观性和确定性，而推定的内容则具有相对性和不确定性。司法认知的事项必须是明确的或者是当事人之间没有争执的，法官绝不能对虚假的事实或者不符合案件真实情况的事实进行司法认知，即司法认知的事实必须具有客观真实性。而法律设置推定制度的目的之一即在于为无法直接证明的事实提供一条便捷路径，力图增强经验法则和逻辑规律在证明中的作用。因此，尽管推定的事实在通常情况下具有与客观证据相当的证明力，但推定事实只是法律上的一种假定，未必符合客观情况，其内容具有相对性和不确定性，这是司法认知与推定最本质的区别。[1]

3. 司法认知与自认。所谓自认，是指当事人在诉讼过程中对对方提出的不利于己方事实的承认，其本身属于免证事实的一种，建立在辩论原则和处分原则的法理基础之上。由于司法认知与自认同属于广义上的免证事实，因而具有

---

〔1〕 阎朝秀：《司法认知研究》，中国检察出版社 2008 年版，第 70 页。

一定的内在联系，但也存在明显的区别。

（1）司法认知与自认的主体不同。作为当事人所采取的诉讼行为的一种，自认的主体实为诉讼当事人，区别于以法官为主体的司法认知。

（2）司法认知与自认的对象不同。作为免证事实的一种，自认的对象是事实，事实以外的法律法规、经验法则等均不是自认的对象。而从两大法系国家和地区的证据法规范来看，司法认知的对象往往既包括事实，也包括法律。

（3）自认具有个案的特殊性，每个案件中当事人自认的内容都不完全相同，对其他案件没有借鉴意义。而司法认知的内容固定，基本不受个案差异之影响。

（4）司法认知与自认的效力位阶不同。如果当事人自认的事实明显不可能、不真实，或者与法院已认知、已查明的事实相违背，应如何认定自认的效力呢？对于这一问题，最高院《民诉解释》第92条第3款规定："自认的事实与查明的事实不符的，人民法院不予确认。"德国法学家奥特马亦指出："荒唐的自认不具有任何拘束力，例如违反普遍的经验法则或违反明显的事实。"[1]也就是说，对于属于司法认知的事实而当事人进行自认的，不具有自认的效力，自认不能与司法认知相抵触，即司法认知的效力高于自认的效力。

二、司法认知的效力与功能

（一）司法认知的效力

司法认知的效力主要体现在对当事人的效力、对法院的效力以及对其他证据的效力三个层面。

1. 对当事人的效力。①司法认知的事项即是"不证自明"的事项，因此当某项待证事实成为司法认知之事项，并得到法官的许可，便可免除当事人对认知对象的举证责任，即经司法认知的事实，当事人无须举证。②对一方当事人证明责任的免除，同时意味着对对方当事人证明责任的加重。从这个意义上来讲，司法认知实际影响着证明责任在当事人之间的分配。③凡是法律规定为必须认知的事项，在法院没有依职权加以认知的时候，当事人及其诉讼代理人有权请求认知，即当事人享有司法认知的请求权。

2. 对法院的效力。对法院而言，司法认知是其采取的具有法律约束力的认证行为，法院一旦作出司法认知，就应当受其认知行为的约束。具体而言：①法院应当以裁定的方式作出司法认知，用以保证司法认知的严肃性。②司法

---

〔1〕 ［德］奥特马·尧厄尼系：《民事诉讼法》，周翠译，法律出版社2003年版，第237页。

认知应当公开进行，法院对司法认知的事实须向当事人释明，并为当事人提供反驳的机会。③对有陪审团审理的案件，法官应当就司法认知对陪审团作出指示。"按照判例法，如果法官在调查后决定对某一事实使用审判上的知悉，他就必须把这一事实从陪审团的审理内容中撤回来，即使调查曾使用听取证言的方式而且证人不同意这样做。"[1]

3. 对其他证据的效力。①经过法院司法认知的事实可以用来作为证据证明其他事实，如司法认知可以作为推定的前提事实。②法院认知的事实，可以促使其他某个事实或一组事实成为证据，从而构成证明的逻辑链条。[2] ③当司法认知与其他证据产生冲突时，可能否定其他证据的效力，如自认不能与司法认知相抵触。

（二）司法认知的功能

司法认知之所以能在世界范围内得以广泛运用，并逐渐实现规范化和制度化，同它所具有的正向功能是分不开的。概括起来，司法认知的功能主要体现在如下四个方面。

第一，司法认知有助于提高诉讼效率。诚如美国著名证据法学者塞耶所说："在缩短和简化程序方面，司法认知有巨大的作用，在有能力的法官手里司法认知实为一个有用的工具。"[3] 在诉讼过程中，有的事实需要法院进行调查和审查判断，需要当事人进行举证和质辩；而有的事实是明显的，当事人不能提出合理的争议，法院不需要做更进一步的调查。假使允许当事人对明显的事实提出没有根据的反驳，势必造成诉讼的拖延，即波斯纳所言的"证明显而易见事实的证据将投入成本，但不产生收益"，[4] 而通过采取司法认知，法院便可以及时排除无谓的争议，明确案件的争点，集中有限的人力、物力和时间用以解决案件中存在的实质争议，最大限度地提高诉讼效率，实现诉讼效益。

第二，司法认知可以更为合理地配置证明责任，查明案件事实。法院适用司法认知，直接确认某一事实的真实性，在免除一方当事人举证责任的同时，

---

[1] 沈达明编著：《英美证据法》，中信出版社 1996 年版，第 65 页。

[2] See John Jay McKelvey, *McKelvey on Evidence*, The American Law Register, Vol. 46, No. 3., Vol. 37 New Series, 1898.

[3] James Bradley Thayer, *A Preliminary Treatise on Evidence at the Common Law*, Boston: Little, Brown and Co., 1896, p. 203.

[4] ［美］理查德·A. 波斯纳：《证据法的经济分析》，徐昕、徐昀译，中国法制出版社 2001 年版，第 110 页。

则为另一方当事人设置了新的举证负担，即对方当事人必须提出证据予以反驳，否则就将承担该事实被最终确认的不利后果。而在司法实践中，某些事实存在的可能性远远超过不可能存在的可能性，对于这些事实，较之于直接证明而言，采取反证的方式不仅有助于提高诉讼效率，而且更加有利于案件事实的查明。从这个意义上来讲，司法认知有助于更为合理地配置证明责任，促进事实真相的查明。

第三，司法认知有助于避免混淆视听而统一认识。在实行陪审团审判的英美法系国家，审判权力项下的事实认定权与法律适用权相分离，由一定数量的公民（通常是 12 人）组成的陪审团仅对被告是否有罪这一事实问题负责，而包括证据可采性在内的一系列法律问题则专属于职业法官负责。[1]由于陪审员未曾受过专业的法律训练，单纯依靠常情和常理作出的事实裁断难免会因受到一系列内外部因素的影响而形成事实认定偏差。而通过采取司法认知，法官得以将那些不存在实质争议的事实排除出需要当事人证明的目录之中，在一定程度上有助于避免混淆陪审团之视听，避免陪审团作出于特定事实的偏离常态之判定，保证对于这些具有显见真实性之事实的认识一致性，即戴维斯教授所言的"司法认知有助于避免前后矛盾，尤其是通过法官指示陪审团某项事实已经成立来控制陪审团对事实的认定"。[2]不仅如此，司法认知的"统一性"作用还可以通过由不同诉讼地的不同法院对不同案件所涉及的类似事实作出相同的裁决而实现，即司法认知可以确保案件"在同一法院的不同案件之中、在不同辖区的法院之间有一个统一的处理结果"。[3]

第四，司法认知具有"平衡器"的积极作用。司法认知的平衡器作用可以从两个角度加以理解：一方面，司法认知能够同时满足国家行使审判权以维护社会秩序、实现社会公正与当事人对于事实认定真实性、程序运作正当性的需求，反映了个人利益与国家利益的平衡。另一方面，司法认知能够实现不同诉讼模式之间的"取长补短"，即在一定程度上克服当事人主义所具有的"司法竞技"弊端，强化法官职权干预因素，在防范陪审团作出于特定事实的偏离常态之判定的同时，通过司法认知的程序化、规范化削弱职权主义下法官大包大揽

---

[1] 参见步洋洋：《中国式陪审制度的溯源与重构》，载《中国刑事法杂志》2018 年第 5 期。

[2] See I. H. Dennis, *The Law of Evidence*, Sweet & Maxwell, 1999, p. 392.

[3] ［美］约翰·W. 斯特龙主编：《麦考密克论证据》，汤维建等译，中国政法大学出版社 2004 年版，第 628 页。

之倾向，增强诉讼的对抗性。[1]

三、司法认知的范围

司法认知的范围又称司法认知的对象或司法认知的事项，具体表现为法院可以采取司法认知的案件事实或证据事实的种类。司法认知范围的实质是将当事人的主观证明责任与法官的认知职权进行合理配置，在防止法官司法认知之随意性，在保证司法认知之正确适用的同时，减少对于司法认知的不当限制，避免将此一制度束之高阁，充分发挥其制度项下的正向功能。

关于司法认知的范围，各国在认识上宽窄不一。作为首位对司法认知进行系统论述的证据法学家，塞耶在《普通证据法证据导论》一书中就曾指出"对于什么样的事实[2]在没有证据的情况下法庭可以进行和必须进行司法认知这个问题很难回答，种种原因导致对于司法认知的适用对象不可能予以精确描述"。[3]

从两大法系国家现有的证据立法规范来看，建立在不同时期不同判例的基础上，英美法系各国在立法上或学理上设定的司法认知范围较为宽泛、庞杂，囊括法律、政府事项、司法事项、自然现象、商业、历史、地理、财政、经济、科学、医术、人事、时间、距离、名称等各种显著事实。例如，英国证据法将司法认知的事项划分为众所周知的事实（排除法官基于私人身份知悉的事实），经过调查后在司法上所知悉的事项，英国法、欧洲共同体立法和英国国会的立法程序，成文法的有关规定四类。[4]《美国联邦证据规则》第301条则将司法认知的事项界定为"必须是不会引起合理争议的以下两种事实之一：在审判法院管辖范围内众所周知的事实；能够被准确地确认和随时可借助某种手段加以确认（的事实），该手段的准确性不容受到合理质疑"。[5]相较于英美法系国家，大陆法系各国在立法和学理上对于司法认知范围之设定则较为原则、概括和审慎。例如，《德国民事诉讼法典》第291条规定："显著的事实无需举证。"按照德国学者的解释，"所谓显著的事实，包括公众普遍熟知的事实与法院作为一种

---

〔1〕　潘金贵主编：《证据法学》，法律出版社2022年版，第370页。
〔2〕　塞耶在这里所适用的"事实"属于笼统性的定义，既包括司法认知对象中的事实，又包括司法认知对象中的法律。
〔3〕　周萃芳：《司法认知论》，中国人民公安大学出版社2008年版，第4页。
〔4〕　沈达明编著：《英美证据法》，中信出版社1996年版，第61页。
〔5〕　《美国联邦刑事诉讼规则和证据规则》，卞建林译，中国政法大学出版社1996年版，第103页。

机构所熟知的事实两种"。[1]

尽管各国对于司法认知范围的界定并不一致，但从现行证据规范的内容来看，司法认知的范围不外乎事实和法律两大类。对于事实能够成为司法认知的对象，两大法系国家已达成共识；而对于法律[2]（国内法和外国法）能否成为司法认知的对象，两大法系国家在学理观点、规范设定及实践做法等层面均存在着较为明显的差异，我国学界亦存在着肯定说、否定说和折衷说三种观点。[3]

四、司法认知的程序

司法认知不仅代表了事实认定的一种结果状态，而且反映了事实认定的动态过程，因而需要遵循基本的程序逻辑与程序规范以保障其公正性及透明性。考察域外国家和地区司法认知的相关程序规则，本书认为，司法认知大致应当遵循以下程序：

1. 司法认知的启动程序。司法认知的启动有两种方式，一种是法院依职权启动，一种是当事人申请启动。当事人提出的认知申请对法院没有约束力，是否进行认知需由法院审查后决定。

2. 司法认知的调查程序。为强化法院在司法认知上的能动性，法院在采取司法认知以前应当使用一些必要的核实与释明手段进行调查研究。调查研究的方式包括听取当事人陈述、询问证人和专家、查阅相关资料等。调查的目的不仅在于保证司法认知的正确性，而且在于保障当事人的诉讼权利。法院调查的范围和方式不受当事人请求的限制，法院可以考虑采纳或者驳回任何一方或者双方当事人提出的意见，可以进行庭外调查，也可以仅以现有的或者当事人提供的材料为依据作出判断。

3. 司法认知的抗辩程序。司法认知的效力最终取决于案件判决的效力，在案件判决生效之前，司法认知并不等于调查程序的终结，案件事实只能在裁判

---

[1] ［德］罗森贝克、施瓦布、戈特瓦尔德：《德国民事诉讼法》（下），李大雪译，中国法制出版社2007年版，第822-823页。

[2] 尽管依据不同的分类标准，此处的法律可以被划分为不同的种类，如按照地域可以划分为国内法和外国法，按照渊源可以划分为成文法或制定法、普通法或习惯法，按照性质又可以划分为公法和私法等，但本书此处的探讨主要集中于国内法和外国法的划分层面上。

[3] 关于两大法系国家对于法律（包括国内法和外国法）能否成为司法认知对象问题的学理观点、规范设定及实践做法，可以参见周苇芳：《司法认知论》，中国人民公安大学出版社2008年版，第168-246页；阎朝秀：《司法认知研究》，中国检察出版社2008年版，第155-164页。

作出时得以确定。因此，法院在采取司法认知时，特别是依职权主动启动司法认知时，应当立即告知双方当事人以使其获得反驳的机会。当事人提出反驳的方式可以是口头的，也可以是书面的，但是必须提出相应的证据或者充分的理由予以证明。

4. 司法认知的作出程序。司法认知是法院采取的有约束力的诉讼行为。为保证其严肃性，司法认知应当以裁定的方式作出。此种裁定应当指明认知的对象以及采取认知的根据和理由。认知裁定可以是口头的，也可以是书面的，但口头裁定需要记入审判笔录。

5. 司法认知的救济程序。尽管司法认知前的适时告知能够在一定程度上保障双方当事人的知情权和质辩权，但由于一系列的主客观原因，此项程序很可能会被忽略，即法官在未曾给予双方当事人反驳机会的情形下，径行以其认知的事实作为裁判的依据。本书认为，在此种情况下，依据司法认知作出的裁判应当被视为存在法律上的瑕疵，当事人可以对之提起上诉，寻求司法救济。

五、我国立法中的司法认知

我国三大诉讼法中并无司法认知的明确规定，本应作为司法认知事项的规范内容仅在若干司法解释关于免证事实的规定中有所体现，这些司法解释主要有：

最高院《民诉证据规定》第10条规定："下列事实，当事人无须举证证明：（一）自然规律以及定理、定律；（二）众所周知的事实；（三）根据法律规定推定的事实；（四）根据已知的事实和日常生活经验法则推定出的另一事实；（五）已为仲裁机构的生效裁决所确认的事实；（六）已为人民法院发生法律效力的裁判所确认的基本事实；（七）已为有效公证文书所证明的事实。前款第二项至第五项事实，当事人有相反证据足以反驳的除外；第六项、第七项事实，当事人有相反证据足以推翻的除外。"

最高院《民诉解释》第93条规定："下列事实，当事人无须举证证明：（一）自然规律以及定理、定律；（二）众所周知的事实；（三）根据法律规定推定的事实；（四）根据已知的事实和日常生活经验法则推定出的另一事实；（五）已为人民法院发生法律效力的裁判所确认的事实；（六）已为仲裁机构生效裁决所确认的事实；（七）已为有效公证文书所证明的事实。前款第二项至第四项规定的事实，当事人有相反证据足以反驳的除外；第五项至第七项规定的事实，当事人有相反证据足以推翻的除外。"

最高院《行诉证据规定》第 68 条规定："下列事实法庭可以直接认定：（一）众所周知的事实；（二）自然规律及定理；（三）按照法律规定推定的事实；（四）已经依法证明的事实；（五）根据日常生活经验法则推定的事实。前款（一）、（三）、（四）、（五）项，当事人有相反证据足以推翻的除外。"

从上述司法解释的内容中不难看出，上述规定不仅包含司法认知的内容，也包含推定的内容，司法认知囊括在免证事实的规范之中作为附属规定。相较于两大法系国家和地区对于司法认知的明确规范，我国司法解释关于司法认知的规定还显得相当粗糙。上述规定的事项中仅有"众所周知的事实"与"自然规律及定理、定律"明显属于证据法中的司法认知，不仅认知的范围过于狭窄，而且缺乏明晰的适用程序规范。更为重要的是，此种将司法认知、推定及免证事实这三种既有联系、又有区别之概念作以一体化规定的立法范式极易带来概念上的混淆与误读。据此，本书认为，三大诉讼法及其相关司法解释应当在合理吸收域外国家和地区关于司法认知之有益立法经验的基础上，明确司法认知的概念，就司法认知的对象、司法认知的程序、司法认知的效力等核心内容作以明确规范，建构出有中国特色的本土化的司法认知体系的基本轮廓，用以充分发挥司法认知的正向功能，为新型诉讼与新型矛盾的解决提供可能空间。

第三节 经验法则

一、经验法则概述

（一）经验法则的概念

经验法则是人类在长期生产、生活以及科研实验中所发现的，用于描述在客观世界普遍存在且具有一定规律的理性认识。这种理性认识源于实践，是通过归纳概括形成的认识事物本质的有益经验。在法学领域，经验法则通常是诉讼法学和证据法学的专有名词，用于描述那些有助于案件事实认定的司法方法。

经验法则广泛存在于不同法律法系之中，是被人们普遍认同的司法经验和理性认识。大陆法系国家更愿意将这种司法经验凝练为法则，呈现于正式的法律文本之中。在欧陆法系，经验法则一词最早出现于 1893 年弗里德里希·斯坦关于法官内心认知的著作中。他在阐述审判当中的三段论演绎推理时认为，在这一推理中包含一个具有一般性特征的概念前提，并且在这一概念的基础上形成了具有可推论特征的事实大前提。这个大前提是一个来源于确定性经验基础之上的一般性法则，随后被称为"经验法则"。[1] 英美法系国家虽未明确定义经验法则的内涵，但因奉行经验主义司法哲学，更重视司法裁判中的经验规则，积淀了表现形式多元的经验法则，诸如法谚、判例、学说等。在"巴恩斯案"中，法院援引了多例使用经验法则推断案件事实的案件，表明支持有罪判决要使陪审团对案件事实的判断达到排除合理怀疑或者极有可能性的标准。该案的争议在于被告人是否知道持有的支票为盗窃所得。对此，法官向陪审团作出如下指示："如果被告人不能给出令人满意的答案，那么持有最近被盗窃的支票可以作为旁证，表明其是知道或意识到了该支票为赃物。"再根据公诉方证据可知，根据经验和常识表明，本案被告人知道或意识到了被盗窃的支票具有极大的可能性。[2]

在我国的司法传统中，经验法则伴随着司法制度历经从弹劾式诉讼、纠问式诉讼到现代诉讼构造的发展，沉淀了诸多体现中国特色司法制度的裁判智慧和规律，如"孤证不立""狱贵初情，事久生变"等。

基于上述理论和实践的发展，我国学界通说认为，经验法则是指人们从生活经验中归纳获得的有关事物因果关系或属性状态的法则或知识。从上述概念可知，经验法则是人们归纳事物状态、性质和形态而形成的理性认识。经验法则不是从自然规律中演绎出的价值理念，也不是按照特定思维和推理形成的逻辑规则。经验法则是帮助人们理性认识事实状态的方法，而不是事实本身。实践中，经验法则是司法人员认定证据短缺事实或疑难案件事实的根据，是展开事实推理的大前提，是实现内心确信的方法。

事实上，人们在认定未知的事物之时，都会有意无意地寻找自己熟知的个体经验或者某一领域的共同经验。这种经验既有可能来源于法官的个人经历、生活常识，也有可能来源于其办案经验或他人的经验。因此，经验法则包括群体的共同认识也包括个人的经验，前者包含的认定案件事实的基本规则可以通过学习训练掌握，后者则需要个人在司法实践中不断积累。在司法证明活动中，承担证明责任的主体也是在寻找符合理性认知和司法逻辑的证据并进行推理，以证实或证伪某一主张及其事实基础。

进言之，经验法则是一种司法方法，诉讼证明主体都会使用经验性知识提

---

〔1〕 参见［意］米歇尔·塔鲁否：《关于经验法则的思考》，孙维萍译，载《证据科学》2009年第2期。

〔2〕 参见［美］乔恩·R. 华尔兹：《刑事证据大全》，何家弘等译，中国人民公安大学出版社2004年版，第400页。

出主张、展开论述、争辩说理，试图证明案件事实或说服事实认定者。在这个过程之中，经验法则要成为认定全案事实或部分事实的根据，对证明主体具有一定要求。当司法证明主体掌握了准确、全面的经验法则，且具有丰富的司法经验之时，其所认定的案件事实才可靠。例如，在某商品房预售合同纠纷案中，当事人就房屋瑕疵异议产生争议。原告主张其在购买房屋之时，在《业主入住验收单》中提出了异议，要求重新焊接外窗横梁。在审理过程中，法官要求被告提交《业主入住验收单》，但遭到拒绝。对于购房者认识到房屋有瑕疵以及提出了异议的待证事实，法官在裁判文书中指出："房屋是价值昂贵的不动产，日常生活经验法则表明，对所购房屋显而易见的瑕疵，业主收房时一般不会轻易忽视。"[1] 根据经验法则和民事证据规定，可以推定原告提出的关于收房时已对窗外有钢梁一事提出书面异议的主张成立。在本案中，法官认定"原告知道房屋窗外有钢梁，且提出了书面异议"这一事实时，不是根据当事人陈述、《业主入住验收单》这一书证，而是根据购买房屋的生活常识和经验。运用这种经验法则的过程表明，它是一种替代以证据认定案件事实的司法方法。

（二）经验法则的特征

1. 经验法则具有规律性。规律性是事物之间本质的联系，决定着事物发展的趋向，表明事物之间的联系具有普遍性和稳定性。将人类的某些生活经验归纳为法则，意味着作为被归纳对象的事物具有一定同质性，其发展运动的方式呈现出了特定的模式，有规律可循。在诉讼过程中，面对相同情境、类型的行为时，司法人员应作出相同判断。当重复、类似的行为上升为一般经验时，就成为法官裁断案件事实的根据。例如，在毒品犯罪案件中，判断行为人是否"知道或者应当知道行为对象是毒品"，应综合考虑案件中的各种客观实际情况，既要依据实施毒品犯罪的行为方式、发展过程、毒品被查获时的情形等，又要结合行为人的年龄、阅历、智力等情况，进行综合分析判断。上述判断行为人主观"明知"的情节通常出现在审判纪要之中，是司法人员对毒品犯罪行为特点的归纳，体现了毒品犯罪行为的隐蔽性、反侦查性等特点，成为认定毒品犯罪案件主观方面具有规律性的经验法则。以此类推，司法人员可以根据不同诉讼类型、案件类型总结认定特定事实的规律，并将其确定为经验法则。

2. 经验法则具有盖然性。盖然性是判断事物存在的一种可能性。经验法则

---

〔1〕《黄颖诉美晟房产公司商品房预售合同纠纷案》，载《中华人民共和国最高人民法院公报》2006 年第 2 期。

虽可作为认定案件事实的方法，但在认定事实的程度上仅体现为一种可能性。一方面，这与经验法则的形成方式相关。如前所述，经验法则是通过归纳法形成的认识规律，是从个人事实走向一般概念、结论的思维方法。从事物个别推出一般的过程体现了归纳推理的特点。归纳推理又被称为"或然性推理"或"盖然性推理"。这种推理方式存在着逻辑上的缺陷，即无论如何精确地概括个人的经验或事实，其也是从有限的经验得出了结论，具有不周延性，无法涵盖无限的新事实。另一方面，从诉讼活动的认识规律来看，即使经验法则体现了人类认识事物的一般规律，但由于诉讼认识活动受主客观因素影响，法官仍然无法全面地认识到案件事实全貌。概言之，经验法则作为认定诉讼案件事实的一种方式，会体现出诉讼事实认定的盖然性特点。

3. 经验法则具有主观性。经验法则是人们公认的一般性认识和共识，而不是通过立法程序确立的法律规则。从形成方式看，经验法则凝结了人们的主观判断，甚至是主观倾向。这些具有主观色彩的经验有可能会帮助我们认定案件事实，也有可能阻碍真实的发现。例如，在某些特殊犯罪案件中，行为人的"前科劣迹"确实会成为认定案件事实的关键信息，甚至是司法人员办理特定案件的"经验"。这种办案经验在打击特定犯罪案件中具有积极作用，但也存在主观推断、先入为主的倾向。在毒品犯罪案件中，如果犯罪嫌疑人有吸毒史，就存在"以贩养吸"的可能，至少表明行为人对其曾经吸食毒品的性质具有一定认识。但以特殊癖好、不良行为习惯作为认定犯罪事实的经验与品格证据规则的精神不符，也有悖于证据关联性的要求。若要通过这种经验认定案件事实，办案人员还需找到其他直接证据或补强证据。故此，在运用方式上，经验法则与基于证据裁判原则的司法证明不同，更强调司法人员的自由心证。经验法则虽是事实认定的大前提，但甄别、选取和确认经验法则的过程具有主观性，不同司法人员对办案经验的理解和感知不同，直接的办案经验和间接的办案经验的也不同。在这个层面上，人们对经验法则的理解有时是见仁见智的，也会因案而异。即使某一经验法则具有了普遍性和一般性，但从司法的过程来看，案件事实涵摄于经验法则的过程也具有主观性，司法人员必须根据自己的良心、理性和个体经验，作出主观裁判。故此，从经验法则的性质、生成和运用可知，其具有主观性，会赋予司法人员更多裁量空间。

（三）经验法则与相关概念的关系

经验法则并不是孤立存在的，也不是单独使用的。在案件事实认定过程中，经验法则通常与其他事实认定规则、司法证明方法交叉融合，共同发挥作用。

从经验法则的概念和特点可知，其与其他诉讼制度、证明方法有交叉也有区别。在案件事实认定过程，经验法则通常伴随着推定、司法认知。经验法则是推定和司法认知的基础、前提，推定和司法认知是适用经验法则的方法、载体。实践中，法官通常是根据基础事实和推定事实之间的伴生关系，判断案件事实是否存在，即"事实 A 存在可以推导出事实 B 存在"。推定事实之所以能够作为定案的事实，不是因为有证据予以证明，而是基于经验法则。因此，经验法则是确定推定事实可靠性、合理性的基础，是推定成立的正当依据。再以前文某商品房预售合同纠纷案为例，该案法官推定"原告收房时已对窗外有钢梁一事提出书面异议的主张成立"，有以下理由：其一，房屋是价值昂贵的不动产，日常生活经验法则说明，对所购房屋显而易见的瑕疵，业主收房时一般不会轻易忽视；其二，本案原告向被告提出了书面异议，但被告拒不向法官提交该份证据。〔1〕最终，法院基于原告提供的基础事实，加之被告拒不提供书证，根据日常购买房屋的经验法则和交易习惯，推定原告主张事实成立。此时，推定是司法方法，经验法则是认定事实的根据，二者共同实现了替代证明的功能，认定了待证事实。法官在司法认知过程，经验法则所发挥的作用亦如此。不过，司法认知过程中，经验法则成为了法官直接确认待证事实的根据。

　　除了经验法则之外，司法实践中还有其他发挥类似替代证明功能的规则，它们虽不符合证据裁判的要求和诉讼证明的机制，但仍可辅助法庭认定案件事实，成为认定案件事实不可或缺的方法。例如，逻辑规则、情理推断等与经验法则所发挥的作用相似，都是法官用于认定案件事实或排除认定案件事实的根据。

　　与经验法则不同的是，逻辑规则是能够体现人们逻辑思维的规则，符合人类思维方式和形式理性。逻辑规则所体现的逻辑规律，是认定案件事实时需要遵循的基本规律，也是排除事实成立的理由。例如，同一律要求，在同一思维过程中使用的概念或判断应该保持意义始终不变；不矛盾律要求，在同一思维过程中两个互相否定的概念或判断不能同时为真；排中律要求，在同一思维过程中两个互相矛盾的概念或判断必有一真。这些逻辑思维方式是司法人员在认定案件事实和适用法律的过程中应遵循的基本要求。概言之，在诉讼活动或司法证明过程中，司法人员都会遵循逻辑规则，推进诉讼活动和案件事实认定。

---

〔1〕　参见《黄颖诉美晟房产公司商品房预售合同纠纷案》，载《中华人民共和国最高人民法院公报》2006 年第 2 期。

逻辑规则与经验法则是两种并列的司法知识，均是认定事实的大前提和司法证明的根据。

情理推断本质是一种推论，是从前提推出结论的司法过程。情理推断以经验知识为推论依据，在证据命题与案件事实之间建立关联，指引法官形成对事实的确信。[1] 情理推断是与客观证明相对应的一种司法证明方法，它是法官根据直接相关或间接相关的证据，推论案件事实成立与否的过程。情理推断通常是在待证事实无法实现直接客观证明之时，使用外部证据、间接证据或环境证据来强化待证事实的指向性的证明方法。[2] 例如，被告人与被害人之间的恶劣关系、证人与当事人的特殊关系及其法庭上的表情等都会成为情理推断的基础。据此，经验法则是情理推断的大前提，二者与法定证明、客观证明相对应，是法官实现自由心证的前提和方法。

二、经验法则的分类

虽然经验法则的性质和数量难以确定，但我们可以通过长期观察和不断总结，发现经验法则之间的异同。对经验法则的类型化研究就是从内部认识经验法则、发现其规律的有效方式。学界根据经验法则的来源、专门性、盖然性、可靠性等标准，进行了类型化研究，形成了以下观点：

1. 根据经验法则的来源，可分为在自然现象中所共通的因果法则、一般人的行为法则、个别人的行为法则。[3] 自然现象中所共通的因果法则是众所周知的事实变化规律，体现了自然界的因果律。例如，根据时间的先后顺序得知，先下公交车的人视线有限、反应时间较短，更容易撞到路边的行人。根据空间位置可知，如果犯罪嫌疑人去过犯罪现场，那么犯罪现场就会留下犯罪嫌疑人的脚印、指纹、毛发等信息。一般人的行为法则是人类行为的一般规律，表明人们在类似情形中会做出相同的反应。例如，作为理性人，人们在做选择时，会有趋利避害的心理；在购买商品时，价格与价值通常是相等的，所以"一分钱一分货"是常态；在买房屋等价格高昂的商品时，买受人一般会提高注意义

---

〔1〕 参见王星译：《情理推断在刑事证明中的规范运作 以事实证成理论为分析框架》，载《中外法学》
　　 2022年第1期。

〔2〕 参见周洪波：《客观证明与情理推断——诉讼证明标准视野中的证明方法比较》，载《江海学刊》
　　 2006年第2期。

〔3〕 参见［日］门口正人主编：《民事证据法大系·第一卷总论（1）》，青林书院2007年版，第253
　　 页，转引自张卫平：《民事证据法》，法律出版社2017年版，第135页。

务。个别人的行为法则并不具有普遍指导意义，但对判断特定主体及其行为具有指导意义。例如，在针对老年人的诈骗犯罪案件中，嫌疑人通常会使用类似的"话术"，骗取有一定存款又关注医疗保健的老年人。这类犯罪嫌疑人所使用"骗术""话术"属于针对特殊被害人实施的犯罪行为。司法人员可以总结上述犯罪的特点，将其作为针对个别人或类案的经验法则。司法人员可以将犯罪嫌疑人的类似行为方式以及特殊被害人，作为认定特殊犯罪行为、惯犯的个别经验法则。

2. 根据经验法则的盖然性不同，可分为强制性经验法则、经验原则、一般经验法则和偏见。[1] 这是德国学者普维庭教授按照一般生活经验对司法人员认定案件事实盖然性的高低进行的类型区分。[2]

第一，强制性经验法则通常在客观上可以被证明，符合逻辑法则，不可能有例外的经验，其表达形式为"如果……总是"。例如，人不可能同时出现在两个地方，只要有证据证明嫌疑人不在犯罪现场，就可以认定其没有进入现场作案的可能；每个人的指纹、血型是独特的。强制性经验法则类似于我国法律中的"自然规律及定理"，其对事实认定的影响力接近于必然。这种必然性与一般经验法则所具有的盖然性特点不符，因而其并不是典型的经验法则。

第二，经验原则是盖然性较高的事实认定规则，会直接表明某种结果产生的可能性。经验原则不排除例外的情形，但它确实具备较高的盖然性，其表达形式为"如果……则大多数情况下是"。这些具有高度证明力的经验原则有一定社会认同和可验证性，如果没有反证，则可以作为法官形成心证的基础。例如，大多数人都了解"红灯停、绿灯行"的交通规则，如果因行人闯红灯造成交通事故，则行人要承担一定责任。再如，债务人甲在借据上签了字，如果逾期不还款，则债权人乙有权请求甲按期偿还债务，因为债务人在借据上签字，则大概率表明其认可借款数额及还款方式。

第三，一般经验法则是盖然性相对较低的认识，它不能成为认定案件事实的独立依据，更不能成为法官心证形成的主要根据。因为只要对方提出了反证，就足以产生推翻经验法则的可能，则无法认定案件事实。一般经验法则的表达形式为"如果……则有时"。例如，如果家里突然停电，有时是因为线路故障，

---

〔1〕 参见曹志勋：《经验法则适用的两类模式——自对彭宇案判决说理的反思再出发》，载《法学家》2019 年第 5 期。

〔2〕 参见［德］普维庭：《现代证明责任问题》，吴越译，法律出版社 2006 年版，第 148 页。

有时是因为欠电费，有时是因为电力供应不足；汽车在高速路边停车，有时是因为汽车故障，有时是因为司机身体不适。

第四，偏见是个人认识事实的态度和倾向，并不具有盖然性。偏见虽有可能成为辅助事实认定的知识来源，但却不具有普遍指导性，不宜作为典型的经验法则，因而不具有"如果……则"的关系。

总之，盖然性是理解上述经验法则分类的线索，其中强制性经验法则和偏见对案件事实认定的作用力或太强或太弱，基本符合经验法则的要求，但不是典型的经验法则。经验原则、一般经验法则与我国法律中的"自然规律及定理""日常生活法则"相对应，是典型的经验法则，二者的差别在于盖然性略有不同。它们是我国理论研究和实务操作关注的重点。

除了上述分类之外，还有学者根据经验法则的可靠性，将其区分为"一般性经验法则""准一般性经验法则"和"非一般性经验常识"。[1] 一般性经验法则是指普遍有效的、以科学知识为基础的认识结论。准一般性经验法则是有非常大可能性为真的经验常识。非一般性经验常识是没有获得科学的确认或实证数据的验证，而是根据生活经验进行的某种具有倾向性的概括。此外，根据专门性程度，经验法则还可划分为专门性经验法则和一般性经验法则。综上，上述分类是从内部揭示了经验法则的本质和原理，可以帮助我们理解和运用经验法则。

三、我国立法中的经验法则

作为应用性较强的事实认定规则，经验法则通常是法官对案件事实自由裁量的体现。无论是国内法还是国外法，都将经验法则作为法官自由心证的组成部分，但很少也很难通过立法及解释的方式明确规定什么是经验法则、哪些是经验法则。因此，经验法则更多地出现于学理研究和司法裁判文书之中。我国三大诉讼法对经验法则鲜有直接确切的描述，但在相关司法文件中多次出现了有关经验法则的表达，尤其是司法解释、司法意见、审判纪要和指导性案例等非正式法律渊源。考虑到上述非正式法律渊源对我国司法实践的重要影响力，本书将按照诉讼类型分别介绍法律规范文件中的经验法则。

1. 民事诉讼规范中的经验法则。民事司法中的经验法则不仅数量较多，而且司法适用率较高，是法官依职权查明案件事实和形成内心确信的重要方法。

---

〔1〕　参见向燕：《论刑事综合型证明模式及其对印证模式的超越》，载《法学研究》2021年第1期。

最高院《民诉证据规定》第 10 条规定："下列事实，当事人无须举证证明：（一）自然规律以及定理、定律；（二）众所周知的事实；（三）根据法律规定推定的事实；（四）根据已知的事实和日常生活经验法则推定出的另一事实；（五）已为仲裁机构的生效裁决所确认的事实；（六）已为人民法院发生法律效力的裁判所确认的基本事实；（七）已为有效公证文书所证明的事实。前款第二项至第五项事实，当事人有相反证据足以反驳的除外；第六项、第七项事实，当事人有相反证据足以推翻的除外。"其中第 10 条第 1 项、第 2 项也可称之为广义的经验法则，只是它们的盖然性极高，接近于必然性，属于强制性经验法则。第 4 项所提及的"日常生活经验法则"属于盖然性较高的经验法则，在司法实践中被广泛适用。最高院《民诉解释》第 93 条与最高院《民诉证据规定》第 10 条规定一致，指出"根据已知的事实和日常生活经验法则推定出的另一事实"属于当事人无须举证证明的事实。最高院《民诉解释》第 105 条规定："人民法院应当按照法定程序，全面、客观地审核证据，依照法律规定，运用逻辑推理和日常生活经验法则，对证据有无证明力和证明力大小进行判断，并公开判断的理由和结果。"可见，在民事司法活动中，经验法则以日常生活类的一般性经验法则为主，是判断证据证明力的重要根据。

2. 行政诉讼规范中的经验法则。最高院《行诉证据规定》第 68 条规定："下列事实法庭可以直接认定：（一）众所周知的事实；（二）自然规律及定理；（三）按照法律规定推定的事实；（四）已经依法证明的事实；（五）根据日常生活经验法则推定的事实。前款（一）、（三）、（四）、（五）项，当事人有相反证据足以推翻的除外。"行政诉讼法有关经验法则的表述与民事诉讼法基本一致，都表述为"日常生活经验法则"。最高院《行诉解释》第 47 条第 3 款规定："当事人的损失因客观原因无法鉴定的，人民法院应当结合当事人的主张和在案证据，遵循法官职业道德，运用逻辑推理和生活经验、生活常识等，酌情确定赔偿数额。"该条所称"生活经验、生活常识等"是与逻辑推理规则并列的经验法则。《人民检察院行政诉讼监督规则》第 83 条规定："有下列情形之一的，应当认定为《中华人民共和国行政诉讼法》第九十一条第三项规定的'认定事实的主要证据不足'：（一）认定的事实没有证据支持，或者认定的事实所依据的证据虚假的；（二）认定的事实所依据的主要证据不合法的；（三）对认定事实的主要证据有无证明力、证明力大小或者证明对象的判断违反证据规则、逻辑推理或者经验法则的；（四）认定事实的主要证据不足的其他情形。"该条将是否违反经验法则作为判断主要证据不足的情形之一，肯定了经验法则对于认定行政诉讼案件证据的作用。

3. 刑事诉讼规范中的经验法则。最高检《规则》第 368 条规定："具有下列情形之一，不能确定犯罪嫌疑人构成犯罪和需要追究刑事责任的，属于证据不足，不符合起诉条件：（一）犯罪构成要件事实缺乏必要的证据予以证明的；（二）据以定罪的证据存在疑问，无法查证属实的；（三）据以定罪的证据之间、证据与案件事实之间的矛盾不能合理排除的；（四）根据证据得出的结论具有其他可能性，不能排除合理怀疑的；（五）根据证据认定案件事实不符合逻辑和经验法则，得出的结论明显不符合常理的。"该条用于细化证据不足不起诉的具体情形，案件事实不符合经验法则，结论不符合常理时，可以从反面推出认定本案起诉事实的证据不足。最高院《刑诉解释》第 88 条规定："处于明显醉酒、中毒或者麻醉等状态，不能正常感知或者正确表达的证人所提供的证言，不得作为证据使用。证人的猜测性、评论性、推断性的证言，不得作为证据使用，但根据一般生活经验判断符合事实的除外。"

除了上述重要的司法解释之外，最高人民法院和最高人民检察院颁布的审判纪要[1]、指导性案例[2]弥补了法律规范的缺位和抽象，细致且有针对性地介绍了经验法则的运用方法。

从我国法律规范对经验法则的表述可知：其一，日常生活经验法则是司法机关在规范中所确认的经验法则。这意味着案件事实涉及一般性经验法则时，法官根据逻辑推理进行自由判断；而对于专门性经验法则，由于法官不具备相关专业知识，无法直接使用。其二，经验法则是与证据规则、逻辑法则相对应的概念范畴。证据规则是法律明确规定的审查判断证据能力和证明力的规则，逻辑法则是以逻辑规律为基底的事实认定方法，经验法则是具有盖然性的事实认定方法，三者共同构成了审查判断证据、认定案件事实的根据和方法。其三，经验法则通常与推定共同使用，二者共同构成了一种特殊的事实推论方式。

四、经验法则的运用

经验法则是对一般性的社会现象和事物性质的归纳，具有普遍性。在无法

---

[1] 参见《最高人民法院关于印发〈全国法院民商事审判工作会议纪要〉的通知》（法〔2019〕254号）等。

[2] 参见《最高人民检察院关于印发最高人民检察院第十七批指导性案例的通知》，《最高人民法院关于发布第 24 批指导性案例的通知》（法〔2019〕297 号）等。

将日常生活中的经验法则法定化的情形之下，只能依靠法官在个案中识别、运用和解释经验法则。故此，这种事实认定机制既要赋予法官一定自由裁量权，也要建立外部的制约机制。

（一）经验法则的运用方法

从经验法则在我国法律规范中的表述可知，其主要功能在于解决司法证明难题，赋予法官自由裁量空间，辅助案件事实认定。

1. 经验法则首先可以作为审查认定证据的方法。在具体司法实践中，在审查判断证据的"三性"和"两力"时，司法人员都会充分运用证据规则、逻辑规则和经验法则作为审查认定证据的根据。证据能力通常是法律规定的审查认定证据资格的方法，司法人员使用经验法则的空间有限。因此，经验法则在更多情况下，是判断证据有无证明力或证明力大小的工具。在有些案件中，有可能因为个别证据不符合经验法则要求，最终无法排除合理怀疑，不能认定案件全部事实。例如，在某交通肇事案发后，被告人主动自首并作出有罪供述，但法院经过审查发现，本案除被告人的供述和指认笔录外，办案人员没有调取到被告人所述行车轨迹、关联物证等客观证据，而被告人供述又反复不定、与现场目击证人的证言相互矛盾、与现场勘查照片不符。法院最终认为，本案证据矛盾和疑点与逻辑和经验法则相违背，不能排除合理怀疑，宣告被告人无罪。[1]

2. 经验法则是认定案件事实的主要根据，尤其是在直接证据不足的案件中。如果案件证据确实、充分，法官则可以直接根据在案证据认定案件事实。只有案件证据短缺或要件事实难以证明、真伪不明之时，法官才更需要经验法则辅助查明案件事实。例如，在某环境污染侵权案的精神损害认定过程中，法院支持了原告针对砂石厂污染环境行为的精神损害赔偿请求，其理由如下：一是原告所患肺病确实与被告生产排放的粉尘之间具有关联性。原告长期处于扬尘环境下，其身心健康势必受到一定程度的损害，而粉尘污染与患肺部疾病之间可能具有一定的关联性，其作用机制亦可以得到医学上的合理说明以及专家意见佐证。二是原告长期生活在杨家湾砂石厂生产排放粉尘的环境中，因粉尘影响其身体受损导致精神受到损害符合日常生活经验法则。从裁判文书可知，这里的"日常生活经验"是指由于粉尘污染损害具有长期性、潜伏性、持续性的特点，在被侵权人举证证明已经造成了损害结果情形下，法院综合环境侵权人侵

---

〔1〕 参见广东省茂名市中级人民法院（2016）粤09刑终17号刑事判决书。

权时间、污染物排放情况、受害人所患疾病的严重程度等确认侵权行为的关联性，酌情确定赔偿金额。[1] 此时，经验法则弥补了环境污染侵权案件中因果关系证明的难题，在没有直接证据能够证明污染行为与损害结果存在因果关系及损失赔偿范围的情况下，法官根据砂石厂对当地环境的具体影响及其对原告的身体损害，进而认为有必要支持精神损害赔偿。这一系列的推论是综合现有的专家证言和日常生活经验得出的，既克服了证据裁判的难题，也符合解决这类纠纷的事理和法理。

（二）经验法则的制度保障

经验法则毕竟不属于证据裁判原则的范畴，适用不当反而会陷入主观臆断的司法误区，因此我国立法和司法都对经验法则持审慎的态度。为有效发挥经验法则在解决特殊证明难题中的作用，让案件事实认定符合常识常情常理，让裁判结果具有正当性和可接受性，应从以下方面保障经验法则的有效运用：

1. 经验法则应当作为一种补充证明机制。诉讼活动应以证据裁判原则为基础，优先采用现有的证据规则、逻辑法则，审查判断证据的证据能力和证明力。当法定规则和逻辑规则尚无法辅助法官进行有效判断时，再考虑个体司法经验和日常生活经验。在坚持主客观相统一原则的基础之上，应遵循先客观后主观的判断逻辑。当然，在具体个案判断中，经验法则与其他证明方法是同时存在、交互作用的，但为避免先入为主，也应恪守推定及经验法则的适用规则。

2. 法官适用经验法则的程序应具有正当性。这要求法官在运用经验法则之时，要遵守法定证据调查程序，强化释法说理。在法庭证据调查时，要充分听取当事人及其诉讼代理人的意见。因为经验法则是一种具有盖然性的事实认定规则，其适用不仅需要听取当事人的意见，而且需要建立允许反证的机制，以保障推定事实或推论的准确性。特别需要强调的是，法官应当在运用经验法则之后进行释法说理，特别是在裁判文书的本院查明部分需要解释经验法则对事实认定、心证确实的作用。

3. 应当保障当事人救济的权利。在有些国家的诉讼法中，法官的判断如果违背了经验法则，就会成为当事人上诉撤销原判的理由。[2] 也就是说，经验法则虽然是对日常生活经验的归纳，但当它运用于个案的事实认定时，仍需要鉴别、推理和确证。经验法则是一种盖然性判断，并不具有绝对的真实性。因此，

---

〔1〕 参见重庆市江津区人民法院（2019）渝0116民初6687号民事判决书。

〔2〕 参见陈光中主编：《中华法学大辞典：诉讼法学卷》，中国检察出版社1995年版，第289页。

必须确保当事人享有畅通的救济机制，保障当事人在法官不当运用经验法则或司法裁判结果不符合经验法则时，享有提出上诉、申诉等权利。

⬭练习案例

上海市第二中级人民法院审理上海市人民检察院第二分院指控甲犯非法持有毒品罪一案，于2015年9月24日作出（2015）沪二中刑初字第45号刑事判决，认定甲犯非法持有毒品罪，判处无期徒刑。宣判后，甲不服，提出上诉。上海市高级人民法院于2016年1月19日作出（2015）沪高刑终字第108号刑事裁定，驳回上诉，维持原判。判决生效后，甲不服，提出申诉。

原判认定：2014年12月3日11时许，甲在上海市闸北区天潼路860弄内的公共厕所旁签收快递后被公安民警抓获。民警当场从该快递盒内查获两大包白色晶体（经鉴定，重量为1991.65克，其中检出甲基苯丙胺成分，含量为79.6%）。嗣后，民警又在甲居住的上海市闸北区大统路1038号1505室内，查获7包白色晶体（经鉴定，重量为13.77克，其中检出甲基苯丙胺成分）。甲系毒品再犯、累犯。上述事实，有以下证据予以证实：当场实施抓捕的民警刘强基、梁民雄，房屋出租人吴俊影、章国梁，快递员刘强等人的证言；搜查笔录、扣押物品清单；毒品检验报告；前科资料；等等。

关于甲提出不明知涉案快递件是毒品的申诉理由，经查，最高人民法院《全国部分法院审理毒品犯罪案件工作座谈会纪要》规定：以虚假身份或者地址办理托运手续，在其托运的物品中查获毒品的，行为人不能做出合理解释的，可以认定其"明知"是毒品。本案中，甲实际居住于上海市大统路1038号1505室，该址并不存在无法通信情况，能够快捷接收快递。但寄件人却寄至与甲实际住址有相当距离的上海市天潼路860弄3支弄9号，仅在快递件上留下甲的手机号码，且快递单上显示的收件人姓名并非甲本人。甲在签收快递件时既不署本人真实姓名，亦不署快递单上显示的收件人姓名。综合以上情况及甲有毒品犯罪前科，且本次在其暂住处亦查获毒品等，足以表明其在主观上明知快递件内装有毒品。甲对此提出的申诉理由不能成立，法院不予采纳。

问题：

1. 上述案例中对于甲非法持有毒品犯罪中明知事实的认定采取了哪种案件事实认定方法？

2. 假如你作为甲的辩护律师，收集到了甲不明知是毒品的相关证据，上述有关明知的法律规定是否可以推翻？为什么？

思考题

1. 简述什么是推定？
2. 如何理解推定和证据证明之间的关系？
3. 如何认识推定对证明责任及证明标准的影响？
4. 简述什么是司法认知？其特征有哪些？
5. 如何理解司法认知的效力？
6. 如何理解司法认知与推定之间的关系？
7. 简述司法认知与免证事实的区别与联系是什么？
8. 简述经验法则与逻辑法则的关系是什么？
9. 简述经验法则的类型有哪些？